한자 정음관의 통시적 연구

이화학술총서

한자 정음관의 통시적 연구

심소희 지음

이화여자대학교출판부

머리말

이 책은 동아시아 한자 문화권에 상존했던 "한자음을 어떻게 읽을까" 하는 문제에 대한 논의를 통시적으로 탐구한 것이다. 인류 역사상 '한자' 만큼 지속적으로 사용된 문자는 없었다. 한자가 시간과 공간을 초월하여 사용될 수 있었던 것은 음의 '차이'와 '변화'를 모두 포용할 수 있는 표의 문자이기 때문이다. 하지만 상대적으로 표음 기능이 약한 한자는 실생활에 있어 불편하기 짝이 없는 문자였다. 그리하여 "한자를 어떻게 읽을 것인가", 또는 "한자를 어떤 음으로 읽어야 옳은 것인가"에 관한 논의는 한자의 역사만큼이나 그 연원이 깊고 다양하게 전개되어 왔다.

이 책은 한자음에 관한 많은 논의 중에서 북송 시대 소옹(邵雍)이 만든 『황극경세서(皇極經世書)』의 「성음창화도(聲音唱和圖)」를 연구 주제로 삼았다. 소옹의 「성음창화도」는 중국 명청 시대 운도의 제작에 심원한 영향을 미쳤을 뿐만 아니라, 조선에 전해지면서 "소옹은 성음학자 중의 일인자"라는 찬사와 함께 전문적으로 연구되었다. 또한 몇몇 학자들은 각자의 기준에 맞추어 훈민정음으로 『황극경세서』「성음창화도」에 표음을 하는 성과를 내기도 하였다. 때문에 『황극경세서』의 「성음창화도」 만큼 동아시아 한자음에 대한 연구 전통을 극명하게 보여준 자료가 없다고 해도 과언이 아니다.

그리고 무엇보다 이 책은 한자음뿐 아니라 당시 정치, 사회, 사상, 문화 등의 요소까지 함축하고 있다는 점에서 학문적으로 더욱 가치가 있다. 『황극경세서』「성음창화도」는 당시 여러 맥락에 대한 입체적인 조명

없이는 전반적인 이해가 불가능한 원전이라 할 수 있다. 이에 다각도의 접근을 통해 『황극경세서』「성음창화도」에는 불교의 정음 사상까지 아우르고자 하였던 북송 시기 성리학자의 문화적 우월감을 확인할 수 있다. 또한 조선 학자들의 『황극경세서』「성음창화도」에 대한 정교한 해석을 통해 그들의 심오한 학문적 깊이와 문화적 자부심 역시 엿볼 수 있다. 이는 동아시아 한자 문화권에서 한자음의 정음(正音)에 대한 논의가 우리의 것으로 주체화되어가는 과정을 보여주는 것으로 문화의 수용에서 변용, 그리고 재창조에 이르는 과정을 생동감 있게 목도할 수 있다.

이 책을 완성할 즈음에 곤혹스러웠던 것은 출판부에서 요즘 출판 풍토에 맞추어 한자를 괄호 안에 가두고 한국 한자음으로 음을 달아달라는 요청이었다. 이 책은 지금으로부터 천 년 전 북송 시기에 만들어진 알쏭달쏭한 한자로 가득한 운도를 소개하려는 것으로 모든 한자를 한국한자음으로 음을 달아 설명하면 참으로 괴이하지 않을까 싶었다. 하지만 예기치 못한 성과를 얻게 되었다. 천 년 전에 만들어진 운도를 한국 한자음으로 설명하는 것이 훨씬 더 효과적임을 발견하게 된 것이다. 중국에서 천 년 전에 만들어진 『황극경세서』「성음창화도」에 수록되어 있는 한자를 한국 한자음으로 읽어내는 것이 도리어 현대 중국 한자음보다 훨씬 더 효과적이었다는 사실. 이것은 무엇을 의미하는 것일까?

중국에서 통일의 대업을 이룬 왕조에서는 운서를 편찬하여 한자음을 통일시키는 작업을 급선무로 삼았다. 수(隋)부터 청(淸)까지 개국 초에 모두 운서를 편찬한 이유는 한자음이 통일되어야만 국정을 효율적으로 수행할 수 있기 때문이었다. 조선에서도 개국 초 세종대왕이 훈민정음을 창제하자마자 『동국정운』을 편찬하여 조선 한자음을 통일시키고자 하였다. 동아시아의 한자 문화권에서 선진 문화를 누리고자 하는 국가라면 모두 한자음 통일 정책 시행에 정성을 쏟았던 것이다.

문헌상의 기록에 따르면, 고구려, 백제, 신라의 삼국 시대에 많은 중국

유학생들을 배출하여 이 땅에 한자가 본격적으로 유입되어 정착되었던 한자음을 '동음(東音)'이라고 하고, 조선 시기의 중국 한자음은 '화음(華音)'이라고 하였다. 조선에서는 『동국정운(東國正韻)』, 『홍무정운역훈(洪武正韻譯訓)』, 『사성통해(四聲通解)』, 『화동정음통석운고(華東正音通釋韻考)』, 『삼운성휘(三韻聲彙)』, 『규장전운(奎章全韻)』 등의 운서를 편찬하여 통일된 '동음'과 '화음'의 한자음을 전승시키고자 부단히 애를 써왔다. 그리하여 일본의 경우처럼, 한자 하나에 여러 개의 글자 음이 존재하여 한자음의 습득이 매우 불편한 것과 달리, 우리는 대체로 일자일음(一字一音)의 한자음 원칙이 견지되어 매우 편리한 한자 문화 생활을 향유할 수 있게 된 것이다.

이러한 논지에서 현재 우리 사회에서 논란의 핵심이 되고 있는 한자음 문제를 거론하지 않을 수 없다. 세종대왕은 『동국정운』의 「서문」에서 "우리나라는 안팎으로 산하가 저절로 한 구획을 이루어 풍습과 기질이 이미 중국과 다르므로 발음이 어찌 중국 음에 서로 합치될 수 있겠는가. 그러한즉, 말소리가 중국과 다른 것은 당연한 이치이고, 한자음도 발음의 동작이 말소리에 저절로 끌리게 되어서, 한자음도 따라서 변하게 된 것이다."라고 밝힌 바 있다. 지형이 다르고 기질이 달라서 조선 한자음과 중국 한자음의 발음이 다를 수밖에 없다는 것을 조선 초부터 분명히 인식하고 있었던 것이다. 그러므로 오늘날 중국에서 '胡錦濤'를 '후진타오'로 읽더라도 우리는 '호금도'로 읽는 것은 당연한 것이다. 또한 중국에서 '毛澤東'을 '마오쩌뚱'으로 읽더라도 우리는 우리의 한국 한자음으로 '모택동'으로 읽어줘야 타당한 것이다.

오늘날 글로벌 시대의 사회적 가치와 필요에 의해 외국 인명과 지명은 원음으로 읽어주어야 한다고 하지만, 한자의 속성과 전통을 거스를 필요 없이 한자의 매뉴얼에 따라서 한자는 우리 한국 한자음으로 읽어주는 것이 맞다. 만약 우리가 중국에 편입이라도 된다면 마땅히 중국의 언어 정책에 의해 중국 한자음으로 '후진타오', '마오쩌뚱'이라고 읽어야 할 것이다. 하지만 우리는 엄연히 '나·랏:말씃·미 듕귁·에 달아 문쫑·와·로 서르 ᄉᆞᄆᆞᆺ·디 아·니'한 자주 독립 국가이고, 한자와 한자음에 대해서도 주권을 가지고 있으므로, 이제 우리말의 뿌리가 된 한국 한자음으로 한자를 읽어야 하는 것이다. 그리하여 우리의 과제는 선조들의 성공적인 한자음 정책에 의해 정리된 한국 한자음을 대단히 감사한 마음으로 사수하고 후세에게 물려주는 것이다.

한자의 긴 역사 속에서 "한자음을 어떻게 읽으려고 했을까?"에 대한 해답을 찾는 것은 참으로 지난한 과정이었다. 한자음에 대한 논의는 한자의 역사만큼이나 오랜 역사와 전통을 가지고 있었고, 단 한 권의 책으로 풀어내기에는 그곳에 너무나도 많은 이야기가 있었다. 이 책에서는 일단 소옹의 『황극경세서』「성음창화도」라는 텍스트를 택하여 그의 계승, 연원관계를 밝히려고 하였지만, 관련된 문화, 사상, 정치 등의 배경을 살펴보지 않을 수 없었고, 그렇게 하여 결국엔 '동아시아의 문자 문화'라는 거대 담론을 마주하게 되었다. 불편한 한자를 사용하면서 행해질 수밖에 없었던 숙명과도 같은 한자음과의 사투. "한자를 어떤 음으로 읽어야 할까", "한자음을 어떻게 정해야 할까"에 대한 투쟁은 한자가 존재하는 한 현재 진행형인 것이다. 그러한 의미에서 이 책이 우리 시대에 의미가 있는 울림이 될 수 있기를 기대한다.

이 책은 오래 전에 필자가 박사학위 논문으로 제출한 「『황극경세·성음창화도』 연구」를 대폭 수정하여 재구성한 것이다. 십여 년 전 학위 논문을 다시 책으로 출판하기로 한 것은 관련 서적을 읽고 논문을 집필하면서 필자의 관점에 변화가 생겼을 뿐 아니라, 앞서 간략히 언급한 바와 같이 현대 한국 사회의 "한자음" 논란에 대해 이 연구가 매우 주요한 시사점을 제시할 것이라 생각하기 때문이다.

주요하게 필자는 『황극경세서』의 「성음창화도」를 문언음의 관점에서 다시 읽고 분석하였다. 구체적으로 제1장에서는 한자 문화권의 사유 특징으로 '문언과 문언음의 전통'을 추가하였고, 제2장에서는 「성음창화도」에 북송 시기의 생생한 현실 음계가 반영되었다고 하였던 기존의 관점에서 더 나아가 「성음창화도」는 현실 음계가 아닌 인위적인 음계가 구현된 것으로 관점을 새롭게 정립하였다. 그리고 제3장에서는 각 왕조에서 편찬된 10편의 흠정운서의 서문을 새롭게 번역함으로써 문언음의 역사를 개괄하였고, 이러한 문언음의 배경에서 『황극경세서』「성음창화도」가 산생되었음을 명시하였다.

특히 이 책에서 역점을 두어 새로 쓴 부분은 제4장 조선에서의 『황극경세서』「성음창화도」에 대한 수용과 변용 관련 부분이다. 기존 학계에서는 소옹의 「성음창화도」가 훈민정음의 창제에 기여한 것으로 인정했지만, 여러 정황으로 보건대 사실은 소옹의 「성음창화도」가 훈민정음의 창제에 그리 큰 기여를 한 바가 없다고 판단된다. 오히려 조선 후기의 서경덕, 최석정, 황윤석과 같은 이들이 「성음창화도」를 심도 깊게 연구하고, 각자의 기준에 따라 훈민정음으로 표음하였는데, 그들이 「성음창화도」에 한글 표음을 한 것은 당시 긴박했던 시대 정세에 따른 언어관의 변화 양상을 그대로 반영한 것이었다. 그들의 심오한 학문적 깊이는 동시대 중국에서 발간된 「성음창화도」 연구 성과에 비할 바가 아니다. 이를 통해 필자는 이 땅의 후세 학자로서 자랑스러운 우리 선조들의 업적을 널리 발양하고자 하는 소명 의식을 갖게 되었다.

이제 이 책을 끝으로 『황극경세서』의 「성음창화도」에 대한 논의를 마무리하고, 앞으로는 「성음창화도」를 발단으로 시작된 '문언음의 전통'이라는 동아시아의 담론으로 새로운 항해를 시작하고자 한다.

2013년 6월

심소희

차례

서론

동아시아 지역에서는 세계 문화사에서 유례를 찾을 수 없는 '연속성'을 지닌 독특한 문화를 일구어왔다. 이른바 '한자 문화권'이다. 한국 · 중국 · 일본 · 월남 등은 일찍이 '한자'를 사용하여 빈번하고 지속적으로 문화 교류를 하였으며, 민족마다 개성 있는 문화 역량으로 각 문화를 더욱 풍부하고 다채롭게 발전시켰다. 그리하여 우리는 몇 천 년 전에 한자로 쓰인 고서(古書)를 보더라도 대략적인 의미를 파악할 수 있을 뿐만 아니라 전혀 말이 통하지 않는 지방의 사람들과도 필담을 통해 의사를 표현할 수 있다. 이와 같이 시 · 공간을 초월하여 사용되는 한자는 동아시아의 지역을 하나의 문화권으로 결속시키고 역사와 전통을 지속적으로 계승할 수 있게 하는 중요한 매개체로서 한자 문화권의 특징을 대변한다고 할 수 있다.

이러한 '한자'는 선진 시기의 여러 서적에 기록된 바에 의하면 황제(黃帝) 시기 창힐(倉頡)이 만든 것이라고 한다.[1] 그러나 짧은 기간 동안 어느 개인에 의해 문자가 만들어졌을 리가 없으므로 아마 창힐이 이전의 문자

1 『순자(荀子)』「해폐편(解蔽篇)」: "作書者衆矣, 而倉頡獨傳者, 壹也", 『한서(漢書)』「고금인표(古今人表)」: "倉頡, 黃帝史" 참조.

를 총괄하여 체계화시켰다는 의미일 것이다. 더욱이 대문구(大汶口) 도기문자(陶器文字)의 발굴로 우리는 한자의 기원을 5,500년 이전까지 소급시킬 수 있는데 이 문자 역시 갑골문(甲骨文)·금문(金文)과 일맥상통하는 상형문자(象形文字)이다.[2] 다시 말해 한자의 특징은 '상형'을 근본으로 네모꼴을 유지하며 발전하여 전서(篆書)·예서(隸書)·해서(楷書)의 점진적인 글자체의 변화는 있었더라도 오늘날의 간화자(簡化字)에 이르기까지 대체로 고정적이고 일관성을 유지하였다는 점에 있다.

한자의 글자꼴[字形]이 시사하는 의미[字義]도 또한 대체로 고정적으로 유지되어왔다. 즉 한자가 '듣고 쓰는 형식'이 아니라 '보고 쓰는 형식'으로 각 시대 및 지역에 전파되면 한자의 음은 그 지역의 언어와 연계되어 서로 달라졌다. 북경인은 북경어로 읽고 상해인은 상해어로 읽고 광동인은 광동어로 읽으며, 또 한국의 한자음에는 대체로 중고 시기의 한자음이 반영되었고, 일본의 오음(吳音)에는 5~6세기의 중국 동남 연안 일대의 방언이, 그리고 한음(漢音)에는 7세기의 중국 화북 일대의 어음(語音)의 흔적이 남게 되었다.[3] 설령 어음의 차이로 이야기를 나눌 수는 없더라도 한자로 서로간의 의사를 표현할 수 있는 것이다.

그러나 한자가 이러한 "시각문자(視覺文字)"의 특징을 가지고 있더라도 어음(語音)의 간섭에서 벗어날 수 없다. 글자를 배우더라도 눈으로만 익히는 데에는 한계가 있으므로 여하간 언어 체계 안의 어음과 연계되어야 하기 때문이다. 그리하여 한자에 표음 기능을 부여하고자 그 방법을 강구하게 되었다. 한대(漢代)에 훈고학이 성행하자 비황(譬況)·독약(讀若)·직음(直音) 등으로 음을 표기하는 방식이 유행하였고, 동한(東漢) 시

2 당란(唐蘭), 「대문구문화의 도기문자에서 본 중국 최초 문화의 연대(大汶口文化的陶器文字看我國最早文化的年代)」, 『광명일보(光明日報)』 7월 14일, 북경, 1977.

3 최영애, 『한자학강의』, 서울: 통나무, 1995, 31~33쪽; 버나드 칼그렌·최영애역, 『고대한어음운학개요』, 서울: 민음사, 1985, 22쪽 참조.

기에 불교가 전래되면서 반절(反切)이 창안되어 근세기까지 사용되었다. 오늘날에는 표준중국어[普通話]를 표음하는 방식으로서 대만에서는 1918년에 창안된 '주음부호(注音符號)'를 사용하고 있고, 대륙에서는 1958년 '한어병음방안(漢語拼音方案)'을 제정하였다.

이와 아울러 글자음의 기준을 정하는 논의도 적지 않았다. 한자의 글자음을 통일시키고자 하는 시도는 특히 정치적으로 통일을 이룬 역대 왕조의 중요 시책으로 다루어졌다. 민심을 귀일(歸一)시키고 과거제를 실시하여 왕권을 공고히 하기 위해서는 '한자음 통일'이라는 대전제가 필요했기 때문이다. 수(隋)・당(唐) 이후의 『절운(切韻)』 계통 운서인 송(宋)의 『광운(廣韻)』(1008)과 『집운(集韻)』(1039), 명(明)의 『홍무정운(洪武正韻)』(1375)과 청(淸)의 『음운천미(音韻闡微)』(1715) 등의 운서(韻書)들이 이러한 언어 정책을 대변해주는 주요 성과들이다.

그런데 위의 운서에서 제시한 표준 한자음은 단순히 정치・문화 중심지의 특정 방언에 기초한, 실생활에서 사용되는 단일한 현실 음계가 아니었다. 그것은 이상적인 음계로서, 운서마다 고금・남북의 방언에 두루 적용될 수 있는 종합적이고 방대한 어음 체계였다. 더욱이 이러한 언어관은 송대에 들어오면서 음리(音理)에 대한 탐구가 심도 깊게 진행되고 그 언어 이론이 철학과 결부되면서 철학적 기준을 제시해주는 이상적인 언어관, 정음관(正音觀)[4]으로 발전되었다. 다시 말해, 한자의 표준음을 정하는데 시도되었던 여러 논의와 방법은 한자가 '시각문자(視覺文字)'라는 특성에서 연유된 독특한 연구 전통이었으며, 한자의 독특한 성격으로 인하여 한자 문화권을 특징짓는 언어관이 형성되었고, 그에 따른 일련의 어음 연구 방법이 고안된 것이다.

그러나 고대의 언어 자료를 다루는 오늘날 일부 학자들은 한자 문화권

---

4 정음(正音)이란 '글자의 바른 소리' 또는 '음을 바로잡는다'는 사전적 의미를 포함한다.

의 유구한 문화 집적과 독특한 문화 심리의 특징을 도외시한 채, 19세기 서구에서 유행한 언어학 이론을 비판 없이 받아들여 서구의 이론 · 술어 · 개념 및 연구 방법을 억지로 이입하고, 인구어(印歐語)의 구조를 본떠서 한자를 단순한 부호 체계로만 보고 많은 언어 자료를 음표화(音標化)하였다. 그러나 분명한 것은 서구의 언어학은 인구어 연구의 기초 위에 이루어진 것이고 인구어와 중국어는 근본적으로 다른 어음 체계를 가진 언어라는 것이다.[5] 또한 서구의 언어학은 언어의 내부 구조를 기술하는 것에 치중하여 역사, 철학, 고고학, 문학, 음악 등 다른 인문과학과의 관계가 소원하지만, 한자 문화권에 있어서 특히 표준음을 제시하고 있는 운서나 운도를 파악하려면 먼저 그 문화 배경에 대한 전반적인 이해가 전제되지 않는 한 그 내용과 체계를 정확하게 인식하기가 쉽지 않다. 즉 서구의 언어 이론은 서구의 문화 및 그 언어의 기초 위에서 형성되었으므로 서구 언어 이론의 어느 부분이 중국어 연구에 적합하고 어느 부분이 적합하지 않은지 그 정도를 우선적으로 고려해야 할 것이다.

이러한 논지에서 이 책은 송대 소옹(邵雍, 1011-1077)이 편찬한 『황극경세서(皇極經世書)』의 「성음창화도(聲音唱和圖)」를 통해 한자 문화권을 특징짓는 어음에 대한 연구 전통을 탐색하고자 한다.

소옹과 『황극경세서』 「성음창화도」에 대한 후세의 평가는 참으로 특이하다. 소옹은 '북송오자(北宋五子)'로 추앙되었고 그의 『황극경세서』 「성음창화도」는 남송 · 명 · 청뿐만 아니라 조선의 성운 연구에 심원한 영향을 미쳤다. 조선조 이규경(李圭景, 1788-?)은 소옹이야말로 성음학자(聲音學者) 중의 제일인자(第一人者)라고 하면서 "소자(邵子)의 성음학

5 인구어(印歐語)는 단어의 형태 변화가 심한 언어이지만, 중국어는 기본적으로 단음절성의 언어(mono-syllabic language)이며 인칭 · 수 · 시제에 따른 동사의 형태 변화가 없고 의미가 어순이나 기능사(허사)에 의하여 정해지는 고립어(isolating language)로서 글자마다 하나의 음절과 의미를 갖추는 문자 체계의 특징을 갖고 있다.

에 능통해야만 비로소 운학(韻學)을 알 수 있을 것이다"[6]라고 평하였다. 이규경뿐만 아니라 조선 시기 학자들의 문집에서 소옹과 그의 저서는 매우 빈번하게 인용되었음을 알 수 있다.[7] 그러나 오늘날 서구의 역사언어학(historical linguistics)의 영향을 받은 대부분의 중국 음운학 서적에서는 소옹과 그의 『황극경세서』「성음창화도」를 참으로 미비하게 다루고 있다.[8] 대체로 『황극경세서』「성음창화도」가 북송 시기의 실제 어음의 특징을 반영하는 언어 자료라는 점에만 인식을 같이하고 있을 뿐이다.[9] 이러한 평가는 혹시 오늘날 서구 언어학의 관점에 초점을 두어 『황극경세서』「성음창화도」의 가치를 제대로 인지하지 못한 것이 아닐까?

언어와 문자가 문화를 구성하는 필수적인 요소라면 어음에 대한 연구의 전통도 각 문화별로 민족적 또는 지역적인 개성을 갖고 있기 마련이다. 한자를 사용하였던 고대 문인들은 언어를 분석하는 데에 있어 주관적인 체험을 중시하여 많은 개념과 범주가 대체로 개인의 직감에서 표현되었으며 또한 간단한 형상 및 비유를 들어 자신의 어감과 느낌을 나타내었다. 또한 각 왕조에서 편찬한 각 운서에 제시된 표준음 체계는 왕도 지역의 표준어 음운 체계가 아닌[10], 시·공간을 초월하여 모두 사용될 수

6 "能通邵子之聲音者, 始能知韻字乎." (이규경, 『오주연문장전산고(五洲衍文長箋散稿)』 XⅦ, 서울: 민문고, 1989, 218쪽.)

7 한국고전종합DB(http://db.itkc.or.kr)에서 '소옹(邵雍)'으로 622건이 검색되었고, 그의 저서인 『황극경세서(皇極經世書)』로 237건의 자료가 검색되었다.

8 현대적 의미에서의 본격적인 중국 언어학 연구는 버나드 칼그렌(Klas Bernhard Johannes Karlgren, 1889-1978)의 『중국음운학연구(中國音韻學研究)』(*Etudes sur la Phonologie Chinoise*, 1915-26)에서 비롯되었다. 1940년대 그의 학설은 중국 언어학계를 완전히 장악하였고, 60년대까지 가장 유력한 학설로서 위치를 고수하였다.

9 당작번(唐作藩)이 지은 『음운학교정(音韻學教程)』에도 소옹과 『황극경세서』「성음창화도」에 대해 단 1줄 기록되어 있을 뿐이다. "……第三类是完全打破了傳統廣韻系統, 根据當時口語音, 重新編制的圖表. 这一類的韻圖有宋代邵雍的《皇極經世·声音唱和圖》……"(『음운학교정(音韻學教程)』, 북경대학출판사, 1991, 73쪽.)

10 오늘날 '표준어'에 대해 다음과 같이 정의하고 있다. "한 나라가 언어의 통일을 위하

있는 인위적이고 이상적인 음운 체계였다. 이러한 연구 방법을 오늘날 서구 언어학에 경도된 학자들의 관점으로 이론 체계의 온전성, 논리 분석의 엄밀성 그리고 개념 표현의 명확성 등이 결핍되었다고 해서 가치가 없는 것으로 간주해서는 안 될 것이다. 이는 '만물동원(萬物同源)', '천인합일(天人合一)'의 자연 법칙을 중시하는 한자 문화권의 사유 방식과 표의문자인 '한자'의 특징에서 배태된 어음 연구 전통이었기 때문이다.

이 책은 다음과 같은 순서로 구성되었다.

먼저, 1장에서는 한자 문화권의 사유의 특징과 어음 인식의 발전 추이를 통하여 한자 문화권에서 형성된 정음관의 문화적 배경을 고찰하였다.

2장에서는 소옹과 『황극경세서』「성음창화도」에 초점을 맞추어 북송 시기의 시대적 · 학술적 배경과 소옹이 『황극경세서』「성음창화도」의 정음관을 구성하게 된 개인적인 이력 및 학문적 성과에 대해 조명하였다. 그리고 『황극경세서』「성음창화도」의 체제를 분석 · 고찰하고자 그의 상수학적 체제를 살펴보았고, 내부 음운 구조를 탐색하고자 전인들의 연구 성과를 소개한 후, 동시기의 운서와 운도 및 몇몇 현대 방언의 음운 체계를 적극 활용하여 『황극경세서』「성음창화도」에 구현된 규범적 어음 체계를 재구하였다.

3장에서는 후세에 소옹의 정음관이 영향을 미친 방식과 특징에 대해 고찰하였다. 먼저 수조의 『절운(切韻)』, 당조의 『당운(唐韻)』, 송조의 『광운(廣韻)』 · 『집운(集韻)』 · 『예부운략(禮部韻略)』, 금조의 『오음집운(五音集韻)』, 원조의 『고금운회거요(古今韻會擧要)』, 명조의 『홍무정운(洪武正韻)』, 청조의 『음운천미(音韻闡微)』 · 『강희자전(康熙字典)』 등 각 왕조에

여 표준으로 정한 말. 우리나라에서는 교양 있는 사람들이 두루 쓰는 현대 서울말로 정함을 원칙으로 한다."(고려대학교민족문화연구원, 『고려대 한국어대사전』, 고려대학교민족문화연구원출판사, 2009.)

서 편찬된 10편의 흠정운서의 「서문」을 주해하여 이를 통해 각 시대별 언어관에 대해 살펴보았으며, 아울러 당시 편찬된 운도를 통하여 정음관의 변천과 당시 학자들이 어떻게 정음관을 이해하였는가에 대하여 고찰하였다.

4장에서는 조선에 『황극경세서』의 「성음창화도」가 전파된 경위, 조선 전기 훈민정음 창제와 더불어 『동국정운』과 『홍무정운역훈』의 편찬 배경과 의의에 대해 탐색하였다. 그리고 조선 후기의 시대적 배경과 아울러 서경덕, 최석정, 황윤석이 어떻게 조선의 실정에 맞게 『황극경세서』 「성음창화도」의 정음관을 창조적으로 변용시켰는가에 초점을 맞추어 그들의 연구 방법과 성과를 고찰하였다.

이 책은 한자 문화권을 특징짓는 어음에 대한 연구 전통을 탐색하고 아울러 『황극경세서』 「성음창화도」의 언어학적 위치를 재조명하고자 한다. 이 책의 논의를 통해 한자 문화권 고유의 사유 방식과 어음 구조에 대한 고도의 변별력이 집약되어 정음관이 도출되었으며, 북송 시기의 시대적 요청과 소옹 개인의 특수한 이력에 의해 『황극경세서』 「성음창화도」로 정음관의 면모가 구체적으로 구현되었음을 인식하여, 정음관에 대한 올바른 이해를 바탕으로 송 · 원 · 명 · 청 시기 및 조선 시기의 적지 않은 어음 자료의 진상을 정확하게 파악해보고자 한다.

제1장

정음관 형성의 배경

문화는 각기 고유한 사유 특징을 가지고 있고 자체의 독특한 세계관 속에서 과학, 문학, 예술, 종교, 교육, 풍속 등의 각 분야를 유기적으로 통합하고 있다. 그러므로 우리가 어느 문화 형태를 연구하려면 그 문화의 고유한 특징을 널리 살펴보지 않을 수 없다. 본 장에서는 한자 문화권의 사유 특징과 어음 인식의 발전 추이를 통해 정음관이 형성된 문화적 배경에 대해 논의하고자 한다.

1. 한자 문화권의 사유의 특징

1) 천인합일 사상

동아시아 지역은 예로부터 농업을 위주로 하는 사회였다.[1] 이는 자연

1 여씨춘추(呂氏春秋)』「상농(上農)」: "古先聖王之所以導其民者, 先務於農. 民農非徒爲地利也, 貴其志也, 民農則樸, 樸則易用, 易用則邊境安, 主位尊. 民農則重, 重則少私義, 少私義則公法立, 力專一民農則基産復, 其産復則重徙, 重徙則死處, 而無二慮. 舍本而事末則

에의 의존도가 상당히 높았던 삶이라는 의미를 내포한다. 예로부터 고대인들은 자연을 면밀히 관찰하여 반복적으로 되풀이되는 현상들의 연계성을 찾고자 하였고 또 관찰한 결과를 표현할 수 있는 체계를 만들어내어 발전시켰다. 이에 음양오행의 유기체적 관념이 싹텄고 해마다 되풀이되는 생활 속에서 순환론적 관념이 생기게 되었다. 그런데 이러한 체계가 합리적인 관념으로 권위를 갖게 되자 생활 경험으로부터 귀납되었던 이 체계는 모든 것을 연역해내기 시작하였다. 우주와 미세한 생물 구조도 이 체계로서 해명되었으며 과거에 대한 해석과 미래에 대한 추측 그리고 모든 삶의 양식도 이 체계로부터 나왔다. 실로 이 체계는 세계에 대한 모든 궁금증을 푸는 열쇠였고 문화의 기초가 되었다.

이러한 사고의 원형에서 하늘과 사람의 관계를 논하는 '천인합일(天人合一)' 사상이 형성되었으며, 이는 한자 문화권의 전통 사유 방식의 기본 명제이자 출발점이 되었다. 현대 중국 철학자 전목(錢穆, 1895-1990)은 "중국 문화 가운데 천인합일 관념은 실로 전체 중국 전통 문화 사상의 귀착점"이라고 하였고,[2] 장대년(張岱年, 1909-2004)도 중국의 고유 사상(철학)이 인도나 서양의 그것과 대별되는 가장 본질적인 특성은 바로 '천인합일'이라고 하였다.[3] 물론 학자들마다 천(天)과 인(人)의 개념을 다르게 해석할 수 있다. 그러나 중국 문화의 고유성을 탐구하는 데에 있어서 천인합일 사상이 전체 중국 고대 철학사를 관통하고 있으며 중국 고대의

不令, 不令則不可以守, 不可以戰. 民舍本而事末則其産約, 其産約則經遷徙, 輕遷徙則國家有患. 皆有遠志, 無有居心."

2 전목(錢穆), 「중국문화는 인류의 미래에 어떤 공헌이 있는가(中國文化對人類未來可有的貢獻)」: "中國文化中, 天人合一觀, 雖是我早年已屢次講到, 惟到最近始澈悟此一觀念實是整個中國傳統文化思想之歸宿處."(유몽계(劉夢溪) 주편, 『중국문화(中國文化)』제4기, 북경: 삼련서국(三聯書店), 1991, 93-96쪽.)

3 장대년(張岱年), 『중국철학대강(中國哲學大綱)』, 북경: 중국사회과학출판사(中國社會科學出版社), 1994, 5-9쪽.

주요 철학이 논증하려는 최후의 결론이었다는 점에 대해서는 누구도 선불리 이의를 제기할 수 없을 것이다. 이러한 천인합일 사상은 비단 중국에만 국한된 고유 사상은 아니다. 언어 체계가 다르지만 '한자'라는 공동의 문자 체계를 사용하여 지속적인 문화 교류를 하였던 한국 · 일본[4] 등 동아시아 지역 국가의 고대 철학에서도 이러한 사유 방식의 예가 드물지 않게 발견되기 때문이다.

먼저 '천인합일'의 구절을 이해하기 위해 고대인의 우주 질서에 대한 견해를 살펴보자. 고대에 가장 유행했던 관점에 의하면 천지가 형성되기 전 깜깜한 공간에는 엉켜서 분화되지 않은 원기(元氣)만 존재하고 있었는데 이를 태극이라고 한다. 태극이 음양(陰陽) 양의(兩儀)로 나뉘어 천지가 생기고 또 양의(兩儀)는 한 번 음이 되었다 한 번 양이 되었다 하여 사상(四象) · 팔괘(八卦)로 나뉘어 세상의 만물이 생겨났다.[5] 그러므로 태극(太極) · 음양(陰陽) · 사상(四象) 등은 모든 사물의 본체이며 동시에 음양의 기(氣)는 만물의 품성에 선천적으로 부여된다. 이에 상관된 '천인합일'의 사상은 인품(人品)이 음양의 기(氣)를 부여받아 자연계와 불가분의 관계가 있다고 인식한다. 즉 인사(人事)에는 천도(天道)가 포함되고 아울러 천지 만물과 동일한 음양오행 등의 근본 요소를 갖추고 있어 사람과 천지 · 자연이 서로 감응하고 교류하면서 영향을 미친다는 것이다. 그리하여 『주역(周易)』의 「건괘(乾卦)」에서는 다음과 같이 말하고 있다.

> 대저 큰 사람은 하늘과 땅과 더불어 그 덕성을 같이하고 해와 달과 더불어 그 밝음(총명)을 같이하고, 네 계절과 더불어 그 삶의 질서를 같이하고, 귀신과 더불어 그 길흉을 같이한다.[6]

---

4 창택행양(倉澤行洋), 『동양과 서양(東洋と西洋)』, 동방출판사(東方出版社), 1992, 52-54쪽.

5 『주역(周易)』「계사하전(繫辭下傳)」

즉, 자기 존재에 내재하는 생명의 특성을 완전히 발휘한 사람은 자연의 질서에 순응하고 자연과 더불어 화해하는 지고의 경지에 도달한다는 것이다. 이러한 '천인합일' 사상은 『주역』에서뿐만 아니라 선진 시기의 많은 경전에서도 발견된다. 『중용』에는 다음과 같은 구절이 있다.

> 오로지 하늘 아래 지극한 정성을 가진 사람만이 그 자신이 가지고 있는 본성을 온전히 발휘할 수 있다. 자기 본성을 온전히 발휘할 수 있게 되면 타인의 본성 또한 온전히 발휘할 수 있게 한다. 타인의 본성을 온전히 발휘할 수 있게 하면 뭇 사물의 본성 또한 온전히 발휘할 수 있게 한다. 뭇 사물의 본성을 온전히 발휘할 수 있게 하면 하늘과 땅의 변화와 양육을 도울 수 있다. 하늘과 땅의 변화와 양육을 도울 수 있으면 그러한 사람은 하늘과 땅과 더불어 삼위일체가 된다.[7]

여기서는 인간을 대우주의 끊임없는 창조 과정에 동참하는 위대한 존재로 승화시키고 있는 것이다.

한국의 고대 사회도 농업을 위주로 한 자연 경제의 삶을 영위하였고 연원 깊은 고유의 철학 전통과 개성 있는 문화 역량을 보유하고 있다. 삼국 시기부터 중국의 유가 사상이 전해져 유가의 천명(天命) 사상은 한국의 전통 고유 사상에 깊은 영향을 미치게 되었는데 특히 고려 말 조선 초에는 송대의 정주학(程朱學)이 전해져 송대 이학(理學)의 천인합일 사상이 조선에까지 유행되었다. 이 시기 정주리학(程朱理學)의 대표적 인물로는 이색(李穡, 1328-1396) · 정몽주(鄭夢周, 1337-1392) · 정도전(鄭道傳,

6 『주역(周易)』「건괘(乾卦)」: "夫大人者, 與天地合其德, 與日月合其明, 與四時合其序, 與鬼神合其吉凶."

7 『중용(中庸)』: "唯天下至誠, 爲能盡其性. 能盡其性, 則能盡人之性. 能盡人之性, 則能盡物之性. 能盡物之性, 則可以贊天地之化育. 可以贊天地之化育, 則可以與天地參矣."

1337-1398) 등을 들 수 있는데 이들의 학설 또한 천인합일에 대한 논술이 적지 않다. 가장 명확하게 천인합일 사상을 제시한 이는 권근(權近, 1352-1409)[8]인데 그는 다음과 같이 말하고 있다.

> 사람과 동식물 등 수천수만 가지 형상을 가진 존재가 각기 성명(性命)을 바르게 하는 것은 모두 하나의 태극에서 흘러나온 것이기 때문이다. 그러므로 만물은 각기 하나의 이(理)를 갖추고 있고, 만 가지 이(理)는 똑같이 한 가지 근원에서 나온다. 풀 한 포기 나무 한 그루도 각각 하나의 태극으로, 천하에 성(性)을 벗어나 있는 것은 아무것도 없다. 그렇기에 『중용』에서 '자기의 성(性)을 다 발휘할 수 있으면 남의 성을 다 발휘할 수 있고 만물의 성을 다 발휘할 수 있으며 나아가 천지의 변화와 양육에 참여할 수 있다'고 하였으니, 오호라, 지극하구나.[9]

> 대체로 천지만물은 본래 동일한 한 몸이었다. 그러므로 사람의 마음이 바르면 천지의 마음도 바르고, 사람의 기가 순조로우면 하늘의 기도 순조롭다. 이렇게 천지의 재앙과 축복은 사람이 하는 일이 바르냐 그르냐에 달려 있다. 사람이 하는 일이 바르면 재앙과 축복이 그 정상을 따라 내리겠

---

8 여말선초의 대학자. 자는 가원(可遠)이고 호는 양촌(陽村). 주요 저작으로는 『입학도설(入學圖說)』, 『오경천견록(五經淺見錄)』, 『사서오경구결(四書五經口訣)』 등 유가 계통의 책들과 후인이 편찬한 『양촌집(陽村集)』 40권이 있다. 『입학도설(入學圖說)』은 유학자들이 중요시한 문제와 개념을 도식화해서 해석하였는데 「천인심성합일지도(天人心性合一之圖)」, 「천인심성분석지도(天人心性分釋之圖)」, 「대학지장지도(大學指掌之圖)」, 「중용수장분석지도(中庸首章分釋之圖)」, 「중용분절변의(中庸分節辨議)」, 「어맹대지(語孟大旨)」, 「오경체용합일지도(五經體用合一之圖)」, 「오경분체용지도(五經分體用之圖)」가 있다. 그중 「천인심성합일지도(天人心性合一之圖)」를 맨 앞에 두어 천인합일(天人合一) 사상을 강조하고 있다.

9 권근(權近), 『입학도설(入學圖說)』: "人獸草木千形萬狀, 各正性命者, 皆自一太極中流出. 故萬物各具一理, 萬理同出一源, 一草一木各一太極, 而天下無性外之物, 故中庸言, 能盡其性, 則能盡人之性, 能盡物之性, 而可以贊天地之化育, 嗚呼, 至哉"

지만, 사람의 하는 일이 그르면 재앙과 축복이 그 정상과 반대되어 나타날 것이다.[10]

권근은 천인합일 사상을 주장하면서 하늘과 사람이 서로 통하는 닮은꼴이라고 하였다. 이외에 조선 전반기의 철학 사상 및 그 이후의 철학 사상에도 대체로 천인합일의 색채를 띠고 있다.[11] 이로 볼 때, 조선은 중국과 기본적으로 비슷한 사유 방식과 정서를 공유했음을 알 수 있다.

서로 다른 사유 방식은 각 문화 체계의 근본적인 차이를 야기한다. 한자 문화권의 주도적 사유 방식은 천인합일 사상이었고 우주론 · 인생론 · 지식론 등 문화를 이루는 요소들은 모두 이러한 인식의 출발점에서 파생되어 나왔으므로 문화를 이루는 각 부분에는 모두 이러한 관념의 흔적이 묻어 있다. 특히 우리는 한자의 전통 언어관에 용해되어 있는 천인합일 사상을 추출해봄으로써 그것을 직접 확인할 수 있을 것이다.

2) 어음의 교화 사상

한자 문화권에서 고대인들이 음악을 신성시(神聖視)하였음을 주목하여보자. 그들은 음악이 위로는 천도(天道)에 부응하고 아래로는 민정(民情)과 어우러지며[12] 오행(五行) · 오방(五方) · 사시(四時)와도 배합되

---

10 『삼봉집(三峰集)』 10권 「심문천답(心問天答)」: "蓋天地萬物, 本同一體, 故人之心正, 則天地之心亦正; 人之氣順, 則天地之氣亦順. 是天地之有災祥, 良由人事之有得失也. 人事得, 則災祥順其常; 人事失, 則災祥反其正"

11 이상의 논의는 계선림(季羨林), 「천인합일신해(天人合一新解)」, 『전통문화와 현대화(傳統文化與現代化)』, 북경: 중화서국, 1993, 9-16쪽; 주홍성(朱紅星) · 이홍순(李洪淳) · 주칠성(朱七星) 공저, 『조선철학사상사(朝鮮哲學思想史)』, 연변인민출판사, 1989, 98-126쪽 참조.

12 『예기(禮記)』 「악기(樂記)」: "樂者天地之和也.", "樂者通倫理者也.", "審樂以知政, 而治道備矣."

고,[13] 아울러 왕조의 흥쇠와 백성의 교화에도 모두 직접적으로 관련된다고 여겼다.

> 나라가 잘 다스려질 때의 음악은 편안하고 즐거우니 그 정치가 조화롭고, 나라가 어지러울 때의 음악은 원망과 분노가 스며 있으니 그 정치는 도리에 어긋나며, 나라가 망해갈 때의 음악은 슬프면서도 애틋하니 그 백성들이 고통에 시달리기 때문이다. 음악의 도는 정치와 통하는 것이다.[14]

> 시를 통해 감흥을 일으키고 예를 통해 서며 음악을 통해 인간을 완성한다.[15]

> 윗사람을 편안하게 하고 백성을 잘 다스리는 데는 예(禮)보다 좋은 것이 없고, 풍속을 고치고 바꾸는 데는 악(樂)보다 좋은 것이 없다.[16]

그들은 음악으로 덕성의 아름다움을 계발하고 표현하며, 예술적 감화력을 통해 인간의 성정을 바르게 인도하는 교육의 수단으로 음악이 사용되어야 한다고 여겼다.[17]

---

13 『회남자(淮南子)』「천문훈(天文訓)」: "律曆之數, 天地之道也.", 『백호통(白虎通)』: "東方木, 其音角; 南方火, 其音徵; 西方金, 其音商; 北方水, 其音羽; 中央土, 其音宮."

14 『예기(禮記)』「악기(樂記)」: "治世之音, 安以樂, 其政和, 亂世之音, 怨以怒, 其政乖, 亡國之音, 哀以思 其民困, 聲音之道, 與政通矣."

15 『논어(論語)』「옹야(雍也)」: "興於詩, 立於禮, 成於樂."

16 『백호통(白虎通)』「예악(禮樂)」: "安上治民莫善于禮, 移風易俗莫善于樂."

17 이외에도 다음의 예문이 있다. 『여씨춘추(呂氏春秋)』「대악편(大樂篇)」: "음악의 유래는 아주 오래다. 도량(度量)에서 생겨 태일(太一)에 근본하였다. 태일(太一)이 양의(兩儀)를 낳고 양의(兩儀)가 음양(陰陽)을 낳아, 음양(陰陽)이 변화하여 한 번 위로 가고 한 번 아래로 가서 그것들이 합하여 문장을 이룬다. 어지러이 떨어졌다가는 다시 합하고, 합하였다가는 다시 떨어진다. 이것을 천상(天常)이라고 한다. 천지는 차 바퀴와 같아 끝났다가는 다시 시작하고 극에 이르면 다시 돌아와 모두 합하지 않는 것이 없

> 인간은 즐겁지 않을 수 없고, 즐거우면 흥겨운 감정을 겉으로 드러내지 않고는 견딜 수 없게 되며, 감정이 겉으로 드러나는 경우 이를 바르게 인도하지 않으면 혼란이 일어나지 않을 수 없게 된다. 선왕은 이러한 혼란을 몹시 싫어하였다. 그래서 아(雅)와 송(頌)의 음악을 제정하여 바르게 인도하여 노래 가락이 즐거움을 다하되 지나친 데로 흐르지 않게 하였다.[18]

> (음악으로) 백성을 변화시키기는 쉽고 음악으로 백성을 교화한 효과는 두드러진다. 노랫소리는 화합하는 마음에서 생겨나고 사람의 감정에 뿌리를 두기 때문에 피부에 닿고 골수에 박힌다.[19]

이와 같이 음악 예술을 통해 교화적 측면을 강조한 것은 음악을 통해 '천인합일'을 이루려는 천인합일 사상의 보조적 이념으로 생각할 수 있다.

어음에도 음률처럼 높이 · 세기 · 길이 · 빠르기 · 리듬이 구비되어 있고 모두 음색(音色)을 중시한다. 특히 중국어의 중요한 변의 작용을 일으키는 성조는 고(高) · 저(低) · 승(升) · 강(降)으로 미끄러져서 마치 멜로디처럼 들린다. 중국 고대에는 언어(어음) 교육을 음악 기관에서 담당하였고[20] 어음과 음악을 모두 소리의 범주에 넣어 따로 구분하지 않았다. 음악에서 사용되는 많은 용어들이 만들어진 과정을 되새겨볼 때도 대부분 '음(音)'자에서 따온 것이 아니라 '언(言)'(요(謠) · 구(謳) · 영(詠) · 송

다.(音樂之所由來者遠矣. 生於度量, 本於太一. 太一出兩儀, 兩儀出陰陽, 陰陽變化, 一上一下, 合而成章. 渾渾沌沌, 離則復合, 合則復離. 是謂天常. 天地車輪, 終則復始, 極則復反, 莫不咸當.)"

18 『순자(荀子)』「악론(樂論)」: "人不能不樂, 樂則不能無形, 形而不爲道, 則不能無亂, 先王惡其亂也, 故制雅頌之聲而道之, 使其聲足以樂而不流."

19 『한서(漢書)』「동중서전(董仲舒傳)」: "其變民也易, 其化人也著, 故聲發于和而本于情, 接于肌膚, 藏于骨髓."

20 『주례(周禮)』「대사악(大司樂)」: "以樂德教國子, 中和祇庸孝友, 以樂語教國子, 興道諷誦語言."

(誦) · 조(調)), '흠(欠)'(가(歌)), '구(口)'(창(唱) · 화(和) · 방(嗙))자에서 비롯된 경우가 많다. '언(言)'과 '음(音)'의 자형을 보더라도 갑골문에서는 '언(言)'과 '음(音)'이 로 호용(互用)되었고[21], 『설문해자(說文解字)』에서는 금문(金文)의 '언(言)' , '음(音)' , 소전(小篆)의 '언(言)' 과 '음(音)' 은 모두 '음(音)'이 '언(言)'에 한 획을 더한 것[从言含一]이라고 설명하였다.[22] 그러므로 어음을 분석할 때 궁(宮) · 상(商) · 각(角) · 치(徵) · 우(羽)의 오음(五音)과 청탁(淸濁) 등의 음악 용어를 빌려 사용한 것은 무척 자연스러운 것이었다.

주대(周代)에는 이미 가창(歌唱)을 가르치는 구체적인 방법이 있었는데 그중 음정을 훈련할 때 빠르기의 여하에 따라 궁치(宮徵)를 표준으로 삼았다.[23] 양한(兩漢) 시기에는 이 방법을 글자의 성조를 구별하는 데 적용시켰고, 음악의 궁 · 상 · 각 · 치 · 우를 이용하여 글자 음을 변별하였다.[24] 동한(東漢) 이후에는 '독약(讀若)', '직음(直音)' 등으로 발음을 구체적으로 묘사하는 방법이 유행하였는데, 이때에도 음악 용어가 대량 사용되었다. 또한 삼국 시기 위대(魏代)의 이등(李登)은 '오성(五聲)으로 글자의 이름을 붙여[以五聲命字]'[25] 중국 최초의 운서인 『성류(聲類)』를 편찬하였는데, 여기의 오성(五聲)은 궁 · 상 · 각 · 치 · 우를 의미하는 것으로 보인

---

21 『한어대자전(漢語大字典)』: "音, 指事. 从言含一. 甲骨文 言 `音互用, 金文 `小篆在言中加一横, 表示所發之音. 本義: 聲音", "言, 指事. 甲骨文字形, 下面是舌字, 下面一横表示言從舌出. 言是張口伸舌講話的象形. 從"言"的字與說話或道德有關. 本義: 說, 說話."

22 청대 진창치각본(陳昌治刻本) 『설문해자(說文解字)』: " 聲也. 生於心, 一有節於外, 謂之音. 宮商角徵羽, 聲; 絲竹金石匏土革木, 音也. 从言含一. 凡音之屬皆从音. 於今切"

23 『한비자(韓非子)』「외저설우상(外儲說右上)」: "夫教歌者, 先使呼而詘之, 其聲及淸徵者乃教之. 一曰: 教歌者先揆以法, 疾呼中宮, 徐呼中徵. 疾不中宮, 徐不中徵, 不可謂教."

24 왕충(王充) 『논형(論衡』「힐술편(詰術篇)」: "五音之家用口調姓名及字, 用姓定其名, 用名正其字. 口有張歙, 聲有外內, 以定五音宮商之實."

25 당(唐) 봉인(封演) 『봉씨견문기(封氏聞見記)』: "魏時有李登者, 撰『聲類』十卷, 凡一萬一千五百二十字, 以五聲命字, 不立諸部."

다.[26] 이후 당송과 명청 시기에 제작된 많은 운서와 운도에 있어서도 음악 용어는 필수 요소였다. 예를 들어 정초(鄭樵, 1104-1162)는 아래의 그림과 같이 『칠음략(七音略)』의 36자모에 의도적으로 전통적 성음 개념인 궁상각치우(宮商角徵羽)의 오음(五音)과 결합시켜 운도가 반영하는 표준 음계에 신비적 색채를 띠게 하였다.

전통 음운학에 음악 용어가 차용되면 음악이 내포하고 있는 의미와 연계되어 이중적 효과가 파생되었다. 즉 어음을 분석하는 데 신비적 색채가 묻어 있는 음악 용어를 사용함으로써 어음의 체계가 신비하고 선천적인 어떤 규칙의 지배를 받는다는 선입견을 조장하였고, 또 어음 분석의 시간적 잣대를 현실의 실제 어음을 분석하는 데에 두지 않고 대체로 만물의 본원 속에서 어음의 본질을 해석하는 데에 두게 되었다. 즉 어음은 인사(人事)의 일부이지만 엄격한 체계성을 띠고 있어서 옛날 사람의 눈에는 어음 안에 음양오행의 근본 요소와 정제된 구조 방식이 갖추어져 있는 것으로 비추어졌을 것이다. 그들은 의식적이든 무의식적이든 어음 체계에 신비적 색채를 부여하고 외재적인 철학 개념과 연관 지어서 어음을 분석하였다. 그리하여 음운학자마다 성(聲)·운(韻)·조(調)를 궁상각치우(宮商角徵羽)의 오음(五音)이나 청탁(淸濁) 또는 사시(四時)·오방(五方) 등의 용어와 배합시킬 때 처리 방식에 있어서도 각각 많은 차이가 있다. 그런데 이러한 점은 조금도 이상하게 여길 필요가 없다. 그들 간의 배합은 인위적인 것일 뿐 필연적인 관계가 없기 때문이다. 결론적으로

26 장청상(張淸常)은 '성(聲)·운(韻)·조(調)·청탁(淸濁)·경중(輕重) 등은 본래 음악 용어였는데 전통 음운학에서 주로 사용되어 고정화되었다. 몇몇 학자들이 이 점에 주의를 기울이지 않고 음운학에서 전용하는 용어로만 알아 위진 육조 문인들의 음운에 대한 논의를 알 듯 말 듯하게 해석하였다'고 평하였다. (「중국 성운학에서 차용한 음악용어(中國聲韻學所借用的音樂述語)」, 『언어학논문집(語言學論文集)』, 북경: 상무인서관, 1993, 209-223쪽 참고.)

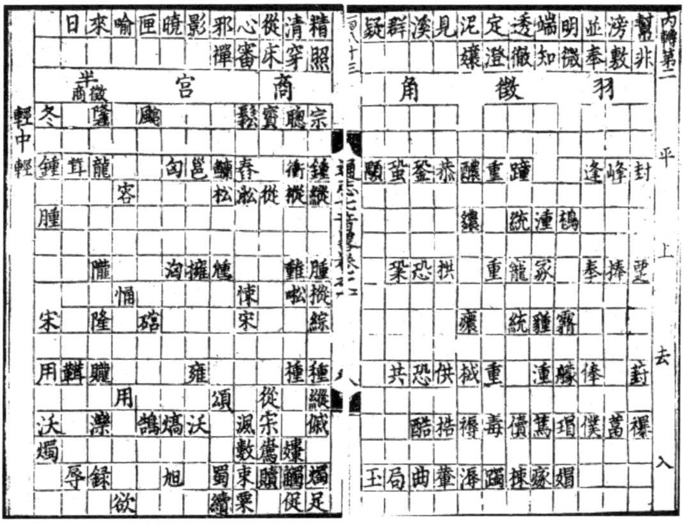

<table>
<tr><td rowspan="3">輕
中
輕</td><td>日</td><td>來</td><td>喩</td><td>匣</td><td>曉</td><td>影</td><td>邪</td><td>心</td><td>從</td><td>淸</td><td>精</td><td>疑</td><td>群</td><td>溪</td><td>見</td><td>泥</td><td>定</td><td>透</td><td>端</td><td>明</td><td>並</td><td>滂</td><td>幫</td><td rowspan="3">內
轉
第
二</td></tr>
<tr><td></td><td></td><td></td><td></td><td></td><td></td><td>禪</td><td>審</td><td>床</td><td>穿</td><td>照</td><td></td><td></td><td></td><td></td><td>孃</td><td>澄</td><td>徹</td><td>知</td><td>微</td><td>奉</td><td>敷</td><td>非</td></tr>
<tr><td colspan="2">半
商徵</td><td colspan="4">宮</td><td colspan="5">商</td><td colspan="4">角</td><td colspan="4">徵</td><td colspan="4">羽</td></tr>
</table>

『칠음략(七音略)』의 36자모와 음악용어의 배합.

이러한 시도는 어음 연구에 천인합일 사상이 구현된 것이고 바로 한자 문화권의 사유 특징에 기인한 것이기 때문이다.

3) 순환론적 시간 관념

음양오행설에는 변화의 관념이 풍부하다. 음양오행설이 나타내고자 하였던 전체가 결국은 자연의 변화 자체이거나 그를 통해 관찰되는 '일정한 경향성'이기 때문이다. 그러므로 '창조하고 또 창조하는 것, 그것이야말로 우주의 변화 그 자체, 곧 역(易)이다[生生之謂易].'라고 말한다. 고대인의 우주 변화에 대한 체험 세계를 서술한 『주역』의 다음 문장을 되새겨 보자.

> 일월의 운행은 추위와 더위가 부단히 교체한다.[27]

> 해가 가면 달이 오고 달이 가면 해가 온다. 일월이 서로 밀어서 밝음이 생겨난다. 추위가 가면 더위가 오고 더위가 가면 추위가 온다. 추위와 더위가 서로 밀어서 한 해가 이루어진다.[28]

그러나 음양오행설에서의 변화는 직선형의 모습을 띠지 않는다. 그것은 나선형의 원을 그린다. 곧 원운동이 음양오행설의 변화 도식이며 그것은 순환론의 도식이기도 하다. 순환론에서의 변화는 엄밀한 의미에서 변화가 아닐 수 있다. 일정한 기간에 이루어지는 변화는 항상 동일하기 때문이다. 목, 화, 토, 금, 수의 계기적 변화가 일단락이 되면 다시 목, 화, 토, 금, 수로 시작하는 변화 과정이 되풀이되는 것이다. 이 변화의 체계는 천도(天道)의 체현이며 천도는 일정불변하여 과거라고 모자라지도 않고 현재라고 덧붙여지는 것도 아니다. 따라서 직선적으로 나아가는 시간 개념은 존재할 수 없다. 이에 근거하면 음양오행설의 변화 관념을 부정할 수도 있겠지만 그곳에 단선적이고도 진화론적인 발전의 개념이 존재하지 않는 것만은 확실하다.

> 하늘에는 오행이 있으니 첫 번째가 목이고 두 번째는 화이고 세 번째는 토이고 네 번째는 금이고 다섯 번째는 수이다. 목은 오행의 시작이고

---

27 『주역(周易)』「계사전(繫辭傳)」: "日月運行, 一寒一暑"

28 『주역(周易)』「계사전(繫辭傳)」: "日往則月來, 月往則日來, 日月相推而明生焉. 寒往則暑來, 暑往則寒來, 寒暑相推而歲成焉"

수는 오행의 끝이며 토는 오행의 가운데이다. 이것은 '하늘이 만들어낸 질서'이다.[29]

이러한 음양오행론에 입각한 역사 체계에 의하면 왕조의 변천도 인간의 의지로는 바꿀 수 없는 어떠한 힘의 지배를 받게 된다. 즉 역사의 변동은 영웅에 의해 결정되거나 인간의 의지에 따라 바뀌는 것이 아니라 목, 화, 토, 금, 수의 순환에 의해 끊임없이 되풀이된다는 것이다.

장차 제왕이 일어나려고 할 때는 반드시 하늘이 먼저 백성들에게 상서로운 조짐을 보인다. 황제의 때에는 하늘에 큰 지렁이와 땅강아지를 나타나게 하였다. 그래서 황제가 '토기(土氣)가 성하다'고 하였으니 토기(土氣)가 성하였으므로 색은 황색을 숭상하고 일은 토덕(土德)에 맞추어 행하였다. 우왕 때에는 하늘이 가을과 겨울이 되어도 초목이 죽지 않는 것을 보여주었다. 그래서 우왕은 '목기(木氣)가 성하다'고 하였으니 목기(木氣)가 성하였으므로 색은 청색을 숭상하고 일은 목덕(木德)에 맞추어 행하였다. 탕왕 때에는 하늘이 먼저 물속에서 금속의 병기가 나오게 하였다. 탕왕은 '금기(金氣)가 성하다'고 하였으니 금기(金氣)가 성하였으므로 색은 백색을 숭상하고 일은 금덕(金德)에 맞추어 행하였다. 문왕 때에는 하늘이 먼저 불을 일어나게 하였고 붉은 까마귀가 붉은 책을 입에 물고 주나라의 사직에 모여들었다. 문왕은 '화기(火氣)가 성하다'고 하였으니 화기(火氣)가 성하였으므로 색은 적색을 숭상하였고 일은 화덕(火德)에 맞추어 행하였다. 화(火)를 대체할 것은 틀림없이 수(水)일 것이며 하늘은 먼저 수기(水氣)가 성하다는 것을 보일 것이다. 수기(水氣)가 성하기 때문에 색은 흑색을 숭

29 『춘추번로(春秋繁露)』「오행지의(五行之義)」: "天有五行, 一曰木, 二曰火, 三曰土, 四曰金, 五曰水. 木, 五行之始也; 水, 五行之終也; 土, 五行之中也. 此其天次之序也."

상하고, 일은 수덕(水德)에 맞추어 행할 것이다.[30]

그러므로 고대인들이 보기에 인간의 역사는 과거에 이미 완성되어 있었던 것처럼 보였다. 현재는 과거의 되풀이이고 요(堯)·순(舜) 시대나 하(夏)·상(商)·주(周) 삼대(三代)에서 나타나듯이 과거일수록 오히려 더욱 완벽하다. 따라서 현대인의 임무는 과거를 본받아 재현시키는 것이며 이는 천의(天意)를 받드는 일이기도 하다. 고대인은 원래 자신의 사상을 옛 성왕(聖王)의 가르침과 연결시키고 그 성왕의 시대를 이상적인 시대로 보는 복고적인 경향이 있었다.

이와 같은 순환론적이며 복고적인 시간 관념이 어음(語音)에 적용될 경우, 어음 역시 도의 표현이며 도는 일정불변하므로 옛날 음에 이미 도가 다 표현되어 있다. 따라서 현재 음운학자의 임무는 옛날 음을 다시 구현하여 도를 재현하는 것이라는 어음관이 성립된다.[31] 이러한 어음관은 오늘날 단선적 진화론과 실증주의를 기치로 내걸고 있는 서양 언어학자들의 시각으로는 납득하기 어렵겠지만 한자를 사용하며 지속적인 문화 전통을 이루어왔던 고대인들은 주어진 전통 관념과 사유 방식의 틀에 따라 2천여 년간 어음에 대해 나름대로 진지한 탐색을 벌여왔다.[32] 이러한

---

30 『여씨춘추(呂氏春秋)』「응동(應同)」: "凡帝王之將興也, 天必先見祥乎下民. 黃帝之時, 天先見大螾大螻, 黃帝曰, 土氣勝. 土氣勝, 故其色尙黃, 其事則土. 及禹王之時, 天先見草木, 秋冬不殺. 禹曰 木氣勝. 木氣勝, 故其色尙靑, 其事則木. 及湯之時, 天先見金, 刃生於水. 湯曰, 金氣勝. 金氣勝, 故其色尙白, 其事則金. 及文王之時, 天先見火, 赤鳥銜丹書集於周社. 文王曰, 火氣勝. 火氣勝, 故其色尙赤, 其事則火. 代火者必將水, 天且先見水氣勝. 水氣勝, 故其色尙黑, 其事則水."

31 명대(明代) 관화(官話) 운서들의 복고주의 경향, 청대(淸代)의 고음(古音) 연구, 특히 오늘날 장옥래(張玉來)가 제시한 "존아구정(存雅求正)"은 이러한 맥락에서 이해되어야 할 것이다.(장옥래(張玉來), 「근대한어공통어의 구성특징과 발전(近代漢語共同語的構成特点及其發展」, 『고한어연구(古汉语研究)』, 2000. 2)

32 전통 음운학이란 서방 언어학의 이론과 방법이 도입되기 전의 중국 고유의 음운학을

체계 안에서 오늘날 우리가 어음 변화의 근거와 규칙성을 찾아 고대 어음의 면모를 구현하고자 하는 노력 자체가 무리일지도 모른다. 그러나 다시 우리는 고대인들이 음양오행의 순환적 시간 관념을 실제 어음에 적용시킬 때 야기되었을 고충도 이해할 필요가 있다. 근본적으로 어음은 '변화' 그 자체이므로 그 안에서 순환의 원리를 찾을 수 없기 때문이다. 게다가 한자는 표음문자가 아니므로 시부(詩賦)의 용운(用韻)이나 어음의 식별을 위해 운서(韻書)나 운도(韻圖)가 현실적으로 필요하게 되었는데, 여기에 순환적 시간 관념을 적용시키기는 쉽지 않았을 것이다. 모든 자연의 모습을 통일적으로 설명하는 데 주효했던 인식의 틀이 정면으로 실제 상황과 괴리를 갖는 지점에 이른 것이다.

그러나 고인(古人)들은 '변화 그 자체인 어음'마저도 순환적인 시간 관념과 아울러 천인합일 사상과 성음의 교화 사상에 연관 지어 통일적으로 설명하려고 하였다. 이는 결국 한자 문화권의 고유한 사유 방식에 대한 이해가 전제되지 않고는 납득될 수 없는 것이다. 그리하여 앞의 독특한 사유 특징들은 한자 문화권 고유의 어음관, 즉 정음관(正音觀)이 도출될 수 있는 토대가 되었던 것이다.

이상의 "천인합일", "어음 교화", "순환적 시간 관념"을 통해 한자 문화권의 어음과 시간에 관한 독특한 사유 방식을 살펴보았다. 이제는 '한자'라는 문자적 특성에 연유한 글쓰기 전통에 대해 살펴보도록 하자.

4) 문언과 문언음의 전통

처음 한자를 만들었다고 하는 황제(黃帝)의 사관인 창힐(倉頡)은 네 개

말한다. 2세기 반절(反切)이 만들어진 시기를 상한선으로 삼고 20세기 초 역사비교언어학 방법이 중국어의 연구에 운용된 것을 하한선으로 삼는다면 1700-1800여 년의 역사를 가지고 있다.

의 눈을 가졌다고 한다. 그는 두 눈으로 하늘에 떠 있는 별들의 운행을 관찰하고, 나머지 두 눈으로는 지상에 찍혀 있는 거북과 새의 흔적을 살펴서 한자를 창제하였다고 한다.[33] 이러한 창힐의 전설은 시사하는 바가 크다. 즉 고대인들은 문자가 '소리'가 아닌 사물의 '이미지'가 반영된 것이라고 인식하였다는 점이다. "문(文)"자의 연원을 찾아보더라도 "문(文)"은 원래 "문(紋, 무늬)"의 의미였다. 갑골문에도  또는 , 으로 사람이 서 있는 형상에 문신을 한 모습으로서 '문신' 또는 '무늬'의 의미를 가지고 있다. 이러한 '문(文)'에 대하여 동한(東漢) 허신(許慎, 58?-147?)은 『설문(說文)』에서 다음과 같이 설명하였다.

> 문(文)이란 획이 엇섞인 모양이며, 무늬가 서로 교차되는 형상을 나타낸 것이다. 오늘날은 문(紋)으로 쓴다.[34]

이러한 한자가 문장으로 구성될 경우, 언어 구사 능력과는 또 다른 노력이 요구되었다. 예를 들어, 한자를 결합시켰을 때 글자의 획수뿐만 아니라 글자 모양이 어떻게 어울리는가도 생각하였고, 앞뒤 글자의 독음이 제대로 조화되는가의 여부도 고려해야 하며, 더욱이 한자는 글자마다 성조를 가지고 있으므로 시부(詩賦)를 지을 때는 독음의 조화에 대해 특별한 훈련을 받아야 했다. 때문에 '명구(名句)'나 '묘문(妙文)'이라는 것도 글의 내용보다 한자의 조합이 절묘하여 아름다움의 극치를 이루는 문장이었다. 아마도 중국인들은 문장이란 아름다운 무늬를 직조하듯이 만들어져야 한다고 의식한 듯하다. 합당한 모양과 음의 글자들을 골라서 문장

33 『설문해자(說文解字)』「서문(序文)」: "古者庖犧氏之王天下也, 仰則觀象于天, 俯則觀法于地, 觀鳥獸之文, 與地之宜, 近取諸身, 遠取諸物, 于是始作八卦, 以垂憲象. 及神農氏結繩爲治, 而統其事, 庶業其繁, 飾僞萌生, 黃帝之史倉頡, 見鳥獸蹄蚢之迹, 知分理之可相別異也, 初造書契."

34 『설문해자(說文解字)』: "文, 錯畫也, 象交文, 今字作紋."

을 조립해내는 것이다. 유희(劉熙, 160?-?)도 문장과 무늬가 같은 성질의 것이라고 하면서 다음과 같이 언급하였다.

> 문(文)이란 여러 가지 채색을 모아가지고 비단의 수를 이룬 것이며, 여러 글자들을 모아가지고 말뜻을 이룬 것인데 그것은 수놓은 무늬나 같다는 것이다.[35]

유협(劉勰, 465?-520?)은 문장의 특성에 대해 다음과 같이 규정하였다.[36]

> 예로부터 문장이란 아름답게 다듬어 꾸미는 것을 본질로 하고 있다.[37]

이러한 문장 의식을 바탕으로 동아시아 지역에는 "문언(文言)"이라는 전통적인 글쓰기 양식이 출현하게 되었다. 문언이란 일상 언어(구어)와 유리되어 주로 선진 시기의 문장을 모델로 하여 거기에서 추출된 일정한 언어 규범을 준수하여 모방하는 글쓰기 형식이다. 일상 언어와 유리되었다는 것은 한 개인의 사고가 자연 형태 그대로 반영되지 않고 습득된 문언의 규범에 따라 재조직되어 쓰이는 것을 의미한다.

최초로 통일 왕조의 과업을 이룬 진시황부터 행정적·정치적 의사소통을 위해 표준적인 글쓰기 양식의 수요가 제기되었고,[38] 특히 한대에는 모든 전장(典章) 제도가 유가 철학으로 정비되어 유가 경전에 대한 해석학이 크게 발달하였다. 그리하여 역대 왕조들의 통치 이념으로 작용하게

---

35 『석명(釋名)』: "文者, 會集衆綵, 以成錦繡 會集衆字, 以成辭義, 如文繡然也."

36 김민나, 「『문심조룡(文心雕龍)』에 나타난 언어문자의 예술적인 활용론」, 중국어문학회: 『중국어문학지』 제14집, 2003, 33-58쪽 참조.

37 『문심조룡(文心雕龍)』「서지(序志)」: "古來文章, 以雕縟成體."

38 장중행(張中行), 『문언과 백화[文言和白話]』, 중화서국(中華書局), 123쪽.

되는 『맹자(孟子)』·『논어(論語)』·『좌전(左傳)』 등의 유교 경전을 포함하여 『장자(莊子)』·『순자(荀子)』·『한비자(韓非子)』 등의 제자서, 『국어(國語)』·『전국책(戰國策)』·『사기(史記)』 등의 역사서들이 완성되었는데, 이 고전에 사용된 문장들은 후대 지식인들의 규범으로 인식되어 지속적으로 학습되고 재생산되면서 문언이 발달하게 되었다. 이후 문언은 역대 왕조에서 줄곧 정통 글쓰기로서의 위치를 차지하게 되어 대부분의 문학·철학 및 공문서에서 널리 사용되었다. 물론 고대 지식인들은 이러한 문언에 대해 특수한 교육을 받아야 했다. 문언 능력을 갖추지 못하면 문헌 자료를 이해하기 어려웠고 무엇보다 관료 선발을 위한 임용 시험의 전 과정에서 문언의 사용 능력이 우선되었기 때문이었다.

이러한 문언은 동아시아 지역에서 유교와 불교가 보편 종교로 수용되고 유가 경전과 한역 불경이 각 지역에 전파되면서 한자 문화권의 글쓰기 전통으로 뿌리내리게 되었다. 그러나 주지하듯이 한국과 일본·베트남은 계통적으로나 유형적으로 중국어와 다른 언어이다.[39] 언어의 계통과 유형이 달라도 공동의 문언이 성립하게 된 것은 문언이 언어 구조를 초월하여 인공적으로 재창조된 글쓰기였기 때문이다.

그러나 한대에서 위진남북조를 거쳐 당대(唐代)에 이르면 문언은 구어에서 상당히 멀어져서 일반 대중들이 배워 익히기 어렵게 되었다. 당대에는 변화하는 구어를 반영한 "백화(白話)"라는 글쓰기 방식이 탄생하여,

---

39 중국어는 중국-티벳어족(SinoTibetan language family)을 구성하고 한국어는 느슨하게나마 알타이어족과 연결되어 있다. 일본어는 그 기원이 불확실한 언어이고 베트남어는 오스트로-아시아족(Austro-Asiatic family, 또는 남아어족)에 속하는 언어이다. 유형학적으로 한국어와 일본어는 단어의 문법적인 관계가 격조사나 어미에 의해 표시되는 교착어(agglutinative)이고, 중국어와 베트남어는 단어 사이의 통사적 의미적 관계가 주로 어순에 의해 표시되는 분석어(analytic language) 또는 고립어(isolating language)에 속하는 언어이다. (양세욱·이은정, 「동아시아 공동문언 시대의 재구성」, 『중국어문학논집』 제46호, 163쪽 참조.)

송(宋) · 원(元) · 명(明) · 청대(淸代)를 거치면서 중국어의 구어체로 확립되었다. 문언이 말을 그대로 옮긴 것이 아니라 갈고 다듬은 글이라면, 백화는 말을 다듬지 않고 그대로 옮긴 것이다. 백화와 문언은 다른 영역에서 공존하였지만 문언과 백화 사이에는 위계질서가 공고하여, 문언으로 된 텍스트만이 진정한 '문(文)'으로 인정받았고 백화로 쓰인 텍스트들은 언제나 낮은 평가를 받았다. 그리하여 문인들은 문언을 쓰는 것을 너무나 당연하게 받아들였고 민중들은 백화를 사용하였다.

그러면 문언은 어떤 음으로 읽혔을까? 백화로 쓰인 글은 백화음으로 읽었으리라 추측할 수 있지만, 문언도 백화처럼 당시 음으로 읽었을까?

먼저 공자의 언행을 기록했다는 『논어(論語)』「술이(述而)」의 구절을 살펴보자.

> 선생님께서 아언(雅言)으로 말씀하실 때는 『시(詩)』 · 『서(書)』를 읽을 때나 의례를 집전할 때이다. 이러한 일을 하실 때는 언제나 아언(雅言)으로 말씀하셨다.[40]

공자(孔子, B.C. 551-479)가 『시』 · 『서』를 읽을 때나 의례를 집전할 때에는 항상 "아언"으로 읽었다는 구절이다. 공자가 살았던 시대는 주(周) 이래의 전통적인 습속이 그대로 전해지고 있었으므로 공자가 말했던 아언(雅言)은 주(周)의 왕도였던 낙양음을 기반으로 한 공통어로 추측된다. 다시 말해 공자 자신은 노(魯), 지금의 산동성(山東省) 출신이었으므로 평소 산동 방언을 사용하다가도 『시』 · 『서』를 읽을 때나 의례를 집전할 때에는 언제나 수도 방언 낙양음을 근간으로 한 표준말을 사용하였다는 것이다.

---

40 『논어(論語)』「술이(述而)」: "子所雅言, 詩書執禮, 皆雅言也."

그러나 "아언(雅言)"이 '어느 시기, 어느 지방의 음'에 국한된 개념은 아니었다고 여겨진다. 하안(何晏, 193?-249)의 『논어집해(論語集解)』에는 공안국(孔安國)과 정현(鄭玄, 127-200)의 주가 인용되어 있는데, 공안국은 '아(雅)'를 '정(正)'으로 '아언(雅言)'을 '정언(正言)'의 의미로 해석하였고, 정현은 "선왕(先王)의 전법(典法)을 읽을 때는 반드시 그 음을 바르게 말해야 한다. 그런 다음에야 뜻이 온전해져서 잘못되는 바가 생기지 않는 것이다[讀先王典法, 必正言其音, 然後義全, 故不可有所諱]."라고 풀이하였다.[41] 사전적 의미에 따르면, 정음(正音)은 '순정(純正)한 음', '아정(雅正)한 음', '표준음', '글자의 본래 음' 등의 의미를 가지고 있다. 순정하고, 고상하며, 표준적인 규범에 맞는, 글자 본래의 음이라는 뜻이다. 특히 '순정한 음'의 의미는 실재의 궁극적인 음으로서, 글자 본래의 음에 세속적으로 통용되는 음이 섞이지 않은 음이라는 뜻이다.[42] 어쩌면 공자는 『시』·『서』가 제작되었던 그 당시의 음으로 읽어야만 성현의 뜻을 정확하게 이해할 수 있다고 여겼을 수 있다. 현재 통용되는 음으로 읽어내는 것은 성현의 뜻을 왜곡시킬 수 있다고 해서 '와음(訛音)'이라고 여기고 경계하였을 것이다.[43]

형병(邢昺, 932-1010)은 『논어정의(論語正義)』에서 공자의 '아언(雅

---

41 양세욱, 「중국 공통어의 계보: 아언(雅言)에서 보통화(普通話)까지」, 『중국문학』 제45집, 140쪽 재인용.

42 『회남자(淮南子)』「천문훈(天文訓)」: "姑洗生應鐘, 比於正音, 故爲和. 南朝 梁 劉勰 『문심조룡(文心雕龍)』「악부(樂府)」: "邇及元成, 稍廣淫樂, 正音乖俗, 其難也如此. 명(明) 주재육(朱載堉) 『악률전서(樂律全書)』「취율(吹律)」: "雖然, 善吹律者亦豈容易學哉? 蓋須凝神調息, 絶諸念慮, 心安志定, 與道潛符而後啟脣, 少許吐微氣以吹之, 令氣悠悠入於管中, 則其正音乃發. 청(淸) 양복길(楊復吉) 『몽란쇄필(夢闌瑣筆)』「오녀묘(五女墓)」: "瑶華多才, 爲上山担柴之謡, 四女和之, 聲動路人. 好事者以正音叶之.

43 송(宋) 왕당(王讜) 『당어림(唐語林)』「문학(文學)」: "書之難, 不唯句度義理, 兼在知字之正音, 借音. 청(淸) 전대흔(錢大昕) 『답문구(答問九)』: "凡字有正音有轉音, '近'既從斤, 當以其隱切爲正其讀. 如几者, 轉音, 非正音也.

言)'에 대해 다음과 같이 해석하였다.

> 이 문장은 공자가 그 음을 올바르게 말해야 거리끼고 피하는 것이 없었음을 기록한 것이다. 아(雅)는 순정(純正)하다는 뜻이다. 공자가 순정하게 말한 것은『시』·『서』와『예』를 집행할 때이다. 이 세 가지는 선왕의 전법인데 문장을 짓거나 학문을 가르치기 위해 그것을 읽을 때는 반드시 그 음을 순정하게 말해야 의미가 온전하게 되고, 그래야 거슬리는 것이 있을 수 없다.[44]

여기에서 형병이 정의한 '순정(純正)한 음'이란 문맥상 결코 일상 구어의 음이 아니라는 것을 알 수 있다. 순자(荀子)도『정명편(正名篇)』에서 당시 언어의 성립에 대해 "형벌의 이름은 상(商)에 따르고, 벼슬 이름은 주(周)에 따르고, 풍습의 호칭은 예(禮)에 따르고, 물건의 호칭은 제하가 관습적으로 사용했던 상세한 약속에 따르는 것"[45]이라고 설명하고 있다. 아마도 아언(雅言)은 왕도의 음이 근간이 되었더라도 고어(古語)가 보존되어 고풍스럽고 각지의 방언 어휘를 도입하여 절충적이고 인공적이기도 하여 실제 구어와는 일치하지 않을수록 더욱 신뢰가 가는 음이었을 것이다.

이러한 아언의 면모는 각 왕조에서 편찬하였던 "운서(韻書)"에서 구체적으로 노정된다.[46] 중국에서 정치적 통일을 이룬 역대 왕조에서 가장 시급하게 추진했던 시책은 운서의 편찬이었다. 운서는 본래 문인들이 글을

---

44 『논어정의(論語正義)』: "此章記孔子正言其音, 無所諱避之事. 雅, 正也. 子所正言者, 詩書禮也. 此三者, 先王典法, 臨文教學, 讀之必正言其音, 然後全義, 故不可有所違."

45 『정명편(正名篇)』「제이십이(第二十二)」: "後王之成名, 刑名从商, 爵名从周, 文名从禮, 散名之加于萬物者, 則从諸夏之成俗曲期, 遠方異俗之乡, 則因之而为通."

46 이 책 3장의 1절 '송·원·명·청 시기 운서에 나타난 정음관'에서 각 왕조별로 편찬된 운서의 서문을 통해 당시 어음관에 대해 구체적으로 살펴볼 것이다.

짓고 운을 취할 때 사용된 공구서였지만, 시대의 변천에 따라 또 다른 중요한 역할을 수행하게 되었다. 바로 표준 글자음의 통일이다. 역대 통일 왕조에서는 운서의 표준음을 통해 과거제를 실시하여 인재를 등용하였는데 이는 왕권을 공고히 하고 국가 통솔을 위한 대전제였다. 그런데 운서에서 표준화하고자 한 음은 일상 언어의 음이 아니었다. '아음(雅音)' · '독서음(讀書音)' · '문언음(文言音)'의 명칭으로 불린 인공적인 지상(紙上) 음계였다. 다시 말하여, 운서의 글자음들은 먼저 성현들의 본의를 이해하고 따르기 위해선 고음(古音)과 소통되어야 했고, 통일 제국의 '독음통일(讀音統一)'이라는 정치적 수요를 이루기 위해선 왕도(王都) 중심의 지방음을 제압할 수 있는 아음(雅音)이어야 했다. 그러므로 운서에서 반영하는 글자음 체계는 실재 당시의 말소리 체계에 합치될 수가 없었다. 어쩌면 글자음 체계는 말소리 체계보다 상위 체계로서 말소리 체계와 다를수록 더욱 권위를 갖는 것으로 간주되었을 가능성이 있다. 결론적으로 한자 문화권에서의 문언과 백화, 문언음과 백화음의 네 겹의 언어 문자 생활은 표의문자 한자와 그 사유의 특징에서 연유한 지난한 고충의 흔적이라고 볼 수 있다.

2. 한자 문화권의 어음 인식의 발전 추이

한자의 특성은 글자음으로 의사 전달을 하는 표음문자가 아니라 글자 모양으로 동서고금에 소통할 수 있는 표의문자(表意文字)의 성질을 가지고 있다는 점에 있다. 그러나 문자는 어음에 의해 의미 체계가 학습 · 소통되므로 한자에 적절하게 표음할 수 있는 방법이 다각적으로 모색되었으며, 이러한 몇 차례의 과정을 통해 어음에 대한 변별 능력이 제고되었다.

어음을 변별한다는 것은 비교 개념의 속성이 있기 때문에 우선 비교의 기준과 비교 대상이 전제되어야만 한다. 한대(漢代)의 양웅(揚雄, 53B.C.-A.D.18)이 『방언(方言)』에서 각 지방간의 어휘의 차이에 대해 기술할 수 있었던 것은[47] 한대(漢代)의 수도 지역을 중심으로 한 공통어[48]가 있었기 때문이다. 그러나 단순한 어음의 비교 차원에서 벗어나 더욱 정밀한 어음의 분석이 필요하게 된 것은 동한(東漢) 이래 불교 경전이 중앙 아시아를 통해 중국에 전해져 불경을 번역하면서 범어학(梵語學)의 영향을 받았기 때문이었다. 불교 경전은 중국에서 처음으로 대규모로 받아들인 외국 문헌이므로 역경 사업에 종사한 승려들은 언어 문제에 부딪치게 되어 그들은 진지하게 "범(梵)-한(漢)" 언어의 특징을 대비적으로 연구하지 않으면 안 되었고 이에 비로소 어음 구조에 대한 인식이 생기게 되었다. 그러므로 '한자의 표음 기능의 부재에 기인한 어음 인식의 발전'이라는 역설의 성립은 또한 정치 · 문화적 수요와 긴밀하게 맞물려 있음을 알 수 있다.

1) 직음(直音) 시기

최초의 한자는 사물의 모양을 구체적으로 본뜨거나 추상적인 개념을 간접적으로 나타낸 부호였다. 우리는 이를 통상적으로 '상형자(象形字)'와 '지사자(指事字)'라고 한다. 후에 원래 있던 상형자나 지사자를 결합하

---

47 『안씨가훈(顔氏家訓)』「음사편(音辭篇)」: "양웅(揚雄)이 『방언(方言)』을 지었는데 내용이 잘 갖추어져 있다. 그러나 모두 사물(事物) 이름의 같고 다름을 고찰하였을 뿐 독음(讀音)의 옳고 그름을 나타내지는 않았다(後有揚雄『方言』, 其言大備. 然皆考名物之同異, 不顯聲讀之是非也)."

48 역대로 정치 중심지 방언이 공통어가 되었는데 이를 주대(周代)에는 "아언(雅言)", 한대(漢代)에는 "통어(通語)", 원대(元代)에는 "천하통어(天下通語)", 청대(淸代)에는 "관화(官話)"라고 명명하였다. 이에 대한 자세한 논의는 호기광(胡奇光), 『중국소학사(中國小學史)』, 상해: 상해인민출판사, 1984, 8-9쪽 참조.

여 새로운 의미를 나타내는 '회의자(會意字)'가 생겼다. 이러한 상형 · 지사 · 회의자는 모두 글자꼴로 직접 글자의 의미를 나타내고 한 개의 음을 가지고 있었다. 후에 상형 · 지사 · 회의자를 성부(聲符)로 삼고 형부(形符)를 추가하는 '형성자(形聲字)'가 발전하게 되었다.[49] 즉 '공(工)'자가 성부(聲符)가 된 후, 수(水)의 형부(形符)가 더해지면 "江"자가 되었고 사(糸)의 형부(形符)가 더해지면 "紅"자가 되었으며 또 부(缶)의 형부(形符)가 더해지면 "缸"자가 되었다. 엄밀히 말해 형성자(形聲字)는 표음의 기능을 갖춘 글자였던 것이다. 그러나 형성자의 성부(聲符)는 형부(形符)와 마찬가지로 상형 · 지사 · 회의자였고 성부(聲符) 자체에 글자음을 나타낼 수는 없었다. 그리하여 고금남북으로 글자음이 변하게 되면 후인들은 성부(聲符)를 보더라도 어떻게 읽어야 할지 알 수가 없었다. 이에 글자형에서 표음을 하는 방법 이외에 또 다른 표음 방식을 강구하게 되었다.

> 정현(鄭玄)이 『육경(六經)』에 주(注)를 달고 고수(高秀)가 『여람(呂覽)』 · 『회남(淮南)』을 해석하고 허신(許愼)이 『설문(說文)』을 짓고 유희(劉熙)가 『석명(釋名)』을 지은 시대에 이르러서야 비황(譬況)과 가차(假借)가 있어 글자의 음을 나타낼 수 있게 되었다. 그러나 고어(古語)가 오늘날의 말과 달라서 경중(輕重)이라든지 청탁(淸濁)이 분명히 밝혀지지 않았고 게다가 내언(內言) · 외언(外言), 급언(急言) · 서언(徐言), 독약(讀若) 등은 더욱 사람을 의혹하게 한다.[50]

---

49 이에 대해 고명(高明)은 "這些'象形字', '指事字', '會意字', 最初都是以字形直接表達字義, 本來是沒有字音的, 所以叫做無聲字. 後來與語言結合, 同時以聲音來表達字義, 纔有所謂字音."라고 하였다. (고명(高明), 「반절이전의 중국 글자의 표음법[反切以前中國字的標音法]」, 『고명소학논집(高明小學論集)』, 대북: 여명문화사업공사, 1980, 203-213쪽.)

50 『안씨가훈(顔氏家訓)』 「음사편(音辭篇)」: "逮鄭玄注 『六經』, 高秀解 『呂覽』 · 『淮南』, 許愼造 『說文』, 劉熙製 『釋名』, 始有譬況假借以證字音耳. 而古語與今殊別, 其間輕重淸濁猶未可曉. 加以外言 · 內言 · 急言 · 徐言 · 讀若之類, 益使人疑."

이『안씨가훈(顔氏家訓)』「음사편(音辭篇)」의 기록에서 알 수 있듯이, 형성자(形聲字)처럼 글자형으로 표음을 하는 방법 이외에 고인(古人)들이 생각해낸 표음 방식은 비황(譬況)·독약(讀若)·직음(直音) 등이었다. 구체적으로 살펴보자. 비황(譬況)이란 어떤 글자의 발음을 직접적으로 묘사하는 방식을 말한다.

> '내(乃)'의 발음은 안이면서 깊고, '이(而)'의 발음은 밖이면서도 얕다.[51]

즉 음고(音高)·음량(音量)[52]·음장(音長)[53]·음색(音色)·입모양[54] 등을 구체적으로 설명하여 글자음을 알게 하는 방법이지만 기술 방식이 정밀하지 않을 뿐만 아니라 정확하게 의미가 전달되기가 어려워 도리어 무슨 의미인지를 파악하기가 쉽지 않다.[55]

독약(讀若)은 글자음이 같거나 비슷한 글자음을 빌려 다른 글자의 음을 나타내는 방법이다. 독여(讀如)·독근(讀近)·독사(讀似) 등의 술어를 사용하는데, 어떤 경우 일반적으로 통용되지 않는 방언(方言)[56]이나 속어

---

51 『공양전(公羊傳)』「선공(宣公)」: "言乃者, 內而深, 言而者, 外而淺."

52 『회남자(淮南子)』「지형(地形)」: "其地宜黍, 多旄犀.", 高秀注: "旄讀綢繆之繆, 急氣言乃得之.", 『여씨춘추(呂氏春秋)』「신행(愼行)」: "崔杼之子相與私閧.", 고수(高秀) 주(注): "閧讀近鴻, 緩氣言之."

53 『공양전(公羊傳)』「장공28년(莊公二十八年)」: "春秋伐者爲客, 伐者爲主.", 하휴(何休) 주(注): "伐人者爲客, 讀伐長言之, 齊人語也." "見伐者爲主, 讀伐短言之, 齊人語也."

54 『회남자(淮南子)』「지형(地形)」: "黑色主腎, 其人惷愚.", 고수(高秀) 주(注): "惷愚人謂惷然無知之惷也, 籠口言乃得." 『회남자(淮南子)』「숙진(俶眞)」: "牛蹏之涔", 고수(高秀) 주(注): "涔讀延祜曷問, 急氣閉口言也."

55 이신괴(李新魁), 『고음개론(古音概論)』, 대북: 숭고서사인행(崧高書社印行), 1979, 13쪽. "這種猫述性的表音, 嚴格說來實在算不得注音的方法."

56 『주례(周禮)』「하관어사(夏官圉師)」: "射則充椹質.", 정현(鄭玄) 주(注): "杜子春讀椹爲齊人言鐵椹之椹."

(俗語)[57] 그리고 성어(成語)[58] 등의 글자로 글자음을 설명하는 수도 있다. 또한 어떤 학자들은 독약(讀若)의 표음 방법을 직음(直音)이라고도 하는데[59] 직음(直音)이란 글자음이 완전히 같은 동음자(同音字)로 다른 글자의 음을 매기는 방법이다.[60] 그러므로 넓은 의미에서 직음(直音)은 독약(讀若)을 포괄한다고 할 수 있다. 직음(直音)은 완전히 같은 음을 일대일로 대응시키는 표음 방식이었으므로 어음 구조를 인식하기 시작하였다는 근거가 보이지는 않는다. 즉 비황(譬況), 독약(讀若), 직음(直音) 등의 주음 방식은 음을 표시하는 데에는 일단 유효하였지만 어음 구조에 대해선 일원적(一元的)으로 인식하는 수준이었다고 할 수 있다.

2) 반절(反切) 시기

사회가 발전하면서 새로운 사물과 개념이 출현하게 되고 인류의 사유 범위도 넓어지고 또 복잡해지면서 이를 표현할 새로운 어휘가 출현하게 되었다. 특히 진(秦)을 이어 통일 제국의 통일 문화를 이룩한 한대(漢代)부터는 서역과의 빈번한 교역을 통해 새로운 문물이 대량 전해져 새로운 어휘가 생겨났으며[61] 동한 말(東漢 末)부터는 불교가 전래되어 문화 전반에 커다란 반향을 일으켰다.[62] 그리하여 한정된 숫자의 성부(聲符)로 글자

57 『한서(漢書)』「고제기(高帝紀)」: “亡可蹻足待也.”, 여순(如淳) 주(注): “蹻, 音如今作樂蹻行之蹻.”

58 『예기(禮記)』「중용(中庸)」: “治國其如示諸掌乎?”, 정현(鄭玄) 주(注): “示, 讀如寘諸河干之寘.”

59 이신괴(李新魁), 『고음개론(古音概論)』, 대북: 숭고서사인행(崧高書社印行), 1979, 16쪽.

60 예를 들면, 『한서(漢書)』「고제기(高帝紀)」: “高祖爲人隆準而龍顔.” 복건(服虔) 주(注): “準, 音拙.”, 『한서(漢書)』「무제기(武帝紀)」: “無所流貤.” 응소(應劭) 주(注): “貤, 音移.”

61 예를 들면 ‘포도(葡萄)’, ‘석류(石榴)’, ‘목숙(苜蓿)’, ‘파라(菠蘿)’, ‘사자(獅子)’, ‘파리(玻璃)’ 등.

음을 기억하기에는 감당할 수 없을 만큼 글자의 양이 증가되었고 기존의 비황(譬況), 독약(讀若), 직음(直音) 등 한정된 표음 방법은 시대적 요구를 감당할 수 없었으므로 좀 더 과학적이고 기능적이며 새로운 차원의 표음 방법을 모색하기 위해 어음을 명확히 분석하고자 한 것은 자연스런 추이였다.

한자의 음절을 '성(聲)'과 '운(韻)'으로 나누는 초보적인 인식은 고대 가요에 이미 보인다. 중국에서 가장 오래된 가요집인 『시경』에는 시를 낭송하거나 읊조릴 때, 압운을 하거나 또는 성모가 같거나 운모가 같은 쌍성(雙聲)·첩운(疊韻)[63]의 어휘[64]를 사용하여 음률미를 더했다. 그러나 이는 당시 인위적으로 글자음을 분석하여 만든 것이 아니라 언어 습관 속에서 무의식적으로 자연스럽게 이루어진 것들이다.

동한(東漢) 말(末)에 불교가 전래된 이후에야 표음문자인 범문(梵文)의 영향으로 비로소 한자의 '음'을 인식하게 되었다. 이질적 언어 체계인 범어(梵語)와 접촉하고 또 범문(梵文)으로 쓰인 불경을 중국어로 옮기면서 범어와 중국어의 구체적인 특성이 감지되었기 때문이다. 범문(梵文)은 각 글자음의 단위가 체문(體文, 자음)과 마다(摩多, 모음)로 나뉜다. 이 개념이 중국 고유의 쌍성(雙聲)·첩운(疊韻)의 원리에 응용되어 음을 표기하는 데에 있어 반절(反切)이 발명되었다.[65] 반절의 기본 원칙은 반절상

62 불교 용어도 대량 유입되었다. 예를 들면, '보살(菩薩)', '나한(羅漢)', '염라(閻羅)', '승(僧)', '니(尼)', '화상(和尚)', '탑(塔)' 등이다.

63 쌍성(雙聲)·첩운(疊韻)의 명칭은 육조 시대에 와서야 비로서 통행하였다. 쌍성과 첩운에 대한 최초의 기록은 『남사(南史)』「사장전(謝莊傳)」: "王玄謀問謝莊, 何謂雙聲疊韻, 答曰, 玄護爲雙聲, 璈碻爲疊韻." 참조.

64 예를 들면, 『시경(詩經)』에 보이는 쌍성자: '참차(參差)', '유원(悠遠)', '전전(輾轉)', '유연(游衍)', '면만(綿蠻)', '顚之倒之(전지도지)', 첩운자: '소요(逍遙)', '수고(壽考)', '표요(漂搖)'.

65 일반적으로 반절(反切)은 삼국 시대 위(魏) 손염(孫炎)에 의해 처음으로 사용되었다고 하나 사실상 동한의 응소(應邵), 복민(服閔), 두림(杜林), 마융(馬融), 정중(鄭衆) 등도

자(反切上字)는 피절자(被切字)의 성모를 결정하고 반절하자(反切下字)는 피절자(被切字)의 운모를 결정하는 것으로서 반절상자의 운모와 반절하자의 성모는 고려할 필요가 없다. 그러므로 반절의 표음 방식을 통해 알 수 있는 당시 음절 구조에 대한 인식은 다음과 같이 이원적(二元的) 구조라고 할 수 있다.[66]

反切上字	反切下字
聲母	韻母

그리고 중국어에는 성모, 운모와 마찬가지로 의미를 변별하는 성조(聲調)가 있는데 각 글자음의 고저승강(高低升降), 즉 평(平)・상(上)・거(去)・입(入)의 사성(四聲)을 가리킨다. 중국어에서 사성의 발견도 불교의 전래와 관련이 있다. 남제(南齊) 영명(永明) 7년(489) 경릉왕(竟陵王)

모두 반절을 사용했던 기록이 있다(고명(高明), 「반절기원론(反切起源論)」, 『고명소학논총(高明小學論叢)』, 대북: 여명문화사업공사(黎明文化事業公司), 1961, 214-229쪽.). 아마 손염(孫炎)이 『이아음의(爾雅音義)』에 반절을 대량 정리하여 사용하였고 이것이 널리 전해졌기 때문에 '손염이 반절을 창제하다(孫炎創反切)'라는 전설이 생기게 되었을 것이다. (『안씨가훈(顔氏家訓)』「음사편(音辭篇)」: "손숙연(孫叔然)이 「이아음의(爾雅音義)」를 지었는데 따라서 한말(漢末) 사람은 반절(反切)을 알고 있었던 것이 위대(魏代)에 와서야 그 방법이 크게 쓰여졌다. 고귀향공(高貴鄕公)인 조모(曹髦)는 반절의 이치를 깨닫지 못하여 괴이한 것이라고만 여겼다.(孫叔言創爾雅音義, 是漢末人獨知反語, 至于魏世, 此事大行. 高貴鄕公不解反語, 以爲怪異.)"

66 반절상자(反切上字)에서 성모를 취하고 반절하자(反切下字)에서 운모와 성조를 취하여 반절상하자(反切上下字)를 합하면 피절자(被切字)의 음을 얻을 수 있다. 예를 들면, '東, 德紅切'은 上字인 '德'에서 성모[t]를 취하고 下字인 '紅'에서 운모[ong]를 취하여 '東'의 [tong] 음을 나타낸다. 또한 반절상자와 피절자는 쌍성(雙聲)의 관계이고 반절하자와 피절자는 첩운(疊韻)의 관계이다. (진례(陳澧), 『절운고(切韻考)』「서문(序文)」: "切語之法, 以二字爲一字之音, 上字與所切之字雙聲, 下字與所切之字疊韻, …… 今考切語之法, 皆由此而明之.")

소자양(蕭子良, 460–494)은 승려들에게 불경 낭송법을 창제하게 하였는데[67] 이는 심약(沈約, 441–513)과 주옹(周顒, ?–485)이 사성설(四聲說)을 발견하는 직접적인 계기가 되었다.[68] 즉 불경의 범문을 읽을 때 소리의 높이에 따라 세 단계로 나누었는데 심약 등은 이 점에 착안하여 폐쇄음 받침이 없는 글자들을 세 종류의 성조로 나누어 '평(平) · 상(上) · 거(去)'라 하고 폐쇄음 받침이 있는 것은 따로 분류하여 '입(入)'이라고 하였다.[69] 평 · 상 · 거 · 입은 심약 등이 제시한 사성의 명칭이며, 각 성조를 대표하는 글자이다. 반절에서 성조는 대체로 반절하자(反切下字)에 반영되었다.[70]

---

67 진인각(陳寅恪), 「사성삼문(四聲三問)」, 『금명관총고초편(金明館叢稿初編)』, 대북: 이인서국영인(里仁書局影印), 1981, 328쪽. "南齊武帝永明七年二月二十日, 竟陵王子良大集善聲沙門於京邸, 造經唄新聲, 實爲當時考文審音之一大事. 在此略前之時, 建康之審音之士, 及善聲沙門討論研求必已甚衆而且精. 永明七年竟陵京邸之結集, 不過此新學說研求成績之發表耳. 此四聲說之成立所以適値南齊永明之世, 而周顒, 沈約之徒又適爲此新學說代表人之故也."

68 『양사(梁史)』 「심약전(沈約傳)」: "約撰四聲譜, 以爲在昔詞人累千載而不悟 而獨得胸衿窮其妙旨 自爲入神之作."

69 진인각(陳寅恪), 「사성삼문(四聲三問)」, 『금명관총고초편(金明館叢稿初編)』, 대북: 이인서국영인(里仁書局影印), 1981, 328–341쪽. "所以適定爲四聲, 而不爲其他數之聲者, 以除去本易分別, 自爲一類之入聲, 復分別其餘之聲爲平上去三聲. 綜合通計之, 適爲四聲也. 但其所以分別其餘之聲爲三者, 實依據及摹擬中國當日轉讀佛經之三聲. 而中國當日轉讀佛經之三聲又出於印度古時聲明論之三聲也. 據天竺圍陀之聲明論 …… 依其聲之高低, 分別爲三; 一日, 二日, 三日. 佛教輸入中國, 其教徒轉讀經典時, 此三聲之分別當亦隨之輸入. 至當日佛教徒轉讀其經典所分別之三聲, 是否卽與中國之平上去三聲切合, 今日固難詳知, 然二者俱依聲之高下分爲三階則相同無疑也. 中國語之入聲皆附有-k, -p, -t等輔音之綴尾, 可視爲一特殊種類, 而最易與其他之聲分別. 平上去則其聲響高低相互距離之間雖有分別, 但應分別之爲若干數之聲, 殊不易定. 故中國文士依據及慕擬當日轉讀佛經之聲, 分別定爲平上去三聲. 合入聲共計之, 適成四聲." 오늘날 많은 학자들이 그의 학설에 동의하고 있다.

70 강영(江永) 『음학변미(音學辨微)』: "反切上一字不論四聲, 下一字不論清濁, 清濁定於上一字不論下一字也."(『음운학총서(音韻學叢書)』, 대북: 광문서국인행(廣文書局印行), 1966), 진례(陳澧) 『절운고(切韻考)』: "切語之法以二字爲一字之音, 上字與所切之字雙聲,

『광운(廣韻)』의 '흔(欣), 허근절(許斤切)'을 예로 들면, '흔(欣)'자가 평성자(平聲字)이므로 반절하자 '근(斤)'은 평성자(平聲字)인 것이다. 성조의 개념을 포함하여 반절에 나타난 음운의 구조에 대한 인식을 추정해보면 다음과 같다.

<table>
<tr><th>反切上字</th><th>反切下字</th></tr>
<tr><td rowspan="2">聲母</td><td>韻母</td></tr>
<tr><td>聲調</td></tr>
</table>

3) 운서(韻書) 시기

한자의 표음을 담당하였던 성부(聲符)가 시간이 흐름에 따라 본연의 기능을 상실하게 되자 한자 자체로는 더 이상 글자음을 추정하기가 어렵게 되었다. 이러한 한자음의 혼란스런 상황은 특히 한자음에 맞추어 음률미를 극대화하는 시부(詩賦) 등의 운문 창작에 어려움을 주게 되었고, 표준 글자음의 부재는 과거제를 시행하여 인재를 등용하고, 통일 국가를 통치하는 데 총체적인 혼란을 야기했다. 이러한 시대적 상황이 표준 한자음을 제시해주는 운서의 편찬을 요청하게 되었다. 또한 최초로 통일 국가를 이룬 진시황(秦始皇)은 "서동문(書同文)"의 문자 통일 정책을 시행하여 소전(小篆)(또는 진전[秦篆])을 정식 표준자체로 공인하였다. 하지만 실제 사용에 있어서는 글자의 획수를 줄여서 쓴다든가 흘림체로 간단하게 쓰는 글자체가 나타나게 되어, 정식자체인 소전(小篆)보다 실제 사용에서는 예서(隸書)라는 간략체가 더욱 보편적으로 사용되었다. 이 예서

下字與所切之字疊韻, 上字定其清濁, 下字定其平上去入, 上字定清濁而不論平上去入, 下字定平上去入而不論清濁." (대북: 학생서국[學生書局], 1977).

는 한대에서 정식자체가 되었지만 흘림체 초서(草書)가 순수한 필기서체로 널리 사용되었다. 또한 후한 말에는 예서와 초서의 기초 위에서 행서(行書)가 형성되었고, 행서의 기초 위에서 해서(楷書)가 형성되었는데,[71] 이러한 여러 자체(字體)가 횡행하는 상황에서 자서(字書)의 역할도 겸하여, 표준 글자음[字音]과 글자체[字體]를 제시해주는 운서의 편찬이 요청되었다.[72]

문헌의 기록에 의하면, 최초의 운서는 위대(魏代)의 이등(李登)이 편저한 『성류(聲類)』라고 하고, 다음은 진대(晋代) 여정(呂靜)의 『운집(韻集)』이라고 한다.

> 위(魏)의 이등(李登)이라고 하는 이가 『성류(聲類)』 10권을 지었는데 11,520자를 오성(五聲)으로 글자마다 이름을 붙였으나 여러 부(部)를 세우지 않았다.[73]

> 여침(呂忱)의 동생 정(靜)이 따로 옛 좌교령 이등(李登)의 『성류(聲類)』의 방법을 모방하여 『운집(韻集)』 5권을 지었는데 궁상각치우(宮商角徵羽)를 각각 한 편으로 하였다.[74]

---

71 구석규(裘錫圭) 저, 이홍진 역, 『중국문자학』, 신아사, 2001, 136-170쪽.

72 반뢰(潘耒), 『중간고광운서(重刊古廣韻序)』: "이 책을 지은 것은 운만을 위한 것이 아니다. 『설문(說文)』, 『자림(字林)』, 『옥편(玉篇)』에 있는 글자들을 모두 싣고 있고, 또 미비된 것을 첨가하여 그 자체(字體)를 바르게 하여 학자들이 보도록 하였으며, 성음(聲音) 문자(文字)를 포함하여 빠진 것이 없다. 그러므로 『설문(說文)』, 『자림(字林)』, 『옥편(玉篇)』들은 음학(音學)을 갖출 수 없었지만, 『광운(廣韻)』은 육서(六書)를 갖출 수 있었기에 그 쓰임이 넓다.(此書之作, 不尊爲韻也. 取說文字林玉篇所有之字而畢載之, 且增益其未備 釐正其字體, 欲使學者一覽而聲音文字包擧無遺, 故說文字林玉篇之書, 不可以該音學, 而廣韻一書可以該六書之學, 其用宏矣.)"

73 당(唐) 봉연(封演), 『봉씨문견기(封氏聞見記)』: "魏時有李登者, 撰『聲類』十卷, 凡一萬一千五百二十字, 以五聲命字, 不立諸部."

74 후위(後魏) 강식(江式), 『고금문자원류표(古今文字源流表)』: "忱弟靜別仿故左校令李登

그러나 이 두 권의 책은 전하지 않아서 『성류(聲類)』의 "오성(五聲)"과 『운집(韻集)』의 "궁상각치우(宮商角徵羽)"가 성(聲)·운(韻)·조(調)와 무슨 관계가 있는지, 두 책의 체제 유형이 어떠한지에 대해 알 수가 없다.[75]

그 후, 남북조 시기 하후영(夏侯詠)의 『사성운략(四聲韻略)』, 양휴지(陽休之)의 『운략(韻略)』, 주사언(周思言)의 『음운(音韻)』, 이계절(李季節)의 『운보(韻譜)』, 두대경(杜臺卿)의 『운략(韻略)』 등 『수서(隋書)』「경적지(經籍志)」의 기록을 통해 당시 많은 운서가 제작되었고 음운에 대한 논의가 활발하였음을 알 수 있다. 이는 육조 시기 예술지상주의의 문단 배경에 기인한 것으로 보이는데,[76] 당시에 제작된 운서가 모두 전해지지 않아 전

『聲類』之法, 作『韻集』五卷, 宮商角徵羽各一篇."

75 '오성(五聲)'의 의미에 대해 학자들의 견해가 일치하지 않는다. 위건공(魏建功)은 "청대(淸代)에 고증되었듯이 고음(古音)은 음(陰)·양(陽)·입(入) 삼성(三聲)이었는데 송제(宋齊) 이후 금음(今音) 평상거입(平上去入)의 사성(四聲)으로 새로 정해졌다. 위진의 작자들이 글자를 궁상각치우(宮商角徵羽)의 오성으로 나눈 것은 의미를 두고자 한 것일 뿐 이와 모순되는 것이 아니다. 운서는 이등(李登)의 『성류(聲類)』와 여정(呂靜)의 『운집(韻集)』에서 시작되었는데 그 체제는 근본적으로 사성(四聲)에 의해 분류한 것이다."라고 하였다(『십운기편(十韻紀編)』「위건공서(魏建功序)」, 13-18쪽). 또한 막우지(莫友芝, 1811-1871)는 "필자가 조사해본 바에 따르면, 옛날 시인들의 용운(用韻)에는 사성(四聲)을 구분하지 않았던 것 같다. 이등(李登)과 여정(呂靜)의 책이 모두 망일되었기 때문에 그들이 운(韻)을 어떻게 구분하였는지를 알 도리가 없다. 그러나 그 때에 사성(四聲)이 있었다는 설은 아직 들어보지 못했다.(今按古人用韻, 未有四聲之限, 登靜書俱不傳, 無從知其部例, 然其時猶未聞有四聲之說.)" (막우지(莫友芝) 저·나상배(羅常培) 교점(校點), 『운학원류(韻學源流)』, 대북: 화련출판사(華聯出版社), 1968, 24쪽.) 또한 왕력(王力)은 "송인(宋人)이 오성(五聲)을 아설순치후(牙舌脣齒喉)에 배합시킨 것처럼 고인은 즐겨 오성을 성운에 배합시켰다."고 하면서 『성류』는 운부를 다섯 종류로 분류한 것이라고 하였고(왕력(王力), 『중국어언학사(中國語言學史)』, 중국도서간행사(中國圖書刊行社), 1984, 64쪽), 당란(唐蘭)은 더 구체적으로 "宮者東冬, 商者陽唐, 角者蕭宵, 徵者咍灰, 羽者魚虞."라고 하였다. (『왕인후간류보결절운(王仁煦刊謬補缺切韻)』「당란발어(唐蘭跋語)」)

76 호운익(胡雲翼), 『중국문학사(中國文學史)』, 삼민서국(三民書局), 1974, 67쪽. "위진남북조(220-588) 삼백여 년의 문학을 한마디로 말한다면, 바로 예술지상주의의 문학 시기라고 하겠다. 이 시기의 문학을 분석한다면 두 가지의 커다란 특색이 있다. 첫째,

모를 알 수는 없지만 여러 서적에 기재된 단편적인 기록으로 그 대강을 추측해보면 운부의 나뉨이 각각 다름을 알 수 있다. 이에 대해 안지추(顔之推, 531-590?)는 『안씨가훈(顔氏家訓)』「음사편(音辭篇)」에서 "이로부터 음운(音韻)에 대한 논의가 크게 일어났는데 논자마다 자신의 방언으로 서로를 비난하고 조소하니 궤변일 따름으로 누가 옳은지 알 길이 없다."[77]고 하면서, 많은 부분을 할애하여 자신의 어음 기준으로 잘못 표음된 고금음과 방언음을 지적하였다.

그러면 당시 문인들이 갖고 있던 표준음의 기준은 무엇일까? 안지추는 운서에서 갖추어야 할 표준음의 기준에 대해 다음과 같이 제시하였다.

> 제왕의 도읍을 기준으로 각 지방의 방언을 참고하고 고금음의 흔적을 조사하면서 이를 절충하여 합리적인 음운을 헤아려본다면 결국은 금릉(金陵)과 낙하(洛下) 지방의 음을 표준으로 삼아야 할 것이다.[78]

안지추가 말하는 금릉(金陵)과 낙하(洛下) 지방의 음은 역사적 내원을 고려해볼 때 고낙양음계(古洛陽音系)를 의미한다. 주평왕(周平王)이 동천(東遷)한 때(700 B.C.)로부터 진(秦)이 육국(六國)을 통일할 때까지 500여 년간 낙양(洛陽) 부근의 중원 일대가 정치, 문화 교류의 중심지였으며,

---

이 시기의 문학은 현실 사회상을 멀리하고 자연과 가까워짐으로써 매우 강렬한 염세사상을 나타내고 있고, 둘째, 이 시기의 문학은 치용(致用)과 재도(載道)를 목적으로 삼지 않음으로써 형식적인 유미주의로 기울어졌다.(魏晋南北朝三百多年的文學, 一言以蔽之, 是藝術至上主義的文學時期. 這個時期的文學, 分析起來說, 實有兩種絶大的特色: 第一, 這時期的文學不與現實的社會相接觸, 而接近自然, 表現很强烈的厭世思想. 第二, 這時期的文學不復以致用與載道爲目的, 而傾向形式的唯美主義.)"

77 『안씨가훈(顔氏家訓)』「음사편(音辭篇)」: "自茲厥後, 音韻鋒出, 各有土風, 遞相非笑, 指馬之諭, 未知孰是."

78 위의 책, "共以帝王都邑, 參校方俗, 考覈古今, 爲之折衷. 榷而量之, 獨金陵與洛下耳."

특히 동한(東漢)이래 수백 년간 도읍지로 있었기 때문이다. 서진(西晋, 269-316) 말 북방 이민족의 침입으로 한인들은 남쪽으로 쫓겨나 금릉(金陵)에 다시 도읍을 정하고, 육조(六朝) 문화의 찬란한 꽃을 피웠다. 정치 문화의 중심이 낙양에서 금릉(金陵)으로 옮겨지기는 했어도 그 상류 계층은 모두 낙양에서 온 이주민이기 때문에 여전히 낙양어가 사용되었다. 그러나 낙양음계에 기초한 금릉음(金陵音)도 이삼백 년의 세월이 흐르자 남방 방언의 영향으로 변화가 생기게 되었고, 북방의 낙양음 역시 주변 호인어음(胡人語音)의 영향으로 변질되어 두 개의 음은 점차로 큰 차이를 보이게 되었던 것 같다.

> 남방의 풍토는 온화하고 부드러워서 그 음도 경쾌하면서 명확하다. 결점이라고 한다면 경박한 감이 있고 단어에 비속한 방언이 많이 섞여 있다. 북방의 산하(山河)는 깊고 기복이 심하여 그 음도 무겁고 거칠다. 그러나 질박하며 단어에 고어(古語)가 많다. 그리하여 벼슬아치나 군자(君子)들의 말은 남방이 북방보다 훨씬 낫고 시골사람들의 말은 북방(北方)이 더 낫다. 만약 옷을 바꾸어 입고 이야기를 하더라도 남방의 선비와 평민은 몇 마디를 나누어도 금방 알아낼 수 있지만, 벽을 사이에 두고 말을 들어보면 북방의 선비와 평민의 말은 온종일 들어도 구분할 수가 없다. 이러한 것은 남방음에는 오월음(吳越音)이, 북방음에는 호음(胡音)이 섞이게 되었기 때문인데 모두 깊은 폐단이 있어 한 가지로 논할 수가 없다.[79]

안지추는 서진말(西晋末) 낙양(洛陽)에서 건너온 명문가의 후예로서

79 위의 책: "南方水土和柔, 其音清擧而切詣, 失在浮淺, 其辭多鄙俗. 北方山川深厚, 其音沈濁而化鈍 得其質直, 其辭多古語. 然冠冕君子, 南方爲優, 閭裏小人, 北方爲愈, 易服而與之談, 南方士庶, 数言可辯, 隔垣而聽其語. 北方朝野, 終日難分, 而南染吳越, 北雜夷虏, 皆有深弊, 不可具論."

가학(家學)의 연원이 매우 깊어 고낙양음에 정통할 수 있었고, 개인적으로도 남북을 두루 거치는 관직 경험으로 고낙양음이 지리적 환경과 주변 언어의 영향으로 변질되는 것을 통찰할 수 있었다. 또한 당시 음운을 논하는 자들마다 각자 방언으로 서로를 논박하니 이에 표준음의 기준을 제시할 필요성을 느꼈을 것이다. 그러므로 안지추는 오월음(吳越音)이 섞이기 전의 남방음[고낙양음(古洛陽音)] 또는 호인어음(胡人語音)의 영향을 받기 전의 북방음[고낙양음(古洛陽音)]을 표준음으로 정하여 남북 방언의 변질된 음을 시정하고자 하였다.

현존하는 최초의 운서는 수대(隋代) 육법언(陸法言)이 편찬한 『절운』(601)이다. 흔히들 「절운서」의 "蕭顔多所決定"이라는 구절로[80] 『절운』 편찬에 안지추가 결정적인 역할을 하였다고 짐작하여 안지추와 육법언의 언어관을 동일시하고 있다. 그러나 육조 시기 문인들의 언어관을 대변하는 안지추와 수당(隋唐) 이후의 시대적 요청에 부응하였던 육법언이 『절운』에서 제시한 표준음의 기준은 엄밀히 차이가 있었다.

안지추는 언어가 지리적 · 환경적 요인에 의해 변화하므로 모든 요소를 배제하여 표준음을 추정해야 한다고 보수적인 입장을 견지한 반면,[81]

---

80 「절운서(切韻序)」: "여정의 『운집』 · 하후영의 『운략』 · 양휴지의 『운략』 · 이계절의 『음보』 · 두대경의 『운략』 등의 운서도 서로 다르고, 강동 지방에서 취한 운이 하북 지방과도 다르다. 이렇게 남북 지방 사이의 옳고 그름이나 고금 사이의 통하고 막힘을 논하였던 까닭에, 더욱 정밀하고 정확한 반절 글자를 선정하고 엉성하고 맞지 않은 것은 제거하였다. 이 과정에서 소해(蕭該)와 안지추(顔之推)가 많은 결정을 하였다.(呂靜『韻集』, 夏侯詠『韻略』, 陽休之『韻略』, 周思言『音韻』, 李季節『韻譜』, 杜臺卿『韻略』 各有乖互, 江東取韻與河北復殊, 因論南北是非, 古今通塞; 欲更捃選精切, 除削疏緩, 蕭顔多所決定.)"

81 『안씨가훈(顔氏家訓)』「음사편(音辭篇)」: "방언은 예로부터 있었던 현상인데 『춘추(春秋)』와 『이소(離騷)』의 제방언(齊方言)의 전문(傳文)과 초방언(楚方言)의 경전은 방언의 존재를 처음으로 명시해주는 단서이다.(夫九州之人, 語言不同, 生民已來, 固常然矣. 自『春秋』標齊言之傳, 『離騷』目『楚詞』之經, 此蓋其較明之初也.)" "남방은 환경이 온화하고 부드러워서 음도 맑고 명확하며 북방은 지세가 험악하므로 음도 깊고 탁하

육법언은 '남북의 방언과 고금음의 차이를 모두 고려한다.'라는 기본 전제에서 여러 운서 작자들이 생각하는 운류의 분별을 모두 포용하여 한 지방 한 시대의 어음 체계가 아닌 시 · 공간을 초월하는 종합적인 체계를 구성하고자 하였다.[82]

다시 말하여 안지추는 고낙양 음계를 표준으로 삼았지만, 『절운』은 기본적으로는 고낙양음을 근거로 하였더라도 "남북시비, 고금통색(南北是非, 古今通塞)"의 전제하에 고금음과 방언음을 절충하여 될 수 있는 대로 세밀하게 구분한 종합 음계의 운서였던 것이다.

그러므로 『절운』이 편찬되었을 당시 크게 주목받지 못했던 것은 『절운』의 이러한 제작 방법이 고낙양 음계를 중시하는 문인들에게는 별 의미가 없었기 때문이다.[83] 그러나 수 · 당 시기를 거치면서 육조(六朝)의 문벌 귀족 계층이 무너지고 또 시대적인 격절이 생겨서 더 이상 고낙양음을 표준음으로 고집할 수 없게 되었다. 당대(唐代)부터 인재 등용을 위한 과거 시험이 중요한 위치를 차지하고 사대부가 신흥 계급으로 등장하

다.(南方水土和柔, 其音清擧而切旨, 北方山川深厚, 其音沈濁而鈋.)" "남방은 오(吳) · 초(越) 지방 사람들과 생활상 왕래가 빈번하여 언어가 섞이게 되었고 북방음은 주변 胡人語音의 영향을 받아 변질되었다. 그러므로 남북 방언의 음운은 모두 폐단을 갖고 있으며 어느 한쪽만이 고낙양음을 보유하고 있다고 보기는 어렵다.(而南染吳越, 北雜夷虜, 皆有深弊, 不可具論.)"

82 「절운서(切韻序)」: "방언의 차이나 음의 변화로 서로 통하지 않는 부분을 모두 논의하여 정밀하고도 정확한 반절을 취하였으되 엉성하고 맞지 않은 반절은 제거하였다. 이 과정에서 안지추와 소해가 많은 결정을 하였다. …… 제가의 운서 · 음의서 및 고금의 자서를 모으고 또 개황 초 학자들과 논의하여 정한 것으로 『절운』 5권을 만드니, 제가 운서의 운부 및 각 자서의 주음을 엄밀히 분석하여 가능한 한 세밀히 분류하였다. (因論南北是非, 古今通塞, 欲更選精切, 除消疏緩, 蕭顔多所決定. …… 遂取諸家音韻, 古今字書, 以前所記者, 定之爲切韻五卷, 剖析毫氂, 分別黍累.)"

83 『절운(切韻)』은 『수서(隋書)』「경적지(經籍志)」에도 실려 있지 않으며 『구당서(舊唐書)』「경적지(經籍志)」와 『신당서(新唐書)』「예문지(藝文志)」에 비로소 육자(陸慈) 『절운(切韻)』 오권(五卷)으로 기록되어 있다.

자, 종합 체계의 『절운』이 비로소 중시되기 시작하였다. 그리하여 『절운』이 관운(官韻)의 지위를 점차 확보해가면서 이전의 육조 시기의 운서는 모두 소멸되었고 『절운』(601)의 체제 및 운의 분류 방식을 그대로 모방한 증보판, 당대(唐代) 『당운(唐韻)』(732) 및 송대(宋代)의 『광운(廣韻)』(1007), 『예부운략(禮部韻略)』(1037), 『집운(集韻)』(1039), 금대(金代) 『오음집운(五音集韻)』(1212), 원대(元代) 『고금운회거요(古今韻會擧要)』(1297), 명대(明代)의 『홍무정운(洪武正韻)』(1375), 청대(淸代)의 『음운천미(音韻闡微)』(1726) 등의 운서가 연이어 제작되었는데 이를 '『절운』 계통의 운서'라고 칭한다. 결론적으로 말하자면 육조 시기 안지추가 제시한 표준음이 낙양음계에 기초한 단일 음계였다면 수(隋)·당(唐) 시기의 육법언이 제시한 표준음은 남북의 방언과 고금음의 차이를 포괄하는 종합 음계였다. 이는 시대적 요청에 따른 표준음 인식의 발전 추이라고 할 수 있다.[84]

이제 『광운(廣韻)』의 체제와 귀납 방식을 통해 당시 어음 구조의 인식에 대해 고찰하여보자.

<table>
<tr><td>反切上字</td><td colspan="3">反切下字</td></tr>
<tr><td rowspan="3">聲 母</td><td rowspan="2">韻頭</td><td colspan="2">韻</td></tr>
<tr><td>韻腹</td><td>韻尾
(陽 · 入聲韻/ 陰聲韻)</td></tr>
<tr><td colspan="3">聲調</td></tr>
</table>

운서는 시부(詩賦)의 용운(用韻)을 위한 용도로서 제작되었으므로 특성상 '운(韻)'의 어음 구조에 대한 인식이 제고되었다. 위의 표에서 보듯

84 이 책의 3장에서는 각 왕조별로 편찬된 절운 계통 운서의 서문을 주해하여 운서 서문에 명시된 언어관을 고찰한다.

이, 운(韻, rhyme)이란 '운복(韻腹) · 운미(韻尾) · 성조(聲調)'가 결합하여 형성되는 단위로서 첩운(疊韻) 관계가 있는 것을 말한다. 운미(韻尾)의 경우, 전통적으로 비음(鼻音) -m, -n, -ng 운미의 운을 양성운(陽聲韻)이라고 하고 폐쇄음 -p, -t, -k 운미의 운을 입성운(入聲韻)이라고 하며, 운미가 없는 운을 음성운(陰聲韻)이라고 하였다. 『절운』 계통 운서의 사성상승(四聲相承)[85]의 상황으로 살펴볼 때, 크게 운미가 있는 운[양성운(陽聲韻) · 입성운(入聲韻)]과 운미가 없는 운[음성운(陰聲韻)]으로 구분하였음을 알 수 있다.[86] 이와 같이 운미의 특성을 정확히 파악한 것은 시(詩) · 부(賦)의 압운을 통해 터득되었다고 보인다.

또한 운서는 작자가 심음(審音) 능력을 바탕으로 일정 기준에 따라 운을 귀납한 자전(字典)이다. 그런데 운은 성조로 먼저 구별하므로 운서의 체계는 성조에 의해 나누어졌다. 즉 사성(四聲)으로 기본 틀을 정하여 권(卷)을 나누어 분류하였는데 『광운(廣韻)』의 경우, 평성(平聲)의 글자 수가 많아서 상평(上平)과 하평(下平)의 2권으로 나누었고, 상성(上聲)이 1권, 거성(去聲)이 1권, 입성(入聲)이 1권으로 총 5권이다. 각 권은 상평(上平) 28운, 하평(下平) 29운, 상성(上聲) 55운, 거성(去聲) 60운, 입성(入聲) 34운으로서 모두 206운이다.[87]

각 운 아래에는 성모와 운모가 완전히 같은 글자들을 묶어서 작은 동그라미 ○로 표시하였는데 이를 소운(小韻)이라고 한다. 『광운(廣韻)』의 상평성(上平聲) 동운(東韻)의 소운(小韻)을 살펴보자.

---

85 사성상승(四聲相承)이란 평 · 상 · 거 · 입성이 서로 배합되는 상황을 말한다. 예를 들어 '東冬送屋'이나 '鍾腫用燭'처럼 양성운(-ng)과 입성운(-k)이 배합되고 음성운은 '支紙寘'나 '虞麌遇'처럼 따로 배합된다.

86 상고 시기는 입성운과 음성운이 배합되는 것으로 재구되는데 중고 시기는 입성운이 양성운과 배합되었다(東董送屋, 支紙寘). 근대 시기에는 입성운미가 탈락되면서 음성운과 배합되었다.

87 당작번(唐作藩) 저, 심소희 역, 『중국 음운학』, 교육과학사, 2000, 116-117쪽.

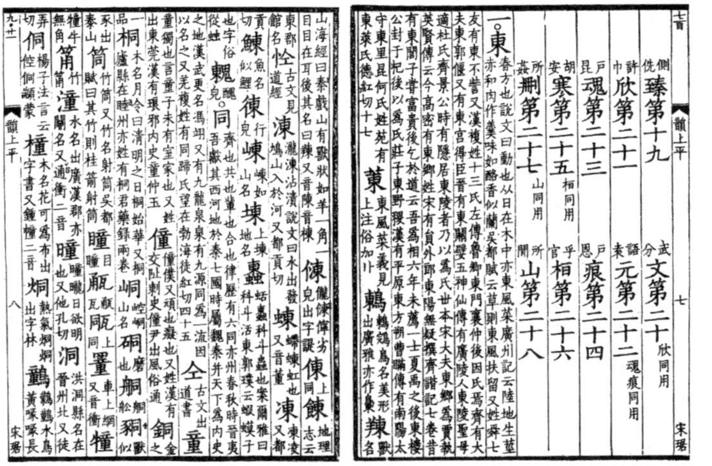

『광운』 상평성 동운

이 그림에서 볼 수 있듯이, “동(東)” 소운(小韻) 안의 “동(東) · 동(菄) · 동(鶇) · 동(倲) · 동(涷) · 동(蝀) · 동(凍) · 동(鯟) · 동(崠) · 동(埬) ……” 등 17개 글자는 성모와 운모가 완전히 같은 동음자라는 의미이다.

그런데 “동(東)”운에는 “동(東) · 동(同) · 중(中) · 충(蟲) · 종(終) · 충(忡) · 숭(崇) · 숭(嵩) · 융(戎) · 궁(弓) · 융(融) · 웅(雄) · 몽(瞢) · 궁(穹) · 궁(窮) · 풍(馮) · 풍(風) · 풍(豐) · 충(充) · 륭(隆) · 공(空) · 공(公) · 몽(蒙) · 롱(籠) · 홍(洪) · 총(叢) · 옹(翁) · 총(怱) · 통(通) · 총(蔥) · 봉(蓬) · 홍(烘) · 㟅(흉) · 檧(총)”의 34개 소운조(小韻組)가 있다. 이는 성모와 운두가 각각 다른 소운(小韻)이 34개라는 의미이다. 34개 소운(小韻) 밑에 표기되어 있는 반절(反切)을 계련하면 반절상자(反切上字)는 21류의 성류(聲類)로 나뉘고, 반절하자(反切下字)는 운두(韻頭)의 차이에 따라 두 개의 운류(韻類)로 나뉘는 것을 알아낼 수 있다.

『절운』 계통 운서의 모든 음은 반절로 표기되었으므로 반절계련법(反切系聯法)을 통해 운서 안의 성모와 운모의 개략적인 구조를 고찰할 수 있다. 처음으로 『광운』의 반절을 귀납하여 『광운』의 성류(聲類)와 운류

(韻類)의 체계를 명확하게 제시한 사람은 청(淸) 진례(陳澧, 1810-1882)이다. 그는 "반절이란 두 글자로 한 글자의 음을 나타내는 것인데 반절상자(反切上字)와 피절자(被切字)는 쌍성(雙聲)의 관계이고 반절하자(反切下字)와 피절자(被切字)는 첩운(疊韻)의 관계이다. 상자(上字)에서 청탁(淸濁)을 정하고, 하자(下字)에서는 평상거입(平上去入)을 정한다. …… 이제 반절의 방식을 살펴보니 모두 이로부터 밝힐 수 있었다."[88]라고 하여 앞의 원칙에 근거하여 기본조례(基本條例)·분석조례(分析條例)·보충조례(補充條例)의 조항을 세웠다.[89] 그의 반절계련조례(反切系聯條例)에 의해 바야흐로 삼천여 조(組)의 두서없던 반절(反切)이 하나의 체계로 귀속되어 개략적인 구조가 드러나게 되었던 것이다.[90] 이로써 운서에 나타난 어음 구조의 인식을 볼 때, 운서 작자의 심음 능력이 대단히 정밀하고 섬세하였음을 알 수 있다.

4) 운도(韻圖) 시기

운도가 중국어 음운학에서 차지하는 위치는 특수하다. 운도는 돈황(敦煌)에서 출토된 『수온운학잔권(守溫韻學殘卷)』[91]을 비롯하여 대부분

---

88 진례(陳澧), 『절운고(切韻考)』, 대북: 학생서국, 1977, 3-10쪽. "切語之法, 以二字爲一字之音, 上字與所切之字雙聲, 下字與所切之字疊韻, 上字定其淸濁, 下字定其平上去入, …… 今考切語之法, 皆由此而明之."

89 『절운고(切韻考)』「권일(卷一)」: "切語上字與所切之字爲雙聲, 則切語上字同用者, 互用者, 遞用者, 聲必同類也. …… 其兩切語下字同類者, 則上字必不同類."

90 진례(陳澧)는 『광운(廣韻)』의 반절상자 452자를 40류로 귀납하였는데 황간(黃侃)은 미모(微母)를 포함하여 41류라고 하였다. 칼그렌과 백수주(白滌洲)는 47류, 동동화(董同龢)와 육지위(陸志韋)는 51류, 황쉬백(黃淬伯)은 67류를 주장하였다. 또한 반절하자의 계련을 통해 볼 때, 『광운(廣韻)』 206운의 1,190개 반절하자(차자(借字)는 겹쳐서 계산하지 않음)를 293류로 귀납하니, 평성 83류, 상성 76류, 거성 83류, 입성 51류가 되었다.

91 『남양한비구수온술(南梁漢比丘守溫述)』 2012호.

승려들에 의해 지어졌다. 북송(北宋)의 심괄(沈括, 1029-1093)이 "절운학(切韻學)은 본래 서역에서 시작되었다[切韻之學, 本出于西域]."라고 하고,[92] 남송(南宋)의 정초(鄭樵, 1104-1162)가 "칠음(七音)은 서역에서 생겨서 중국에 전래되었다[七音之韻, 起自西域, 流入諸夏]."[93]라고 언급한 이외에도 여러 문헌의 기록을 통해 운도의 제작 원리 및 방법이 서역에서 전해졌음을 확인할 수 있다. 다음은 초기 운도인 『운경(韻鏡)』의 「내전 제일개(內轉 第一開)」이다.

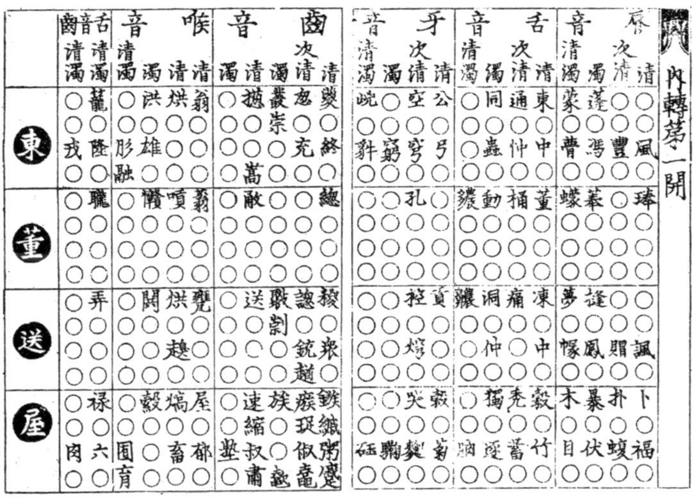

『운경(韻鏡)』

사실 운서는 시부의 용운을 위한 문학적 용도로 지어진 것이므로 정밀하게 음을 분석하고 표현하기에는 체제상 한계를 갖고 있었다. 운서는 성모의 종류나 성질을 명확히 나타낼 수 없었고 운모의 종류와 그들 사

92 심괄(沈括) 찬(撰) · 호도정(胡道靜) 교주(校注), 『몽계필담(夢溪筆談)』 권15, 중화서국, 1987, 158쪽.

93 정초(鄭樵) 저 · 하천마(何天馬) 교주(校注), 『통지(通志)』 「칠음략(七音略)」, 이인서국(里仁書局), 1982, 173쪽.

이의 관계도 나타내지 못하였다.[94] 그러나 운도에 이르면 초보적인 어음의 변별 단계를 뛰어넘어 매우 정밀하고 구체적으로 어음 구조를 인식하였음을 알 수 있다. 그러나 여기서 우리는 과연 운도의 격식이 중국어 구조의 면모를 반영하는 데 합당하였을지를 다시 생각해보아야 한다. 다시 말해 '범어와 관련되는 많은 술어들이 중국어의 구조를 파악하는 데 필수 요소였을까?'라는 점이다. 어음 인식의 발전선상에서 볼 때 운도에 표현된 어음 구조의 인식은 비약적으로 발전된 양상을 보여준다. 실제 예를 고찰하여보자. 다음의 표는 운도(『운경(韻鏡)』, 『칠음략(七音略)』)의 체제를 통해 인식된 음절 구조이다.[95]

<table>
<tr><td colspan="2" rowspan="2">聲母</td><td colspan="3">韻母</td></tr>
<tr><td>韻頭</td><td>韻腹</td><td>韻尾</td></tr>
<tr><td colspan="2">36字母(淸濁, 七音)</td><td>開・合口</td><td rowspan="2">主要母音</td><td rowspan="2">陽・ 入聲韻 / 陰聲韻</td></tr>
<tr><td colspan="3">四等</td></tr>
<tr><td colspan="5">聲調(平上去入)</td></tr>
</table>

94 반절계련법(反切系聯法)으로 성모와 운모의 개략적인 체계를 귀납할 수는 있지만 각 성모와 운모 사이의 구체적인 관계를 나타낼 수 없다. 예를 들어 반절상자에서 계련해낸 40-50류가 어떤 성모를 대표하며, 각 운의 반절하자를 계련해 낸 두 종류, 세 종류 혹은 네 종류들 사이에는 각각 어떠한 차이가 있으며 그들 사이의 관계는 무엇인가 등의 문제는 운서의 반절로는 설명할 길이 없다.

95 진례(陳澧)가 『절운고(切韻考)』 「외편(外篇)」 권삼(卷三)에서 "등(等)을 말하려면 운(韻)을 위주로 해야지 성(聲)을 위주로 해서는 안 된다.(等之云者, 當主乎韻, 不當主乎聲.)"라고 말하여 분등(分等)의 실질기준을 운모에서 찾으려고 하였지만 당송 시기로 거슬러 오르면 등운가들은 운도 제작에 있어서 사등을 성모와의 결합 관계로 설명하고 있다. 예를 들면, 『절운지장도(切韻指掌圖)』 「변분운등제가(辨分韻等第歌)」: "見溪群疑四等連, 端透定泥居兩邊, 知徹澄娘中心納, 幇滂四等亦俱全, 更有非敷三等數, 中間照審義幽玄, 精淸兩頭爲眞的, 影曉雙飛亦四全, 來居四等都收後, 日應三上是根源." 또한 『경사절운지남(經史切韻指南)』 「명등제(明等第)」: "端精二位兩頭居, 知照中間次第呼, 來曉見幇居四等, 日非三等外全無." 그러므로 이 책은 이와 같은 논의를 염두에 두고 '등(等)'의 개념이 성모와 운모에 모두 포괄되는 것으로 보았다.

운도의 각종 술어는 승려들에 의해 제정되었고, 직접적으로 범어 어음학의 영향을 받았다. 구체적으로 살펴보면 다음과 같다. 첫째, 실담(悉曇)이란 범어 'siddha' 혹은 'siddh'의 음역(音譯)으로 '성취(成就)·완성(完成)'의 뜻인데 '범어를 기록하는 자모' 또는 '범문'이나 '범어' 자체의 의미로 수용되었다. 『실담장(悉曇章)』은 범어의 자음[체문(體文)]을 위쪽에 두고 모음[마다(摩多)]을 우측에 배열하여 자음과 모음을 조합하면 범어의 전체 음절을 맞추어낼 수 있는 도표식으로 된 교과서이다. 『실담장(悉曇章)』은 그 저작 시기 및 성모, 운모의 배열 방법으로 미루어 운도의 모태가 되었음이 분명하다. 둘째, 지광(智廣)의 『실담자기(悉曇字記)』의 기록에 따르면 범어의 자음[체문(體文)]은 35개인데, 앞의 25자(字)는 5자(字)씩 발음 부위에 따라 아(牙)·치(齒)·설(舌)·후(喉)·순성(脣聲)으로 오류성(五類聲)이라고 지칭되며 뒤의 10자(字)는 편구성(徧口聲, 입에서 전부 음을 내는 소리: 음절음)이라고 한다. 다음의 도표를 보자.[96]

五聲類	牙聲(喉音)	ka	kha	ga	gha	ṅa
	齒聲(齶音)	ca	cha	ja	jha	ña
	舌聲(齗音)	ṭ	ṭha	ḍa	ḍha	ṇa
	喉聲(齒音)	ta	tha	da	dha	na
	脣聲(脣音)	pa	pha	ba	bha	ma
徧口聲	ya	ra	la	va	śa	
	ṣa	sa	ha	llaṃ	kṣa	

범문의 자모(devānagarī)는 발음 방법에 따라 '불송기청음(不送氣清音)-송기청음(送氣清音)-불송기탁음(不送氣濁音)-송기탁음(送氣濁音)-비

96 이 도표는 『불광대사전(佛光大辭典)』 5권, 서목문헌출판사(書目文獻出版社), 1989, 4565-4569쪽에 기재된 도표를 간략히 정리한 것이다.

음(鼻音)'의 순서인데 운도의 36자모(字母)와 비교하면, 중국어의 탁음(濁音)이 두 종류로 나뉠 수 없다는 것을 제외하면 이 배열법에 따라 '전청(全清)–차청(次清)–전탁(全濁)–불청불탁(不清不濁)'의 순서가 된다.[97] 그러므로 운도의 36자모에 명시된 발음 부위와 발음 방법은 모두 범어의 자모 개념을 빌린 것으로 보인다. 셋째, 운도의 '등(等)'의 개념은 범어학과 직접적으로 관련이 있다.[98] 알렌(ALLEN, W. S)의 『고대 인도의 음성학(*Phonetics in Ancient India*)』[99]에 따르면 범어학에서는 구강의 폐쇄도에 따라 ① Contact ② Slight contact ③ Slight openness ④ Openness (또는 ① Contact ② Slight contact ③ Half contact ④ Non-contact)로 음을 사분(四分)하였다.[100] 그러므로 운도의 사등(四等)은 범어학의 사분법에서 암시를 받아 만들어진 것임은 가히 짐작할 만하다. 넷째, '전(轉)'과 '섭(攝)'도 모두 불경과 관련이 있다. 즉 운도에서 '전(轉)'은 성모와 운모가 결합하여 음을 이룬다는 의미로 쓰이는데 범문에서도 체문(體文, 자음)과 마다(摩多, 모음)[101]가 어우러져 새로운 글자음을 만든다는 것을 '자륜품(字輪品)'이라고 한다. 바로 전(轉)과 같은 의미이다. 또한 불경에서

---

97 왕력(王力), 『중국어언학사(中國語言學史)』, 중국도서간행사(中國圖書刊行社), 1984. 108쪽.

98 미기웅이랑(尾崎雄二郎), 「한어사에서의 범어학[漢語史における梵語學]」, 『중국어음운사연구[中國語音韻史の研究]』, 동경(東京): 창문사(創文社), 1980, 77-99쪽.

99 알렌(ALLEN, W.S), 『고대 인도의 음성학(*Phonetics in Ancient India*)』, Oxford, 1953, 25-26쪽. (미기웅이랑(尾崎雄二郎), 『중국어음운사연구[中國語音韻史の研究]』, 동경(東京): 창문사(創文社), 1980, 77쪽 재인용.)

100 예를 들어 구개음을 대입시키면 다음과 같이 나타낼 수 있다. ① Contact: c ② Half contact: y ③ Half-openness: ʃ[□]④ Openness: i.

101 마다(摩多)는 16개 모음(a, ā, i, ī, ū, ə, ai, o, au, r, ṝ, l, ḹ, aṃ, aḥ)을 가리킨다. 그중 드물게 쓰이는 r, ṝ, l, ḹ를 별마다(別摩多)라고 하고 나머지는 통마다(通摩多) 또는 실담(悉曇) 12운, 실담(悉曇) 12장이라고 한다. 또한 aṃ, aḥ는 a의 전화(轉化)로써 본래 운이 아니므로 16자에서 제하면 14음이 된다(『불광대사전(佛光大辭典)』, 북경: 서목문헌출판사(書目文獻出版社), 1989, 4565-4569쪽).

'섭(攝)'은 '총괄하다' '모으다'의 의미인데 운도에서는 운미가 같고 주요 모음이 같거나 비슷한 운을 16섭(攝)으로 귀납하였다.[102]

그러나 앞에서와 같이 운도에 구현된 어음 구조에 대한 정밀한 분석과 범어학에 직접 영향을 받은 각종 용어들이 중국어의 구조를 인식하는 필수적 요소라고 단정하기는 어렵다. 운도는 범어의 어음 체계에 맞춰진 중국어의 어음 구조일 수도 있고 또 범어학에서 사용된 용어라고 하더라도 운도에서 중국어의 어음 구조에 따라 변용되었을 가능성도 감안해야 한다. 문화적 접촉으로 인하여 범어와 중국어의 이질 언어 사이를 조율하려는 시도로서 운도가 제작되었던 것이다.

정초(鄭樵)는 『통지(通志)』의 「칠음략(七音略)」에서 다음과 같이 운도의 제작 배경에 대해 말하였다.

> 칠음은 서역에서 일어나서 중국에 전래되었다. 인도의 승려가 불교를 중국에 전파하고자 하여 이 운도를 지은 것이다. 비록 거듭 번역하여도 미치지 않고 어느 글자가 통하지 않는 부분이 있더라도 (운도에 의하면) 바로 음과 의미가 전해질 수 있었다. 중국의 승려가 이에 따라 36개 자모를 정하고 개합과 청탁을 정하되 그 틀에서 벗어나지 않았으니 천지만물의 음이 이에 갖추어지게 되었다.[103]

이를 근거하여 미기웅이랑(尾崎雄二郎)은 "운도는 호승(胡僧)이 중국어를 습득하기 위한 방편으로 풍부하고 정밀한 범어학의 지식을 동원하여 만든 것이다."[104]라고 하였다. 그러나 거꾸로 운도는 중국의 승려들에

---

102 당작번(唐作藩), 『음운학교정(音韻學教程)』, 북경: 북경대학출판사, 1993, 70쪽.

103 정초(鄭樵), 『통지(通志)』 「칠음략(七音略)」: "七音之作, 起自西域, 流入諸夏, 梵僧欲以其教傳之天下, 故爲此書. 雖重百譯之遠, 一字不通之處, 而音義可傳. 華僧從而定三十六爲之母, 重輕淸濁, 不失其倫, 天地萬物之音備於此矣."

104 미기웅이랑(尾崎雄二郎), 앞의 논문, 1980, 78쪽.

게도 범어를 익히기 위한 훌륭한 학습 방법이 될 수 있었다. 다시 정초의 설명을 보자.

> 불교도들은 참선을 큰 깨달음이라고 하고 음리에 통달하는 것을 작은 깨달음이라고 한다.[105]

당시 불교도들은 성명(聲明, 범어의 어법)을 배울 때 반드시 음운을 연구해야만 하였다. 더욱이 당(唐) 현종(玄宗) 시기(714)에 선무외(善無畏, 637-735)가 중국에 온 이래 밀교(密敎)가 유행하기 시작하였다. 밀교는 특히 범문의 주술을 외우는 것을 중요시하여 수행의 삼밀문(三密門)의 하나라고 하였고[106] 교의적으로 언어에 매우 높은 지위를 부여하여 불교도들이 범어를 학습하는 것은 현실적인 당면 문제가 되었다. 그리하여 호승들이 중국어 학습을 위한 방편으로 범어의 격식에 한자를 대입하여 만든 운도는 또한 중국의 승려들이 범어를 익히는 데 긴요한 참고서가 되었을 것이다.

이와 같은 취지로 제작된 운도들의 공통점은 작자와 제작 연대가 불투명하다는 점이다. 모두 승려들에 의해 만들어졌으리라고 추측은 하고 있지만 정확히 누구에 의해, 어느 시기에 제작되었는지에 대해선 견해가 일치하지 않는다. 북송 시기 심괄(沈括)은 당시의 정황을 "음운에 관한 저술을 많이 지어 서로 논박함에 따라 여러 종파로 갈라서게 되었다[音韻龐駁, 師法多門]."[107]고 형용하였으나 송초(宋初)에는 운도를 통한 어음의 인

---

105 정초(鄭樵), 『통지(通志)』 「칠음략(七音略)」: "釋氏以參禪爲大悟, 通音爲小悟."

106 일행(一行), 『대비노차나성불경소(大毘盧遮那成佛經疏)』 「입진언문주심품(入眞言門住心品)」: "入眞言門, 略有三事. 一者身密門, 二者語密門, 三者心密門", (『대정장(大正藏)』 39권, 580쪽.)

107 심괄(沈括) 찬(撰) · 호도정(胡道靜) 교주(校注), 『신교몽계필담(新校夢溪筆談)』, 중화서국, 1987, 159쪽.

식이 보편화되지 않아서 불가에서 전래된 운도는 대다수가 소실되어 송대(宋代)의 목록학 저작에는 책이름만 몇 개 남아 있을 뿐이다. 일반 문인들이 운도를 접촉할 수 있는 기회가 비교적 적었고 또한 이를 터득하기가 쉽지 않았기 때문일 것이다. 문인들은 과거 시험을 응시하는 데 사용되는 관운(官韻)[108]이 필요했을 뿐이므로 음에 특별히 관심을 갖고 있는 학자 이외에는 운도를 연구하는 이가 많지 않았다. 그러나 불교에 관심을 갖던 문인들에 의해 점차 운도에 의해 구현되는 어음의 구조에 관심이 모아졌다. 정초는 『통지(通志)』「육서략(六書略)」에서 다음과 같이 말하였다.

> 신은 처음 『칠음운감(七音韻鑑)』을 얻고 대단히 감탄하였으니 변방의 승려들에게는 이와 같은 심오한 이치가 있는데 유자들은 이것을 들은 적도 없었기 때문입니다.…… 인도 사람들이 음을 구별함에 있어 음 그 자체에 의거하고 글자에 따르지 않는데, 중국 사람들은 글자를 구별함에 있어 글자의 모양에 의거하고 그것의 음에 주의하지 않습니다. 범문은 매우 간단하여 몇 개의 굴곡만 있을 뿐 차이가 많지 않고 문리를 이루지 않더라도 무수한 소리를 나타냅니다만 중국인들은 음을 구별하지 못하여 괴로움을 겪습니다. 절운(切韻)이라는 학문은 한대 이전 사람들이 모두 모르고 있었는데 실은 서역에서 중국으로 흘러들어온 것이기 때문입니다. 그래서 운도(韻圖) 같은 것도 승려들은 대부분 그것에 대하여 말할 수 있지만 유자들은 모두 범례조차 모르고 있습니다. 그 까닭은 원류가 서역에서 나온 것이기 때문입니다.[109]

---

108 송대부터는 주로 『예부운략(禮部韻略)』(1037)이 이용되었다.

109 정초(鄭樵) 저 · 하천마(何天馬) 교주(校注), 『통지(通志)』「육서략(六書略)」, 「논화범하(論華梵下)」, 이인서국(里仁書局), 1982, 172쪽. "臣初得『七音韻鑑』, 一唱而三嘆, 胡僧有此妙義, 而儒者未之聞, …… 梵人別音, 在音不在字, 華人別字, 在字不在音. 故梵書甚

그리하여 불가(佛家)에서 전해진 운도를 통해 정밀한 음운 구조를 터득하게 된 문인들은 『절운』 계통 운서를 모본으로 삼아 그 반절을 운도의 격식에 따라 대입하였다. 운도는 운서 중의 성(聲)·운(韻)·조(調)의 배합을 도표의 형식으로 표현하여 운모(韻母)와 성조(聲調)뿐만 아니라 36자모의 성모(聲母)도 명확하게 분류하고 예시하였으므로 어음을 변별하는 데에 체제상 미비하였던 운서 체제의 결함을 보완할 수 있었다. 『운경(韻鏡)』(1161년)과 『칠음략(七音略)』(1162년 전후)을 보더라도 초창기의 미숙한 운도가 아닌 상당히 성숙한 수준의 운도임을 알 수 있는데[110] 이는 문인들이 어음 구조를 의식하며 진지하게 운서의 반절을 분석하였기 때문일 것이다. 그러므로 운도의 제작 동기에서 볼 때, 불가(佛家)에서 범어나 중국어의 학습을 위한 실질적인 수요에 의해 제작된 운도는 대체로

簡, 只是數個屈曲耳, 差別不多, 亦不成文理, 而有無窮之音焉. 華人苦不別音, 切韻之學, 自漢以前, 人皆不識, 實自西域流入中土, 所以韻圖之類, 釋子多能言如之, 而儒者皆不識起例, 以其源流出于彼耳."

110 두 운도는 모두 남송년간에 간행되었지만 일찍이 『칠음운감(七音韻鑑)』의 저본이 있었다. 장인지(張麟之, ?-1203 이후), 『운경(韻鏡)』 「서(序)」: "『운경(韻鏡)』은 참으로 묘하다! 내가 20세에 처음으로 이를 구해 글자음을 배웠다. 예로부터 전하는 바에 의하면 『홍운(洪韻)』이라는 것이 있었는데 그것은 승려가 지은 것이었다. 일찍이 신공(神珙)이 음운을 잘 안다고 하여 『절운도(切韻圖)』를 지어 『옥편(玉篇)』 뒤에 수록한 적이 있다. 나는, 이 책이 바로 그 사람이 지은 것인데 세상 사람들이 공(珙)자를 홍(洪)자로 잘못 부른 것이 아닌가 생각한다. 그러나 근거 삼을 만한 것은 아니다. 이로부터 연구하여 이제 50년이 되었으나 아직도 누구에게서 비롯된 것인지 알 수 없다. 근래 죽은 추밀(樞密) 양담(楊倓, ?-1181)이 순희(淳熙) 년간에 지은 『운보(韻譜)』를 얻었다. 그 자서에 '당도하여 역양(歷陽)에서 간행한 『절운심감(切韻心鑑)』을 얻어 이를 손수 교정하여 군재(郡齋)에서 간행한다'고 하였다. 찬찬히 살펴보니 이것이 바로 『홍운(洪韻)』으로 약간의 차이가 있을 뿐이다.(『韻鏡』之作, 其妙矣夫. 余年二十始得此, 學字音. 往昔相傳, 類曰『洪韻』, 釋子之所撰也. 有沙門神珙, 號知音韻, 嘗著『切韻圖』, 着『玉篇』卷末. 竊意是書作於此僧, 世俗訛呼珙爲洪爾. 然又無所據. 自是硏究, 今五十載, 竟莫知原於誰. 近得故樞密楊侯倓淳熙間所撰『韻譜』, 其自序云: 揭來當塗, 得歷陽所刊『切韻心鑑』, 因以舊書手加校定, 刊之郡齋. 徐而諦之, 卽所謂『洪韻』, 特小有不同.)"

현실 음계를 반영하겠지만, 운서의 체제적 결함을 보완하려는 의도에서 문인들에 의해 제작된 운도는 대체로 『절운』 음계를 반영할 것이라는 점을 추측할 수 있다.

다시 말하자면, 어음을 성모와 운모로 구분하는 반절(反切)에서 비롯하여, 운미의 유무와 성조를 변별하였던 운서(韻書), 그리고 이질 언어를 통해 터득하게 된 중국어에 대한 정밀한 어음 분석을 구현해낸 운도(韻圖)는 문인들이 체득하게 되었던 어음 구조 인식의 발전 추이였다. 우리는 이와 같이 문인들이 점차로 고도의 어음 변별력을 갖추게 된 것은 정치·문화적 수요에 의한 외재적인 요인과도 맞물려 있음을 감지해야 한다. 이러한 모든 요인들이 한자 문화권 고유의 사유 방식과 어우러져 북송(北宋) 시기에 가시화된 정음관의 토대가 되었던 것이다.

제2장

소옹과 『황극경세서』의 「성음창화도」

본장에서는 북송(北宋) 시기 소옹(邵雍, 1011-1077)이 저술한 『황극경세서(皇極經世書)』의 「성음창화도(聲音唱和圖)」를 통하여 한자 문화권 특유의 어음 연구 전통에 대해 고찰하고자 한다. 소옹은 많은 자연 현상을 그의 상수 이론 체계로 해석하였는데 음(音)도 상수 이론 체계에 귀납된 자연 현상 중의 하나였다. 그의 상수 이론 체계에 의하면 우주의 모든 소리는 천성(天聲) 160개와 지음(地音) 192개가 있는데 두 수를 곱한 30,720개의 음이 천지간에 있는 정음(正音)의 총수라고 하였다. 그리하여 그는 『황극경세서』 「성음창화도」에서 정음 체계(正音體系)를 가시화하여 정음이 귀납되는 예를 소상히 제시하였다. 이러한 『황극경세서』 「성음창화도」는 후세 음운학에 커다란 반향을 일으켰는데 이는 거기에 구현된 정음관(正音觀)이 당시 표준 한자음을 제정하는 데에 철학적 기준을 제시하였기 때문이다. 무엇보다도 소옹의 정음관이 널리 공감을 얻을 수 있었던 것은 그의 규범적인 어음 체계가 한자의 특징과 한자 문화권의 어음 전통을 통일적으로 귀결시킬 수 있었기 때문이다. 그리하여 그의 언어관은 이후 남송 · 명 · 청뿐만 아니라 조선의 500여 년간의 음운학 연구에 있어서도 근간이 되어왔다.

1. 시대적 특징과 학술적 배경

960년 조광윤(趙匡胤, 927-976)은 오대십국(五代十國)의 장기간의 분란을 종식시키고 국호를 송(宋)으로 바꾸고 개봉(開封)에 수도를 정하여 당말 이래 오랫동안 분열되어 있던 중국을 재통일하였다. 그는 문신 관료를 중용하고 이들을 기반으로 하여 국가 체제를 재정비하였는데 송은 단순한 왕조의 교체만이 아니라 정치, 사회, 경제의 다방면에 걸쳐 이전과는 차원이 다른 시대였다.[1]

먼저 정치 · 사회 부문을 살펴보면, 육조 시대 이래의 귀족 정치가 몰락하고 황제가 국가의 모든 기능을 관장하는 군주 독재 정치로 변화하여 모든 조칙이나 명령이 군주의 의사에 따라 수행되게 되었다. 또한 균전제(均田制)[2]가 무너져 토지 국유화가 와해되면서 토지 사유제가 발전하여 토지를 겸병하거나 매매하는 현상이 증대되었고, 이러한 경제적 기반 위에 신흥 중소 지주층이 형성되었다. 그리고 신분 · 지위에 관계없이 과거를 통하여 관료가 될 수 있는 길이 폭넓게 열려져 사회적으로 과거에

---

1 신성곤, 「당송변혁기론」, 『강좌중국사 III』, 서울: 지식산업사, 1989, 7-70쪽.

2 485년 북위(北魏) 효문제(孝文帝)부터 시행된 이 제도는 농지를 성인이 된 모든 농민들에게 나누어주도록 규정하여 1가구당 총 0.08km²가량의 땅을 받을 수 있었는데, 이 가운데 일부는 영구히 소유할 수 있었고 나머지는 죽을 때 나라에 반납하도록 되어 있었다. 수 · 당에 이르러 전국적으로 시행되어 중앙 정부의 중요한 재정 제도가 되었다. 즉 21세부터 59세까지의 모든 성인은 0.06km²의 토지를 받았으며, 이 가운데 1/5을 영구적으로 소유하였고, 이 토지에서 난 산물의 일정량은 현물로 정부에 납부해야 했다. 토지 분배의 최고 한도는 6만km²로 제일 높은 지위에 있는 가문만이 이 정도 넓이의 땅을 소유할 수 있었다. 8세기 초 인구가 급속히 증가하면서 균전제는 점차 쇠퇴하였는데 농민들 대다수가 점점 0.06km²보다 작은 토지를 상속받게 되었고, 토지 대부분의 소유가 고정되어 재분배되지 않았기 때문이다. 부유한 가문에서 좋은 토지를 차지했으며 원래 한 사람 단위를 기준으로 정한 조세 체계가 급속히 쇠퇴했다. 이 제도는 당 현종의 통치 기간에 무너졌으며 그 뒤에는 지방 단위로만 복원되었다.

의한 계층 이동이 광범위하게 이루어지게 되었다.

학술상에 있어서도 송대는 여러 면에 걸쳐 전대와 차이를 보이고 있다. 앞서 언급하였듯이 송조는 봉건 전제주의의 중앙 집권 통치를 강화하여 이를 옹호할 이론 체계가 필요하였는데 이에 유학은 통치 이념으로서 존중되었다. 그리하여 송 태종(太宗, 976-997년 재위)이 '선비들은 반드시 경의에 통달해야 하고 공자의 가르침을 따라야 한다.'[3]라고 규정한 이후 사상 · 문화 각 부문에 유가 부흥의 붐이 일어났다. 그러나 유가는 맹자 · 순자 · 동중서와 같은 인물들이 출현하여 한때 떨쳤던 생명력을 상실한 지 이미 오래였다. 유가 경전의 원문에 대한 주석(註釋)과 소(疏)도 전보다 훨씬 많아졌음에도 불구하고 중앙 집권제를 공고히 하고 이를 논증하기 위한 체계적인 이론을 제공하기에도 역부족이었고 당시 문인 사대부들이 추구하였던 정신적인 관심과 요구에도 만족할 만한 해답을 주지 못하였다.[4] 한대(漢代)에는 '유가만이 존중[儒家獨尊]'되었던 선진(先秦)의 유가학설(儒家學說)은 동중서(董仲舒, 179 B.C.-A.D.104)에 의해 개조되어 신학(神學)이 되었지만,[5] 위진남북조를 거치고 수당 시대에 이르면서 많은 문인 사대부들은 혼란한 정치적 동요로 말미암아 염세적 태도로 노장학(老莊學)에 기탁하여 현학과 청담을 일삼았으므로 이후 유가는 문자의 이동(異同)에 치중한 훈고(訓詁) · 주소학(注疏學)을 통해 명맥을 유지해왔다고 해도 과언이 아니었다.[6]

또한 남북조 시기 이후에는 불교가 널리 유행하였다. 인도에서 온 불

---

3 『속자치통감(續資治通鑒)』 권11: "進士須通經義, 遵周孔之教."

4 『이정전서(二程全書)』 「수언일(粹言一)」: "論論語而不知道, 所謂雖多, 奚爲也. 于是有要約精至之言, 能深窮之, 而有所見, 則不難于觀五經矣."

5 노연장(盧連章), 『중국신유학사(中國新儒學史)』, 중주고적출판사(中州古籍出版社), 1993, 1-4쪽.

6 『이정전서(二程全書)』 「수언일(粹言一)」: "今之學者有三弊, 溺于文章, 牽于訓詁, 惑于異端. 苟無是三者, 則將安歸, 必趨于聖人之道矣."

교대사들이 활발히 선교 활동을 하여 한역(漢譯)된 불경이 유전되고 많은 사찰이 지어졌다. 불교는 지배 계층의 지원을 얻어 군중들을 교화시켰고 많은 종교 활동을 통해 거대한 세력을 형성하여 정치 · 경제 · 문화 각 방면에 심원한 영향을 미쳤다.

아울러 도교도 한대(漢代)에 형성되어 수당(隋唐) 시대에 들어오면서 더욱 팽창 · 발전되었다. 특히 도교의 시조 이이(李耳)가 당조(唐朝)의 황제와 동성(同姓)이라는 점에서 당 고조(高祖, 649-683 재위)는 노자(老子)를 태상현원황제(太上玄元皇帝)로 추존하고 당 현종(玄宗, 712-756 재위)은 각지에 현원황제(玄元皇帝)의 묘를 세웠으며 『노자』, 『장자』 등을 과거 시험의 과목으로 정하였다.[7] 당대에 도교 세력은 불교에는 미치지 못하였더라도 당조의 정통성과 관련하여 중요 위치를 차지하고 있었다.

이와 같이 송 이전의 사상계는 불교와 도교에 의해 주도되어왔고 문인 사대부층은 도덕적 가치를 초월한 문제에 더 관심을 두게 되었다. 물론 『논어』 · 『맹자』 · 『중용』, 특히 『주역』의 형이상학적인 문제에 대한 논의가 없었던 것은 아니지만 새로운 시대의 문제에 대처하기 위해서는 새로운 해설과 해명을 필요로 하였던 것이다.

그러므로 송대의 유가는 통치 이념으로서뿐만 아니라 불교나 도교를 압도할 세계관을 정립하기 위해서도 이에 걸맞은 실천 이념 및 이론 체계를 요청하게 되었는데 이는 당시 사대부 지배층의 당면한 임무였다. 그리하여 오늘날 송학(宋學) · 도학(道學) · 성리학(性理學) · 성명학(性命學) · 이학(理學) 또는 신유학(新儒學, Neo-Confucianism)이라고 명명하는 송대의 유가는 한당(漢唐)의 훈고(訓詁) · 주소학(注疏學)과는 다른 차

---

7 『구당서(舊唐書)』 「예의지(禮儀志)」: "開元二十九年(741)正月己丑, 詔兩京及諸州各置玄元皇帝廟一所, 幷置崇玄學. 其生徒令習『道德經』及『莊子』『列子』『文子』等, 每年準明經例擧送."

원의 유학으로 재구성되었다.[8]

송(宋) 이전 신유학(新儒學)의 기원은 당말(唐末)의 한유(韓愈, 768-824)와 이고(李翶, 772-836)까지 소급할 수 있다. 한유와 이고는 『대학』과 『중용』을 재해석함으로써 불교에 대한 유교의 우위 확립의 문제를 제기하였다.

> 내가 도라고 말하는 것은 도가나 불가에서 말하는 도가 아니다. 요가 순에게, 순이 우에게, 우는 탕에게, 탕이 문왕 · 무왕 · 주공에게, 문왕 · 무왕 · 주공은 공자에게, 공자는 맹자에게 전하였다. 맹자가 죽은 후에는 도가 전해지지 못하였다. 순자(荀子)와 양주(楊朱)는 가려서 택하였으되 정수를 가려내지 못하였으며 도를 언급하기는 하였어도 상세하지 못하였다.[9]

> 옛날의 성인은 도를 안자(顔子)에게 전하였고 …… 중니(仲尼)의 손자인 자사(子思)는 할아버지의 도를 받아 『중용』을 저술하여 맹자에게 전하였다. …… 아! 본성과 천명을 다룬 저서가 있었음에도 불구하고 학자들이 이를 밝혀 알지 못했던 까닭에 모두 장자 · 열자 · 노자 · 불타에만 탐닉하게 되었다. 『중용』을 알지 못하는 사람들은 공자의 무리가 본성과 천명의 도를 깊이 연구해낼 수 없다고 말하고 있으니, 도 · 불을 신봉하는 이들이 모두 이러한 이들이다. 나에게 본성과 천명의 도를 물어보는 이가 있기에 나는 내가 알고 있는 것을 그에게 전하면서 …… 오랫동안 끊어지고 버려져 드날리지 못하였던 도를 세상에 전할 수 있게 되길 바랄 뿐이다.[10]

---

8 신성곤, 「당송변혁기론」, 『강좌중국사III』, 서울: 지식산업사, 1989, 8-9쪽.

9 한유(韓愈), 『한창려문집(韓昌黎文集)』 「원도(原道)」: "斯吾所謂道也. 非向所謂老與佛之道也. 堯以是傳之舜; 舜以是傳之禹; 禹以是傳之湯; 湯以是傳之文武周公; 文武周公傳之孔子; 孔子傳之孟軻. 軻之死, 不得其傳焉. 荀與楊也, 擇焉而不精, 語焉而不詳."

10 이고(李翶), 『복성서(復性書)』: "昔者聖人以之傳于顔子……子思, 仲尼之孫, 得其祖之道, 述中庸四十七篇, 以傳於孟軻……嗚呼! 性命之書雖存, 學者莫能明, 是故皆入於莊列老釋.

그러나 한유와 이고의 공헌은 도교와 불교의 배척 및 인성론(人性論)에 국한되어 있을 뿐 유교에 새로운 사상적 생명을 불어넣는 작업을 이들에게서 찾을 수는 없다. 한유와 이고 이후, 당말(唐末)과 오대(五代)를 거치며 오랫동안 순치(馴致)되다가 송이라는 시대적 배경 속에서 유교의 내용은 사대부의 지배층에 의해 근본적으로 일신될 수 있었다.[11]

송의 사대부 지배층들은 전대의 사상계를 지배해온 도·불교를 배척하고 아울러 이를 대체할 수 있는 새로운 철학 체계의 유교를 세워 그의 정통적 지위를 확립시키기 위해 우선 도가 계통의 노장 사상과 불교에 정통해야만 했다. 도교와 불교의 장·단점을 통찰한 연후에야 철학의 근저로부터 비판할 수 있는 능력을 갖출 수 있기 때문이다. 그러므로 송의 사대부 지도층은 불교나 도교에 대해 모두 조예가 깊었으며 또한 표면적으로는 도·불 배척의 기치를 내걸었지만, 도·불교의 심오한 철학 체계를 융합, 도야하여 수용함으로써 종전의 유교에 결여되었던 심오한 이론과 풍부한 사상 체계를 형성할 수 있었다.[12] 예를 들어 북송오자(北宋五子)[13]의 한 사람인 주돈이(周敦頤, 1017-1073)는 노장적 취향이 강했을 뿐만 아니라 『거사분등록(居士分燈錄)』에 의하면 불교 계통인 여산(廬山)의 불인선사(佛印禪師)와 동림(東林)의 상총선사(常總禪師)에게서 도를 배웠다고 한다.[14] 정호(程顥, 1032-1085)와 정이(程頤, 1033-1108)도 본

不知者, 謂夫子之徒, 不足以窮性命之道, 信之者, 皆是也. 有問於我, 我以吾之所知而傳焉. …… 缺絶廢棄不揚之道, 幾可以傳於時."

11 하원수, 「송대사대부론」, 『강좌중국사 III』, 서울: 지식산업사, 1989, 71-125쪽 참조.

12 이범학, 「송대 주자학의 성립과 발전」, 『강좌중국사』, 서울: 지식산업사, 1989, 201-202쪽 참조.

13 북송오자(北宋五子)는 소옹(邵雍, 1011-1077), 주돈이(周敦頤, 1017-1073), 장재(張載, 1020-1077), 정호(程顥, 1032-1085), 정이(程頤, 1033-1107)를 가리킨다.

14 주돈이(周敦頤)의 사상은 도교 사상과 전통 유교 사상의 혼합체이며 일부분에는 불교 사상도 뒤섞여 있다. 예를 들어 「태극도(太極圖)」는 도교에서 전래되었고 「역통(易通)」은 『중용(中庸)』 사상을 발전시킨 것이며 「애련설(愛蓮說)」은 불교의 '연화자

전(本傳)에 의하면 '노장과 불교에 출입'하였다고 하며, 특히 불교 계통의 『귀원직지집(歸元直指集)』에 의하면 정이(程頤)는 일찍이 도를 영원선사(靈源禪師)에게 묻고 그 감화를 받아서 문장을 작성하고 서책(書册)을 주석하는 데에도 다수 불조(佛祖)의 언사(言辭)를 이용하였다고 한다. 이러한 경향은 이정(二程)의 문하에 이르러서 더욱 심하였다. 사량좌(謝良佐, 1050-1103), 양시(楊時, 1053-1135) 등은 불교에 심취하였으며, 주자(朱子, 1130-1200)도 '노장과 불교에 출입한 것이 십여 년'이었다고 할 정도로 불교와 깊은 인연을 맺고 있었다.[15]

노장 사상 및 도교와의 관계 또한 밀접하다. 주돈이(周敦頤)의 『태극도설(太極圖說)』의 시원은 도교의 『주역참동계(周易參同契)』[16]에 있었으며, 가까이는 진단(陳摶, 871-989), 종방(種放) 등 송초의 노장계 은일자들의 역학을 계승했다고 볼 수 있다. 정호(程顥)에게서 나타나는 만물일체설(萬物一體說)과 자연에의 귀의 성향도 도가적 기질과 상통하는 것이다.[17]

이러한 신유학자들은 주로 유가 경전에 주석하는 형식을 빌려 그들의 사상을 천명하고 서술하였다. 중점적으로 연구한 유가 경전으로는 가장 철학성이 풍부한 『주역』과 『춘추』, 사서(四書) 등을 들 수 있다. 그리고 그들의 주요 토론의 주제는 '성(性)과 천도(天道)'를 중심으로 정치, 교육, 도덕, 역사, 종교 등 모든 방면에 관련되어 있었다. 성(性)이란 인성(人性)

성청정설(蓮華自性淸淨說)'과 관련이 있다.: 이에 대한 자세한 논의는 후외려(候外廬) 저 · 박완식 역, 『송명이학사』, 서울: 이론과실천사, 1993, 97-101쪽 참조.

15 고길진(顧吉辰), 「송대 이학과 불교의 관계(宋代理學與佛教的關系)」, 『송대불교사고(宋代佛教史稿)』제5장, 중주고적출판사(中州古籍出版社), 1993, 223-236쪽.

16 『주역참동계(周易參同契)』는 후한(後漢) 위백양(魏伯陽)이 저술이라고 하는데 흔히 말하는 단도(丹道)의 이론을 쓴 것이다. 즉 『주역(周易)』의 음양 이론에 근거하여 단사(丹砂)를 원료로 늙지도 죽지도 않는 단약을 제조하기 위한 복잡한 조제 방법을 기술하고 있다.

17 후외노(候外盧) 저, 박완식 역, 『송명이학사』, 서울: 이론과실천사, 1993, 17-20쪽.

을 말하고 천도(天道)란 이(理) 또는 천리(天理)를 가리킨다. '성(性)과 천도(天道)'에 대한 논설은 공자도 언급을 잘 하지 않았던 철학 이론이지만 신유학자들은 늘상 이러한 문제에 대해 토론하였던 것이다.[18]

결론적으로 신유학의 사상적 원천은 유교 자체의 내용을 주류로 삼았지만 선(禪)을 매개로 한 불교와 도교의 우주론적 해석은 신유학의 형성에 직접적으로 연관되어 있었다. 유·불·도교의 사상은 서로 이질적이고 여러 면에서 모순적이지만 송대의 신유학자들은 시대적 요청으로 유·불·도의 사상을 하나로 통합시켰던 것이다. 그리고 이 통합은 단순한 절충이 아니라 동질적인 총체로 형성되는 체계였으므로 당말(唐末) 이래 오랜 시일을 필요로 하였던 것이다.

이러한 시대적 배경과 학술적 특징은 북송 시기에 살았던 소옹(邵雍, 1011-1077)의 생애와 그의 사승(師承) 관계에서도 그대로 드러난다. 소옹의 자는 요부(堯夫), 시호는 강절(康節)이며 선조는 하북(河北) 범양인(范陽人)[지금의 하북성 대흥현(大興縣)]이다. 증조부 소영진(邵令進)은 송(宋) 태조(太祖)의 휘하에서 군관(軍官)을 역임한 바 있고 후에 형장(衡漳)[지금의 하북성 남부 지방]으로 이주하였다. 소옹은 어린 시절에 부친 소고(邵古, 989-1067)를 따라서 공성(共城)[지금의 하남성 휘현(輝縣)]으로 옮겨갔다가 부친이 죽자 이천(伊川) 지방에서 장례를 치른 까닭에 하남인(河南人)으로 일컬어졌으며 훗날 다시 낙양에 정착하였다.[19] 그는 끝까지 벼슬을 하지 않은 채[20] 은거하면서 『황극경세서』·『관물(觀物)』과

---

18 풍우란(馮友蘭), 『중국철학사(中國哲學史)』 하책(下册), 북경: 중화서국, 1992, 800-817쪽.

19 이규경의 『오주연문장전산고(五洲衍文長箋散稿)』 「황극경세서변증설(皇極經世書辨證說)」에 기록되어 있는 소옹의 행적 및 기사를 참고할 수 있다. 한국고전번역원DB 참조(http://db.itkc.or.kr).

20 풍우란(馮友蘭), 앞의 책, "嘉祐間, 留守王拱辰表薦, 授將作主簿, 熙寧初, 中丞呂誨薦之, 補穎州團練推官 皆稱疾不之官.", 814쪽.

『어초문답(漁樵問答)』·『격양집(擊壤集)』·『소자전서(邵子全書)』 등의 저술을 남겼는데[21] 조부와 부친 모두 '속세를 떠나 벼슬을 하지 않는[隱逸不仕]' 가풍의 영향을 받았던 것 같다. 『송사(宋史)』「소옹전(邵雍傳)」의 기록을 보자.

> 가우(嘉祐) 연간(송 인종[仁宗], 1056-1063)에 은일한 현사를 구하라는 칙명이 내리자, 유수(留守) 왕공신(王拱宸)은 소옹을 추천, 장작감(將作監) 주박(主薄)를 제수받았고 재차 은일 현사로 천거되어 영주(潁州) 단련추관(團練推官)에 임명되었으나 이를 모두 사양하여 명을 받고도 끝내 병을 칭하며 벼슬에 나아가지 않았다.[22]

소옹이 벼슬을 마다하기는 하였지만 당시 고위 관료층들과는 긴밀한 교분을 나누고 있었다. 사마광(司馬光, 1019-1086), 부필(富弼, 1004-1083), 여공저(呂公著, 1018-1089) 등과 빈번하게 모임을 가졌고, 왕안석(王安石, 1021-1086)의 아우 왕안국(王安國, 1028-1074)과도 왕래가 있었다. 소옹이 극빈한 생활을 하고 거처할 곳이 마땅하지 않자 사마광 등 20여 명이 돈을 모아 토지를 구입하여 거주지를 마련해주기도 하였다. 소옹은 이에 '여러분이 힘을 모아 사주신 천진교(天津橋) 옆의 집을 받고서 시를 지어 감사드립니다.[天津敝居蒙諸公共爲成買, 作詩以謝]'라는 시를 지었다.

> 집을 마련해준 여러분께 거듭 감사드립니다.
> 사주신 집은 성안이라지만 그윽한 산골터.

---

21 풍우란(馮友蘭), 앞의 책, "著有皇極經世書, 觀物內外篇, 漁樵問答, 擊壤集, 邵子全書."

22 『송사(宋史)』「소옹전(邵雍傳)」: "嘉祐詔求遺逸, 留守王拱宸以雍應詔, 授將作監主薄, 複擧逸士, 補潁州團練推官, 皆固辭乃受命, 竟稱疾不之官", 815쪽.

동네 이름은 장생(長生)이라 의당 주인이 있을 터.

집 이름은 안락(安樂)이니 어찌 권세가 없으랴.[23]

소옹이 왕안석의 신법을 반대하여 낙양에 은거한 사마광 등 구당 관료들과 교류가 빈번하였던 점을 보아 소옹도 신법을 찬성하지 않았음을 알 수 있지만 그렇다고 생활의 원조를 미끼로 부화뇌동하지는 않았다. 그는 다음과 같이 유보적인 입장을 표명하였다.

> 희녕(熙寧) 3년(1070), 신법이 시행되자 관리들은 행하지 않고 탄핵을 하고 은거하였다. 지방에 사는 소옹의 문하생과 친구들이 옹에게 편지를 하거나 방문하므로 옹이 말하길, 어진 자가 마땅히 힘을 다할 때이다. 신법이 참으로 엄하지만 조금이라도 관대히 시행한다면 백성들은 조금이나마 은혜를 받을 것이다. 탄핵을 하고 떠나간다면 무슨 도움이 있겠는가?[24]

그러므로 소옹이 일개 처사로서 생을 마쳤더라도 『격양집(擊壤集)』의 「자서(自序)」에 "나는 젊어서부터 유학에 뜻을 두었다.[予自壯歲, 業于儒學]"[25]라고 스스로 밝혔듯이 그의 행적은 정치적 색채를 띠고 있으며 사회에 대해 적극적인 사명감과 강렬한 현실 참여 의식을 가지고 있었다. 이는 당시 권력층과 밀접한 관계를 맺고 있던 송대 사대부 지배층의 전형적인 모습이기도 하였다. 다음의 예문은 그가 사회적으로 상당한 명

---

23 소옹(邵雍), 『이천격양집(伊川擊壤集)』 21권: "重謝諸公爲買園, 買園城里占林泉, 洞號長生宜有主, 窩名安樂豈無權" (상야일출도(上野日出刀) 역(譯), 동경(東京): 명덕출판사(明德出版社), 1979.)

24 『송사(宋史)』 「소옹전(邵雍傳)」: "熙寧三年, 吏牽迫不可爲, 或投劾去. 雍門生故友居州縣者, 皆貽書訪雍, 雍曰, 此賢者所當盡力之時, 新法固嚴, 能寬一分, 則民受一分賜矣, 投劾何益耶?"

25 소옹(邵雍) 저 · 상야일출도(上野日出刀) 역, 『이천격양집(伊川擊壤集)』, 동경(東京): 명덕출판사(明德出版社), 1979.

망이 있었음을 시사해준다.

> 봄 · 가을이 되면 성안으로 놀러 나갔는데 바람이 불거나 비가 와서 오래 나가지 않다가 나갈 때면 작은 수레를 타고 한 사람이 끌게 하고는 마음내키는 대로 갔다. 사대부 집에서 그 수레소리를 알고 다투어 서로 맞이하여 문안을 드리는데 어린아이와 하인들까지도 모두 기뻐하며 말하길, '우리 집에 선생님께서 오셨단다.'[26]

소옹은 당시 사대부 지배층의 문인과 마찬가지로 유가의 입장에서 불교와 도교의 심오한 철리를 모두 적절하게 흡수하여 『주역』을 연구하였고 이에 기존 유교에 결핍되었던 우주 기원론, 자연관, 역사관 및 사회 정치 이론 등을 제시하였다.

오늘날 소옹의 저작으로 『황극경세서』와 시집 『이천격양집(伊川擊壤集)』이 전해진다. 『황극경세서』의 원본은 이미 찾아볼 수 없으며 오늘날 전해오는 여러 판본의 권수도 각기 다르다. 그러나 소옹의 원서의 기본 내용은 대체로 보존되어오고 있다. 원서의 주요 내용에 관한 소백온(邵伯溫, 1057-1134)의 기술은 다음과 같다.

> 『황극경세서』는 모두 12권이다. 일권과 이권은 원(元), 회(會), 운(運), 세(世)의 수를 총괄하여 말하였다. 이는 『주역』에서 말하는 천지의 수이다. 삼 · 사권은 회(會)로 운(運)을 경영하여 세수(世數)와 세갑자(歲甲子)를 나열하고, 아래에 요(堯)로부터 오대(五代)까지의 역대표를 기술하여 천하의 이합(離合), 치란(治亂)의 자취를 나타낸다. 이는 천시(天時)로 인사(人事)를 증험한 것이다. 오 · 육권은 운(運)으로 세(世)를 경영하여 세수

26 『송사(宋史)』 「소옹전(邵雍傳)」: "春秋時出游城中, 風雨常不出, 出則乘小車, 一人挽之, 惟意所適. 士大夫家識其車音, 爭相迎候, 童孺厮隷皆歡相謂曰, 吾家先生至也."

> (世數)와 세갑자(歲甲子)를 나열하고 아래에 요로부터 오대까지의 서전(書傳)에 기록되어 있는 흥폐(興廢), 치란(治亂), 득실(得失), 사정(邪正)의 자취를 찾아볼 수 있다. 이는 인사(人事)로 천시(天時)를 증험한 것이다. 칠권에서 십권까지는 음양강유(陰陽剛柔)의 수로써 율여성음(律呂聲音)의 수를 궁구하고 동(動), 식(植), 금(禽), 수(獸)의 수를 궁구한 것이니 『주역』에서 말하는 만물의 수이다. 십권에서 십이권까지는 『황극경세』라는 이 책의 책다울 수 있는 본질을 논한 것이다.[27]

이와 같은 체제를 살펴보면, 소옹은 우주 사물에 모두 '수(數)'가 있으며 이 수는 그가 구성한 상수 형식에 의한 것이라고 인식하였다. 즉 그는 상수 체계를 최고의 준칙으로 삼아 모든 사물이 그가 추연한 상수(象數)에 의해 구성되고 아울러 발생, 변화됨을 말하였다. 이는 소옹 역학의 가장 큰 특징이라고 할 수 있다. 『황극경세서』를 통해 밝힌 소옹의 역(易) 사상의 근원에 대해 다음과 같은 기록이 있다.

> 북해 이지재(李之才)가 공성령(拱城令)이 되었을 때, 소옹이 학문을 좋아한다는 말을 듣고서 그의 집에 찾아가 물었다. '그대는 물리(物理) 성명(性命)에 대한 학문을 들었는가?' 옹이 '가르침을 받고자 합니다.'라고 답하여 이에 이지재에게 사사받아 하도 낙서와 복희의 팔괘, 육십사괘의 도상을 전수받았다. 이지재의 전승은 멀리에서 전해온 것이다.[28]

27 채원정(蔡元定), 『황극경세지요(皇極經世指要)』: "『皇極經世書』凡十二卷. 其一之二則總元·會·運·世之數, 『易』所謂天地之數也. 三之四以會經運, 列世數與歲甲子, 下紀帝堯至于五代歷年表, 以見天下離合治亂之迹, 以天時而驗人事者也. 五之六以運經世, 列世數與歲甲子, 下紀帝堯至于五代, 書傳所載興廢治亂得失邪正之迹, 以人事而驗天時者也. 自七之十則以陰·陽·剛·柔之數, 窮律·呂·聲·音之數, 窮動植飛走之數, 『易』所謂萬物之數也. 其十之十二則論 『皇極經世』之所以爲書." (『사고술수총서(四庫術數叢書)』, 상해고적출판사(上海古籍出版社), 1993.)

28 『송사(宋史)』「소옹전(邵雍傳)」: "北海李之才攝拱城令, 聞雍好學, 嘗造其廬, 謂曰: 子亦

'이지재의 전승은 멀리에서 전해온 것이다.[之才之傳, 遠有端緖]'에 대해 남송초 주진(朱震, 1072-1138)은 다음과 같이 밝히고 있다.

> 진단(陳摶)이 선천도(先天圖)를 종방(種放)에게 전하니, 방(放)은 목수(穆修)에게, 목수(穆修)는 이지재(李之才)에게, 이지재는 소옹에게 이를 전수하였다.[29]

앞의 기록 등을 통해 볼 때, 소옹의 역학은 상수파(象數派)의 계보에 속한다.[30] 즉 한(漢)에서 송에 이르기까지 역학은 역리를 추구하는 의리파(義理派) [왕필(王弼)-호원(胡瑗)-정이(程頤)]와 상수로 우주 만물을 궁구함을 목적으로 삼는 상수파(象數派) [경방(京房)-초연수(焦延壽)-진단(陳摶)-소옹(邵雍)]가 있었는데 의리파의 왕필의 역학이 세상에 널리 퍼진 후, 상수파의 이론은 오랫동안 학술계에서 중시되지 않고 주로 민간의 방사(方士)들과 은일(隱逸)한 선비들에 의해 연구되었다. 소옹의 스승인 진단(陳摶, ?-989)이 이러한 인물로서 그는 화산(華山)에서 40여 년간 은거하면서 백여 살까지 살았다고 한다.

또한 소옹의 역학은 '선천역학(先天易學)'에 속하기도 한다. 선천(先天)이란 복희가 획괘(劃卦)한 역이고 후천(後天)이란 문왕(文王)이 부연한 역이다. 문왕의 역은 바로 오늘날의 『주역』으로서 공자가 전(傳)을 붙였다. 소옹은 주로 복희가 획괘한 도식을 중시하여 『주역』의 경문에 대해 그다지 해석하지 않았고, 단지 많은 도식을 이용하여 역학의 주요 원리를 표현하였다. 다음의 문장을 보자.

聞物理性命之學乎? 雍對曰: 幸受教, 乃事之才, 受河圖洛書宓義八卦六十四卦圖像. 之才之傳, 遠有端緖."

29 『송사(宋史)』「주진전(朱震傳)」: "陳摶以先天圖傳種放, 放傳穆修, 修傳李之才, 之才傳邵雍."

30 주백곤(朱伯崑), 『역학철학사(易學哲學史)』, 4쪽, 북경: 북경대학출판사, 1988 참조.

> 소강절 선생이 말씀하시길, 도식에는 비록 글귀가 없지만 내가 종일 말하는 내용이 이 그림에서 벗어나지 않는다. 대개 천지만물의 이치가 모두 그림 속에 있다.[31]

이상의 기록에 근거하여 후대 문인들은 소옹의 선천상수학(先天象數學)이 일반적으로 계보상 도교 계통에서 연원한다고 인식하였다.[32] 그리하여 소백온(邵伯溫, 1057-1134)의 『역학변혹(易學辨惑)』과 조설지(晁說之, 1059-1129)의 『전역당기(傳易堂記)』에 기록되어 있는 계보가 약간의 차이는 있지만 모두 『황극경세서』의 사상이 진단(陳摶)에서 연원하는 것으로 명시하고 있다.[33] 이들의 사승 관계를 그림으로 그려보면 다음과 같다.

소백온(邵伯溫)의 『역학변혹(易學辨惑)』:

진단(陳摶) — 목수(穆修) — 이지재(李之才) — 소옹(邵雍) ┬ 왕예(王豫)
├ 장민(張峪)
└ 진개(秦玠)

조설지(晁說之)의 『전역당기(傳易堂記)』:

진단(陳摶) — 종방(種放) ┬ 목수(穆修) ┬ 이지재(李之才) — 소옹(邵雍)
│ └ 소순흠(蘇舜欽)
└ 범악창(范諤昌) — 유목(劉牧)

---

31 장행성(張行成), 『주역변통(周易變通)』 「서문(序文)」, (『사고술수총서(四庫術數叢書)』, 상해고적출판사(上海古籍出版社), 1993) "邵康節先生謂, 圖雖無文, 吾終日言而未嘗離乎是. 盖天地萬物之理, 盡在其中矣."

32 주희(朱熹)는 소옹(邵雍)을 북송오자(北宋五子)라고 추대하였지만 『이락연원록(伊洛淵源錄)』에서는 소옹을 도학대사(道學大師)로 구분하였다.

33 후외노(侯外廬), 『중국사상통사(中國思想通史)』 제4권, 537쪽, 북경: 인민출판사, 1992 참조.

그런데 위의 계보와 완전히 다른 사승 관계를 기록한 것이 있다. 사양좌(謝良佐, 1050-1103)는 「조이도(晁以道) 『전역당기(傳易堂記)』 후서(後序)」에서 다음과 같이 말하였다.

> 안락 소옹 선생의 『황극경세』의 학문은 사승 관계가 자못 특이하다. 안락 선생의 부친[소고(邵古)]은 옛적에 노산(盧山)에서 후문공 호공과 함께 은자인 노승에게 유학하였다. 은자가 말하길, "호자는 세속의 부귀가 매우 두텁고 국가의 정치까지도 아우를 것이다. 그러나 소자의 벼슬길은 마음같이 되지는 않겠지만 학문은 반드시 전수될 것이다."라고 하였다. 그리하여 같이 역서를 전수받았다.[34]

이에 근거하면 소옹의 학설은 실제로 부친 소고(邵古)를 계승한 것이고 소고는 노산(盧山)의 노승에게서 전수받은 것이므로 그의 학설은 불교 계통에 근원을 두고 있다.

노산노승(盧山老僧) ─┬─ 소고(邵古) ─── 소옹(邵雍)
　　　　　　　　　　 └─ 호숙(胡宿)[35]

사양좌는 소백온과 같은 시대 사람이다. 「조이도(晁以道)『전역당기(傳易堂記)』후서(後序)」라는 글 제목에서도 알 수 있듯이 사양좌는 조설지의 『전역당기(傳易堂記)』에 언급되지 않은 사실을 보충하려는 의미에서 소고 부자의 계승 관계를 밝혔다고 보인다. 그러면 소백온과 조설지가 이

---

34 왕응린(王應麟), 『곤학기문(困學紀聞)』, 대북: 세계서국(世界書局), 1974, 51쪽. "安樂邵先生皇極經世之學, 師承頗異. 安樂之父昔於盧山解後文公胡恭, 從隱者老浮圖遊. 隱者曰, 胡子世福甚厚, 當秉國政. 邵子仕雖不耦, 學業必傳. 因同受易書."

35 『송사(宋史)』「호숙전(胡宿傳)」 318권: "胡宿, 字武平, 常州晉陵人, 登第爲揚子尉, ……."

러한 사승 관계를 전혀 언급하지 않은 것은 무슨 까닭이었을까?

이 책에서는 다음과 같은 정치·사회적 요인과 사상·학술 자체의 요인이 작용했다고 본다. 첫째, 불교는 북송 중기까지도 아직 그 사상적 우위를 상실하지 않고 있었고 특히 선종의 발달로 다수의 명승을 배출함으로써 당시 명현이나 유자로서 불교에 귀의하는 자가 적지 않았다. 그러나 1125년 북방의 여진족이 금을 세운 후 송을 침입하여 휘종(徽宗)과 흠종(欽宗)을 인질로 잡아간 후 휘종의 9자인 고종(高宗, 1127-1162 재위)은 남쪽으로 도망쳐 임안(臨安)[현 항주(杭州)]에 도읍하여 남송을 세웠다. 남송 이후 불교는 특히 '이적(夷狄)의 교(敎)'라는 점에서 중화 사상적 배타주의가 고조되어 극력 배척당하게 되었다. 둘째, 송초의 주돈이(周敦頤)[36] → 정호(程顥) → 정이(程頤) → 장재(張載)로 이어져 전개되어온 사상이 남송 시기의 주희(朱熹, 1130-1200)에 의해 집대성되면서 신유학의 체계가 완성되자 불교에 대한 배척운동이 더욱 고조되었다. 그러므로 남송 시기의 소백온 및 그의 문하생들은 소옹의 역학에 불교적 요소가 섞이지 않도록 소고와 소옹의 사승 관계를 은폐하고 진단에서 소옹에 이르는 정통적인 주역의 사승 계보만을 강조하였을 것이다.

이러한 점에 유의하여 우리가 간과해서는 안 될 것은 소옹의 학술 사상의 주요 부분을 점유하고 있는 불교적 요소이다.[37] 다시 사양좌 「조이도(晁以道) 『전역당기(傳易堂記)』 후서(後序)」의 기록에 근거하여 소고의

36 주돈이(周敦頤, 1017-1073)가 사상계에서 중요시되고 송학(신유학)의 창시자로서 숭상받게 된 것은 그가 죽고 상당 시간이 지난 후, 주희가 주돈이야말로 맹자 이후 천사백 년 동안 매장되었던 도통을 잇고 성인의 학문을 명확하게 하였다고 밝힌 후부터이다. (도전건차[島田虔次], 김석근·이근우역, 『주자학과 양명학(朱子學と陽明學)』, 서울: 도서출판 까치, 1993, 40쪽.)

37 소옹의 학술 사상과 불교에 대한 자세한 논의는 뢰영해(賴永海), 「소옹의 학문과 불학(邵雍之學與佛學)」, 『이학과 불학(理學與佛學)』 제2절, 항주: 절강인민출판사, 1992, 127-134쪽 참조.

역학에 대해 좀 더 구체적으로 고찰하여보자. 조공무(晁公武)는 『군재독서지(郡齋讀書志)』에서 다음과 같이 적고 있다.

> 소고(邵古)의 『주역해(周易解)』오권(五卷). 북송의 소고(邵古) 천수(天叟)가 편찬함. 고(古)는 옹(雍)의 부친이다. 본적은 범양(范陽)이고 치평초(治平初)에 낙(洛)에서 죽으니 79세였다. 학문은 정음(正音)·정문(正文)에 뛰어났다.[38]

진역(陳繹, 1021-1088)의 『소고묘명(邵古墓銘)』에도 다음의 기록이 있다.

> 당신께서는 성품이 대범하고 과묵하셨고 유독 문자학을 좋아하셨다. 성률(聲律)과 운류(韻類)로써 고금의 문자나 음운을 적확하게 풀이하여 이를 정성(正聲)·정자(正字)·정음(正音)이라고 하셨으니 모두 30편이다.[39]

이러한 기록들은 소고가 문자·음운학 방면에 업적을 남겼음을 말해준다. 소고의 저서는 이미 산일되었고 단편적인 기록만이 전해지고 있지만,[40] 이를 『황극경세서』와 비교해보면 소옹은 소고의 학문적 이론을 부분적으로 계승하였음을 알 수 있다.[41] 다음 소고(邵古)의 『정음서록(正音

38 왕응린(王應麟), 『곤학기문(困學紀聞)』 권1, 대북: 세계서국(世界書局), 1974, 51쪽 재인용. "邵古周易解五卷. 右皇朝邵古天叟撰. 古, 雍之父也. 世本范陽, 治平初卒於洛, 年七十九. 其學先正音·文云."

39 『황조문감(皇朝文鑑)』 권143: "君性簡寡, 獨喜文字學. 用聲律韻類, 古今切正, 爲之解曰正聲正字正音都合三十篇."

40 소고(邵古)의 음운학에 대한 개요는 『정음(正音)』의 일문(佚文)을 통해 볼 수 있다. 장행성(張行成)의 『역통변(易通變)』 권19(『사고술수총서(四庫術數叢書)』, 상해고적출판사, 1993)에는 『정음(正音)』을 인용하고 『정음서록(正音敍錄)』이라고 제목을 붙였으며 아울러 치평(治平) 2년(1065)의 소옹의 원서(原序)까지 부록되어 있다.

41 유울화(劉蔚華), 「소옹의 철학 사상을 논함(論邵雍的哲學思想)」, 43쪽, (『중국철학사

敍錄)』과 소옹의 『황극경세서』「성음창화도」에서 각각 사용된 용어와 상수역수를 비교해보더라도 매우 유사한 점을 발견할 수 있다.[42]

邵古의 『正音敍錄』	邵雍의 『皇極經世書』「聲音唱和圖」
天: 日月星辰 地: 金土火水 聲調: 平上去入 等: 開發收閉 陰陽柔剛 闢翕	天: 日月星辰 地: 水火土石 聲調: 平上去入 等: 開發收閉 陰陽柔剛 闢翕清濁
日10 月12 星10 辰12 金10 土12 火10 水12 正律의 用數 112 正呂의 用數 152 正聲의 用數 17,024 正音의 用數 17,024	太陽10 太陰12 少陽10 少陰12 少剛10 少柔12 太剛10 太柔12 太陽少陽太剛少剛의 用數 112 太陰少陰太柔少柔의 用數 152 水火土石의 化數 17,024 日月星辰의 變數 17,024

위와 같이 '소고(邵古)-소옹(邵雍)'은 특히 문자 · 음운 방면에서 그들이 직접적인 연계성을 갖고 있음을 알 수 있다. 후세 학자 중에서도 소옹이 소고의 역학(易學)의 영향을 받았다고 여겨서 '소고-소옹'의 사승 관계를 밝힌 기록이 적지 않다.

성률(聲律)의 학문은 본래 이천장인(伊川丈人) 소고(邵古)에게서 나왔다. 강절(康節)은 부친의 도를 본받아 이를 서술하였으되 그 차이가 매우

상사연구(中國哲學思想史硏究)』, 1982).

42 소고(邵古)의 저작은 이미 소실되었지만 장행성(張行成) 『역통변(易通變)』 권19, 왕응린(王應麟, 1223-1296) 『곤학기문(困學紀聞)』 권8, 포운용(鮑雲龍) 『천원발미(天原發微)』 권10에 단편적인 내용이 실려 있다. 평전창사(平田昌司), 「황극경세성음창화도와 절운지장도(皇極經世聲音唱和圖與切韻指掌圖)」, 『동방학보(東方學報)』 제56책, 1984, 195-196쪽.

적었고 요컨대 이치는 모두 통하였다.[43]

> 소자(邵子)의 성음학 및 자모의 연원에 대해 답하길, 세로에 사성(四聲)을 두고 가로에 칠음(七音)을 두는 것은 정초(鄭樵, 1104-1162)의 학설에도 갖추어져 있다. 소자의 성음학은 그 부친에게서 시작된 것으로 이름은 고(古)이고 호는 이천장인(伊川丈人)인데 그의 도보(圖譜)가 세상에 유행하였다.[44]

조선조 이규경(李圭景, 1788-?)도 다음과 같이 밝히고 있다.

> 장하다, 소옹의 성음학은 곧 그의 가전(家傳)으로서 이천장인(伊川丈人)에게서 얻은 것이지, 이를 모조리 이정지(李挺之, 지재[之才])에게서 이어받은 것은 아닐 것이다.[45]

그러므로 불교 계통에 사상적 근원을 갖는 '소고(邵古)-소옹(邵雍)'의 사승 계보는 주로 언어, 문자 부문에 관한 사상 체계에 반영되었음을 알 수 있다. 이는 소옹의 철학이 갖는 또 하나의 커다란 특징인 것이다.[46]

---

43 장행성(張行成) 『역통변(易通變)』 권19(『사고술수총서(四庫術數叢書)』, 상해고적출판사, 1993) "聲律之學, 本出於伊川丈人. 康節祖述之, 小有不同. 要之理則皆通."

44 황종희(黃宗羲) 원저 · 전조망(全祖望) 보수(補修), 『송원학안(宋元學案)』 제1책, 456쪽, 중화서국, 1989. "邵子聲音之學及字母淵源曰: "縱爲四聲, 橫爲七音, 鄭漁仲之說備矣. 邵子聲音之學, 出于其父, 名古號伊川丈人, 有圖譜行于世."

45 이규경, 고전국역총서, 『오주연문장전산고(五洲衍文長箋散稿)』 XVII, 서울: 민문고, 1989, 217쪽. "嗚呼, 邵子之聲音之學, 乃自其家傳, 得之伊川丈人者, 不盡于李挺之也."

46 소옹의 『황극경세서』에는 7권에서 10권까지 음양강유(陰陽剛柔)의 숫자로 율여성음(律呂聲音)의 숫자를 궁구하였는데 이는 전체 내용의 1/3 이상이므로 소옹의 사상 체계를 구성하는 중요한 부분이라고 할 수 있다.

2. 제작 동기 및 정음관의 구현

동한 이래 불교의 경전이 중앙 아시아를 거쳐 중국에 전해져 경전을 번역하는 과정에서 범어학과 불교의 언어 사상은 중국의 학문 전반에 깊은 반향을 일으키게 되었다. 이 책의 1장에서 논의하였듯이 '반절(反切)', '사성(四聲)', '36자모(字母)'와 '칠음(七音)'의 분류 등은 범어와 중국어의 대비 · 연구의 과정에서 필연적으로 발견된 개념들이다.

이외에도 우리가 간과할 수 없는 것은 불교의 언어 사상이다. 기원전 1500년경 인도에는 고대 범문으로 쓰인 『베다(*veda*)』라고 하는 전적이 있었는데 브라만교의 최고(最古) 경전이었다. 이 『베다』가 후세에 정확하게 전승되어야 할 필요 때문에 인도에서는 일찍이 언어와 문자가 특별히 중시되어 음운학(音韻學), 어법학(語法學), 음율학(音律學), 사원학(詞源學), 천문학(天文學) 등이 고도로 발달하였고 아울러 언어의 영구불변을 주장하는 언어 사상이 성립되었다.[47] 특히 수행(修行)의 삼밀문(三密門)의 하나라고 하여 교의상 언어에 높은 지위를 부여하였던 밀교(密敎)에서는 음의 분류, 발음 부위 및 방법에 대해 정밀한 정의와 묘사를 하였고 아울러 범어의 자음과 모음 및 조합 방법을 유기적으로 배합한 『실담장(悉曇章)』이 범어의 음절표일 뿐만 아니라 세상의 모든 어음의 총목이라고 여겼다.[48] 공해(空海, 774-835)[49]는 『범자실담자모병석의(梵字悉曇字母幷釋

---

47 불교의 언어 문제에 대해선 계선림(季羡林), 「원시불교의 언어 문제[原始佛敎的語言問題]」「원시 불교의 언어 문제를 다시 논함[再論原始佛敎的語言問題]」「원시 불교의 언어 문제를 또 다시 논함[三論原始佛敎的語言問題]」, 『계선림학술논저자선집(季羡林學術論著自選集)』, 북경: 북경사범학원출판사(北京師範學院出版社), 1991년 참조.

48 잠기상(岑麒祥), 「고대 인도인들의 언어에 대한 관점과 어법 분석(古印度人對于語言的看法和語法分析)」, 『어언학사개요(語言學史概要)』, 북경대학출판사, 1988, 10-16쪽.

49 일본 불교의 고승. 804년 중국에 와서 장안(長安)에서 불교 밀종(密宗)과 교류하고 806년에 귀국하여 진언종(眞言宗 또는 東密)을 창시하였다. 저서로는 『문경비부론

義)』에서 다음과 같이 언급하였다.

> 오른편의 12자(즉, ka, kā, ki, kī, ku, kū, ke, kai, ko, kau, kaṃ, kaḥ)는 가(迦, ka)자(字)의 전음(轉音)이다. '가(迦)'자모 하나가 12자를 조합해 낸다. 이와 같이 (34개의) 하나하나의 자모가 각각 12자를 조합해내어 한 번 회전하면 408자가 조합된다. 만약 이합(二合) · 삼합(三合) · 사합(四合)된 겹자음이 더해지면 13,872자가 생기게 된다. 이는 『실담장(悉曇章)』이 근본적으로 가지고 있는 자연적이고 영구불변하는 자이다. 삼세(三世)[전(前) · 현(現) · 내세(來世)]의 불교법사들은 모두 이 글자로 법리를 강설하므로 성어(聖語)라고 한다. 나머지 글자들은 범어(凡語)인데 정대한 도리가 아니므로 모두 아류를 좇은 글자요 말일 따름이다. 만약 이러한 언어를 따르는 것이 있다면 이는 곧 망어(妄語)라고 하기도 하고 무의어(無義語)라고 하기도 한다. 그러나 만약 성어(聖語)를 따른다면 무량한 공덕을 얻을 것이다.[50]

즉 34개의 자음이 12개의 모음과 결합하여 408개의 음절을 만들어내고 다시 겹자음 음절을 만들게 되면 13,872종의 조합을 이루는데 바로 이 13,872개의 음절을 '성어(聖語)'라고 하였다. 그 외의 어음은 모두 범어(凡語)에 속하는데 범어는 영구히 존재할 수 없는 것이므로 불교의 교리를 강술할 수 없다고 하였다. 우리는 앞의 1장에서 한자 문화권의 사유 특징으로서 어음과 음악 소리가 같은 근본 요소와 구조 방식을 갖추고

(文鏡秘府論)』과 『전이만상명의(篆隶万象名義)』 등이 있다.

50 공해(空海), 『범자실담자모병석의(梵字悉曇字母并釋義)』: "右十二字者一個迦字之一轉也. 從此一迦字母門出生十二字, 如此一一字母各各出生十二字, 一轉有四百八字. 如是有二合三合四合轉, 都有一萬三千八百七十二字. 此悉曇章本有自然眞實不變常住之字也. 三世諸佛皆用此字說法, 是名聖語. 自餘聲字者, 是則凡語也. 非法然之道理, 皆隨類之字語耳. 若隨順彼言語, 是名妄語, 亦名無義語. 若能隨順聖語, 卽得無量功德."

있다고 설명하는 성음의 교화 사상을 고찰하였는데, 이러한 사유의 토대 위에 불교의 언어 사상이 자연스럽게 수용될 수 있었다.[51]

그러나 불교에는 창조신인 브라만[梵天]이 언어와 문자를 만들었다고 하는 기원설이 있는 반면, 중국에서는 창힐(倉頡)이 새와 짐승의 발자국 등을 보고 문자를 만들었다는 전설이 전해지고 있었다.[52] 이를 불교의 기원설과 비교해보면 조금 격이 떨어지므로 불교도들은 유교나 도교에 비해 우월함을 선전할 때 특히 이 점을 강조하여 중국 고유의 한자와 한문 저작의 가치를 낮게 평가하였다.[53]

> 범천과 구루(佉樓)는 천축에 있었고 황제(黃帝)의 사관인 창힐(倉頡)은 중국에 있었다. 범천과 구루(佉樓)는 맑은 하늘을 본받아 지었고 창힐(倉頡)은 새 발자국의 모양을 땄다. 획을 구성하는 데에서는 진실로 다른 것이지만 이치를 전함에 있어서는 같은 것이다.[54]

---

51 세계 각 문화의 고유 사상은 각자 사상의 경로를 가지고 있으므로 독특한 의미를 가지고 있는 개념이 다른 문화권의 사람들에게는 쉽게 이해되지 않을 수 있다. 그리하여 어느 문화가 다른 문화에 전해질 때 두 문화의 고유 사상 중 같은 부분은 자신의 문화에 있던 의미로 외래 사상을 비유하기도 하고 또 외래 문화가 오랫동안 주입되면 깨우침이 더욱 심오하게 되어 외래 사상은 그 원류가 다르게 변해버릴 수도 있다. 불교가 처음 중국에 전래되었을 때 늘 중국의 고유 사상의 의미를 끌어 해석하였는데 이와 같은 수용 방법을 탕용동(湯用彤)은 '격의(格義)'라고 하였다. (탕용동(湯用彤), 『위진남북조불교사(魏晋南北朝佛教史)』, 중화서국, 1988, 168쪽.)

52 『설문해자(說文解字)』「서문(序文)」: "黃帝之史倉頡見鳥獸蹏迒之迹, 知分理之可相別異也, 初造書契."

53 요종이(饒宗頤), 「중국 전적 중 범서(梵書)와 구류서(佉留書)의 기원에 관한 기사(中國典籍有關梵書與佉留書起源的記載)」, 379-384쪽(『범학집(梵學集)』, 상해고적출판사, 1993).

54 승우(僧祐, 445-518), 『출삼장기집(出三藏記集)』 권1, 「호한(胡漢) 역경(譯經)의 음의(音義)의 차이에 관한 기록(胡漢譯經音義同異記)」: "梵及佉樓居于天竺, 黃史倉頡居于中夏. 梵佉取法於淨天, 倉頡因華於鳥跡. 文畫誠異, 傳理則同矣"

또 불교에서는 오늘날의 세계는 훼멸(毁滅)의 겁재(刦災)인데 범문만이 다음 겁의 세계로 영원히 유전될 수 있으며 다른 모든 언어와 문자는 소멸된다고 하였다. 불교의 주장대로라면 한자로 쓰인 문헌은 장래 겁재를 당할 때 전부 훼멸되는 것이다.

> 아찰라(阿察囉, akara)라는 것은 당(唐)에서 문자라고 하는 것이다. 혹은 상주(常住)라고 하기도 한다. 상주(常住)라고 하는 것은 범자(梵字)의 경우에만 그 명칭이 그러하고 여러 나라의 문자는 이와 다르다. 무슨 뜻인가. 동이(東夷), 남만(南蠻), 서융(西戎), 북적(北狄) 등 여러 오랑캐 나라에서 갖고 있는 문자는 소성(小聖)이나 예재(睿才)가 만든 언어를 따라 문자를 만들었는데 훗날 겁을 만나 삼재(三災)를 지내면 모두 훼멸되므로 상존할 수 없다. 오직 범문만이 범천왕의 위아래로 좇아 전겁에서나 후겁에서나 모두 범천왕이 말한 것을 사용한 것으로 백겁을 거쳐도 차이가 없으므로 상주(常住)라고 말하는 것이다.[55]

그러므로 불교의 언어 사상은 송대 사대부 문인들에게 충격과 깨우침을 주었지만 유교의 근본을 흔들어놓을 수 있는 위험스런 것이었으므로 유교 및 유교 경전의 영구불변을 보장하기 위해 불교의 그것을 능가할 수 있는 정밀한 언어 이론 체계가 요구되었다.

이와 같은 시대적 요청은 소옹이 『황극경세서』「성음창화도」를 제작한 직접적인 동기가 되었을 것이다. 다시 말하여 소옹은 송대 사대부의 문인으로서 시대적 사명감을 가지고 불교 계통의 언어 사상보다 더욱 정

55 혜림(慧琳, 737-820), 『일체경음의(一切經音義)』 권25, 「범경조(梵經條)」: "云阿察囉, 唐云文字. 或云常住. 言常住者梵字獨得其稱, 諸國文字不同此例. 何者, 如東夷, 南蠻, 西戎, 北狄及諸胡國所有文字, 並是小聖睿才隨方語言演說文字, 後遇刧盡三災起時, 悉皆磨滅, 不得常存. 唯有此梵文隨梵天王上下, 前刧後刧皆用一梵天王所說, 設經百刧亦不差別, 故云常住."

밀하고 완정한 유교 우위의 언어 이론 체계를 창신하고자 도교 계통에서 전수받은 선천상수학 이론을 방증으로 삼았을 것이다. 그리하여 소옹은 『황극경세서』의 7-10권에서 그가 『주역』을 연구하면서 도출한 상수 개념으로 세상의 모든 성음 체계를 해석하고 또 거꾸로 성음 체계로 그의 이론 체계의 합리성을 증명하고자 하였다.

이 책에서는 앞의 논의에서 불교 계통에 사상적 근원을 갖는 '소고(邵古)-소옹(邵雍)'의 사승 계보에 대해 논의한 바 있다. 다시 소고의 정음관에 대해 살펴보자.

> 이전 세상에서 행해진 일을 지금 세상에서 근거로 삼는 것은 글이요 지금 세상에서 행해진 일을 훗날 세상에서 근거로 삼을 것도 글이다. 글을 보고 일의 전모를 알 수 있다. 그러므로 음이 정확하지 않으면 글이 갖추어질 수 없고 글이 갖추어지지 않으면 내용도 명확할 수 없으니 내용이 명확하지 않은데 어찌 도에 해가 끼치지 않겠는가. 그러므로 의미가 내용에 어울리지 않고 내용이 음에 어울리지 않으면 내용도 틀리고 음도 틀리니 그 의미와 내용을 알 수 있을 것인가? 이러한 까닭에 옛날 학자들은 반드시 먼저 음을 바르게 하였고 다음으로 말을 바르게 하였으며 다음으로 글을 바르게 하였고 다음으로 행동을 바르게 하였다. 소리로 음을 바르게 하였고 글로써 말을 바르게 하였고 문장으로 글을 바르게 하였고 이치로써 행동을 바르게 하였다. 음 · 언어 · 내용 · 행동이 올바른데 도가 올바르지 않은 적은 일찍이 없었다.[56]

---

56 소고(邵古), 『정음서록(正音敍錄)』: "前世所行之事, 今世所憑者書也. 今世所行之事, 後世所憑者書也. 觀其書, 必知其事之所在. 故音不正則辭不備, 辭不備則事不明, 事不明則安有不害於道者哉. 然則意不在辭, 事不在音, 非辭非音, 其意與事可得而知耶? 是故古之學者必先正音. 其次正言, 其次正辭, 其次正事. 以聲正音, 以書正言, 以文正辭, 以理正事. 音言辭事正而道不正者. 未之有也." (장행성(張行成), 『주역변통(周易變通)』, 상해고적출판사, 1993.)

이로 말미암아 치우친 논의에서 왜곡됨이 나왔고 곡해된 언론에서 시비가 생겨나서 분연히 천하를 어지럽히게 되었다. 바른 소리와 바른 음이 있지 않다면 어찌 바로 잡을 수 있겠는가?[57]

이로써 보건대 소고의 『정음서록(正音敍錄)』에 투영된 음운론의 특징은 '규범화(規範化)'에 있었고 소고는 이상적인 어음 체계를 제시하여 잘못 전해진 글자 음[訛音]을 통일하려고 했던 것 같다. 소고의 언어관을 그대로 전수받은 소옹의 『황극경세서』「성음창화도」에도 이와 같은 정음 사상이 반영되었을 것이다. 즉 소옹은 『황극경세서』「성음창화도」에 표준적이고 이상적인 어음 체계를 제시하여 궁극적으로는 와음(訛音)을 시정하고자 하는 의도를 가지고 있었을 것이다. 이는 어음 안에 도가 담겨져 있으므로 우주 만물의 생성 원리를 적용시켜 올바른 음을 구현해내야만 진정한 도를 재현할 수 있다는 한자 문화권 고유의 사유 특징에서 비롯되었음을 짐작할 수 있다. 다음의 논의에서 소옹이 『황극경세서』「성음창화도」에 제시한 정음 체계에 대해 구체적으로 탐색하여보자.

3. 『황극경세서』「성음창화도」의 정음 체계

후세에 소옹(邵雍)은 '북송오자(北宋五子)'[58]의 한 사람으로 추대되었고, 『성리대전(性理大典)』[59]에는 『황극경세서(皇極經世書)』가 수록되어

---

57 소고(邵古), 앞의 책, "由是訛正牽乎僻論, 是非生乎曲說, 皤然淆亂於天下矣. 不有正聲正音, 惡能正之哉."

58 소옹(邵雍, 1011-1077), 주돈이(周敦頤, 1017-1073), 장재(張載, 1020—1077), 정호(程顥, 1032-1085), 정이(程頤, 1033-1107)를 일컬음.

59 명대 영락제(永樂帝)의 칙명으로 호광(胡廣, 1369-1418) 등 42명의 학자들이 송·원의 성리학설을 집대성하여 편찬한 이학문집(理學文集)이다(1415). 책머리에 영락

후세에 널리 전해졌다. 『성리대전』에서 「성음창화도」는 「경세사상체용지수도(經世四象體用之數圖)」로 명명되었다(101쪽 참조).

그런데 청대 『사고전서(四庫全書)』[60]에는 『황극경세서(皇極經世書)』가 「술수류(術數類)」에 실려 있다. 이에 대해 조선조 이규경(李圭景, 1788-?)

제의 「어제서문(御製序文)」과 호광의 「진서표(進書表)」, 「선유성씨(先儒性氏)」, 「목록(目錄)」이 있고, 1~25권은 태극도(太極圖), 주돈이(周敦頤)의 『태극도설(太極圖說)』, 장재(張載)의 『통서(通書)』·『서명(西銘)』·『정몽(正蒙)』, 소옹(邵雍)의 『황극경세서(皇極經世書)』, 주자(朱子) 『역학계몽(易學啓蒙)』·『가례(家禮)』·『율려신서(律呂新書)』, 채심(蔡沈) 『홍범황극내편(洪範皇極內篇)』 등 단행본을 수록하고 주석(注釋)을 달았다. 26~70권은 이기(理氣)·귀신(鬼神)·성리(性理)·도통(道統)·성현(聖賢)·제유(諸儒)·학(學)·제자(諸子)·역대(歷代)·군도(君道)·치도(治道)·시문부(詩文賦) 등 주제별로 120여 명 제가의 어록·문장을 분류·수록하였다. 방대한 분량으로 성리학의 권위적 체계를 확보하여 각 교육기관을 통해 널리 보급되었다. 청대에 강희제가 이광지(李光地) 등에게 명하여 『성리대전』의 정수를 발췌하여 『성리정의(性理精義)』를 편찬하게 했다. 이덕무(李德懋)의 『청장관전서(青莊館全書)』 제55권 「앙엽기(盎葉記)」 「중국서래동국(中國書來東國)」에 의하면 『성리대전』이 조선에 들어온 시점에 대해 '선종 선덕 원년(1426) 병오 우리 세종 8년에 사서오경과 『성리대전』을 하사하였고(……宣宗宣德元年丙午. 我世宗八年. 賜四書, 五經, 性理大全.……),' 또한 '옹정 7년(1729) 우리 영종 5년에 『강희자전』·『성리정의』·『시경』·『전설휘찬』·『음운천미』를 교부해주었다(……淸雍正七年. 我英宗五年. 附康熙字典, 性理精義, 詩經, 傳說彙纂, 音韻闡微.……).'고 언급하였다.

60 청대 건륭 38년(1773)에 착수하여 건륭 47년(1782)에 완성했다. 모두 3,503종 7만 9,337권이 수록되었고, '경(經)·사(史)·자(子)·집(集)'의 4부 44류로 나누었다. 경부는 '역(易)·서(書)·시(詩)·예(禮)·춘추(春秋)·효경(孝經)·오경총의(五經總義)·사서(四書)·악(樂)·소학(小學)'의 10류로 나누었다. 사부는 '정사(正史)·편년(編年)·기사본말(紀事本末)·별사(別史)·잡사(雜史)·조령주의(詔令奏議)·전기(傳記)·사초(史鈔)·재기(載記)·시령(時令)·지리(地理)·직관(職官)·정서(政書)·목록(目錄)·사평(史評)'의 15류로 나누었다. 자부는 '유가(儒家)·병가(兵家)·법가(法家)·농가(農家)·의가(醫家)·천문산법(天文算法)·술수(術數)·예술(藝術)·보록(譜錄)·잡가(雜家)·유서(類書)·소설가(小說家)·석가(釋家)·도가(道家)'의 14류로 나누었다. 집부는 '초사(楚辭)·별집(別集)·총류(總類)·시문평(詩文評)·사곡(詞曲)'의 5류로 나누었다. 책을 수집하는 것에서부터 초고를 만들 때까지 16년이 걸렸고 편수·기록에 참가한 문신·학자·기록관은 4,000여 명에 달했다고 한다.

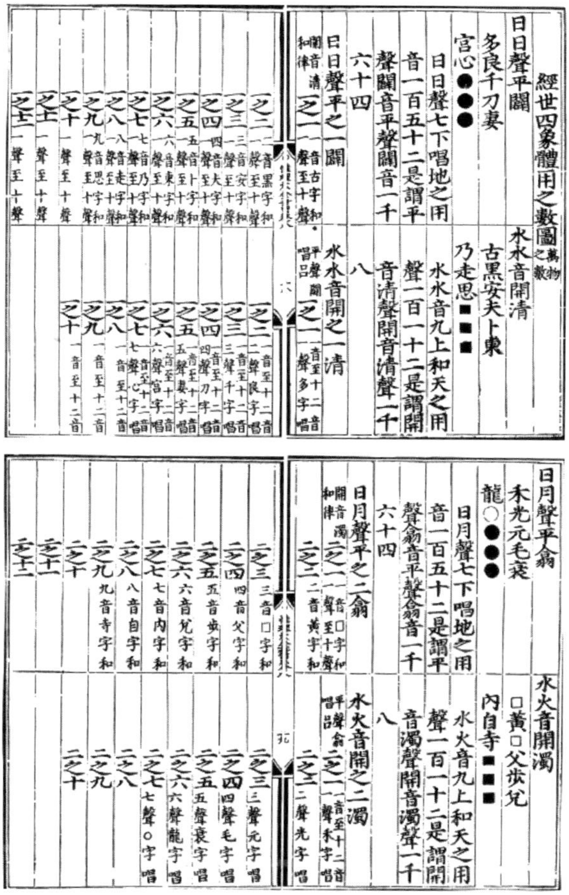

『성리대전(性理大典)』의 「경세사상체용지수도(經世四象體用之數圖)」

은 다음과 같이 비평하였다.

청의 『사고전서(四庫全書)』에는 『황극경세서』를 술수(術數)에 배열하였는데, 이것은 온당하지 않은 듯하다. 명(明) 형천(荊川) 당순지(唐順之)의 『패편(稗篇)』에는 이 책을 제가(諸家)에 넣었다가 다시 임둔(壬遁)[61]의

61 점술(占術)의 하나인 육임(六壬)과 은신술의 둔갑법.

> 밑에 두었다. 장황(章潢)의 『도서편(圖書編)』에는 사마온공(司馬溫公)의 『잠허(潛虛)』 밑에 배열하였으니 형천(荊川)이 배열한 것은 아주 틀렸으며 장황(章潢)의 배열한 것이 마땅하다.[62]

『성리대전』에 실려 있는 「경세사상체용지수도(經世四象體用之數圖)」와 엄밀히 비교해보면 완전히 동일한 내용이다. 이 책에서는 문연각본(文淵閣本) 『사고전서(四庫全書)』 「술수류(術數類)」 권1에 수록된 『황극경세서(皇極經世書)』를 근거하기로 한다.[63]

소옹의 『황극경세서』는 1-6권은 「원회운세(元會運世)」, 7-10권은 「율여성음(律呂聲音)」, 11-14권은 「관물편(觀物篇)」으로 구성되어 있다. 그 중 「율여성음」은 전체 내용의 1/3 이상이므로 중요한 부분이라고 할 수 있을 뿐만 아니라 성음과 관련된 내용이다. 「율여성음」은 각 권마다 상 · 하로 나뉘어 16편이고, 각 편마다 위에는 성도(聲圖)가 배열되어 있고 아래에는 음도(音圖)가 배열되어 모두 32도(圖)로 구성되어 있다(103쪽 표 참조).

7권 · 상을 예로 들어 보자. 천성도(天聲圖) 일일성평벽(日日聲平闢)의 '多良千刀妻宮心●●●' 7개 글자가 지음(地音) 152개와 화합되는 1,064개의 예가 하나하나 나열되어 있고, 지음도(地音圖)에는 수수음개청(水水音開淸)의 '古黑安夫卜東乃走思■■■' 9개 글자가 천성(天聲) 112개와 화합되는 1,008개의 예가 하나하나 예시되어 있다. 아래에 문연각본(文淵閣本) 『황극경세서』 7권 · 상의 일부를 수록한다(104쪽 참조).

---

62 『오주연문장전산고(五洲衍文長箋散稿)』 경사잡류이(經史雜類二) 「황극경세서변증설(皇極經世書辨證說)」: "淸四庫全書, 以皇極經世書 列於術數書中, 似非適當其宜, 明唐荊川順之稗篇, 則此書列於諸家, 而更置諸壬遁之下, 章潢, 圖書編, 列於司馬溫公光潛虛之下, 荊川之所置尤乖, 而章潢之所置得宜也."

63 『사고술수총서(四庫術數叢書)』, 상해: 상해고적출판사, 1993.

	十卷				九卷				八卷				七卷			
	下		上		下		上		下		上		下		上	
天聲圖	辰辰聲入翕	辰星聲入闢	辰月聲入翕	辰日聲入闢	星辰聲去翕	星星聲去闢	星月聲去翕	星日聲去闢	月辰聲上翕	月星聲上闢	月月聲上翕	月日聲上闢	日辰聲平翕	日星聲平闢	日月聲平翕	日日聲平闢
	○○○玉北○妾●●●	○○○六德○○●●●	八○○霍骨○十●●●	舌○○岳日○○●●●	退瑩巽○貴兎○●●●	愛亙艮奏○去欠●●●	化況半報師用○●●●	個向旦孝四象禁●●●	每永允○水虎○●●●	宰井引斗○鼠坎●●●	火廣犬寶○甬○●●●	可兩典早子孔審●●●	回兄君○龜烏○●●●	開丁臣牛○魚男●●●	禾光元毛衰龍○●●●	多良千刀妻宮心●●●
地音圖	石石音閉濁	石土音閉清	石火音閉濁	石水音閉清	土石音收濁	土土音收清	土火音收濁	土水音收清	火石音發濁	火土音發清	火火音發濁	火水音發清	水石音開濁	水土音開清	水火音開濁	水水音開清
	虯堯民未瓶■■■■■■■	棄□米尾匹■■■■■■■	揆賢寅吷鼻■■■■■■■	癸血一飛必■■■■■■■	乾月眉□平田離全□二辰呈	丘仰美□品天呂七□耳赤丑	近雄王□備弟年匠象石□直	九香乙□丙帝女足星手震中	□牙兒萬排覃犖才□□崇茶	巧瓦馬晚朴貪冷采□□叉坼	□華爻凡白大南在□士乍宅	甲花亞法百丹妳哉三山莊卓	□吾目文旁同鹿曹□■■■	坤五母武普土老草□■■■	□黃□父步兌內自寺■■■	古黑安夫卜東乃走思■■■

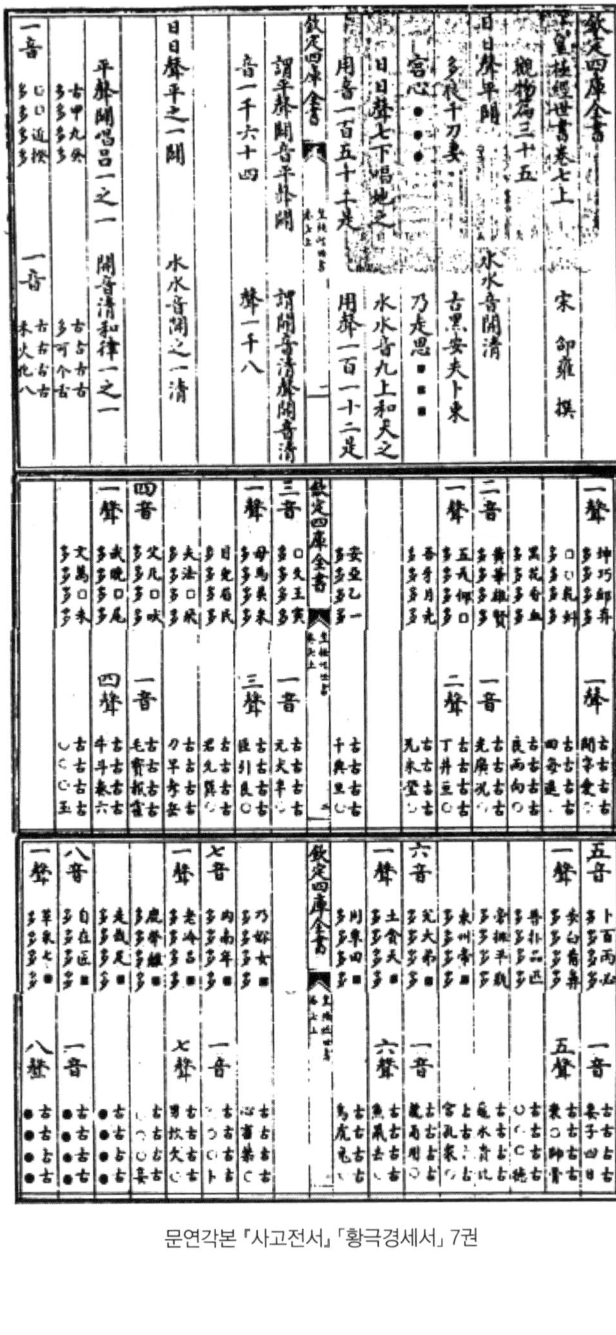

欽定四庫全書

皇極經世書卷七上 宋 邵雍 撰

觀物篇三十五

日日聲平闢 水水音開清

多禾千刀妻 古黑安夫卜東

宫心●●● 乃走思■■■

日日聲七下唱地之 水水音九上和天之

用音一百五十二是 用聲一百一十二是

謂平聲闢音平聲闢 謂開音清聲開音清

音一千六十四 聲一千八

日日聲平之一闢 水水音開之一清

平聲闢唱呂一之一 開音清和律一之一

문연각본 『사고전서』 「황극경세서」 7권

또한 『황극경세서』에는 「정성정음총도(正聲正音總圖)」가 수록되어 있는데 7-10권의 방대한 내용을 1장에 집약시킨 것으로 이를 통해 전체 내용의 핵심을 알 수 있다. 이것은 소옹의 원문이 아니라 채원정(蔡元定, 1135-1198) 등이 일목요연하게 정리한 것인데 오늘날 이를 「성음창화도」라고 부르고 있다.[64] 「정성정음총도(正聲正音總圖)」 즉, 「성음창화도」를 수록하면 다음과 같다.

正聲圖

			平	上	去	入
			日	月	星	辰
一聲	闢	日	多	可	個	舌
	翕	月	禾	火	化	八
	闢	星	開	宰	愛	○
	翕	辰	回	每	退	○
二聲	闢	日	良	兩	向	○
	翕	月	光	廣	況	○
	闢	星	丁	井	亘	○
	翕	辰	兄	永	瑩	○
三聲	闢	日	千	典	旦	○
	翕	月	元	犬	半	○
	闢	星	臣	引	艮	○
	翕	辰	君	允	巽	○
四聲	闢	日	刀	早	孝	岳
	翕	月	毛	寶	報	霍
	闢	星	牛	斗	奏	六
	翕	辰	○	○	○	玉
五聲	闢	日	妻	子	四	日
	翕	月	衰	○	師	骨
	闢	星	○	○	○	德
	翕	辰	龜	水	貴	北

			平	上	去	入
			日	月	星	辰
六聲	闢	日	宮	孔	衆	○
	翕	月	龍	甬	用	○
	闢	星	魚	鼠	去	○
	翕	辰	烏	虎	兎	○
七聲	闢	日	心	審	禁	○
	翕	月	○	○	○	十
	闢	星	男	坎	欠	○
	翕	辰	○	○	○	妾
八聲	闢	日	●	●	●	●
	翕	月	●	●	●	●
	闢	星	●	●	●	●
	翕	辰	●	●	●	●
九聲	闢	日	●	●	●	●
	翕	月	●	●	●	●
	闢	星	●	●	●	●
	翕	辰	●	●	●	●
十聲	闢	日	●	●	●	●
	翕	月	●	●	●	●
	闢	星	●	●	●	●
	翕	辰	●	●	●	●

64 등당명보(藤堂明保), 『중국어음운론(中國語音韻論)』, 동경(東京): 광생관(光生館), 1980, 137쪽.

正音圖

			開	發	收	閉
			水	火	土	石
一音	清	水	古	甲	久	癸
	濁	火	□	□	近	揆
	清	土	坤	巧	丘	棄
	濁	石	□	□	乾	虯
二音	清	水	黑	花	香	血
	濁	火	黃	華	雄	賢
	清	土	五	瓦	仰	□
	濁	石	吾	牙	月	堯
三音	清	水	安	亞	乙	一
	濁	火	□	爻	王	寅
	清	土	母	馬	美	米
	濁	石	目	皃	眉	民
四音	清	水	夫	法	□	飛
	濁	火	父	凡	□	吠
	清	土	武	晚	□	尾
	濁	石	文	萬	□	未
五音	清	水	卜	百	丙	必
	濁	火	步	白	備	鼻
	清	土	普	朴	品	匹
	濁	石	旁	排	平	瓶
六音	清	水	東	丹	帝	■
	濁	火	兌	大	弟	■
	清	土	土	貪	天	■
	濁	石	同	覃	田	■

			開	發	收	閉
			水	火	土	石
七音	清	水	乃	妳	女	■
	濁	火	內	南	年	■
	清	土	老	冷	呂	■
	濁	石	鹿	犖	離	■
八音	清	水	走	哉	足	■
	濁	火	自	在	匠	■
	清	土	草	采	七	■
	濁	石	曹	才	全	■
九音	清	水	思	三	星	■
	濁	火	寺	□	象	■
	清	土	□	□	□	■
	濁	石	□	□	□	■
十音	清	水	■	山	手	■
	濁	火	■	士	石	■
	清	土	■	□	耳	■
	濁	石	■	□	二	■
十一音	清	水	■	庄	震	■
	濁	火	■	乍	□	■
	清	土	■	叉	赤	■
	濁	石	■	崇	辰	■
十二音	清	水	■	卓	中	■
	濁	火	■	宅	直	■
	清	土	■	坼	丑	■
	濁	石	■	茶	呈	■

1) 상수역학 체제

『황극경세서』「성음창화도」의 체제를 이해하기 위해 먼저 소옹이 어떻게 상수 개념으로 성음을 해석하였는지에 대해 구체적으로 논의하여 보자.

소옹은 하늘은 움직임[動]에서 생기고 땅은 고요함[靜]에서 생긴다고 여겼다. 그리하여 하늘과 땅의 움직임과 고요함의 크기에 따라 태양(太陽)·소양(少陽)·태음(太陰)·소음(少陰)과 태유(太柔)·소유(少柔)·태강(太剛)·소강(少剛)으로 나누었다. 또한 음양(陰陽)이 교합하여 하늘의 사상(四象), 즉 일월성신(日月星辰)을 낳고 강유(剛柔)가 교합하여 땅의 사상(四象) 즉, 수화토석(水火土石)을 낳는다고 하였다.

> 하늘이 크다지만 음양(陰陽)으로 이를 다하고 땅이 넓다지만 강유(剛柔)로 이를 다하였다. 하늘은 동(動)하는 데에서 발생되고 땅은 정(靜)하는 데에서 발생한다. 한번 동(動)했다가 한번 정(靜)하는 것이 교차되어 천지(天地)의 도가 여기서 다해진다. 동(動)이 큰 것은 태양(太陽), 작은 것은 소양(少陽), 정(靜)이 큰 것은 태음(太陰), 정(靜)이 작은 것은 소음(少陰)이라 한다. 태양(太陽)은 일(日), 태음(太陰)은 월(月), 소양(少陽)은 성(星), 소음(少陰)은 신(辰)이 되니, 일월성신(日月星辰)이 교차되어 하늘의 체(體)가 다해진다. 태유(太柔)는 수(水), 태강(太剛)은 화(火), 소유(少柔)는 토(土), 소강(少剛)은 석(石)이 되니 수화토석(水火土石)이 교차되어 땅의 도가 이에 모두 다해진다.[65]

아울러 소옹은 하늘과 땅의 사상(四象)은 팔괘(八卦)의 숫자와 더불어 이루어진다고 보았다. 다음의 예문을 보자.

---

65 『황극경세서(皇極經世書)』「관물내편(觀物內篇)」: "天之大, 陰陽盡之矣, 地之大, 剛柔盡之矣. 天生于動者也, 地生于靜者也, 一動一靜交而天地之道盡之矣. 動之大者, 謂之太陽. 動之小者, 謂之少陽. 靜之大者, 謂之太陰, 靜之小者, 謂之少陰. 太陽爲日, 太陰爲月. 少陽爲星, 少陰爲辰. 日月星辰交而天之體盡之矣. 太柔爲水, 太剛爲火, 少柔之土, 少剛爲石. 水火土石交而地之道盡之矣."

태양(太陽)·소양(少陽)·소강(少剛)·태강(太剛)의 체수(體數)는 각각 10이고 태음(太陰)·소음(少陰)·소유(少柔)·태유(太柔)의 체수(體數)는 각각 12이다. 태양소양태강소강(太陽少陽太剛少剛)의 체수(體數)를 진(進)하고 태음소음태유소유(太陰少陰太柔少柔)의 체수(體數)를 퇴(退)하면 태양소양태강소강(太陽少陽太剛少剛)의 용수(用數)가 되고 태음소음태유소유(太陰少陰太柔少柔)의 체수(體數)를 진(進)하고 태양소양태강소강(太陽少陽太剛少剛)의 체수(體數)를 퇴(退)하면 태음소음태유소유(太陰少陰太柔少柔)의 용수(用數)가 된다. 태양소양태강소강(太陽少陽太剛少剛)의 체수는 160이고 태음소음태유소유(太陰少陰太柔少柔)의 체수는 192이다. 태양소양태강소강(太陽少陽太剛少剛)의 용수는 112이고 태음소음태유소유(太陰少陰太柔少柔)의 용수는 152이다. 태양소양태강소강(太陽少陽太剛少剛)의 용수(用數)로 태음소음태유소유(太陰少陰太柔少柔)의 용수(用數)를 어울리게 하면 일월성신(日月星辰)의 변수(變數)가 되고 태음소음태유소유(太陰少陰太柔少柔)의 용수(用數)로 태양소양태강소강(太陽少陽太剛少剛)의 용수(用數)를 어울리게 하면 수화토석(水火土石)의 화수(化數)가 된다. 일월성신(日月星辰)의 변수(變數)는 17024로 이를 동수(動數)라고 하고 수화토석(水火土石)의 화수(化數)는 17024로 이를 식수(植數)라고 한다. 다시 일월성신(日月星辰)과 수화토석(水火土石)의 변화통수를 어울리게 하면 289,816,576인데 이를 동식통수(動植通數)라고 말한다.[66]

66 위의 책. "太陽之體數十, 太陰之體數十二, 少陽之體數十, 少陰之體數十二, 少剛之體數十, 少柔之體數十二, 太剛之體數十, 太柔之體數十二. 進太陽少陽太剛少剛之體數退太陰少陰太柔少柔是謂太陽少陽太剛少剛之用數, 進太陰少陰太柔少柔之體數退太陽少陽太剛少剛之體數是謂太陰少陰太柔少柔之用數. 太陽少陽太剛少剛之體數一百六十, 太陰少陰太柔少柔之體數一百九十二, 太陽少陽太剛少剛之用數一百一十二, 太陰少陰太柔少柔之用數一百五十二. 以太陽少陽太剛少剛之用數唱太陰少陰太柔少柔之用數是謂日月星辰之變數, 以太陰少陰太柔少柔之用數和太陽少陽太剛少剛之用數是謂水火土石之化數. 日月星辰之變數一萬七千二十四謂之動數, 水火土石之化數一萬七千二十四謂之植數. 再唱和日

그리하여 소옹은 성류(聲類)와 운류(韻類)의 수 그리고 조합 · 분포 관계에 체수(體數), 용수(用數), 변수(變數)[動數], 화수(化數)[植數] 등의 숫자의 체계를 부합시켜 어음을 분석하는 강령으로 삼았다. 그러므로 보통 운서나 운도에서 볼 수 있는 음계의 귀납 방식과는 커다란 차이가 있다. 구체적인 예를 보자.

먼저 소옹은 음절을 전통적인 성운양분법(聲韻兩分法)에 따라 분석하였다. 전통적인 성운양분법이란 한 개의 음절을 성모와 운모로 나눈 것으로서 성(聲)은 성모(聲母)이고 운(韻)은 운모(韻母)와 성조(聲調)를 포함한다. 그런데 소옹은 특이하게도 운(韻)을 '천성(天聲)'이라고 하고 성(聲)을 '지음(地音)'이라고 명명하였다. 하늘과 땅이 어우러져야 소리가 이루어진다는 의미이다. 또한 소옹은 다음과 같이 천지만물의 숫자를 부합시켜 어음 단위를 나누었다. 즉, 천성(天聲) 체계에서 평(平) · 상(上) · 거(去) · 입성(入聲)의 사성(四聲)을 각각 하늘의 사상(四象)인 일(日) · 월(月) · 성(星) · 신(辰)에 각각 연계시켰다. 그리고 각 사성(四聲)은 다시 일 · 월 · 성 · 신의 넷으로 각각 나누어 16개 소류(小類) 가운데 홀수류는 모두 벽음(闢音)이라고 하고 짝수류는 흡음(翕音)이라고 하였다. 이를 다음과 같이 정리할 수 있다.

		闢(洪)	翕(洪)	闢(細)	翕(細)
天聲	平	日日聲	日月聲	日星聲	日辰聲
	上	月日聲	月月聲	月星聲	月辰聲
	去	星日聲	星月聲	星星聲	星辰聲
	入	辰日聲	辰月聲	辰星聲	辰辰聲

月星辰水火土石之變化通數二萬八千九百八十一萬六千五百七十六謂之動植通數."

그리고 각 소류(小類)에는 운류(韻類)가 10개씩 포함되는데[67] 10은 태양(太陽), 소양(少陽), 태강(太剛), 소강(少剛)의 각각의 체수(體數)이다. 그리하여 모두 160개의 운류가 있게 되는데 이 160은 즉 태양소양태강소강(太陽少陽太剛少剛)의 체수(體數)이다.

또한 소옹의 주장에 의하면 천지가 교합하는 3/10[天地之交十之三]은 소리와 글자가 없다. 그리하여 각 소류(小類)의 마지막 세 류에는 소리와 글자가 없으므로 하늘의 둥근 모양을 상징하는 까만 동그라미(●)로 표시를 하였다. 그리하여 나머지 일곱 류에는 112개의 운류(韻類)가 포함되는데 112는 바로 태양소양태강소강(太陽少陽太剛少剛)의 용수(用數)이다. 그중에도 음은 있지만 해당 글자가 없는 경우는 ○로 표시하고, 글자가 있는 경우는 해당 글자를 대입시켰다.

지음(地音) 체계에는 개(開)·발(發)·수(收)·폐(閉)를 땅의 사상(四象)인 수(水)·화(火)·토(土)·석(石)에 연계시켰다. 각 류는 다시 수(水)·화(火)·토(土)·석(石)의 4류로 나뉘어 모두 16개 소류(小類)이고 16류 중 홀수류는 청음(清音)에 속하고 짝수류는 탁음(濁音)에 속한다. 이를 표로 만들면 다음과 같다.

		清	濁	清	濁
地音	開(一)	水水音	水火音	水土音	水石音
	發(二)	火水音	火火音	火土音	火石音
	收(三)	土水音	土火音	土土音	土石音
	閉(四)	石水音	石火音	石土音	石石音

각 소류(小類)마다 12개의 성류(聲類)가 포함되는데 12의 수는 바로 태음(太陰), 소음(少陰), 태유(太柔), 소유(少柔)의 각각의 체수(體數)이다.

67 성(聲)은 하늘[天]을 상징하므로 천간(天干)의 수 10에 일치시켜 10류로 구분하였고 음(音)은 땅[地]을 상징하므로 지지(地支)의 수 12에 일치시켜 12류로 분류하였다.

그리하여 모두 192개의 성류(聲類)가 있는데 이 192는 또한 태음소음태유소유(太陰少陰太柔少柔)의 체수(體數)이다. 천성(天聲)처럼 지음(地音)에도 음도 글자도 없는 것이 40개인데 땅의 네모난 모양을 상징하여 까만 네모(■)로 표시하였다. 그리하여 192개의 성류(聲類)에서 40개를 제하면 152개가 남는데 152는 바로 태음소음태유소유(太陰少陰太柔少柔)의 용수(用數)이다. 그중에도 음은 있지만 해당 글자가 없는 경우는 □로 표시하고, 글자가 있는 경우는 해당 글자를 대입시켰다.

「성음창화도(聲音唱和圖)」의 '창(唱)'과 '화(和)'는 '천성창지음(天聲唱地音)' 또는 '지음화천성(地音和天聲)'의 의미이다. 그리하여 112류의 운류(韻類)를 차례로 152개의 성류(聲類)와 병합시킨 후 변수(變數) · 화수(化數)의 음절에 합치시키는 것은 만물의 모든 음을 만들어내는 과정을 의미하는 것이다.

이상의 논의를 도식으로 나타내면 다음과 같다.

정성(正聲):

① 자(字)+○+● ································ 10성(聲)×4×4 = 160(체수(體數))

② 자(字)+○ ······································· 7성(聲)×4×4 = 112(용수(用數))

③ 자(字) ·· 112−29 = 83

정음(正音):

① 자(字)+□+■ ································ 12음(音)×4×4 = 192(체수(體數))

② 자(字)+□ ·· 192−40 = 152(용수(用數))

③ 자(字) ·· 152−20 = 132

전수(全數):

① 160(정성의 체수)×192(정음의 체수) = 30,72 ······ 동물(動物)의 전수(全數)

192(정음의 체수) × 160(정성의 체수) = 30,720 … 식물(植物)의 전수(全數)

② 112(정성의 용수) × 152(정음의 용수) = 17,024 … 동물(動物)의 용수(用數)

152(정음의 용수) × 112(정성의 용수) = 17,024 … 식물(植物)의 용수(用數)

③ 17,024(동물의 용수)×17,024(식물의 용수) = 289,816,576

………………………………………………………… 동물식물의 전수(全數)

①은 상수역학에서 도출된 보편적인 음운 체계인데 십성(十聲)과 십이음(十二音) 가운데 소리도 글자도 없는 ●와 ■은 소옹이 그의 정음 체계 이론에 짜맞추기 위해 인위적으로 설정한 것이다. ②는 가상될 수 있는 기저 구조로서 십성(十聲)과 십이음(十二音) 가운데 소리는 있지만 글자가 없는 것을 ○와 □로 나타내었다. 그러므로 112성과 152음의 두 수를 곱하여 산출되는 17,024는 가능할 수 있는 모든 성음의 수이다. ③은 한자음을 통해 추정할 수 있는 현실적인 음운 체계이다.

소옹이 『황극경세서』에서 천명하려고 했던 것은 그의 상수(象數) 체계로 우주의 일체를 개괄하는 데 있다. 그러므로 소옹은 상수학 이론의 체수(體數) · 용수(用數) · 변수(變數) · 화수(化數) 등의 개념에 맞추기 위해 「성음창화도」에 글자가 없는 음의 자리까지 배정하였고 또한 어음 단위의 분류상에 있어서도 상당히 주관적이었다. 그러므로 만약 우리가 소옹의 상수 이론을 염두에 두지 않고 「성음창화도」에 담겨 있는 음계를 재구하고자 한다면 아마 음계의 진상을 파악하기 어려울 것이다.

소옹이 그의 상수 이론에 따라 세상 모든 음을 담아내는 체계를 설계한 후, 그는 어떠한 음운학적 개념을 부여하여 각 어음 단위에 글자들을 대입 · 분류하였을까? 이 책에서는 『황극경세서』 「성음창화도」의 십성(十聲)과 십이음(十二音)에 수록된 글자를 『광운(廣韻)』과 『운경(韻鏡)』 · 『칠음략(七音略)』 · 『절운지장도(切韻指掌圖)』 · 『사성등자(四聲等子)』 등의 운도(韻圖)와 비교 · 고찰한 결과, 『황극경세서』 「성음창화도」에 수록된 각 글자들이 도(圖) 내에 상당히 정연한 어음 체계가 존재함을 알게 되었다.[68] 소옹이 생각하였던 어음 구조는 다음과 같이 상정된다.

<table>
<tr><td colspan="2">십이음(十二音)</td><td colspan="2">십성(十聲)</td></tr>
<tr><td>청탁(淸濁)</td><td>개발수폐(開發收閉)</td><td>벽흡(闢翕)</td><td>평상거입(平上去入)</td></tr>
</table>

소옹의 십이음(十二音)의 ‘음(音)’은 성모(聲母)를 가리키고 십성(十聲)의 ‘성(聲)’은 운모(韻母)를 말한다. 성모에는 ‘청탁(淸濁)’과 ‘개발수폐(開發收閉)’가 포함되고 운모에는 ‘벽흡(闢翕)’과 ‘평상거입(平上去入)’이 포함된다. 그러면 『황극경세서』 「성음창화도」에는 어떠한 음운학적 개념이 적용되었는지, 그리고 소옹이 나눈 어음 단위는 기존의 운서나 운도와 어떠한 차이가 있는지에 대하여 논의하도록 하자.

(1) 십이음(十二音)

십이음(十二音)은 48류인데 9음의 토(土)류(□□□■)와 석(石)류(□□□■)를 제하면 실제 46류이다. 소옹의 48류 성모(聲母)를 일반 운도의 36자모에 귀속시켜보면, 다음의 도표와 같이 매우 가지런한 체계를 이루고 있었다.

<table>
<tr><td colspan="2" rowspan="2"></td><td colspan="2">水</td><td colspan="2">火</td><td colspan="2">土</td><td colspan="2">石</td></tr>
<tr><td colspan="2">淸</td><td colspan="2">濁</td><td colspan="2">淸</td><td colspan="2">濁</td></tr>
<tr><td rowspan="4">1音</td><td>開</td><td>古</td><td rowspan="4">見</td><td colspan="2" rowspan="2">□</td><td>坤</td><td rowspan="4">溪</td><td colspan="2" rowspan="2">□</td></tr>
<tr><td>發</td><td>甲</td><td>巧</td></tr>
<tr><td>收</td><td>久</td><td>近</td><td rowspan="2">群</td><td>丘</td><td>乾</td><td rowspan="2">群</td></tr>
<tr><td>閉</td><td>癸</td><td>揆</td><td>棄</td><td>虯</td></tr>
</table>

68 이 책의 부록을 참조.

2音	開	黑	曉	黃	匣	五	疑	吾	疑
	發	花		華		瓦		牙	
	收	香		雄		仰		月	
	閉	血		賢		□		堯	
3音	開	安	影	□		母	明	目	明
	發	亞		爻	匣	馬		貌	
	收	乙		王	喩	美		眉	
	閉	一		寅		米		民	
4音	開	夫	非	父	奉	武	微	文	微
	發	法		凡		晩		萬	
	收	□		□		□		□	
	閉	飛		吠		尾		未	
5音	開	卜	幫	步	並	普	滂	旁	並
	發	百		白		朴		排	
	收	丙		備		品		平	
	閉	必		鼻		匹		甁	
6音	開	東	端	兌	定	土	透	同	定
	發	丹		大		貪		覃	
	收	帝		弟		天		田	
	閉	■		■		■		■	
7音	開	乃	泥	內	泥	老	來	鹿	來
	發	妳		南		冷		犖	
	收	女		年		呂		離	
	閉	■		■		■		■	
8音	開	走	精	自	從	草	淸	曹	從
	發	哉		在		采		才	
	收	足		匠		七		全	
	閉	■		■		■		■	
9音	開	思	心	寺	邪	□		□	
	發	三		□					
	收	星		象					
	閉	■		■		■		■	

<table>
<tr><td rowspan="4">10音</td><td>開</td><td colspan="2">■</td><td colspan="2">■</td><td colspan="2">■</td><td colspan="2">■</td></tr>
<tr><td>發</td><td>山</td><td rowspan="2">審</td><td>士</td><td>牀二</td><td colspan="2">□</td><td colspan="2">□</td></tr>
<tr><td>收</td><td>手</td><td>石</td><td>禪三</td><td>耳</td><td>日</td><td>二</td><td>日</td></tr>
<tr><td>閉</td><td colspan="2">■</td><td colspan="2">■</td><td colspan="2">■</td><td colspan="2">■</td></tr>
<tr><td rowspan="4">11音</td><td>開</td><td colspan="2">■</td><td colspan="2">■</td><td colspan="2">■</td><td colspan="2">■</td></tr>
<tr><td>發</td><td>庄</td><td rowspan="2">照</td><td>乍</td><td>牀二</td><td>叉</td><td rowspan="2">穿</td><td>崇</td><td>牀二</td></tr>
<tr><td>收</td><td>震</td><td colspan="2">□</td><td>赤</td><td>辰</td><td>禪</td></tr>
<tr><td>閉</td><td colspan="2">■</td><td colspan="2">■</td><td colspan="2">■</td><td colspan="2">■</td></tr>
<tr><td rowspan="4">12音</td><td>開</td><td colspan="2">■</td><td colspan="2">■</td><td colspan="2">■</td><td colspan="2">■</td></tr>
<tr><td>發</td><td>卓</td><td rowspan="2">知</td><td>宅</td><td>澄</td><td>坼</td><td rowspan="2">徹</td><td>茶</td><td rowspan="2">澄</td></tr>
<tr><td>收</td><td>中</td><td>直</td><td>澄</td><td>丑</td><td>呈</td></tr>
<tr><td>閉</td><td colspan="2">■</td><td colspan="2">■</td><td colspan="2">■</td><td colspan="2">■</td></tr>
</table>

십이음(十二音)의 48류를 운도의 36자모와 비교해보면, 36자모의 '부(敷)와 낭(娘)'의 성모가 기재되지 않았을 뿐, 자모의 순서는 다음의 표와 같은 자모의 순서로 배열되어 있다.

<table>
<tr><td colspan="3">1音</td><td colspan="3">2音</td><td colspan="3">3音</td><td colspan="3">4音</td><td colspan="3">5音</td><td colspan="3">6音</td><td colspan="2">7音</td></tr>
<tr><td colspan="4">牙音</td><td colspan="4">喉音</td><td colspan="7">脣音</td><td colspan="5">舌音</td></tr>
<tr><td>見</td><td>溪</td><td>群</td><td>疑</td><td>曉</td><td>匣</td><td>影</td><td>喩</td><td>明</td><td>非</td><td>奉</td><td>微</td><td>幇</td><td>滂</td><td>並</td><td>端</td><td>透</td><td>定</td><td>泥</td><td>來</td></tr>
</table>

<table>
<tr><td colspan="3">8音</td><td colspan="2">9音</td><td colspan="3">10音</td><td colspan="3">11音</td><td colspan="3">12音</td></tr>
<tr><td colspan="5">齒頭音</td><td colspan="6">正齒音</td><td colspan="3">舌上音</td></tr>
<tr><td>精</td><td>清</td><td>從</td><td>心</td><td>邪</td><td>審</td><td>禪</td><td>日</td><td>照</td><td>穿</td><td>牀</td><td>知</td><td>徹</td><td>澄</td></tr>
</table>

십이음(十二音)을 청탁(淸濁)과 개발수폐(開發收閉)로 구분하여 좀더 구체적으로 살펴보자.

① 청탁(淸濁)

소옹의 십이음(十二音) 48류를 36자모와 대비하여보면, 청(淸)으로 설정된 칸에 대입한 글자들의 성모는 모두 청음[전청(全淸)·차청음(次淸音)]이고 탁(濁)으로 설정된 칸에 대입된 글자는 모두 탁음[전탁(全濁)·차탁음(次濁音)]이다. 청음과 탁음이 엇섞여 배열된 예가 없으므로 소옹의 십이음(十二音) 48류에는 36자모의 청탁(淸濁)의 개념이 대체로 적용되었음을 알 수 있다.[69]

그러나 소옹은 탁음(濁音)에 대해 매우 특수한 처리를 하였다. 전탁음(全濁音)의 경우, '평성(平聲)의 전탁음'과 '측성(仄聲)의 전탁음'으로 나누어 각각 '석(石)'과 '화(火)'에 배열하였다.

또한 차탁음의 경우도 '상성(上聲)의 차탁음(次濁音)'과 '평(平)·거(去)·입성(入聲)의 차탁음(次濁音)'으로 구분하여 청(淸)과 탁(濁)에 각각 배열하였다.

---

69 청탁(淸濁)이 사용된 유래는 오래되었지만 그 함의가 분명하지는 않다.『수서(隋書)』「반휘전(潘徽傳)」의 '李登『聲類』, 呂靜『韻集』, 始判淸濁, 纔分宮羽.', 범엽(范曄)『후한서(後漢書)』「자서(自序)」의 '別宮商, 識淸濁', 육법언(陸法言)「절운서(切韻序)」의 '欲廣文路, 自可淸濁皆通, …… 若賞知音, 卽須輕重有異.', 손면(孫愐)「당운서(唐韻序)」의 '引字調音, 各自有淸濁.' 등 문헌의 기록을 찾아보면, 이러한 예문에서 말하는 청탁은 오늘날 보편적으로 인식하는 의미의 청탁이 아니다.『수서(隋書)』와『후한서(後漢書)』에서의 청탁은 성조의 의미이지만 육법언(陸法言)과 손면(孫愐)이 말하는 청탁은 운부의 의미일 뿐이다(고명[高明],「운경연구(韻鏡硏究)」, 313쪽, (『고명소학논집(高明小學論集)』, 려명문화사업공사[黎明文化事業公司], 1980). 후세 학자들도 각자의 체험과 인식 정도에 따라 청탁을 달리 해석하였다. 방이지(方以智)는『절운성원(切韻聲原)』에서 음을 낼 때 힘을 들이는 정도의 경중(輕重)을 청탁이라고 하였고 ("淸濁通稱也. 將以用力輕爲淸, 用力重爲濁乎? 將以初發聲爲淸, 送氣聲爲濁乎? 將以啌喉之陰聲爲淸, 嘡喉之陽聲爲濁乎? 李汝珍言之詳矣, 平有淸濁, 卽啌陰嘡陽也; 仄唱不用, 故以淸兼濁, 而群定並從床等可幷也."), 강영(江永)은『음학변미(音學辨微)』에서 음양설(陰陽說)에 부회하여 청탁을 나누기도 하였다.("淸濁本于陰陽, 一說淸爲陽, 濁爲陰, 天淸而地濁也; 一說淸爲陰, 濁爲陽, 陰字影母爲淸, 陽字喩母爲濁也. 當以前說爲正.") 그러므로 우리가『황극경세서(皇極經世書)』「성음창화도(聲音唱和圖)」의 청탁을 간단히 오늘날 이해하는 청탁으로만 해석한다면 큰 오류를 범할 수 있을 것이다.

	水	火	土	石
	淸	濁	淸	濁
	全淸	**仄聲 全濁**	次淸	**平聲 全濁**
1音	見母	仄聲 群母	溪母	平聲 群母
5音	幫母	仄聲 並母	滂母	平聲 並母
6音	端母	仄聲 定母	透母	平聲 定母
8音	精母	仄聲 從母	淸母	平聲 從母
11音	照母	仄聲 牀母	穿母	平聲 牀母
12音	知母	仄聲 澄母	徹母	平聲 澄母

	水	火	土	石
	淸	濁	淸	濁
	上聲次濁	**平・去・入聲次濁**	**上聲 次濁**	**平・去・入聲 次濁**
2音			上聲 疑母	平・去・入聲 疑母
3音			上聲 明母	平・去・入聲 明母
4音			上聲 微母	平・去・入聲 微母
7音	上聲 泥母	平・去・入聲 泥母	上聲 來母	平・去・入聲 來母
10音			上聲 日母	平・去・入聲 日母

이와 같이 전탁(全濁)과 차탁(次濁) 성모를 성조에 따라 구분하여 일률적이고 체계적으로 배열한 방식은 어떤 의도가 있음을 짐작하게 한다. 소옹은 탁음 성모를 성조로 나누어 어떤 음가를 실현시키고자 했던 것이 아닐까? 구체적인 음가에 관해서는 다음 절(음운 체계의 재구)에서 자세히 논의하도록 하자.

② 개발수폐(開發收閉)

소옹은 십이음(十二音)을 '개발수폐(開發收閉)'로 분류하였는데 운도의 '등(等)'에 해당된다. 일반적으로 '등(等)'이라는 개념으로 음을 분석한 현존하는 가장 이른 자료는 돈황에서 발견된 수온(守溫)의 『수온운학잔권(守溫韻學殘卷)』「사등중경례(四等重輕例)」로 알려져 있는데 사등(四等)의 형식이 상당히 완비되어 대략 당말(唐末) 시기에 등(等)에 관한 구체적인 관념이 정립되어 있던 것으로 보인다. 그리하여 등(等)의 개념은 송대(宋代) 운도에 이용되어 음리(音理)를 분석하는 주요 근거 또는 방식으로 사용되었지만 '등(等)'에 관한 구체적인 설명이 없어 오늘날까지 논의의 대상이 되고 있다.

강영(江永, 1681-1762)이 '음운에는 사등(四等)이 있다. 일등(一等)은 아주 크고 이등(二等)은 그 다음으로 크고 삼등(三等)과 사등(四等)은 모두 작은데, 그중 사등(四等)이 특히 작다.'[70]라고 등(等)을 운모의 구별로 묘사하였고,[71] 진례(陳澧, 1810-1882)도 『절운고(切韻考)』「외편(外篇)」에서 '등을 말하려면 운(韻)을 위주로 해야지 성(聲)을 위주로 해서는 안 된다.'[72]라고 한 이후부터 등(等)을 구분하는 실질 기준을 운모(韻母)에서 찾으려고 하였다. 하지만 당송(唐宋) 시기로 거슬러 올라가면 등운가들은 운도 제작에 있어서 사등(四等)을 성모(聲母)와의 결합 관계로 설명하고

---

70 『음학변미(音學辨微)』「변등례(辨等例)」: "音韻有四等, 一等洪大, 二等次大, 三·四皆細, 而四尤細."

71 알렌(ALLEN, W.S)은 『고대 인도의 음성학(*Phonetics in Ancient India*)』에서 범어학에서는 구강의 폐쇄도에 근거하여 음을 나누어 ① Contact ② Slight contact ③ Slight openness ④ Openness (또는 ① Contact ② Slight contact ③ Half contact ④ Non-contact)로 사분(四分)하였다고 주장하였다(미기웅이랑(尾崎雄二郎), 『중국어음운사의 연구[中國語音韻史の研究]』, 동경(東京): 창문사(創文社), 1980, 77쪽 재인용). 이는 강영(江永)이 『음학변미(音學辨微)』에서 내린 정의와 부합된다.

72 『절운고(切韻考)』「외편(外篇)」 권3: "等之云者, 當主乎韻, 不當主乎聲"

있다. 당대(唐代) 수온(守溫)이 『수온운학잔권(守溫韻學殘卷)』에서 서술한 '고(高)'자에 대한 분석을 살펴보자.

> 이는 후중음탁(喉中音濁)이므로 사등(四等) 중에서 제일등자(第一等字)이고 심(審) · 천(穿) · 선(禪) · 조(照) 등의 성모와 어울리지 않는다. 만약 심(審) · 천(穿) · 선(禪) · 조(照) 중의 글자를 반절하면 고자(高字)를 운으로 삼을 수 없다. 사등후음(四等喉音)의 첫 번째 자[一等字]는 모두 고(高)자와 같은 예이다.[73]

수온(守溫)이 '고(高)'를 일등자(一等字)라고 한 것은 후중음탁(喉中音濁)이기 때문이다. 이는 성모에 속하는 개념이다. 또 '고(高)'가 심(審) · 천(穿) · 선(禪) · 조(照) 등의 성모와 어울리지 못한다고 하였는데 이 또한 성모의 각도에서 둘의 관계를 설명한 것으로 수온의 마음속에는 성모로 등(等)을 구분하는 것에 대해 뚜렷한 개념을 가지고 있었음을 설명한다.

『절운지장도(切韻指掌圖)』의 「변분운등제가(辨分韻等第歌)」[74]와 『경사절운지남(經史切韻指南)』의 「명등제(明等第)」[75]에도 성모와 사등(四等)의 결합 관계를 상세히 설명하고 있으며, 『사성등자(四聲等子)』에는 각 성모의 사등(四等)의 분포 상황을 다음과 같이 예시하고 있다.[76]

---

73 『수온운학잔권(守溫韻學殘卷)』: "此是喉中音濁, 于四等中是第一等字, 與歸審穿禪照等不和. 若將審穿禪照中字爲切, 將高字爲韻, 定無字可切. 但是四等喉音第一字總如高字例也."

74 『절운지장도(切韻指掌圖)』「변분운등제가(辨分韻等第歌)」: "見溪群疑四等連, 端透定泥居兩邊, 知徹澄娘中心納, 幇滂四等亦俱全, 更有非敷三等數, 中間照審義幽玄, 精淸兩頭爲眞的, 影曉雙飛亦四全, 來居四等都收後, 日應三上是根源."

75 『경사절운지남(經史切韻指南)』「명등제(明等第)」: "端精二位兩頭居, 知照中間次第呼, 來曉見幇居四等, 日非三等外全無."

76 『사성등자(四聲等子)』, 『등운오종(等韻五種)』, 예문인서관인항(藝文印書館印行), 1981, 9-10쪽.

<table>
<tr><td colspan="5"></td><td colspan="8">韻圖四等四聲</td></tr>
<tr><td>見</td><td>溪</td><td>群</td><td colspan="2">疑</td><td colspan="7">屬牙音具四等</td><td>角</td></tr>
<tr><td>端</td><td>透</td><td>定</td><td colspan="2">泥</td><td>屬舌頭音具二等</td><td>知</td><td>徹</td><td>澄</td><td colspan="2">孃</td><td>屬舌上音具二等</td><td>徵</td></tr>
<tr><td>幫</td><td>滂</td><td>並</td><td colspan="2">明</td><td>屬重脣音具四等</td><td>非</td><td>敷</td><td>奉</td><td colspan="2">微</td><td>屬輕脣音只具三等</td><td>宮</td></tr>
<tr><td>精</td><td>淸</td><td>從</td><td>心</td><td>邪</td><td>屬齒頭音具兩等</td><td>照</td><td>穿</td><td>牀</td><td>審</td><td>禪</td><td>屬正齒音具兩等</td><td>商</td></tr>
<tr><td>曉</td><td>匣</td><td>影</td><td colspan="2">喩</td><td colspan="7">屬喉音具四等</td><td>羽</td></tr>
<tr><td colspan="3">來</td><td colspan="2">日</td><td colspan="7">屬半舌半齒音具四等</td><td>半徵半商</td></tr>
</table>

앞의 논술에 근거하여 36자모의 사등(四等)의 분포 상황을 정리하면 다음과 같다.

	來		匣	曉	影		心	從	淸	精	疑		溪	見	泥	定	透	端	明	並	滂	幫	一等
	來		匣	曉	影	禪	審	床	穿	照	疑		溪	見	娘	澄	徹	知	明	並	滂	幫	二等
日	來	喩		曉	影	禪	審	床	穿	照	疑	群	溪	見	娘	澄	徹	知	明 微	並 奉	滂 敷	幫 非	三等
	來	喩	匣	曉	影	邪	心	從	淸	精	疑		溪	見	泥	定	透	端	明	並	滂	幫	四等

그러므로 초창기 등운학자들은 등(等)의 개념을 성모와 관련된 개념으로 인식한 것 같다. 소옹이 십이음(十二音)의 48류 성모를 개발수폐(開發收閉)로 분류한 것도 당시 성모의 등에 대한 인식을 반영해주는 명확한 증거라고 할 수 있다. 그리하여 소옹이 분류한 십이음(十二音)의 개발수폐(開發收閉)를 일반 운도의 체제의 '등(等)'와 비교하면 다음의 두 가지 특징 이외에 대체로 일치하고 있음을 알 수 있다. 첫째, 일반 운도에서 경순음(輕脣音)은 3등 합구음에만 배열되어 있으나 『황극경세서』「성음창화도」의 4음에는 경순음인 비(非) · 부(敷) · 봉(奉) · 미모(微) 자모가 1 · 2 · 4등[개(開) · 발(發) · 폐(閉)]의 자리에 출현하였다.

4音	開	夫(三)	非	父(三)	奉	武(三)	微	文(三)	微
	發	法(三)		凡(三)		晩(三)		萬(三)	
	收	□		□		□		□	
	閉	飛(三)		吠(三)		尾(三)		未(三)	

둘째, 일반 운도에서 1등과 4등에만 배열되는 '단(端) · 투(透) · 정(定) · 니(泥)' 자모와 '정(精) · 청(淸) · 종(從) · 심(心) · 사(邪)' 자모가 『황극경세서』「성음창화도」의 십이음(十二音)에서는 1등자가 2등자리에도 배열되었고 4등자는 3등자리에 배열되었다. 그리고 4등자리는 일률적으로 소리도 없고 글자도 없는[無聲無字] ■로 배열하였다.[77] 다음의 도표를 보자.

6音	開	東(一)	端	兌(一)	定	土(一)	透	同(一)	定
	發	丹(一)		大(一)		貪(一)		覃(一)	
	收	帝(四)		弟(四)		天(四)		田(四)	
	閉	■		■		■		■	
7音	開	乃(一)	泥	內(一)	泥	老(一)	來	鹿(一)	來
	發	妳(二)		南(一)		冷(二)		犖(二)	
	收	女(三)		年(四)		呂(三)		離(三)	
	閉	■		■		■		■	
8音	開	走(一)	精	自(三)	從	草(一)	淸	曹(一)	從
	發	哉(一)		在(一)		采(一)		才(一)	
	收	足(三)		匠(三)		七(三)		全(三)	
	閉	■		■		■		■	

77 이에 대해 원자양(袁子讓)은 『자학원원(字學元元)』「독상하등법변(讀上下等法辨)」에서 "等子雖列爲四, 細玩之, 上二等開發相近, 下二等收閉相近, 須分上下等讀之." "開發者粗而宏, 收閉者細而斂."라고 설명하였다.

9音	開	思(三)	心心心	寺(三)	邪	□	□
	發	三(一)		□			
	收	星(四)		象(三)			
	閉	■		■		■	■

(2) 십성(十聲)

십성(十聲) 중 소리도 없고 글자도 없는[無聲無字] ●●●●의 8 · 9 · 10성을 제하면 7성이 남는데, 『황극경세서』「성음창화도」에 배열된 각 글자를 『사성등자(四聲等子)』, 『절운지장도(切韻指掌圖)』, 『경사정음절운지남(經史正音切韻指南)』 등의 운도와 대비 · 고찰하면 다음과 같다.

		『四聲等子』				『切韻指掌圖』				『切韻指南』			
		闢	翕	闢	翕	闢	翕	闢	翕	闢	翕	闢	翕
1聲	平										果		
	上	果	果	蟹	蟹	果	果	蟹	蟹	果	假	蟹	蟹
	去												
	入	山		○	○			○	○	山	山	○	○
2聲	平												
	上	宕	宕	曾	曾	宕	宕	曾	曾	宕	宕	梗	梗
	去											曾	
	入	○	○	○	○	○	○	○	○	○	○	○	○
3聲	平												
	上	山	山	臻	臻	山	山	臻	臻	山	山	臻	臻
	去												
	入	○	○	○	○	○	○	○	○	○	○	○	○
4聲	平												
	上	效	效	流	○	效	效	流	○	效	效	流	○
	去												
	入				遇			通	通	江	宕	通	通

5聲	平	蟹	止	○	止	止	止	○	止	蟹	止	○	止
	上	止	○				○			止	○		
	去		止				止				止		
	入		臻	曾	曾			4 流	4 流	臻	臻	曾	曾
6聲	平	通	通	遇	遇	通	通	遇	遇	通	通	遇	遇
	上												
	去												
	入	○	○	○	○	○	○	○	○	○	○	○	○
7聲	平	深	○	咸	○	深	○	咸	○	深	○	咸	○
	上												
	去												
	入	○	深	○	咸	○	深	○	咸	○	深	○	咸

① 벽흡(闢翕)

소옹이 『황극경세서』 「성음창화도」의 십성(十聲)에 벽(闢) · 흡(翕) 칸으로 분류하여 배열한 글자들은 대체로 운도의 개합(開合)과 합치되므로 십성(十聲)의 '벽흡(闢翕)'은 개합(開合)과 같은 의미인 것을 알 수 있다.[78] 다음의 도표는 『황극경세서』 「성음창화도」의 1~7성(聲)의 벽흡(闢翕)과 『절운지장도』의 개합(開合)을 대비한 것이다.[79]

十聲	1聲				2聲				3聲				4聲				5聲				6聲				7聲			
	平	上	去	入	平	上	去	入	平	上	去	入	平	上	去	入	平	上	去	入	平	上	去	入	平	上	去	入
闢	開				開			○	開			○	開			開	開			開	開			○	開			○
翕	合			開	合			○	合			○	開			合	合	○	合	合	合			○	○			合
闢	開			○	開			○	開			○	開			開	○			開	開			○	開			○
翕	合			○	合			○	合			○	○			合	合			開	合			○	○			合

78 강영(江永), 『음학변미(音學辨微)』 「변개합구(辨開合口)」: "音呼有開口合口, 合口者吻聚, 開口者吻不聚也."

79 『황극경세서』 「성음창화도」 십성(十聲)의 '벽흡(闢翕)'을 『운경(韻鏡)』 『칠음략(七音略)』의 '개합(開合)'과 대비하면 전혀 체계성을 찾을 수가 없다.

이 표에서 1성(聲)의 '팔(八)', 4성(聲)의 '모(毛)·보(寶)·보(報)', 5성(聲)의 '북(北)'은 『절운지장도』 등의 운도에서는 개구(開口)인데 『황극경세서』 「성음창화도」에는 흡(翕)에 배열되어 있다. 소옹이 '팔(八)·모(毛)·보(寶)·보(報)·북(北)'의 순음(脣音) 성모를 합구에 배열한 것은 순음성모의 원순음화가 진행된 이후의 음가를 반영한 것이라고 생각된다.

② 평상거입(平上去入)

십성(十聲)의 평·상·거·입 칸에 기재된 글자들은 예외 없이 각각 해당 성조의 글자가 대입되었으므로 소옹이 염두에 두고 있는 평·상·거·입 역시 우리가 일반적으로 인식하고 있는 사성체계(四聲體系)임을 알 수 있다. 그러나 『황극경세서』 「성음창화도」의 입성(入聲) 운미의 배열은 일반 운도와 구별된다. 왕력(王力, 1900-1986)은 운도의 입성운(入聲韻)의 처리에 대해 다음과 같이 언급하였다.

> 『운경(韻鏡)』·『칠음략(七音略)』에는 『광운(廣韻)』처럼 입성운(入聲韻)이 양성운(陽聲韻)에 배합되었지만 『절운지장도(切韻指掌圖)』·『사성등자(四聲等子)』·『절운지남(切韻指南)』 등에는 입성(入聲)이 두 세개의 섭(攝)에 아울러 배합되었다. 예를 들어 at는 a , an 뿐만 아니라 ai와도 배합되었고, ak는 a, aŋ뿐만 아니라 au와도 배합되었다. 옛날 사람들은 -n운미와 -i운미가 발음부위가 비슷하므로 같은 류로 보았고 -ŋ운미와 -u운미도 발음 부위가 비슷하므로 같은 류로 보았던 것 같다.[80]

왕력의 설명처럼 『운경』·『칠음략』[81]은 입성운미가 양성운(陽聲韻)하

80 왕력(王力), 『한어사고(漢語史稿)』 상책(上册), 중화서국(中華書局), 1980, 201-202쪽.
81 단지 『칠음략(七音略)』의 경우, 입성운(入聲韻)인 '택(鐸)·약(藥)'이 양성운(陽聲韻)

고만 배합되었지만『절운지장도』의 입성운미(-t, -k / -p)는 음성운(陰聲韻)과 양성운(陽聲韻)에 동시에 배합되었는데 다음의 도표에서 보는 바와 같이 대체적으로 안정적인 체계를 이루고 있다.

	陰聲韻			入聲韻
	平聲	上聲	去聲	入聲韻
1 濁	豪肴宵蕭	皓巧小篠	號效笑嘯	鐸覺藥
3 獨	模魚虞	姥麌語	暮遇御	沃屋燭
4 濁	侯尤幽	厚有黝	候宥幼	德櫛迄質
11 開	歌戈麻	哿馬	箇過禡	黠鎋薛月
12 合	戈麻	果馬	過禡	鎋薛
17 開	咍皆佳	海蟹駭	泰代卦怪夬	(曷黠)
18 開	支脂之齊	紙旨止薺	寘至志霽	(櫛迄)質
19 合	灰支脂微齊	賄海紙旨尾	隊寘廢祭未至霽	質
20 合	佳皆	蟹	卦怪夬	薛

	陽聲韻			入聲韻
	平聲	上聲	去聲	
2 濁	東冬鍾	董腫	送宋用	屋燭
5 獨	覃～凡	感～范	勘～梵	合～乏
6 濁	侵	寑	沁	緝
7 開	寒刪山元仙先	旱緩産獮銑阮	翰諫襉線願霰	曷黠鎋薛月屑
8 合	桓山刪元仙先	緩潸獮銑阮	換諫襉線願霰	末黠鎋薛月屑
9 開	痕臻眞殷	很準隱軫	恨焮震	質(德)
10 合	魂文諄眞	混吻準軫	慁稕問震	沒物術
13 開	唐陽	蕩養	宕漾	(鐸覺藥)
14 合	唐江陽	蕩講養	宕絳漾	鐸藥
15 合	庚耕登清青	梗迥靜	映諍勁徑	陌德職昔錫
16 開	登庚耕蒸清青	等梗耿迥靜拯	嶝映諍勁徑證	陌(德)麥職昔錫

'양(陽)·당(唐)'과 음성운(陰聲韻) '호(豪)·효(肴)'와 동시에 대응되게 배열되어 있다.

그러나 『황극경세서』「성음창화도」에서 입성운미는 음성운미(陰聲韻尾)하고만 배합되었다. 칠성(七聲)의 경우, 양성운미(陽聲韻尾)[심(心)·심(審)·금(禁), 남(男)·감(坎)·흠(欠)]의 입성운미['십(十)', '첩(妾)']가 같은 행에 빈자리가 있음에도 불구하고 행을 달리하여 배열되었고, '십(十)', '첩(妾)'이 합구자가 아님에도 불구하고 흡(翕) 자리에 배열되었다. 소옹의 이러한 조치는 당시 입성운의 운미의 소실되는 과정을 시사해주는 듯하다. 이와 관련한 구체적인 음가는 다음 절에서 논의될 것이다.

이상에서 소옹은 먼저 그의 상수 이론 체계에 따라 어음 단위를 나눈 후, 다시 음운학 개념을 적용시켜 자신의 어음 기준에 따라 해당 글자의 음가를 구분하여 대입시켰음을 추측할 수 있다. 소옹이 그의 상수 체계에 의해 설정한 ●■나 ○□ 이외의, 각 칸에 매겨진 글자음의 수는 그가 변별하였던 음의 수를 의미하고, 또 각 글자의 음가는 그가 구현하고자 하였던 음운 체계일 것이다.[82] 그러나 사실상 소리만 있고 글자가 없는 ○와 □의 음가는 추정할 수 없으므로 소옹이 상정하였던 정음 체계를 완벽하게 구현할 수는 없을 것이다. 다만 우리는 112성 중에서 ○을 제하여 남는 83개의 글자와 152음 중에서 □를 제하여 남는 132개의 글자를 동일 시기의 운서와 운도 및 현대 방언을 대비·운용하여 각 어음 단위에 대입된 글자간의 관계를 고찰한다면, 소옹이 『황극경세서』의 「성음창화도」에 구현하고자 하였던 개략적인 음운 구조를 추정할 수 있을 것이다.

---

82 소옹이 각 칸에 매겨놓은 글자음은 오늘날 서양 언어학에서 말하는 '음소(phoneme)'의 개념일 수가 있다. 서양에서는 19세기 말에 '음소'의 개념이 형성되어 심리적, 물리적, 활용적인 면 등을 고려한 다각적인 해석을 시도하였는데 이는 언어 안의 많은 변이음(allophones)을 유한한 수의 음소 체계에 귀납하는 것이 목적이었다. 이에 대한 자세한 논의는 허웅, 『국어음운학』, 서울: 샘출판사, 1980, 67-84쪽; 임도(林燾)·왕리가(王理嘉), 『어음학교정(語音學教程)』, 북경: 북경대학출판사, 1991, 192-198쪽; 왕리가(王理嘉), 『음계학기초(音系學基礎)』, 북경: 어문출판사, 1991, 62-85쪽 참조.

이 책에서 음운학적으로 근거로 삼은 것은 '『절운(切韻)』 계통의 운서와 운도'이다. 소옹의 『황극경세서』「성음창화도」에 배열된 글자들을 『광운』과 『운경』 및 『칠음략』의 운도와 대비시킨 결과, 상당히 정연한 음운학적 체제가 드러나게 되었다. 그러나 절운 계통 운서와 운도의 체제와 완전하게 합치되는 것은 아니었다. 앞서 고찰하였듯이 소옹은 전탁음(全濁音)과 차탁음(次濁音)을 성조에 따라 각각 구분하여 배열하였고, 경순음(輕脣音) 자모를 1·2·4등에 출현시켰으며, 단(端)·투(透)·정(定)·니(泥) 자모와 정(精)·청(淸)·종(從)·심(心)·사(邪) 자모의 1등자를 2등자리에 배열하고 4등자는 3등자리에 배열한 후, 4등자리는 일률적으로 소리도 없고 글자도 없는[無聲無字] ■로 처리하였다. 운모의 경우에도 개합(開合)과 입성운미의 배열 관계에 있어서 『황극경세서』「성음창화도」는 『운경』·『칠음략』보다[83] 『절운지장도』와 여러모로 유사한 부분이 많았다. 이와 같은 『황극경세서』「성음창화도」의 일반 운도와는 다른 파격적인 조치들은 소옹이 당초에 의도했던 음운 체계가 있었던 것이 아닐까 추측하게 한다.

『광운』(1008)의 제작 시기나 그의 증보판인 『집운(集韻)』(1039)이 편찬된 시기는 바로 송대 사대부 신분인 소옹(1011-1077)의 활동 시기와 일치한다. 이들 흠정(欽正) 운서의 체제와 어긋나는 『황극경세서』「성음창화도」의 예외적인 예들을 어떻게 해석해야 할까? 이 문제에 대한 해답을 추구하면서 이 책에서는 소옹이 『황극경세서』「성음창화도」에 구현한 정음관의 진상을 파악하는 데에 좀 더 접근할 수 있을 것이다.

83 육지위(陸志韋)는 "소옹(邵雍)의 시대에 아마도 오늘날 전해지는 『수온잔권류(守溫殘卷類)』의 등운서(等韻書)만 있었고 『운경(韻鏡)』은 아마 읽어보지도 않았던 것 같다."고 추정함. (육지위[陸志韋], 「소옹의 『황극경세』 "천성지음"을 논함(記邵雍 『皇極經世』 的"天聲地音")」, 『육지위근대한어음운론집(陸志韋近代漢語音韻論集)』, 북경[北京]: 상무인서관[商務印書館], 1988, 36쪽.)

2) 음운 체계의 재구

오늘날 학자들은 『황극경세서』「성음창화도」가 현실음을 반영하고 있는 어음 자료로서만 그 가치를 인정하고 있다. 그들은 현대 방언과 기타 어음 자료를 참조하여, 중국어 음운 발전 규율의 맥락에서 『황극경세서』「성음창화도」에 담겨 있는 북송 초 변낙(汴洛) 지역의 음운 체계를 추정하였다. 먼저 대표적인 현대 학자의 연구 성과를 살펴보자.

주조모(周祖謨, 1914-1995)는 「송대변낙어음고(宋代汴洛語音考)」[84]에서 당송 시기의 실제 어음을 고증하기 위해서는 운서 이외의 어음 자료에 주의를 기울여야 한다면서 송대의 실제 어음을 반영하는 자료로서 다음과 같이 『황극경세서』「성음창화도」를 제시하였다.

> 송대의 어음에 대해선 지금까지 세상에 전해지는 저술이 없다. 내가 소옹이 지은 『황극경세서』「성음창화도」의 성운(聲韻)을 분석해 보니 『광운』과는 큰 차이가 있었다. 이상히 여겨 다시 『격양집(擊壤集)』과 비교해 보니 그 시문의 압운과는 합치되어 비로소 이 책이 특출하여 운서의 구애를 받지 않았음을 알 수 있었다. 비록 성모가 송인(宋人)의 36자모의 틀에서 벗어나지는 않았지만 현실음을 중시한 점은 당시의 운도를 능가하는 것이었다. 그러므로 송대 어음을 고증하기 위한 자료가 많지만 굳이 이를 선택한 것이다.[85]

84 주조모(周祖謨), 「송대변낙어음고(宋代汴洛語音考)」, 『문학집(問學集)』 하책(下册), 북경(北京): 중화서국(中華書局), 1942, 581-655쪽. "若乃論及宋代, 則迄今尙無撰述見稱於世. 比者讀邵雍皇極經世聲音唱和圖頗怪其分聲析韻與廣韻大相逕庭, 及取其擊壤集讀之, 觀其詩文之協韻, 無不與圖相合, 方知此書實爲特出, 原不以韻書自拘. 其分辨聲母雖未脫宋人三十六母之窠臼, 而能以時音爲重, 廻非當時之等韻圖所可比擬. 由是乃悟欲考宋代語音, 所資雖多, 此其選矣."

85 주조모(周祖謨), 앞의 책, 581쪽.

주조모는 소옹의 본적이 범양(范陽)이지만 어려서 아버지를 따라 공성(共城)으로 이사한 후 주로 하남(河南) 지역을 30여 년간 주유하였다는 사실에 주의하였다. 즉 소옹의 어음은 낙읍(洛邑) 방언이고 낙읍과 멀지 않은 곳에 있었던 당시 송의 수도 변양(汴梁)의 어음도 낙읍 방언과 비슷하였을 것으로 보았다. 그리하여 주조모는 소옹과 같은 시기에 살았던 낙읍의 문인인 정호(程顥, 1032–1085) · 정신(程頤, 1033–1107) · 윤수(尹洙, 1001–1047) · 진여의(陳與義, 1090–1138)와 변양의 문인인 한유(韓維, 1017–1098) · 송상(宋庠, 996–1066) · 송기(宋祁, 998–1061)의 시문을 『황극경세서』「성음창화도」와 대조한 결과, 그들이 사용했던 운과 완전히 일치됨을 증명하여 『황극경세서』「성음창화도」에서 반영하는 어음 체계는 바로 변낙음(汴洛音)이라고 하였다.

육지위(陸志韋)도 「소옹 『황극경세』의 "천성지음"을 기록함[記邵雍『皇極經世』的"天聲地音"]」[86]에서 다음과 같이 연구 동기를 밝히고 있다.

> 중고 시기의 유성음[濁音]이 현대 방언에서 무성음[淸音]으로 변한 것이 많은데 이러한 변화를 관측한 기록이 바로 소옹의 『황극경세』에 최초로 등장하고 있다. 고대 관화(古代 官話) 어음 체계의 역사를 연구하려면 먼저 『황극경세』의 "천성지음(天聲地音)"이 나타내는 음가(音價)를 설명해야 한다.[87]

즉 소옹의 『황극경세서』「성음창화도」를 통해 당시의 방언, 즉 고대

---

86 육지위(陸志韋), 「소옹의 『황극경세』 "천성지음"을 논함(記邵雍『皇極經世』的"天聲地音")」, 『연경학보(燕京學報)』 제31기, 1946.

87 『육지위근대한어음운논집(陸志韋近代漢語音韻論集)』, 북경(北京): 상무인서관(商務印書館), 1988, 35–44쪽. "中古濁音在現代方言變爲淸音的居多. 這變化發見的記載最早見於邵雍的『皇極經世』. 我們硏究古官話音的歷史, 應當先說明它的"天聲地音"所代表的音値"

관화(官話)를 탐구할 수 있다는 것이다.

더구나 야혼토브(S. E. Yakhontov)는 「11세기의 북경어음」[88]에서 주덕청(周德淸, 1277-1365)이 편찬한 『중원음운(中原音韻)』이 북경 방언음을 반영하는 가장 오래된 문헌이라고 일반적으로 알려져 있으나 이보다 더욱 이른 문헌은 바로 소옹의 『황극경세서』「성음창화도」라고 주장하였다. 그는 소옹의 조적(祖籍)이 북경에서 남쪽으로 몇 십 킬로미터밖에 떨어져 있지 않은 범양(范陽)인데 소옹이 30세가 되던 해에 낙양(洛陽) 부근으로 이사를 하였다는 점을 강조하였다. 즉 우리가 어릴 적에 습득한 어음의 특징은 나이가 들어도 잊지 않기 마련이므로 『황극경세서』「성음창화도」에는 낙양 방언음이 아닌 북경 방언음의 특징이 반영되었을 것이라고 하였다.[89]

물론 학자들은 『황극경세서』의 「성음창화도」가 음양수리(陰陽數理)를 밝히기 위해 저술된 것이라는 점을 의식하기는 하였다. 그러나 이보다도

---

88 야혼토브[雅洪托夫], 「11세기의 북경음(十一世紀的北京音)」, (「한어사논집(漢語史論集)」, 당작번(唐作藩) · 호쌍보(胡雙寶) 선편(選編), 북경대학출판사(北京大學出版社), 1986.) (원제: S.E.Yakhontov, *Research on history of Chinese Language*, 1980)

89 이 외에 『황극경세서(皇極經世書)』「성음창화도(聲音唱和圖)」에 대한 기존의 연구 성과는 다음과 같다.
이영(李榮), 「황극경세십성십이음해(皇極經世十聲十二音解)」, 『절운음계(切韻音系)』, 북경(北京): 중국과학원인행(中國科學院印行), 1952, 165-173쪽. 등당명보(藤堂明保), 『중국어음운론 그의 역사적 연구(中國語音韻論その歷史的研究』, 동경(東京): 광생관(光生館), 1980, 137-139쪽. 축가녕(竺家寧), 「황극경세성음창화도의 운모체계를 논함(論皇極經世聲音唱和圖之韻母系統)」, 담강대학(淡江大學): 『담강학보(淡江學報)』 제20기, 1983. 이사경(李思敬), 「송초변락음(宋初汴洛音)」, 『중국대백과전서(中國大百科全書)』「어언문자(語言文字)」, 중국대백과전서출판사(中國大百科全書出版社), 1992, 371-374쪽. 학자들은 한결같이 『황극경세서(皇極經世書)』「성음창화도(聲音唱和圖)」가 11세기 중엽의 음운 현상 및 당시의 음운 지식의 수준을 고찰할 수 있는, 관화(官話)의 조형(祖型)을 나타내는 혁신적인 운도의 효시라고만 그 가치를 인식하고 있다.

성급하게 『황극경세서』「성음창화도」에 담겨 있는 실제 어음 체계를 구현하는 데에 주의를 기울여 소옹의 본래 제작 의도가 담겨 있는 정음관과 이에 연유된 정음 체계의 부분을 다소 소홀히 다루는 경향이 없지 않았다.

여기에서는 현대 학자들의 연구 방법과 결론을 상세히 검토하면서 소옹의 『황극경세서』「성음창화도」의 제작 동기를 고려하여 합리적인 『황극경세서』「성음창화도」의 음운 체계를 재구하고자 한다. 우리는 앞 절에서 『황극경세서』「성음창화도」의 상수역학적 틀에 대입된 글자를 절운계 운서 및 운도와 대비시켜 각 글자음 간의 음운 관계를 고찰하였는데, 절운 계통의 운서와 운도의 체계와 일치하지 않는 적지 않은 예들을 발견할 수 있었다. 이는 현대 학자들의 주장처럼 아마도 소옹 자신이 감지하였던 현실음 체계가 반영되었을 수도 있겠지만, 어쩌면 소옹이 살았던 송대(宋代)라는 시대적 특징과 학술 배경을 바탕으로 나름의 정음 체계를 구상하였을 가능성이 있다고 생각한다.

(1) 성모 체계

『황극경세서』「성음창화도」의 십이음(十二音)의 체계는 성모의 발음방법에 따라 폐쇄음[색음(塞音)]·폐찰음[색찰음(塞擦音)], 마찰음, 비음·변음으로 나눌 수 있다. 소옹은 폐쇄음과 폐찰음을 두 개의 청음과 두 개의 탁음[二淸二濁]으로 분류하였고, 마찰음과 비음·변음은 한 개의 청음과 한 개의 탁음[一淸一濁]으로 각각 분류하였다. 본 절에서는 서술상의 편의에 따라 ① 색음(塞音)·색찰음(塞擦音), ② 마찰음(摩擦音), ③ 비음(鼻音)·변음(邊音)의 순서에 따라 논의하기로 한다.

① 색음(塞音)·색찰음(塞擦音)

『황극경세서』「성음창화도」의 십이음(十二音) 가운데 1·5·6·

8 · 11 · 12음에는 견(見) · 방(幫) · 단(端) · 정(精) · 조(照) · 지(知) 계열의 자모가 두 개의 청음과 두 개의 탁음[二淸二濁]으로 배열되어 있다.

	水	火	土	石
	淸	濁	淸	濁
	全淸	**仄聲 全濁**	次淸	**平聲 全濁**
1音	見母	仄聲 群母	溪母	平聲 群母
5音	幫母	仄聲 並母	滂母	平聲 並母
6音	端母	仄聲 定母	透母	平聲 定母
8音	精母	仄聲 從母	淸母	平聲 從母
11音	照母	仄聲 牀母	穿母	平聲 牀母
12音	知母	仄聲 澄母	徹母	平聲 澄母

대부분의 현대 학자들은 위의 '군(群), 병(並), 정(定), 종(從), 상(牀), 징(澄)' 전탁음이 평측(平仄)으로 나뉘어 각각 배열된 것에 대해, '측성(仄聲) 전탁음'은 '전청음'과 짝을 이루고 또 '평성(平聲) 전탁음'은 '차청음'과 짝을 이루므로[90] 북송 초 소옹이 살았던 지역에서는 '측성(仄聲) 전탁음'은 '전청음'처럼 발음하고 '평성(平聲) 전탁음'은 '차청음'처럼 발음하였을 것이라고 주장한다. 그런데 소옹이 이미 청화(淸化)된 탁음성모를 굳이 따로 배열한 것은 옛 관행을 준수하여 전탁음의 음운상의 위치를 보존하려는 의도였을 것이라고 설명하였다.[91] 그리하여 현대 학자들은 아래와 같

90 『사성등자(四聲等子)』 · 『절운지장도(切韻指掌圖)』 · 『절운지남(切韻指南)』 운도에서도 '측성(仄聲) 전탁음'과 '전청음'은 한 섭으로 통합되었고, '평성(平聲) 전탁음'과 '차청음'도 한 섭으로 통합되었다.

91 장소우(蔣紹愚), 『근대한어연구개황(近代漢語硏究槪況)』: "這很明顯地反映邵雍的方音中濁聲母已清化, 按平仄變爲送氣與不送氣的清聲母. 在圖中雖然還把它們列在濁下, 那是邵雍墨守字母家舊說的緣故." (북경(北京): 북경대학출판사(北京大學出版社), 1994, 62쪽.)

이 십이음(十二音)의 색음(塞音)·색찰음(塞擦音) 자모를 재구하였다.[92]

	水清	火濁	土清	石濁
	全清	仄聲 全濁	次清	平聲 全濁
1音	見母	仄聲 群母	溪母	平聲 群母
	k		k‘	
5音	幫母	仄聲 並母	滂母	平聲 並母
	p		p‘	
6音	端母	仄聲 定母	透母	平聲 定母
	t		t‘	
8音	精母	仄聲 從母	清母	平聲 從母
	ts		ts‘	
11音	照母	仄聲 牀母	穿母	平聲 牀母
	ʧ		ʧ‘	
12音	知母	仄聲 澄母	徹母	平聲 澄母
	ʧ		ʧ‘	

위에서 현대 학자들이 11음과 12음을 같은 음으로 재구한 것은 12음의 지(知) 계열의 자모가 운도(韻圖)에서 단(端) 계열의 자모와 한 류로 귀속되지만, 『황극경세서』의 「성음창화도」에서는 지(知) 계열의 자모가 6음의 단(端) 계열의 자모가 아닌 11음의 조(照) 계열 자모 뒤에 배열되었으므로 지(知)·조(照) 계열이 합류되었다고 여겼기 때문이다.[93] 『성리

92 이에 대한 현대 학자들의 결론은 대체로 일치한다. 도표의 음가는 주조모(周祖謨)의 재구음을 따랐다(주조모(周祖謨), 「송대변낙어음고(宋代汴洛語音考)」, 『문학집(問學集)』 하책(下冊), 북경(北京): 중화서국(中華書局), 1942, 589-590쪽). 그러나 육지위(陸志韋)는 11·12음을 권설음(捲舌音) tʂ으로 표기하였다(육지위(陸志韋), 「소옹의 『황극경세』"천성지음"을 논함(記邵雍皇極經世的天聲地音)」, 『육지위근대한어음운논집(陸志韋近代漢語音韻論集)』, 상무인서관(商務印書館), 1988, 43쪽).

93 이에 대한 논의는 주조모(周祖謨), 앞의 책, 595쪽; 육지위(陸志韋), 앞의 책, 42쪽, 그리고 축가녕(竺家寧), 『성운학(聲韻學)』, 오남도서출판공사(五南圖書出版公司), 1991, 465쪽 참조.

정의(性理精義)』[94]에도 다음과 같은 기록이 있다.

> 지(知) · 徹(철) · 징(澄) · 낭(娘)은 등운에서 본래 설음(舌音)인데 언제부터 치음(齒音)으로 변하였는지를 모르겠다. 등운(等韻)에서의 순서는 설음(舌音)의 뒤였는데 『경세(經世)』에서의 순서는 치음(齒音)의 뒤이므로 아마 소자(邵子) 시대에 이 음이 이미 변하였다고 생각된다.[95]

이 책에서는 현대 학자들의 의견에 동의하여 지(知) 계열 자모의 음가가 변화하였을 것이라고 추측하지만, 조(照) 계열의 자모와 지(知) 계열의 자모가 완전히 같은 음이라고 볼 수 없고 발음 부위가 비슷하였던 음이었을 것으로 생각하여 11음을 권설음(捲舌音) [tʂ]으로 정하고 12음은 설면음(舌面音) [tɕ]으로 정한다.[96]

또한 이 책에서는 현대 학자들이 색음(塞音) · 색찰음(塞擦音)의 두 개의 청음과 두 개의 탁음[二淸二濁]을 '전청음=전탁측성음, 차청음=전탁평성음'이라고 주장하는 것은 소옹의 『황극경세서』「성음창화도」에 담겨 있는 음운의 형식 논리의 개념에 위배된다고 생각한다. 앞에서 『황극경세서』「성음창화도」의 상수역학 체제에서 고찰하였듯이 소옹의 원본에는 각 음이 112개의 성과 화합되는 예가 하나하나 예시되었다. 현대 학자들이 주장하는 것처럼 '측성(仄聲) 전탁음'이 '전청음'처럼 발음되고 '평

94 『성리정의(性理精義)』는 청(淸) 강희(康熙) 54년(1715)에 리광지(李光地) 등이 주희(朱熙)의 『성리대전(性理大典)』의 정수를 발췌하여 백면지(白綿紙)에 간행한 12권 6책이다.

95 『성리정의(性理精義)』, 「사부비요본(四部備要本)」: "知徹澄娘等韻本爲舌音, 不知何時變入齒音. 等韻次於舌音之後, 經世次於齒音之後, 則疑邵子之時此音已變也."

96 조이(照二) · 조삼(照三) 및 지계(知系)의 합병 과정은 학계에서 아직 의견이 일치하고 있지 않으므로 여기에서는 동동화(董同龢)가 추정한 변화 규율을 따랐다. (동동화(董同龢), 『한어음운학(漢語音韻學)』, 대북(臺北): 문사철출판사(文史哲出版社), 1989, 149쪽.)

성(平聲) 전탁음'이 '차청음'처럼 발음되었다면, 소옹이 지면을 할애하면서 같은 음을 반복하여 112성과 화합시키는 수고를 하지 않았을 것이다. 앞에서 논의하였듯이 소옹의 『황극경세서』「성음창화도」에 매겨진 글자 음의 수는 소옹이 변별하였던 음의 수를 의미하며 각 글자의 음가는 그가 구현하고자 하였던 음운 체계를 나타낸다. 그러므로 그가 네 가지로 구분한 '전청음'과 '측성(仄聲) 전탁음', '차청음'과 '평성(平聲) 전탁음'의 음가는 '전청음 ≠ 측성 전탁음 ≠ 차청음 ≠ 평성 전탁음'으로서 모종의 차이가 존재하고 있었을 것이다.

오늘날 서양의 기술언어학에서 제시하는 '음소'의 개념을 빌려 생각해보자. 운도에서 제시하는 중고음 36자모의 청음(淸音)인 불송기(不送氣)와 송기(送氣)는 의미 차이를 수반하는 변별자질이므로 각각 독립된 음소를 이룬다. 그러나 탁음(濁音)인 불송기(不送氣)와 송기(送氣)는 변별자질이 아니므로 독립적인 음소가 되지 못한다.[97] 그러나 소옹은 전탁음 자모를 평성과 측성으로 나누어 각각 배열하였다. 이들이 칸을 달리하여 배열된 것은 분명히 음가의 차이가 있다는 것을 암시하므로 '평성 전탁음'과 '측성 전탁음'에 어떤 음가의 차이가 있는지를 고려해야 한다. 또한 '측성 전탁음'이 불송기(不送氣) 청음(淸音) 자모와 전혀 섞이지 않고 칸을 달리하여 배열되었고, '평성 전탁음'도 송기(送氣) 청음(淸音) 자모와 섞이지 않고 칸을 달리하여 배열되었으므로 '측성 전탁음 ≠ 청음 불송기', '평성 전탁음 ≠청음 송기'로서 어떤 음가상의 차이가 분명히 있었을 것이다. 추측하건대 다음의 표와 같이 청음(淸音)의 불송기(不送氣)와 송기(送

97 소옹이 제시한 용어를 현대 음성학 용어로 바꾸면 '송기(送氣)'는 '유기음', '불송기(不送氣)'는 '무기음', '청음(淸音)'은 '무성음', '탁음(濁音)'은 '유성음'이다. 또한 '전청음(全淸音)'은 '무성무기음', '차청음(次淸音)'은 '무성유기음', '전탁음(全濁音)'은 '유성무기음', '차탁음(次濁音)'은 '비음' 또는 '변음'이다. 그러나 이 책에서는 소옹의 견해를 이해하고자 서술상의 편의를 위해 현대 음성학 용어로 바꾸지 않았다.

氣)로 음을 변별하는 자질이 탁음(濁音)에 부여되어 불송기(不送氣)와 송기(送氣)로 각각 음소를 이루게 된 것이 아닐까?

十二音	全淸	**仄聲 全濁**	次淸	**平聲 全濁**
	不送氣	不送氣	送氣	送氣

이러한 음리적 배열이 현실적으로 불가능한 것은 아니다. 우리는 현대 방언에서 유사한 예를 찾아 '평성(平聲) 전탁음'과 '측성(仄聲) 전탁음'의 실제 음가를 인증할 수 있다. 사천(四川) 지역의 노호광화(老湖廣話)인 영홍화(永興話)[98]에는 성모 37개 중 전탁성모 12개가 불송기(不送氣)와 송기(送氣)의 대립을 이루고 있는데 특히 송기(送氣)인 전탁성모가 모두 평성(平聲)이었다.[99] 즉 전탁성모가 송기(送氣) 평성(平聲)과 불송기(不送氣)

---

98 사천(四川) 지역의 노호광화(老湖廣話: 永興話)는 아래와 같은 어음의 특징을 갖고 있다.

① 성모(聲母) 37개: p, p', b, b', m, f, t, t', d, d', n, ts, ts', dz, dz', z, s, tʂ, tʂ', dʐ, dʐ', ʐ, ʂ, tɕ, tɕ',dʑ, dʑ', ȵ, ɕ, k, k', g, g', ŋ, x, ɣ, ø.

② 운모(韻母) 38개: 0, ʅ, ɚ, i, u, y, yu, a, ia, ua, o, yo, e, ie, ue, ye, ai, iai, uai, ei, uei, au, iau, əu, iəu, an, ian, uan, yan, ən, in, uən, yn, aŋ, iaŋ, uaŋ, oŋ, yoŋ.

③ 성조(聲調) 4개: 양평(陽平) 55, 음평(陰平) 21, 상성(上聲) 53, 거성(去聲) 14. (최영창(崔榮昌)·이석매(李錫梅), 「사천경내의 노호광화(四川境內的老湖廣話)」, 『방언(方言)』 1986 제3기, 188-197쪽.)

99 [b'] b'u 葡(並)| b'a 拔跋(並)扒(幫)| b'ie 彆(滂)| b'ei 培陪賠(並)|
b'iau 瓢嫖(並)| b'an 盤(並)₩| b'ian 便(並)| b'ən 盆彭膨(並)|
b'in 貧頻平(並)| b'aŋ 旁(並| b'oŋ 朋蓬棚(並)
[d'] d'i 堤題提(定)| d'o 馱駝鐸(定)| d'ai 台抬苔(定)|
d'au 桃逃陶(定)| d'əu 頭投(定)| d'an 潭談檀(定)|
d'ian田 塡(定)| d'uan 團(定)| d'ən 騰藤痛(定)| d'in 亭停庭(定)
[dz'] dz'ai 才財材(從)| dz'uei 垂禪槌錘(澄)| dz'au 曹槽從朝潮(澄)|
dz'an 殘慚(從)纏(澄)| dz'əu 讐酬(禪)綢稠籌(澄)|
dz'ən 存曾層(從)橙(澄)| dz'uaŋ 床(崇)| dz'oŋ 從叢(從)| 重(澄)
[dʐ'] dʐ'uan 椽傳(澄)全泉(從)拳權(群)|

측성(仄聲)으로 나뉘었음을 알 수 있다.

老湖廣話	全淸	**仄聲 全濁**	次淸	**平聲 全濁**
	不送氣	不送氣	送氣	送氣

그러므로 우리는 노호광화(老湖廣話)인 영흥화(永興話)의 예를 비추어 소옹이 전탁성모(全濁聲母)를 평측(平仄)의 성조로 구분하여 송기(送氣)와 불송기(不送氣)로 실현시키고자 하였던 음리의 타당성을 확인할 수 있다. 그러므로 이 책에서는 십이음(十二音)에서 색음(塞音)·색찰음(塞擦音)이 다음과 같은 음가를 지녔을 것으로 추정한다.[100]

十二音	水淸	火濁	土淸	石濁
	全淸	**仄聲 全濁**	次淸	**平聲 全濁**
	不送氣		送氣	
1音	見 k	群仄 g	溪 kʻ	群平 gʻ
5音	幇 p	並仄 b	滂 pʻ	並平 bʻ

---

dʐʻən 沉陳塵呈程(群)臣成城誠承丞(禪)| dʐʻuaŋ 長腸場(澄)

[dʑʻ] dʑʻiau 樵瞧(從)喬僑橋(群)| dʑʻiəu 求球(群)讐酬(禪)綢稠籌(澄)|

dʑʻian 錢前(從)乾虔(群)|

dʑʻin 秦情晴(從)勤芹琴擒(群)成誠城丞承臣(禪)程沉陳(澄)|

dʑʻiaŋ 强墻場腸(澄)| dʑʻyoŋ 窮邛(群)

[gʻ]gʻuei 葵逵(群)| gʻuaŋ 狂(群)

(최영창(崔榮昌)·이석매(李錫梅), 「사천경내의 노호광화(四川境內的老湖廣話)」, 『방언(方言)』 1986 제3기, 192-193쪽 참조.)

100 칼그렌을 위시하여 동동화(董同龢)·진신웅(陳新雄) 등은 전탁성모를 유기음으로 재구하였고 육지위(陸志韋)와 이영(李榮)은 칼그렌이 전탁음을 유기로 처리한 점에 대해 비판을 가하여 마땅히 무기음에 넣어야 한다고 주장하였으며 주법고(周法高)·이방계(李方桂) 등도 전탁음을 무기음으로 재구하였다. 여러 학자들의 주장을 종합하고, 고대의 역음 자료나 현대 방언 그리고 역외(域外) 한자음과의 연관 관계 등으로 미루어볼 때 절운(切韻) 시대의 전탁성모를 무기음으로 보는 것이 보다 합리적인 견해라고 생각한다.

6音	端 t	定仄 d	透 t‘	定平 d‘
8音	精 ts	從仄 dz	淸 ts‘	從平 dz‘
11音	照 tʂ	牀仄 dʐ	穿 tʂ‘	牀平 dʐ‘
12音	知 tɕ	澄仄 dz	徹 tɕ‘	澄平 dz‘

이와 같이 소옹이 성모를 4분한 것은 그의 상수역학 이론에서 비롯된 것이기는 하지만 소옹이 『황극경세서』「성음창화도」를 지은 저작 의도와 어음 자료의 특수성을 고려해볼 때, 소옹의 4분법은 범어의 음운 체계를 반영한 것일 수도 있다. 범어에는 25개의 자음이 있는데 다음과 같은 체계를 갖추고 있기 때문이다.[101]

迦	佉	伽	恒	俄
k	k‘	g	g‘	ŋ
遮	車	闍	膳	若
tʂ	tʂ‘	dʐ	dʐ‘	nʐ
吒	他	茶	袓	拏
ṭ	ṭ‘	ḍ	ḍ‘	ɳ
多	他	陀	彈	那
t	t‘	d	d‘	n
波	頗	婆	滼	摩
p	p‘	b	b‘	m

우리는 앞에서 소옹이 사대부 계층의 문인으로서 시대적 사명감을 가지고 있었고 특히 북송 초는 불교의 성어(聖語) 개념에 대응할 수 있는 새

101 범어(梵語)의 음역(音譯) 글자는 학자마다 다른데 이 책에서는 『대열반경(大涅槃經)』「문자품(文字品)」을 기준으로 삼았다. (조게지(趙憩之), 『등운원류(等韻源流)』, 대북(臺北): 문사철출판사(文史哲出版社), 1985, 6-7쪽 참조.) 또한 스가누마 아키라 지음 · 이지수 옮김, 『산스끄리뜨의 기초와 실천』, 서울: 민족사, 1993 참조.

로운 언어 이론 체계가 요청되었음을 고찰하였다. 부친 소고(邵古)로부터 불교 계통의 언어 이론을 사사받은 소옹은 시대적 요청에 걸맞은 완정하고 정밀한 유교 우위의 언어 이론 체계를 창신하고자 하였을 것이다. 따라서 소옹이 운서나 운도에서 구현되는 중고 시기 중국어 음운 체계와는 차별적으로 특히 탁음(濁音)을 송기(送氣)와 불송기(不送氣)로 구분한 것은 범어의 어음 체계를 염두에 두고 범어의 성모 체계까지도 포용할 수 있는 어음 체계를 구상하였기 때문일 가능성이 있다고 본다.

② 마찰음(摩擦音)

다음은 마찰음에 대해 논의하여 보자. 소옹은 마찰음을 청탁(淸濁)으로 구분하였다.[102]

	2音				3音				4音				9音				10音			
	開	發	收	閉	開	發	收	閉	開	發	收	閉	開	發	收	閉	開	發	收	閉
水	黑	花	香	血	安	亞	乙	一	夫	法	□	飛	思	三	星	■	■	山	手	■
淸	曉 x				影 ʔ				非 f				心 s				審 ʂ			
火	黃	華	雄	賢	□	爻	王	寅	父	凡	□	吠	寺	□	象	■	■	士	石	■
濁	匣 ɣ				喩 ø				奉 v				邪 z				禪 ʐ			

2음의 '웅(雄)'은 왕인후(王仁煦) 『절운』에는 '羽隆反'으로서 유(喩)모이고, 『광운』에서도 '羽弓切'로서 유(喩)모이다. 그런데 유(喩)모가 갑(匣)모에 배열된 것에 대해, 이영(李榮)은 유(喩)모와 갑(匣)모가 상보적 분포이므로 한 류로 계련될 수 있기 때문이라고 설명하였지만[103] 이 책에서는

102 2·3·4音을 마찰음으로 분류한 것은 오늘날의 '분류 기준'에 따른 것이다.

103 이영(李榮), 「황극경세십성십이음해(皇極經世十聲十二音解)」: "匣母與喩三這兩類跟韻母配合的關系是互輔的, 根據切三, 雲戶分反, 越戶伐反, 二類可以系聯, 互輔而又可以系聯, 這兩類可以併成一類." (『절운음계(切韻音系)』, 북경(北京): 중국사회과학원(中國社會科學院), 1952, 171쪽.)

'웅(雄)'이 『집운(集韻)』에는 '胡弓切'의 갑(匣)모로 표기되어 있으므로 소옹이 『집운(集韻)』 계통의 음을 반영시킨 것이라고 추측한다.

3음의 '효(爻)'는 『광운』에는 '何交切'로서 갑(匣)모인데 유(喩)모에 배열된 것은, 오늘날 북방에서도 '효(爻)'를 '요(遙)'(餘昭切, 喩모)로 읽듯이[104] 소옹 시대에 갑(匣)모의 일부 글자가 성모를 소실하여 유(喩)모와 섞였기 때문일 것이다. 또한 소옹의 시대에 영(影)모는 후색음(喉塞音)이었고 유(喩)모는 모음으로 시작되는 음이었다. 후색음(喉塞音)에 상배되는 탁음(濁音)이 없고 모음으로 시작되는 음에 청음(淸音)이 있을 리 없으나 소옹은 모든 음을 청탁으로 구분하였으므로 부득이 영(影)모와 유(喩)모를 배합시킨 것으로 생각된다.[105]

4음에서 소옹은 비(非)·봉(奉)의 자모를 '청(淸)-탁(濁)'의 대립으로 구분하였을 뿐 다른 색음(塞音)처럼 '전청(全淸)-측성(仄聲) 전탁(全濁)-차청(次淸)-평성(平聲) 전탁(全濁)'으로 나누지 않았다. 이는 소옹 시대에 비(非)·봉(奉) 자모가 마찰음 [f]·[v]로 읽혔음을 나타낸다. 그러므로 십이음(十二音)에 부(敷)모가 명기되지 않은 것은 비(非)모가 이미 마찰음이 되어버려서 마찰음에 송기·불송기가 구별될 수 없으므로 당시 부(敷)가 비(非)에 이미 들어가 모두 [f]로 읽는 것이라고 가정할 수 있다. 혜림(慧琳)의 『일체경음의(一切經音義)』의 성류(聲類)에도 비(非)·부(敷) 자모가 중화(中和)되어 순음(脣音)이 모두 7류인데 이는 좋은 방증이 된다.[106] 또한 비(非)·부(敷) 자모가 한 류로 섞인 것은 고언휴(高彦休) 『당궐사(唐闕史)』의 「이가급이 삼교조를 희롱하다[李可及戲三教條]」에 실려 있는 다

104 주조모(周祖謨), 앞의 책, 592쪽. "ɣ在方言中往往失落, 故後世讀與喩母相混. …… 圖中喩母一類之爻字廣韻何交切, 屬匣母, 邵氏列入喩母與今日北方讀爻如遙正同."

105 이영(李榮), 앞의 책, 172쪽.

106 황쉬백(黃淬伯), 「혜림일체경음의반절고(慧琳一切經音義反切考)」, 『역사어언연구소집간(歷史語言研究所集刊)』 제3본(第三本) 제2분(第二分), 1930, 159-236쪽.

음의 일화로 방증할 수 있다.

> 함통(咸通)[당(唐) 의종(懿宗) 860-873] 연간에 광대 이가급(李可及)이 라는 이가, …… (중략) …… 스스로 유불도에 통달하였다고 칭하였다. 곁에 앉아 있던 이가 묻기를, "이미 유불도에 널리 통달했다고 말씀하시니, 석가여래는 어떤 사람입니까?" 대답하여 말하길, "부녀자이다." 묻는 이가 놀라서 말하길, "어찌 그렇습니까?" 대답하길, "금강경(金剛經)에 부좌이좌(敷座而坐)라고 하였다. 부녀자가 아니면 어떻게 지아비가 앉은 연후에 아들이 앉겠는가."[107]

이는 '부(敷)·부(夫)'자와 '이(而)·아(兒)'자가 각각 같은 음인 것을 이용하여 금강경(金剛經)의 '敷座而坐'를 '夫座兒坐'로 발음하여 억지 해석한 우스갯소리이다. 부(敷)·부(夫)는 모두 우(虞)운이고, '부(敷)'는 부(敷)모이고 '부(夫)'는 비(非)모이다. 비(非)·부(敷) 자모가 당시에 같은 음이었던 것을 알 수 있다.

9음의 '思·寺·(8음의 '自')'가 각 운도에 배열된 상황을 고찰해보면, 『운경』이나 『칠음략』과는 다르지만 『절운지장도』와는 대체로 부합되는 것을 알 수 있다. 이는 소옹이 『절운지장도』 계통의 음운 체계를 반영하는 예로 보인다.[108]

---

107 고언휴(高彦休), 『당궐사(唐闕史)』, 「지불족재총서본(知不足齋叢書本)」 권하(卷下), 7쪽. "咸通中, 優人李可及者, (中略)自稱三教論衡. 其隅坐者問曰, 旣言博通三教, 釋迦如來是何人. 對曰是婦人. 問者驚曰, 何也. 對曰金剛經云: 敷座而坐. 或非婦人, 何煩夫坐, 然後兒坐也."

108 이에 대해 육지위(陸志韋)는 "사마광(司馬光)과 소옹(邵雍)은 같은 시기의 낙양(洛陽) 사람이다. 후인이 『절운지장도(切韻指掌圖)』를 사마광(司馬光)의 이름에 위탁한 것은 전혀 근거가 없는 것도 아니다."라고 언급하였다. (육지위(陸志韋), 「기소옹황극경세적천성지음(記邵雍皇極經世的天聲地音)」, 『육지위근대한어음운론집(陸志韋近代漢語音韻論集)』, 북경(北京): 상무인서관(商務印書館), 1988, 43쪽.) 또한 이영(李榮)도

	十二音	『절운지장도』	『사성등자』	『운경』	『칠음략』
自	8音 / 開	1등	기재되지 않음	4등	4등
思	9音 / 開	1등	기재되지 않음	4등	4등
寺	9音 / 開	1등	4등	4등	4등
目	3音 / 開	3등	3등	3등	3등
星	9音 / 收	4등	4등	4등	3등

'목(目)'와 '성(星)'의 두 가지 예외를 제외하고 『황극경세서』「성음창화도」는 여느 운도보다 『절운지장도』에 가장 근접한다.

10음에서 '사(士)'는 상(牀)모이고 '석(石)'은 선(禪)모이다. 황쉬백(黃淬伯, 1899-1970)은 「혜림일체경음의반절고(慧琳一切經音義反切考)」에서 혜림(慧琳)이 상(牀)모와 선(禪)모를 같은 류로 여긴 것 같다고 하였고[109] 백수주(白滌洲)의 「절운성류고(切韻聲類考)」에서는 『집운(集韻)』에서 상(牀)모와 선(禪)모의 반절상자(反切上字)는 계련될 수 있다고 하였다.[110] 옛날 유성폐찰음과 마찰음은 현대 방언에서도 독음이 혼동되는 현상이 있다. 예를 들어 오어(吳語)에서 어떤 곳에서는 유성폐찰음과 마찰음을 같이 읽고, 어떤 곳에서는 일률적으로 마찰음으로 읽는다. 상해(上海)에서는 어떤 성모는 폐찰음과 마찰의 두 종류가 있지만 각 지역마다 일치하지 않는다. 결국 소옹이 상정한 음계에서도 상(牀)모와 선(禪)모가 합류된 것을 확인할 수 있다.

위의 사실에 주의를 하고 "소씨(邵氏)의 성음학(聲音學)과 『절운지장도(切韻指掌圖)』 간에 도대체 어떤 관계가 있는지 모르겠다."라고만 언급하였다(이영(李榮), 「황극경세십성십이음해(皇極經世十聲十二音解)」, 『절운음계(切韻音系)』, 북경(北京): 중국사회과학원(中國社會科學院), 1952, 173쪽).

109 황쉬백(黃淬伯), 「혜림일체경음의반절성류고(慧琳一切經音義反切聲類考)」, 『역사어언연구소집간(歷史語言研究所集刊)』제일본(第一本) 제이분(第二分), 1930, 14, 19, 20쪽.

110 백수주(白滌洲), 「절운성류고(切韻聲類考)」, 『역사어언연구소집간(歷史語言研究所集刊)』제삼본(第三本) 제이분(第二分), 1932, 159-236쪽.

③ 비음 · 변음

다음은 비음(鼻音)과 변음(邊音)의 예를 보자. 한 음에 마찰음이 청탁으로 배열된 후 비음과 변음의 차탁음(次濁音)이 청탁으로 배열되었다.

<table>
<tr><td rowspan="2"></td><td colspan="4">2音</td><td colspan="4">3音</td><td colspan="4">4音</td><td colspan="4">10音</td></tr>
<tr><td>開</td><td>發</td><td>收</td><td>閉</td><td>開</td><td>發</td><td>收</td><td>閉</td><td>開</td><td>發</td><td>收</td><td>閉</td><td>開</td><td>發</td><td>收</td><td>閉</td></tr>
<tr><td rowspan="2">土
清</td><td>五</td><td>瓦</td><td>仰</td><td>□</td><td>母</td><td>馬</td><td>美</td><td>米</td><td>武</td><td>晚</td><td>□</td><td>尾</td><td>■</td><td>□</td><td>耳</td><td>■</td></tr>
<tr><td colspan="4">疑</td><td colspan="4">明</td><td colspan="4">微</td><td colspan="4">日</td></tr>
<tr><td rowspan="2">石
濁</td><td>吾</td><td>牙</td><td>月</td><td>堯</td><td>目</td><td>貌</td><td>眉</td><td>民</td><td>文</td><td>萬</td><td>□</td><td>未</td><td>■</td><td>□</td><td>二</td><td>■</td></tr>
<tr><td colspan="4">疑</td><td colspan="4">明</td><td colspan="4">微</td><td colspan="4">日</td></tr>
</table>

<table>
<tr><td colspan="2"></td><td colspan="2">水清</td><td colspan="2">火濁</td><td colspan="2">土清</td><td colspan="2">石濁</td></tr>
<tr><td rowspan="4">7
音</td><td>開</td><td>乃</td><td rowspan="3">泥</td><td>內</td><td rowspan="3">泥</td><td>老</td><td rowspan="3">來</td><td>鹿</td><td rowspan="3">來</td></tr>
<tr><td>發</td><td>妳</td><td>南</td><td>冷</td><td>犖</td></tr>
<tr><td>收</td><td>女</td><td>年</td><td>呂</td><td>離</td></tr>
<tr><td>閉</td><td colspan="2">■</td><td colspan="2">■</td><td colspan="2">■</td><td colspan="2">■</td></tr>
</table>

여기서 주의할 점은 비음과 변음이 청(淸)과 탁(濁)으로 나뉜 것이다. 2음 의(疑)모가 청음 '오(五) · 와(瓦) · 앙(仰)'과 탁음 '오(吾) · 아(牙) · 월(月) · 요(堯)'로 나누어져 있으며, 3음 명(明)모가 청음 '모(母) · 마(馬) · 미(美) · 미(米)'와 탁음 '목(目) · 모(貌) · 미(眉) · 민(民)'으로 나누어져 있고, 10음 일(日)모도 청음 '이(耳)'와 탁음 '이(二)'로 나누어져 있다. 이와 같은 현상은 7음의 니(泥)모와 래(來)모에서도 보이는데 '내(乃) · 니(妳) · 여(女)'는 청음, '내(內) · 남(南) · 년(年)'은 탁음으로 분류되었으며 '로(老) · 랭(冷) · 려(呂)'는 청음, '록(鹿) · 락(犖) · 리(離)'는 탁음으로 분류되었다. 흥미로운 점은 청음으로 분류된 글자는 중고 상성자(上聲字)이며, 탁음으로 분류된 글자는 중고 평(平) · 거(去) · 입성(入聲)이라는 점이다. 즉 중고음의 각도에서 볼 때 비음 · 변음의 '상성 : 비상성'의 음성학적

대립이 소옹의 십이음(十二音)에서는 '청(淸)) : 탁(濁)'의 음운적 대립으로 구현된 사실이다.

이에 대해 주조모(周祖謨)와 육지위(陸志韋)의 견해는 같지 않다. 주조모는 송대의 변낙(汴洛) 방언에서 의(疑)모의 상성자는 틀림없이 구음(口音)의 Ɣ가 되었거나 성모를 잃어버렸을 것이고, 명(明)모의 상성자는 탁음 성분이 비교적 적거나 혹은 성조와 관련되어 서북음 mb처럼 읽었을 것이며, 미(微)모의 상성자는 의(疑)모처럼 비음 ɱ가 마찰음 v로 변하고 합구(合口)는 마찰음마저도 소실하였을 것이라고 하였다. 니(泥)·래(來)의 두 자모도 그 상성에 탁음 성분이 적고 일(日)모의 상성도 비음에서 구음(口音)으로 변하여 ńź에서 ź이 되었고 다시 z로 변하여 후대에는 Ær로 다시 변하였다는 것이다. 그리하여 소옹은 그들을 무성음[청음]으로 귀속시켰을 것이라고 설명하였다.[111]

이에 대해 육지위는 상반되는 설명을 하고 있다. 그는 "소옹의 방언에서 상성(上聲)은 승조(升調)이므로 소옹은 아마도 성조의 상승과 자음의 음양(陰陽)을 혼동한 것 같다.[112] 그러므로 미모(微母)인 w는 『중원음운(中原音韻)』의 반치반순음(半齒半脣音, labio-dental)인데 소옹이 이를 음(陰)·양조(陽調)로 나눈 것은 옳지 않다"고 하였다.[113]

중국어의 발전 과정에서 비음의 의(疑)·미(微)의 두 자모가 먼저 마찰음으로 변한 후 영성모가 된 것은 하나의 변화 규칙이라고 할 수 있다. 이 점을 보아서는 차탁음이 청음(淸音)으로 변하였다고 말할 수 있다. 그러나 이러한 변화가 왜 상성에서만 생겼을까? 소옹이 상승(上升)의 성조를 무성음과 혼동하였을 것이라는 점도 참고할만하다. 고인들의 소위 청

111 주조모(周祖謨), 앞의 책, 592쪽.

112 육지위(陸志韋), 앞의 책, 42쪽, "邵氏的辨音又未必正確. 他方言的上聲應當是升調. 他好像把整個字的聲調的上升跟輔音的陰陽弄糊塗了."

113 육지위(陸志韋), 앞의 책, 43쪽, "『中原音韻』的半齒半舌音w斷不宜乎分陰陽調."

탁(淸濁)은 성대의 떨림과는 관계없이 성조와도 관련이 있었다. 그러나 다른 평(平)·거(去)·입성(入聲)과 비교하여볼 때, 상성(上聲)의 어떤 점을 소옹이 청(淸)으로 보게 하였을까?

십이음(十二音)에서 '청(淸)–탁(濁)'은 음을 변별하는 요소였다. 소옹은 이미 정해놓은 체계(틀)에 의해 비·변음을 배열하려니 성조에 따라 청탁(淸濁)이 변별됨을 터득하게 되어 그 음가의 차이를 반영하였을 것이다. 이와 같은 가정은 다음의 몇 가지 근거로 사실화될 수 있다.

첫째, 이영(李榮)은 비·변음의 조류(調類)의 변화에 대해 다음과 같이 해석하면서 소옹의 시대에 비·변음의 독법은 반드시 상성(上聲) 혹은 비상성(非上聲)의 차이가 있었을 것이라는 견해를 제기하였다.

> 옛날 비(鼻)·변음(邊音) 글자의 조류(調類)의 변화는 고상성(古上聲)만 청음(淸音)인 성모(聲母) 글자를 따라가고 평(平)·거(去)·입(入) 삼성(三聲)의 비(鼻)·변음(邊音) 글자는 모두 청음(淸音) 성모(聲母) 글자에 들어가지 않았다. 소강절(邵康節) 시대에도 비(鼻)·변음(邊音) 글자의 독법은 반드시 상성(上聲) 혹은 비상성(非上聲)의 차이가 있었을 것이다. 오어(吳語) 황암(黃巖), 온령(溫嶺)의 비(鼻)·변음자(邊音) 글자의 평(平)·거(去)·입(入) 삼성(三聲) 글자는 탁류를 가지지만, 상성(上聲) 글자는 성문(聲門)이 긴장하여 탁류를 가지지 않으므로 이를 방증삼을 수 있다.[114]

둘째, 소옹의 시대에 틀림없이 차탁음의 '상성 : 비상성'의 구별이 있었을 것이라는 주장은 야혼토브(S. E. Yakhontov)가 제시한 현대 방언의

114 이영(李榮), 앞의 책, 171쪽. "古鼻音字邊音字調類的演變, 只有在古上聲是跟着淸音聲母字走的. 平去入三聲的古鼻音字邊音字都不跟淸音聲母字走. 在邵康節的時候, 鼻音字邊音字的讀法一定依上聲或非上聲而有所不同, 吳語黃巖, 溫嶺的鼻音字邊音字平去入三聲字帶濁流, 上聲字聲門緊縮, 不帶濁流, 可以引爲傍證."

예를 통하여 좀 더 구체적으로 이해될 수 있다. 그는 "현대 방언의 성모의 청탁과 성조의 고저는 확실히 모종의 영향 관계가 있어서 현대 방언의 대부분이 대체로 음조(陰調)가 양조(陽調)에 비해 고조(高調)인 편이다. 그러나 상성(上聲) 차탁(次濁) 자모는 유독 고조(高調)로 읽히는 경우가 있다."고 언급하면서 항주어(杭州語)를 예로 들었다.[115] 다음은 항주어의 성조 체계이다.

『切韻』의 聲調		平	上	去	入
杭州語	무성음 성모	1	3	4	6
	鼻音 성모	2	3	5	7
	유성음 성모	2	5	5	7

항주어(杭州語)에는 7개의 성조가 있는데 1 · 3 · 4 · 6조는 고조(高調)이고 2 · 5 · 7조는 저조(低調)이다. 표에서 보듯이, 비음 성모의 상성자(上聲字)만 고조로 읽히는 것을 알 수 있다. 그러므로 소옹이 비 · 변음 성모의 상성(上聲) 글자만을 '청(淸)'의 칸에 배열한 것은 음가의 어떤 특징을 나타내려는 것으로 보인다.

셋째, 이 책에서는 묘요어(苗瑤語)의 성모 체계를 통해 더욱 직접적인 예증을 찾을 수 있었다.[116] 대부분의 묘요어에는 유성비음 'm-, n-, ɳ-,

115 야혼토브(S. E. Yakhontov), 『한어사논집(漢語史論集)』, 북경(北京): 북경대학출판사(北京大學出版社), 1986, 192쪽. "邵雍的淸濁不是指輔音聲母的淸濁, 而是指調高: 高調爲淸, 低調爲濁. 這就是說, 邵雍的方言不像『切韻』那樣有四個聲調, 而像杭州話那樣有七個聲調: 四個高調, 三個低調. 在曾有濁音(不是響音)聲母的字里, 上聲變成了低調的去聲, 邵雍自己以及他同代人的詩韻可以證明這一点; 但在曾有響音聲母的字里, 上聲成了淸一色的高調. 其余三個聲調則各自分爲高低兩調." 야혼토브(Yakhontov)는 항주어를 예로 들어 소옹의 방언에 7개의 성조가 있었을 것이라고 주장. 이 책에서는 소옹이 음의 높낮이에 따라 음을 변별하였을 것이라는 입장에서 항주어의 예를 재인용함.

116 중앙민족학원묘요어연구실편(中央民族學院苗瑤語硏究室編), 『묘요어방언사휘집(苗瑤

ŋ-, l-'와 무성비음 'hm-, hn-, hɳ-, hl-'이 있는데 특히 무성비음 'hm-, hn-, hɳ-, hl-'는 대체로 성조 값이 높은 성조에서만 출현한다. 묘어 검동방언(黔東方言)[117]을 예로 들면 8개의 성조에서 양순 · 설첨의 유성비음은 모든 성조에서 출현하지만 무성비음은 성조 값이 3 이상인 1, 3, 5, 7류에만 출현하였다.

성조		1	2	3	4	5	6	7	8
성조값		33	55	35	11	44	13	53	31
양순비음	무성	m̥hoŋ (該)		m̥hi (牙)		m̥ha (說)		m̥hen (見)	
	유성	moŋ (病)	mɑ (拍)	mɑ (躲)	mɑ (馬)	men (井)	mɑŋ (親)	mɑŋ (揉)	mɑ (砍)
설첨비음	무성	n̥hɛ (天)		n̥haŋ (聽)		n̥hiu (年)		n̥hiaŋ (汗)	
	유성	nɑŋ (蛇)	nɑŋ (草)	noŋ (這)	nɑŋ (鼠)	nen (釣)	noŋ (雨)	noŋ (自己)	nɛ (庄)

대부분의 한장어계의 무성비음은 송기(送氣) 성분과 아울러 무성음화의 성분을 갖추고 있다. 무성음화는 송기(送氣)의 작용이 조성한 결과이기 때문이다.[118] 물론 묘어 검동방언(黔東方言)의 무기비음도 모두 유기를 띠고 있다.

語方言詞彙集)』, 북경(北京): 중앙민족학원출판사(中央民族學院出版社), 1987.

117 묘요어(苗瑤語)는 한장어계 가운데 유구한 역사를 갖고 있는 언어로서 내부의 방언이 복잡하여 묘어검동방언(苗語黔東方言), 묘어상서방언(苗語湘西方言), 묘어천검전방언(苗語川黔滇方言), 묘어전동북차방언(苗語滇東北次方言), 요족포노화(瑤族布努話), 요어면방언(瑤語勉方言), 요어표민방언(瑤語標敏方言) 등 7개 방언이 각각 두드러진 특징을 가지고 있다. 그중 묘어검동방언(苗語黔東方言)은 인구수가 가장 많으므로 대표 방언이라고 할 수 있다.

118 장영언(張永言), 「상고 한어의 유기 유음 성모에 관하여(關于上古漢語的送氣流音聲母)」, 『음운학연구(音韻學研究)』제1집, 중국음운학연구회편(中國音韻學研究會編), 북경(北京): 중화서국(中華書局), 1984, 256쪽.

더욱 흥미로운 것은 변음(邊音)의 경우이다. 묘어(苗語) 검동방언(黔東方言)의 성모에는 무기 무성·유성 변음과 유기의 무성 변음이 있는데 무기의 무성·유성 변음은 모든 성조에서 출현하지만 유기의 무성 변음은 성조 값이 3 이상인 1, 3, 5, 7류에만 출현한다.

성조			1	2	3	4	5	6	7	8
성조값			33	55	35	11	44	13	53	31
邊音	무기	무성	l̥ɑ (騙)	l̥ɑ (漏)	l̥ɑ (狗)	l̥ɑŋ (院)	l̥ɑŋ (修)	l̥ɑ (富)	l̥ɑ (討)	l̥ɑ (夬)
		유성	lɛ (個)	lɛ (位)	lɛ (短)	lɑ (流)	lei (到)	lɑ (土地)	lɑ (說)	lɑ (溢)
	유기	무성	l̥hi (想念)		l̥hi (撥)		l̥hɑ (繩子)		l̥hi (粥)	

묘어(苗語) 검동방언(黔東方言)의 유기 무성비음·무성변음 성모는 모두 성조 값이 대체로 높은 1, 3, 5, 7류에만 출현한다. 묘어의 이러한 음운 체계는 소옹이 세운 격식에 묘하게도 잘 부합된다.

2·3·4·7·10音	水	土	火	石
	무성		유성	
苗語 黔東方言	유기 무성 비음		무기 유성 비음	
	유기 무성 변음		무기 유성 변음	

이상의 논의에서 우리는 소옹이 비·변음 성모를 성조에 의해 청탁으로 구분하고자 하였음을 알 수 있다.[119] 이 밖에 소옹의 십이음(十二音)에

119 소옹의 무성비음에 대한 명확한 변별력은 소옹이 각지를 유람하면서 당시 방언에 잔존하였을지도 모르는 무성비음 hm-, hn-, hɳ-, hŋ-, hl- 으로부터 터득하였을 가능성도 생각해볼 수 있다. 『송사(宋史)』「도학전(道學傳)」의 "(소옹이) 탄식하며 말하길, 옛날 사람들은 옛 것을 벗하였지만, 나만 유독 세상을 다녀본 적이 없구나.

는 양(孃)모가 한 류를 이루지 않고 있다. 사실상 『절운』과 『광운』에서 양(孃)모는 니(泥)모와 대립되지 않고 반절상자(反切上字)도 두 류로 나뉘지 않는다. 혜림(慧琳)의 『일체경음의(一切經音義)』의 성류(聲類)에서도 니(泥)모 · 양(孃)모가 나뉘지 않고 『집운(集韻)』 성류(聲類)에서도 니(泥) · 양(孃)모가 나뉘지 않으며 현대 방언에서도 니(泥)모 · 양(孃)모는 구별이 없다. 이는 양(孃)모가 실제 존재하지 않는데 자모학자들이 완정한 체계를 이루기 위해 인위적으로 세워둔 것으로 이해된다. 소옹의 「성음창화도」 7음에서 니(泥)모와 孃(양)모가 독립되어 있지 않은 것은 이러한 정황이 반영된 것이라고 보인다.

이상의 논의를 통해, 소옹이 전탁(全濁)을 평성(平聲)과 측성(仄聲)에 따라 분류하고 차탁(次濁)을 상성과 평 · 거 · 입성의 성조의 차이에 따라 구분한 것은 음의 높낮이에 따라 송기(送氣)와 불송기(不送氣)로 감별되는 청각상의 차이를 표현한 것이라고 추측된다. 그러면 소옹은 왜 전탁음을 불송기(不送氣)와 송기(送氣)로 구분하고, 차탁음을 청(淸)과 탁(濁)으로 구분하려고 했을까? 우리는 의외의 자료에서 그 해답을 찾을 수 있다.

> 반설(半舌)에는 경중(輕重)의 두 음이 있다. 그러나 운서의 자모(字母)에는 하나뿐이고 국어에서도 경중이 나뉘지 않지만 모두 (각각) 음을 이룰 수 있다. 만약 갖추어 쓰고자 한다면 순경음(脣輕音)의 예와 같이 ㅇ을 ㄹ의 아래에 연서(連書)하여 반설경음(半舌輕音)으로 쓰고 혀를 살짝 윗

이에 황하(黃河)와 분수(汾水)를 건너고 회수(淮水)와 한수(漢水)를 지나 제(齊) · 노(魯) · 송(宋) · 정(鄭)의 옛 터를 오랫동안 주류하였다.(歎曰, 昔人尙友於古而吾獨未及四方, 於是踰河汾, 涉淮漢, 周流齊魯宋鄭之墟久之.) 기록을 근거해볼 때, 소옹이 각지를 유람하면서 터득한 음에 대한 고도의 심음력을 근거하여 『황극경세서(皇極經世書)』 「성음창화도(聲音唱和圖)」의 칸에 각각 해당 음을 대입시켰을지도 모른다.

잇몸에 닿게 하여 발음한다.[120]

『훈민정음(訓民正音)』「합자해(合字解)」에서는 반설중음(半舌重音)과 반설경음(半舌輕音)이 운서나 국어에서 독립된 음소로 기능하지 못하지만 음의 생성 원리에 의해 인위적으로 'ㄹ'과 'ᄛ'의 음소를 상정하였다. 물론 'ᄛ'의 용례는 『훈민정음(訓民正音)』「용자례(用字例)」뿐만 아니라 어떤 15세기 문헌에서도 찾을 수 없다. 이러한 기록에 근거하면 소옹은 상수역학의 틀에서 성음의 생성 원리를 담고 있는 이상적인 성모 체계를 구상하였던 것으로 추측된다. 이 책에서 재구한 소옹의 「성음창화도」의 성모 체계를 다음의 도표로 나타낼 수 있다.

	水	火	土	石
	淸	濁	淸	濁
1音	k	g	kʻ	gʻ
2音	x	ɣ	ŋʻ	ŋ
3音	ʔ	j	mʻ	m
4音	f	v	ɱʻ	ɱ
5音	p	b	pʻ	bʻ
6音	t	d	tʻ	dʻ
7音	nʻ	n	lʻ	l
8音	ts	dz	tsʻ	dzʻ
9音	s	z	□	□
10音	ʂ	ʐ	nʑʻ	nʑ
11音	tʂ	dʐ	tʂʻ	dʐʻ
12音	tɕ	dʑ	tɕʻ	dʑʻ

120 『훈민정음(訓民正音)』「합자해(合字解)」: "半舌有輕重二音. 然韻書字母唯一, 且國語雖不分輕重, 皆得成音. 若欲備用, 則依脣輕例, ㅇ連書ㄹ下, 爲半舌輕音, 舌乍附上齶."

(2) 운모 체계

① 운모 총론

『황극경세서』「성음창화도」의 천성(天聲) 10류는 글자가 채워지지 않은 3류를 제외하면 7류가 되는데 이를 통해 당시 소옹의 운모(韻母) 체계를 개략적으로 고찰할 수 있다.

먼저 각 류 가운데 일(日)과 월(月)류는 중고음과 현대 방언 음계에 근거해볼 때 홍음(洪音)의 성질에 가깝고, 성(星)과 진(辰)류는 홍음(洪音)의 성질이 덜한 것으로 보인다. 예를 들어 이성(二聲)의 경우 첫 번째 열인 일(日)에 '량(良)·량(兩)·향(向)'이 나열되었고 두 번째 열인 월(月)에는 '광(光)·광(廣)·황(況)', 세 번째 열인 성(星)에는 '정(丁)·정(井)·긍(亘)', 또 네 번째 열인 진(辰)에는 '형(兄)·영(永)·영(瑩)'이 나열되어 있다. 여기서 일(日)과 월(月)에 나열된 글자들은 -aŋ음이며 성(星)과 진(辰)에 나열된 글자들은 -əŋ음으로서 a는 ə보다 더 홍음(洪音)에 가깝다.

한편 일(日)과 월(月) 및 성(星)과 진(辰)은 모두 벽(闢)·흡(翕)의 관계로 나뉘어 있다. 중고음에서 벽음(闢音)은 개구(開口)를 가리키며 흡음(翕音)은 합구(合口)를 가리킨다. 일(日)과 성(星)은 개구(開口)에 속하고 월(月)과 진(辰)은 합구(合口)에 속한다. 전체적인 체계에서 합구(合口)에 속하는 글자는 개구(開口)에 속하는 글자와 주요 모음이 같으면서 -u-개음이 있는 것으로 보인다. 예를 들면, 일성(一聲)의 경우 '다(多)·가(可)·개(個)·설(舌)' [일(日)]과 '개(開)·재(宰)·애(愛)' [월(月)]는 개구(開口)이며 '화(禾)·화(火)·화(化)·팔(八)' [성(星)]과 '회(回)·매(每)·퇴(退)' [진(辰)]는 합구(合口)에 속한다.

운미(韻尾)에 있어서는 우선 비음운미 -m, -n, -ŋ를 상정하였다는 것은 의심의 여지가 없다. 글자들의 배열 상황으로 볼 때 중고음에서 비음운미의 글자들이 정연하게 -m, -n, -ŋ로 분류되어 있기 때문이다. 비교적 난해한 부분은 중고음 입성운미(入聲韻尾)인 -p, -t, -k이다. 우선 『황극경세서』「성음창화도」에서 입성운미는 음성운하고만 배합되고 양성운과는 배합되지 않았다. 『운경(韻鏡)』·『칠음략(七音略)』에는 입성운이 양성운과 같이 배열되었고,[121] 『절운지장도(切韻指掌圖)』·『사성등자(四聲等子)』의 입성운은 모두 음성운과 양성운에 같이 배열되어 있다. 그러므로 『황극경세서』「성음창화도」의 이러한 배열 방법은 매우 독특한 것이며 이는 입성 성질의 변화를 암시하기도 한다.[122] 이에 대하여 주조모(周祖謨)는 "입성자가 『광운』에서 본래 음성자와 배합되지 않지만 지금 십성도(十聲圖)에서는 음성운 아래에 입성이 배합되었으니 이는 입성자의 받침이 오래전에 소실되어 그 모음이 같거나 비슷한 음성과 하나로 꿰어진 것이다. 그러나 그 성조는 비교적 단촉하여 평·상·거성과는 차이가 있을 것이다."[123]라고 설명하였고, 이영(李榮)은 "음성운과 배합된 입성운미는 『절운』에서의 -t, -k운미인 것에 제한되어 있고 -p운미인 것에는 보이지 않는다. -t, -k는 탈락되었거나 -i, -u로 변한 시기로 보이며 -p는 아직 남아 있어 변하지 않은 것으로 보인다."[124]라는 견해를 제기하였다. 즉 주조모와 이영은 모두 입성에 변화가 생겨서 자음의 운미가 소실되어 음성자가 되었다고 보았다.

이 책에서는 먼저 입성의 자음운미가 완전히 소실되지는 않고 단지 약화되어 후색음(喉塞音) -ʔ운미가 되었을 가능성을 제기한다. 이를 뒷받침하기 위해 다음 두 가지 근거를 제시한다.[125] 첫째, 만약 입성이 변하여 음

---

121 단지 『칠음략(七音略)』에서 약(藥)·탁(鐸)운만 효(效)·탕(宕) 두 섭에 배합되었다.

122 『황극경세서(皇極經世書)』「성음창화도(聲音唱和圖)」의 십성(十聲)에는 유독 대부분의 입성(入聲) 자리가 비어져 있다. 당시 이미 입성(入聲)의 체계가 혼란스러워져 입성(入聲)을 변별하기가 쉽지 않았기 때문이 아닐까 추측된다.

123 주조모(周祖謨), 앞의 책. 600쪽.

124 이영(李榮), 앞의 책. 169쪽.

125 축가녕(竺家寧), 「황극경세 성음창화도의 운모체계를 논함(論皇極經世聲音唱和圖之韻

성자(陰聲字)와 완전히 같게 되었다면 송대의 어음 자료는 틀림없이 음성운(陰聲韻)과 같이 배열되어 섞이거나 나뉘지 않을 것이다. 그러나 송대의 운도나 소옹의 십성(十聲)에는 모두 음성자(陰聲字)와 조금도 섞이지 않았다. 그러므로 이러한 입성자의 뒤에는 반드시 입성의 특징을 나타내는 경미한 성분이 남아 있을 것이다. 그것은 미약한 자음이므로 모음이 같은 음성자와 음이 비슷하기 때문에 배합될 수 있었을 것이다. 또한 모종의 자음의 존재가 있었기 때문에 음성자와 섞이지 않고 여전히 입성의 위치에 놓일 수 있었을 것이다. 둘째, 현대 방언의 입성 분포에서 볼 때, 북방에서는 대부분 입성이 소실되었지만 남방에서는 대체로 보존하고 있는데 남북 중간의 지역 예를 들어 오어(吳語)에서는 간혹 후색음(喉塞音) -ʔ운미를 가지고 있다. 이러한 입성의 지리적 분포는 입성이 변화되는 각각 다른 발전 단계를 암시하는 것이 아닐까? 이러한 방언의 흔적을 보더라도 입성의 운미는 대체로 약화의 과정을 거치는데 송대는 바로 이러한 과도기 단계라고 추측할 수 있다.

하지만 입성의 자음운미가 완전히 소실되지는 않고 약화되어 후색음(喉塞音) -ʔ운미가 되었을 가능성은 다음의 두 가지 이유로 부정될 수 있다. 첫째는 후색음 -ʔ운미를 왜 양성운과 함께 배열하지 않고 음성운과 배열하였느냐는 것으로 이러한 사실은 중고 입성운미 -t, -k가 소옹 당시에 후두폐쇄음 -ʔ운미가 아닌 음성운으로 완전히 변하였을 가능성을 시사한다. 둘째로 만약 중고 입성운미 -t, -k가 소옹 당시에 후두폐쇄음 -ʔ운미로 변하였다고 한다면 『성음창화도』의 4성과 5성의 음성운 운미는 -u · -i이므로 이들과 같은 열에 배열된 중고 입성자 운미의 재구음은 -uʔ · -iʔ으로 보아야 한다.[126] 결과적으로 이러한 재구음은 (C)(M)V(E)

母系統)」, 담강학보(淡江學報) 20기, 1983, 298-299쪽 참조.

126 『사성통해(四聲通解)』 금속음(今俗音)의 '택(宅), 색(色), 색(索)'의 운미가 -aiʔ이고

(E)[127]의 음절 구조를 허용한 것으로, 일반적으로 중고음과 현대 북경어의 음절 구조를 (C)(M)V(E)로 상정하는 견해와 상충된다.[128] 바꾸어 말해 중고음과 현대 북경어에서 주요 모음 외에 모음운미와 자음운미가 함께 출현하는 것은 부자연스러운 재구음이며 이러한 음리(音理)는 「성음창화도」의 음계에서도 역시 적용된다고 보인다.

결국 음절 구조로 볼 때 입성의 자음운미가 단지 약화되어 후색음 -ʔ 운미가 되었을 가능성은 희박한 것으로 보인다. 따라서 이 책에서는 중고 입성자가 소옹의 시기에 -p만 존재하며 -t, -k는 -i · -u와 같은 모음운미로 변하였거나 아예 탈락되었다고 생각한다. 한편 소옹이 이들 중고 입성자를 평(平), 상(上), 거성(去聲)과 다른 입성(入聲) 칸에 배열한 것은 아마도 이것들의 성조가 비교적 단촉하거나 혹은 평(平), 상(上), 거성(去聲)과 구별되는 성조의 특징을 갖추고 있었음을 암시하는 것이라 생각할 수도 있다.

지금까지 『황극경세서』 「성음창화도」의 천성(天聲) 10류에서 보이는 운모 체계를 母音(모음) · 介音(개음) · 운미(韻尾)로 나누어 개략적으로 서술하였다. 다음은 각 성(聲) 별로 지금까지 서술한 내용에 부합하지 않는 경우들도 함께 거론하여 논의를 진행하고자 한다. 현대 학자들은 『사성등자』를 중심으로 『황극경세서』 「성음창화도」의 체계를 주로 논하고

'획(劃), 솔(摔)'의 운미가 uaiʔ이며 '술(術)'의 운미가 -iuʔ인 것은 -uʔ · -iʔ가 과도기적으로 출현할 수 있는 충분한 개연성이 있다.

127 여기서 C는 자음, M은 개음, V는 주요 모음, E는 운미를 가리킨다. 괄호 ( )는 해당음이 없어도 된다는 기호이다.

128 이에 관한 자세한 논의는 설봉생(薛鳳生), 『중원음운음위계통(中原音韻音位系統)』, 북경(北京): 북경어언학원출판사(北京語言學院出版社), 1990, 117-118쪽 참조. 그는 "我們說中古漢語以及現代北京話的音節模式是: (C)(M)V(E). …… 如果韻尾閉塞眞的已合幷成一個新成分, 這個成分必然占據韻尾的位置, 它不可能占韻尾之外的位置."라고 언급하였다.

있다. 그러나 이 책에서는 『황극경세서』「성음창화도」의 체계가 여러모로 『절운지장도』의 체계와 비슷한 점을 고찰하였다. 단언할 수는 없지만 『황극경세서』「성음창화도」가 『절운지장도』보다 앞선 시기의 동일한 계통의 운모 체계를 반영할 것으로 추측하게 한다. 그러므로 이 책에서는 『황극경세서』「성음창화도」의 운모 체계를 고찰하는 데에 있어 『절운지장도』의 16섭(攝)의 체계를 중점적으로 대비시켜 논의하고자 한다.[129]

② 운모 각론

		平	上	去	入	平	上	去	入	攝
一聲	闢	多(歌)	可(哿)	個(箇)	舌(鎋)	a			a	果
	翕	禾(戈)	火(果)	化(禡)	八(黠)	ua			ua	果
	闢	開(咍)	宰(海)	愛(代)	○	ai			○	蟹
	翕	回(灰)	每(賄)	退(隊)	○	uai			○	蟹

일성(一聲)의 1·2열은 운도의 과섭(果攝)에 상당한다. 먼저 입성(入聲) '설(舌)' '팔(八)'은 본래 -t운미를 가지는 글자이지만 당시에 이미 운미가 탈락된 것이다. 주조모는 '화(化)[마(禡) 2등운]'가 '화(禾)[과운(戈韻)]' '화(火)[과운(果韻)]' '팔(八)[힐운(黠韻)]'과 같이 배열된 것은 북송 낙양(洛陽)의 가(歌)·과(戈) 두 운이 여전히 a, ua로서 『절운』과 같았으며 『사성등자』와 『절운지남』에서 탁(鐸)운이 가(歌)운의 입성이 되었으므로 그 음

129 『사성등자(四聲等子)』·『절운지장도(切韻指掌圖)』는 모두 20운도로 구성된 36자모·16섭의 운도이지만 자세히 고찰하여 보면, 각 운도의 체제 및 운도의 배열 순서, 그리고 각 섭에 귀납된 운 등 실제적인 내용에 있어 많은 차이를 가지고 있다. 예를 들어 『절운지장도(切韻指掌圖)』는 먼저 평상거입(平上去入)의 성조로 운모를 분류한 후 다시 각각 사등(四等)으로 나눈 반면에, 『사성등자(四聲等子)』(『절운지남(切韻指南)』)는 사등(四等)으로 먼저 운모를 분류한 후, 다시 각각 평상거입(平上去入)의 성조(聲調)로 나누었다.

은 o, uo로 변했을 것이라고 보았는데[130] 그의 견해는 타당한 것으로 생각된다. 1 · 2열의 운모는 a, ua일 것이고 3 · 4열은 운도의 해섭(蟹攝)에 상당하므로 그 운모는 ai, uai가 될 것이다.

		平	上	去	入	平	上	去	入	攝
二聲	闢	良(陽)	兩(養)	向(漾)	○	aŋ			○	宕
	翕	光(唐)	廣(蕩)	況(漾)	○	uaŋ			○	宕
	闢	丁(耕)	井(靜)	亘(嶝)	○	əŋ			○	曾
	翕	兄(庚)	永(梗)	瑩(徑)	○	uəŋ			○	曾

이성의 1 · 2열은 운도의 탕섭(宕攝)에 상당하므로 운가는 aŋ, uaŋ일 것이다. 3 · 4열은 운도의 증섭(曾攝)에 해당하므로 음가를 əŋ, uəŋ으로 추정한다.

		平	上	去	入	平	上	去	入	攝
三聲	闢	千(先)	典(銑)	旦(翰)	○	an			○	山
	翕	元(元)	犬(銑)	半(換)	○	uan			○	山
	闢	臣(眞)	引(軫)	艮(恨)	○	ən			○	臻
	翕	君(文)	允(準)	巽(慁)	○	uən			○	臻

3성의 1 · 2열은 산섭(山攝)의 개합(開合)에 해당된다. '원(元)'이 '견(犬)[선운(仙韻)]'의 상성(上聲)과 나란히 배열된 것에 대해 주조모는 중고음에서 원운(元韻)은 혼(魂) · 흔(痕)과 한 류인데 위 운도에서는 원(元)운이 선(仙)운과 한 류이며 혼(魂)운과는 구별된다고 하였다.[131] 그러므로 1 · 2열의 음가는 an, uan이고 3 · 4열은 운도의 진섭(臻攝)에 해당되므

130 주조모(周祖謨), 앞의 책. 600쪽.

131 주조모(周祖謨), 앞의 책. 601쪽.

로 음가는 ən, uən으로 추정할 수 있다.

		平	上	去	入	平	上	去	入	攝
四聲	闢	刀(豪)	早(皓)	孝(效)	岳(覺)	au			au	效
	翕	毛(豪)	寶(皓)	報(號)	霍(鐸)	uau			uau	效
	闢	牛(尤)	斗(厚)	奏(候)	六(屋)	əu			əu	流
	翕	○	○	○	玉(燭)	○			uəu	流

4성의 운모는 비교적 복잡한 양상을 보인다. 학자들의 본류에 대한 재구음도 각양각색이다.[132] 먼저 첫 열의 '도(刀)·조(早)·효(孝)'는 운도의 효섭(效攝)에 속하는데 우선 이들을 -au로 재구할 수 있다. 입성자 '악(岳)'의 경우 -au와 동열에 있으므로 입성운미 -k가 -u로 변하여 -au의 단축음으로 추정된다. 다음은 2열에서 '모(毛)·보(寶)·보(報)'가 합구(合口)에 배열되어 있다. 이 글자들은 각각 호(豪)·호(皓)·호(號)운에 속하므로 1열의 글자들과 마찬가지로 효섭(效攝)에 속한다. 그런데 개구(開口)인 '모(毛)·보(寶)·보(報)'가 합구(合口)에 배열된 것은 무슨 까닭인가? 이 세 글자는 성모(聲母)에 있어 공통점이 있는데 이들은 모두 순음자(脣音字)이다. 중고 운도에서 순음의 개합(開合) 문제에 있어 운도마다 불일치하는 면이 있는데 이 현상은 소옹이 순음 성모자를 임의적으로 합구(合口)로 간주한 것으로 생각할 수도 있겠지만 소옹의 심음(審音) 능력을 인정한다면 혹은 소옹의 방언에 순음이 강한 촬구성(撮口性)을 가졌을 것이라고 추정할 수 있겠다. 하지만 소옹의 음계를 기술하는 입장에

132 주조모(周祖謨)는 1열을 au, iau, -ɔ, -iɔ, 2열을 uau, -uɔ, -yɔ, 3열을 ou, iou, -u, 4열을 y로 재구하였고, 육지위(陸志韋)는 -au, -əu의 원음운미를 갖는다고 하면서 '岳 aɦ', '霍 uaɦ', '六 ləuɦ', '玉 -iuọɦ'라고 재구하였고, 야혼토브는 이미 이중모음으로 변하여 '岳 ŋauʔ', '六 liuʔ'이라고 재구하였으며 축가녕(竺家寧)은 1열을 au, -ɔʔ, 2열을 au, -uɔʔ, 3열을 əu, -uʔ, 4열을 -iuʔ로 재구하였다.

서 그가 상정한 대로 이들을 합구자로 보는 것도 무방하다. 따라서 이들 합구자의 운모는 모두 uau로 재구된다. '곽(霍)'의 경우는 탁(鐸)운의 합구자(合口)로서 -uau의 단촉음으로 재구된다. 3열의 경우 '우(牛)·두(斗)·주(奏)'는 운도의 류섭(流攝)에 속하며 따라서 주요 모음을 -o나 -ə로 추정할 수 있는데[133] 체계를 간략하게 하기 위해선 -ə로 재구하는 것이 좋다고 보인다. 따라서 이 세 글자는 -əu로 추정한다. 입성자 '육(六)'·'옥(玉)'의 경우 본래 통섭(通攝)의 입성으로 개합(開合)을 나누지 않았으나 위 도(圖)에서 개합(開合)이 나뉘어 있다. '육(六)'은 -əu와 동렬에 놓인 것으로 볼 때 -əu의 단촉음으로 재구되며 '옥(玉)'은 합구의 위치에 있으므로 -uəu의 단촉음으로 재구된다.

		平	上	去	入	平	上	去	入	攝
五聲	闢	妻(齊)	子(止)	四(至)	日(質)	i			i	止
	翕	衰(脂)	○	帥(至)	骨(沒)	ui			ui	
	闢	○	○	○	德(德)	○			əi	止
	翕	龜(脂)	水(旨)	貴(未)	北(德)	uəi			uəi	

5성의 운모 역시 비교적 복잡한 양상을 보인다. 학자들의 본류에 대한 재구음도 각양각색이다.[134] 먼저 첫 열의 '처(妻)·자(子)·사(四)'는 운도의 해(蟹)·지(止) 두 섭(攝)에 속하는데 이들이 같은 열에 위치한 것으로 보아 두 섭이 -i로 합병된 것을 시사한다. 입성자 '일(日)'·'골(骨)'은 본래

133 주조모(周祖謨)는 -o로 재구하였고 축가녕(竺家寧)은 -ə로 재구하였다.

134 주조모(周祖謨)는 1열을 3개의 원음 i, ɿ, ʅ로 재구하여 그의 입성(入聲)도 -ə, -ɿ, -ʅ, -iə라고 하였으며 2열은 ui, -uə, -yə라고 하였다. 3열은 -ei, 4열은 uei, -uei라고 하였다. 육지위(陸志韋)는 5성의 격식이 i, ei라고 하면서 '日 -i̯ɥ' '骨 -kɥ' '德 tɥ' '北 pwɥ'으로 재구하였다. 야혼토브는 德 təiʔ, 北 pəiʔ이라고 재구하였다. 축가녕(竺家寧)은 1열을 əi, -iəʔ, 2열을 uəi, -uəʔ, 3열을 -əʔ, 4열을 uəi, -əʔ로 재구하였다.

-t 운미인데 '덕(德)' · '북(北)' 등 -k 운미와 같은 성(聲)에 배열되어 있으므로 당시 음에서 중고의 -t · -k가 -i와 -u로 각각 변하였다는 것을 짐작하게 한다. 따라서 '일(日)'은 -i의 단촉음으로 재구된다. 다음으로 '쇠(衰)' · '수(帥)'는 1열의 합구이므로 -ui로 재구하고 입성 '골(骨)'은 -ui의 단촉음으로 재구된다. 3열에는 해당 평(平) · 상(上) · 거성(去聲)이 없고 단지 입성만 있다. '덕(德)'은 본래 지섭(止攝) 입성(入聲)인데 다음 열의 합구 '귀(龜)' · '수(水)' · '귀(貴)' · '북(北)'과의 개합(開合) 관계로 보아 -əi의 단촉음으로 재구할 수 있다. 한편 4열의 '귀(龜)' · '수(水)' · '귀(貴)' · '북(北)' 네 자는 평(平) · 상(上) · 거성(去聲)은 -uəi로, 입성 '북(北)'은 -uəi의 단촉음으로 재구된다.[135]

<table>
<tr><td colspan="2"></td><td>平</td><td>上</td><td>去</td><td>入</td><td>平</td><td>上</td><td>去</td><td>入</td><td>攝</td></tr>
<tr><td rowspan="4">六聲</td><td>闢</td><td>宮(東)</td><td>孔(董)</td><td>衆(送)</td><td>○</td><td colspan="3">oŋ</td><td>○</td><td rowspan="2">通</td></tr>
<tr><td>翕</td><td>龍(鍾)</td><td>甬(腫)</td><td>用(用)</td><td>○</td><td colspan="3">uŋ</td><td>○</td></tr>
<tr><td>闢</td><td>魚(魚)</td><td>鼠(語)</td><td>去(御)</td><td>○</td><td colspan="3">o</td><td>○</td><td rowspan="2">遇</td></tr>
<tr><td>翕</td><td>烏(模)</td><td>虎(姥)</td><td>兎(暮)</td><td>○</td><td colspan="3">u</td><td>○</td></tr>
</table>

6성의 1 · 2행은 통섭(通攝)에 속한다. 통섭(通攝)은 독(獨)운으로 운도에서 개합이 나뉘지 않는다. 3 · 4행은 우섭(遇攝)에 속하며 역시 독(獨)운으로 운도에서 개합이 나뉘지 않는다. 그럼에도 불구하고 소옹이 이들을 각각 개구와 합구로 나눈 것에는 당시 현실음의 근거가 있었던 것으로 보인다. 대다수 학자들의 견해를 따라서[136] 1 · 3행은 -o로, 2 · 4행은 -uo로

135 '북(北)'은 중고 개구자(開口字)인데 소옹이 이를 합구자로 처리한 것은 앞에서도 지적했듯이 아마도 성모의 촬구성(撮口性)이 강하다는 것을 의미한다고 볼 수 있다.

136 주조모(周祖謨)는 1열을 unŋ, 2열을 ynŋ, 3열을 y, 4열로 u로 재구하였다. 육지위(陸志韋)는 6聲의 격식을 o로 보았다. 축가녕(竺家寧)은 1열을 oŋ, 2열을 uoŋ, 3열을 o, 4열을 uo로 재구하였다.

재구하는 것도 좋을 것 같지만 한편으로 1 · 3행은 -o로, 2 · 4행은 -u로 재구하는 것도 무리는 아닌 듯하다. 즉, 소옹은 주요 모음이 -u인 통섭(通攝)자를 합구로 간주한 셈이 된다. 이렇게 볼 때 '궁(宮)' · '공(孔)' · '중(衆)'은 -oŋ으로, '용(龍)' · '용(甬)' · '용(用)'은 -uŋ으로 재구하며 '어(魚)' · '서(鼠)' · '去(거)'는 -o로, '오(烏)' · '호(虎)' · '토(兔)'는 -u로 재구한다.

		平	上	去	入	平	上	去	入	攝
七聲	闢	心(侵)	審(寢)	禁(沁)	○	əm			○	深
	翕	○	○	○	十(緝)	○			əp	
	闢	男(覃)	坎(感)	欠(梵)	○	am			○	咸
	翕	○	○	○	妾(葉)	○			ap	

7성의 1 · 2행은 운도의 심섭(深攝)에 속하며 3 · 4행은 운도의 함섭(咸攝)에 해당한다. 따라서 이들의 주요모음은 각각 ə와 a로 재구할 수 있다.[137] 즉, '심(心)' · '심(審)' · '금(禁)'은 -əm이며 '남(男)' · '감(坎)' · '흠(欠)'은 -am이다. 입성 '십(十)'과 '첩(妾)'은 본류에서 -m운미와 같은 류에 속하므로 입성운미 -p를 가지고 있다고 추정할 수 있다. 따라서 '십(十)'은 -əp으로, '첩(妾)'은 -ap으로 재구된다. 그런데 이들 입성이 개구(開口)의 자리가 비워져 있음에도 불구하고 굳이 합구(合口)의 자리에 배열된 이유는 무엇일까? 아마도 『황극경세서』「성음창화도」 전도(全圖)의 체계로 볼 때 중고 입성을 음성과 같은 열에 두려는 원칙을 고수하였기 때문이라고 생각된다. 이상의 논의를 다음과 같이 정리할 수 있다.

137 주조모(周祖謨)는 1열을 im, 2열을 ip, 3열을 am, iam, 4열을 ap, iap로 재구하였다. 육지위(陸志韋)는 əm, am이라고 재구하면서 아마도 '日'과 '月'에 배열된 글자가 뒤바뀐 것 같다고 하였다. 축가녕(竺家寧)은 1열을 əm, 2열을 əp, 3열을 am, 4열을 ap라고 재구하였다.

	闢				翕			
	平	上	去	入(단축조)	平	上	去	入(단축조)
1聲	a			a	ua			ua
	ai			○	uai			○
2聲	aŋ			○	uaŋ			○
	əŋ			○	uəŋ			○
3聲	an			○	uan			○
	ən			○	uən			○
4聲	au			au	uau			uau
	əu			əu	○			uəu
5聲	i			i	ui			ui
	○			əi	uəi			uəi
6聲	oŋ			○	uŋ			○
	o			○	u			○
7聲	əm			○	○			əp
	am			○	○			ap

(3) 성조 체계

『황극경세서』「성음창화도」의 천성도(天聲圖)에는 평 · 상 · 거 · 입이 나뉘어 있으며 대체로 『절운』의 사성(四聲) 체계와 차이가 없는 듯이 보인다. 단지 사성(四聲)이 성모의 청탁에 따라 각각 양조류(陽調類)와 음조류(陰調類)로 나뉘어 실제로 여덟 가지 서로 다른 성조가 존재하였을 가능성 및 전탁(全濁) 상성(上聲)이 거성(去聲)에 합류하였을 가능성에 대하여 학자들의 견해가 같지 않다.

먼저 육지위(陸志韋)는 소옹의 4분법을 '음조(陰調)-양조(陽調)-음조(陰調)-양조(陽調)'의 체제라고 이해하였다.[138] 그는 『중원음운(中原音韻)』

138 육지위(陸志韋), 앞의 책, 42쪽.

이후의 운서와 현대 방언을 참조하여 『황극경세서』「성음창화도」의 방언에서는 이미 중고(中古)의 탁평성(濁平聲) 글자가 양조(陽調)의 유기[송기(送氣)] 평성자로 변하였고, 탁측성자(濁仄聲字)는 양조(陽調)의 무기[불송기(不送氣)] 평성자로 변하였으며, 소옹 방언의 상성(上聲)·거성(去聲)에도 모두 음조(陰調)·양조(陽調)가 있었으므로 당시 평·상·거·입은 각각 음양(陰陽)으로 나뉘어 모두 8조(調)로 존재하였을 가능성을 제기하였다.

야혼토브(S. E. Yakhontov)는 「11세기의 북경어음」[139]에서 『황극경세서』「성음창화도」를 연구하면서 전적으로 현대 방언에 근거하여 자신의 논지를 세웠다. 그는 드라구노브(Dragunov) 부부가 주장한 '상어(湘語)와 오어(吳語) 지역의 사람들은 음높이의 차이를 구별하려고 심지어 탁음(濁音)의 독법에도 주의를 기울이지 않는다.'라는 견해[140]에 동조하면서, 통상적으로 청탁(清濁)은 자음을 말하지만 현대 오(吳)·상방언(湘方言)의 경우 성모의 청탁 대립이 아닌 성조의 고저(高低) 차이에 음운적 특징이 있으므로 소옹이 구분한 청탁은 성조의 고저에 관련된 개념이라고 하였다. 그리하여 야혼토브는 『황극경세서』「성음창화도」의 성조는 오(吳) 방언을 근거하면 7개라고 주장하였다.

등당명보(藤堂明保)도 역시 『중국어음운론(中國語音韻論)』[141]에서 중고 시기 성모의 청(清)과 탁(濁)의 대립은 『황극경세서』「성음창화도」에서 이미 음조(陰調)와 양조(陽調)의 대립으로 변화되었을 가능성을 피력

139 야혼토브[雅洪托夫], 「11세기의 북경음(十一世紀的北京音)」, (『한어사논집(漢語史論集)』, 당작번(唐作藩)·호쌍보(胡雙寶) 선편(選編), 북경대학출판사(北京大學出版社), 1986.)(원제: S. E. Yakhontov, *Research on history of Chinese Language*, 1980.)

140 Dragunov, 「중부 한어 방언의 라틴화(中部漢語方言的拉丁化). 상담(湘潭)·상향화(湘鄉話)[호남(湖南)]」, pp.247-248: 야홍탁부(雅洪托夫), 앞의 책, 192쪽 재인용.

141 등당명보(藤堂明保), 『중국어음운론 그의 역사적 연구(中國語音韻論 その歴史的研究)』, 동경(東京): 광생관(光生館), 1980, 137-139쪽.

하였다. 즉 무성음[청음(清音)] 음조(陰調)가 되고 유성음[탁음(濁音)]이 전부 양조(陽調)가 되었는데 그중 상성(上聲)의 차탁음 /ŋ, n, l, w/은 음조(陰調)가 되고 평(平) · 거(去) · 입성(入聲)의 차탁음은 양조(陽調)가 되었다는 것이다.

이 책의 견해로는 소옹의 청탁 개념이 과연 성모의 무성과 유성의 차이를 가리키는지 아니면 무성과 유성의 영향으로 생성된 성조의 높이를 가리키는지 판단할 결정적인 근거가 없다고 여겨진다. 또한 전탁(全濁) 상성(上聲)이 거성(去聲)에 합류하였을 가능성 역시 아직 쉽게 결정내릴 문제가 아니라고 본다. 결국 우리가 『황극경세서』「성음창화도」를 통해 객관적으로 파악할 수 있는 당시 성조(聲調) 체계(體系)의 특징은 평(平) · 상(上) · 거(去) · 입(入) 사성(四聲)이 존재하며 그중 차탁(次濁) 상성(上聲)은 전탁(全濁) 상성(上聲)과는 다른 성조였을 가능성이 있으며, 입성 운미(韻尾)의 경우 -t · -k가 소실되어 -i · -u로 각각 변하였고 -p운미만 남아 있다는 것이다.

제3장

정음관의 계승과 발전

본 장에서는 정음관의 발전과 계승의 양상을 고찰하고자 각 왕조별 편찬된 운서와 운도를 통해 각 시대별 지향하는 정음관이 무엇인지, 또한 한자 문화권의 문언음의 전통 속에 소옹의 정음관은 어떠한 연관 관계에서 실현되었는지에 대해 살펴보고자 한다.

1. 운서에 나타난 정음관

운서는 원래 시부(詩賦)의 용운(用韻)을 위한 문학적 수요에서 제작되었지만, 정치적으로 통일을 이룬 왕조에서 통치의 유용한 도구로 활용될 수 있었다. 수(隋)대 이후부터는 고금음과 방언음을 절충한 종합적인 음운 체계의 운서가 제작되었기 때문이다.

육조 시기의 대표 문인 안지추(顔之推)는 왕도 중심의 고낙양음을 정음의 표준으로 삼아야 한다고 하였지만, 『절운(切韻)』의 편찬자 육법언(陸法言)은 "남북의 옳고 그름과 고금의 통하고 막힘을 논하였다[南北是非 古今通塞]"는 구절에서 알 수 있듯이, 고낙양음을 기초 음계로 삼되,

시·공간을 포괄하는 종합적인 음운 체계를 제시하였다. 이후 『절운』(601)의 체제를 모방한 증정본들이 편찬되었는데 당(唐)의 『당운(唐韻)』(732), 송(宋)의 『광운(廣韻)』(1007)·『예부운략(禮部韻略)』(1037)·『집운(集韻)』(1039), 금(金)의 『오음집운(五音集韻)』(1212), 원(元)의 『고금운회거요(古今韻會擧要)』(1297), 명(明)의 『홍무정운(洪武正韻)』(1375), 청(淸)의 『음운천미(音韻闡微)』(1726) 등이다. 이들 운서는 『절운』에 수록된 글자를 증보하고 주를 달고, 좀 더 세밀히 운을 나누기도 하였고, 또 각 시대별 어음에 대한 요청을 반영하여 비슷한 운을 합병하고 과다한 운을 축소하기도 하였다. 이러한 운서는 중국뿐만 아니라 한자 문화권의 주변 국가에 지대한 영향을 미치면서 '천 년' 이상 문언음의 지침서로서 군림해왔다.

언어의 속성은 '변화'에 있는데 어음의 변화를 천여 년 동안 운서의 틀에 가두어 차단하고 통제시킬 수 있었던 것은 무엇인가?

운서에 표기된 반절(反切)은 일상생활의 어음을 반영한 것이 아니었다. 어쩌면 현실음과 유리될수록, 그리고 고음(古音)에 가까울수록 귀하게 여겨졌다. 문헌 속 성현의 본의를 정확하게 이해하려면 성현의 말소리[語音]로 읽어내야 하고, 성현의 말소리에 가까울수록 본의를 정확하게 해석해낼 수 있다는 믿음을 가지고 있었기 때문이다. 복고적이고 이상적인 문언음의 음운 체계가 천여 년 동안 '그대로 따라 읽는 방식'으로 전수된 것이다. 이러한 문언음의 음운 체계는 분명 서구인들의 실제 말소리를 표기한 음계와 차별된다.[1] 서구인들은 문자가 반드시 음성에 의해 표기되어야 한다고 생각해왔지만, 한자는 도리어 소리가 아닌 형상으로 지

1 장금발(張金發)은 「『절운』에 반영된 독서음 및 그 음계의 성질에 대해 다시 논함(再論『切韻』所反映的讀書音及其音系性質)」에서 『절운(切韻)』에서 반영하고 있는 독서음을 '지상음계(紙上音系)'라는 용어로 표현하였다(『강서과기사범학보(江西科技师范學报)』, 2009, 제4기).

배력을 확보해왔고, 이러한 한자의 속성과 복고적인 어음을 지향하는 동아시아의 사유의 특징에 기인하여 독특한 언어 · 문자 생활을 영위해온 것이다.

여기에서는 송대 이후 각 왕조별로 편찬되었던 운서의 "서문(序文)"을 주석(註釋)하여, 운서 편찬자들이 추구하였던 정음의 본질이 무엇인지 살펴보고, 각 시대별로 지향했던 정음관에 대해 구체적으로 탐색해보자.

1) 수조(隋朝)의 운서

581년에 양견(楊堅)이 중국을 통일하고 수(隋)를 건립하였다. 정치적 통일은 자연히 문화적 통일을 요구하여, 통일적인 어음 규범이 요청되었다. 육조 시기 "각자 나름의 풍격을 가지고 있었던 운서"들은 자연히 그의 역할을 상실하게 되어, 수(隋) 문제(文帝) 개황(開皇) 초(581-585)에 당시 영향력이 있던 몇몇 문인들이 모여 남북조 이래 각 운서의 득실을 논하면서, 새로운 운서의 편찬에 대한 문제를 제기하였다. 그들은 소해(蕭該) · 안지추(顏之推) · 유진(劉臻) · 위언연(魏彥淵) · 노사도(盧思道) · 설도형(薛道衡) · 신덕원(辛德源) · 이약(李若) 등으로서 모두 당대 저명한 문인 학자이자 고급 관료들이었다. 당시 23세의 육법언(陸法言)은 소해(蕭該) · 안지추(顏之推) 등 선배 문인들이 토론한 내용을 기록하고, 몇몇 자서 및 운서를 참고하여 요강을 적어두었다가 20년이 지난 후, 『절운』을 편찬하였다.

『절운』이 출판된 연대는 601년이다. 『절운』 제작에 참여하였던 작자들이 모두 영향력이 있는 인물들이었고, 또 동서고금에 모두 통용되어야 한다[2]는 운서의 편찬 원칙이 통일 왕조의 시대적 요청에 부합되어, 『절

2 『절운(切韻)』「서(序)」: "남북 지방 사이의 옳고 그름이나, 고금 사이의 통하고 막힘

운』이 출현하자 다른 운서들은 점차 도태되어 "세상에는 오직 육법언의 『절운』만이 유행하게 되어"[3] 『수서』 「경적지」 등에 기재되었던 그 많은 운서들이 오늘날 한 권도 전해지지 않고 있다. 『절운』 「서」의 주석을 통하여 정음에 관한 관점을 살펴보자.

> 지난 개황 초에, 유진(劉臻)·안지추(顔之推)·노사도(盧思道)·위언연(魏彦淵)·이약(李若)·소해(蕭該)·신덕원(辛德原)·설도형(薛道衡) 등 여덟 사람이 육법언(陸法言)의 집에 모여 묵었는데, 밤이 깊어 술좌석이 거의 끝날 즈음 음운으로 이야기가 이어졌다. 고금의 성조에 이미 차이가 있고, 제가들의 취사선택도 다르다. 오(吳)·초(楚) 등 강남 지방의 음은 가볍고 얕으며, 연(燕)·조(趙) 등 하북 지방의 음은 무겁고 탁하다. 진(秦)·롱(隴) 등 섬서(陝西)와 감숙(甘肅) 지방에서는 거성으로 입성을 읽고, 양주(梁州)·익주(益州) 등 사천(四川) 지방에서는 평성을 거성처럼 읽는다. 또 지(支)운과 지(脂)운, 어(魚)운과 우(虞)운을 같은 운으로 하고, 선(先)운과 선(仙)운, 우(尤)운과 후(侯)운은 같은 반절을 쓴다. 만약 시문에 쓰이는 운만 생각하면 청탁(淸濁)은 통할 수 있겠지만, 소리를 따져서 나눈다면 경중(輕重)은 반드시 구별되어야 한다.
>
> [昔開皇初, 有儀同劉臻等八人同詣法言門宿. 夜永酒闌, 論及音韻. 以(古)今聲調旣自有別, 諸家取舍亦復不同. 吳楚則時傷輕淺, 燕趙則多(涉)重濁; 秦隴則去聲爲入, 梁益則平聲似去. 又支(章移反)脂(旨夷反)魚(語居反)虞(遇俱反)共爲一韻, 先(蘇前反)仙(相然反)尤(于求反)侯(胡溝反)俱論是切. 欲廣文路, 自可淸濁皆通;若賞知音, 卽須輕重有異.]

여정(呂靜)의 『운집(韻集)』·하후영(夏侯詠)의 『운략(韻略)』·양휴지

을 논한다(論南北是非, 古今通塞)."

3 손면(孫愐) 『당운(唐韻)』 「서(序)」: "惟陸生『切韻』盛行於世."

(陽休之)의 『운략(韻略)』 · 이계절(李季節)의 『음보(音譜)』 · 두대경(杜臺卿)의 『운략(韻略)』 등의 운서도 서로 다르고, 강동 지방에서 취한 운이 하북 지방과도 다르다. 이렇게 남북 지방 사이의 옳고 그름이나 고금 사이의 통하고 막힘을 논하였던 까닭에, 더욱 정밀하고 정확한 반절 글자를 선정하고 엉성하고 맞지 않은 것은 제거하였다. 이 과정에서 안지추(顔之推)와 소해(蕭該)가 많은 결정을 하였다. 그때 위언연(魏彦淵)이 나에게 "지금까지 서로 논의하여 의혹되었던 바가 모두 해결되었으니 어찌 기록을 하지 않는가? 여기 모인 우리들이 결정하면 그대로 정해지는 것이지."라고 말하여, 나는 등불 아래 붓을 잡아 그 줄거리를 적어두었다.

[呂靜『韻集』, 夏侯詠『韻略』, 陽休之『韻略』, 周思言『音韻』, 李季節『音譜』, 杜臺卿『韻略』等各有乖互. 江東取韻與河北復殊. 因論南北是非, 古今通塞, 欲更捃選精切, 除消疏緩. 蕭顔[4]多所決定. 魏著作謂法言曰:"向來論難, 疑處悉盡, 何(爲)不隨口記之! 我輩數人, 定則定矣." 法言卽燭下握筆, 略記綱紀.]

그 후에도 여러 사람에게 두루 조언을 구하여 거의 핵심을 얻었으나, 잠시 다른 학문에 눈을 돌리기도 하고 또 직무에 얽매여 십여 년간 그것을 정리할 겨를이 없었다. 이제 옛날로 돌아와 개인적으로 제자들을 가르치면서 무릇 시문에 능통하려면 성운에 밝아야 함을 일깨웠다. 그러나 산야에 은거하여 교유가 끊어지니 의문 나는 점이 있어도 물어볼 곳이 없다. 죽은 사람과는 생사의 길이 다르니 공연히 한숨만 지을 뿐이고, 산 사람과는 신분이 달라 만나지 못하니 이것으로 그 뜻을 전하려 한다. 그리하여

4 난릉[蘭陵, 오늘날 강소(江蘇) 무진(武進)] 사람. 안지추(顔之推)는 랑야[琅琊, 오늘날 산동 임기(臨沂)] 사람. 금릉(金陵)에서 태어나서 오랫동안 북조(北朝)에서 관료 생활을 하였으므로 북방 방언에 대해 잘 알고 있었다. 이들 두 사람은 당시 남북 방언의 대표적인 인물이라고 할 수 있다.

마침내 제가들의 운서와 고금의 자서를 취합하고, 이전에 기록해놓은 것으로 『절운』 5권을 만드니, 엄밀하게 분석하여 세세한 부분까지 분별하고자 하였다.

[博問英辯, 殆得精華. 於是更涉餘學, 兼從薄宦, 十數年間, 不遑修集. 今返初服, 私訓諸弟子, 凡有文藻, 卽須明聲韻. 屛居山野, 交雜阻絶, 疑惑之所, 質問無從. 亡者則生死路殊, 空懷可作之歎;存者則貴賤禮隔, 以報絶交之旨. 遂取諸家音韻, 古今字書, 以前所記者, 定之爲『切韻』五卷. 剖析毫釐, 分別黍累]

어찌 화씨(和氏)가 자신이 바친 옥이 진짜라고 주장하며 피눈물을 흘리면서 통곡한 다음에야 진실이 드러난 것처럼 번거롭게 하겠으며, 여불위(呂不韋)가 『여씨춘추(呂氏春秋)』를 짓고 한 글자라도 고칠 것이 있으면 천금을 주겠노라고 현상금을 걸었던 것처럼 득의양양하지도 않다. 하지만 전에는 사마천이 『사기』를 지어 이러한 대작은 마땅히 명산에 보관해야 한다고 큰소리친 것을 비웃었으나, 이제는 유흠(劉歆)이 양웅(揚雄)의 『법언(法言)』·『태현(太玄)』 등의 책이 후세에 장독 뚜껑으로 쓰일지 모른다고 놀려댔던 것에 제대로 대꾸를 하지 못한 양웅의 말더듬을 탄식하게 되었다. 『절운』은 결코 나 혼자서 마음대로 만든 것이 아니라, 여러 현자들이 남긴 뜻을 서술한 것이다. 어찌 감히 세상에 널리 알리겠는가 그저 문 밖으로 내보내지 않겠다. 신유년(辛酉年) 대수(大隋) 인수(仁壽) 원년(元年)에 씀.

[何煩泣玉, 未得縣金. 藏之名山, 昔怪馬遷之言大持以蓋醬, 今歎揚雄之口吃. 非是小子專輒, 乃述群賢遺意, 寧敢施行人世? 直欲不出戶庭. 於時歲次辛酉, 大隋仁壽元年也.[5]]

5 601년. 인수(仁壽)란 수(隋) 문제(文帝)의 연호.

이 『절운』「서」의 내용을 정리하면, 육법언 외 문인들은 "남북 지방 사이의 옳고 그름이나 고금(古今) 사이의 통하고 막힌 음[論南北是非, 古今通塞]"에 대해 논하였는데, 그들의 목적은 "음을 따져 알고자 함[瞥知音]"이었다. 그리하여 육법언은 "정밀하게 음을 분석하여 세세한 부분까지 분별[剖析毫氂, 分別黍累]"하였고, 또 "경중의 차이[輕重有異]"도 염두에 두어, "정밀하고 정확한 반절 글자를 선정하고 엉성하고 맞지 않는 것은 제거[捃選精切, 除削疏緩]"하여 반절로 쓰이는 글자를 엄격하게 선정하였다는 것이다.

『절운』 제작에 큰 역할을 담당하였던 안지추(顔之推)는 『안씨가훈(顔氏家訓)』에서 "제왕의 도읍을 기준으로 각 지방의 방언을 참고하고 고금음의 흔적을 조사하면서 이를 절충하여 합리적인 음운을 헤아려본다면, 결국은 금릉과 낙하 지방의 음을 표준으로 삼아야 할 것이다."라고[6] 정음의 공간적인 기준을 제시하였다면,[7] 육법언은 왕도의 음운인 고낙양음을 정음의 표준으로 삼았으되, 동시에 고음과 방언음도 절충한 시·공간을 아우르는 정음관을 제시하였음을 알 수 있다.

2) 당조(唐朝)의 운서

수조(隋朝, 581-618)가 37년 만에 막을 내린 후, 당조(唐朝, 618-907)가 출현하였는데, 당조 300년 동안 특히 시(詩)가 매우 성행하였다. 송(宋) 엄우(嚴羽, 1192-1197)는 그 정황에 대해 다음과 같이 설명하였다.

---

6 『안씨가훈(顔氏家訓)』: "各有土風, 遞相非笑, 指馬之喩, 未知孰是, 共以帝王都邑, 參校方俗, 考覈古今, 爲之折衷, 推而量之, 獨金陵與洛下耳."

7 심소희, 「안지추(顔之推)의 언어관 연구」, 중국어문학연구회: 『중국어문학논집』 제7호, 1995, 443-455쪽 참조.

어떤 사람은 당시(唐詩)가 왜 송조(宋朝)보다 홍성했는가라고 묻는다. 당조에서는 시(詩)로써 선비를 뽑았기 때문에 전문적으로 연구되었다. 그래서 송조가 시로는 당대를 따를 바가 못 되었다.[8]

당조(唐朝)에서는 특히 시(詩)로써 선비를 구하였기 때문에[9] 운서는 시부(詩賦) 용운(用韻)의 공구서로서 계속 중시되었다. 당조(唐朝)에 간행된 운서는 『절운』의 명칭이 그대로 사용되기도 하고, 『광절운(廣切韻)』이라고 하거나, 『광운(廣韻)』이라고 명명되기도 하였다. 당 현종 개원(開元) 20년(732)에 손면(孫愐)은 『당운(唐韻)』 5권을 편찬하였는데 육법언의 『절운』보다 1운이 많은 195운을 설정하고 수록 글자와 각주를 증수하였다. 현재 원서는 실전되었으나, 『광운(廣韻)』에 『당운』의 「서」가 실려 있어 그의 편찬 취지에 대해 살펴볼 수 있다.

생각하건대 문자가 번성한 후에야 음운이 발전하기 시작하였다. 먼저 『삼창(三蒼)』과 『이아(爾雅)』가 있은 후에 『시(詩)』와 『송(頌)』이 있었고, 또 『자통(字統)』, 『자림(字林)』, 『운집(韻集)』, 『운략(韻略)』이 있었는데 저술이 매우 많았지만 좋은 점과 부족한 점이 있었다. 오직 육법언(陸法言)의 『절운』만이 당시에 성행하였지만, 화씨의 옥에도 결점이 있듯이 이 책에도 부족한 점이 있다. 『절운』에는 빠진 글자가 많고 해설이 적으니, 만약 교정본이 없다면 어떻게 논의를 하겠는가? 우리나라는 전쟁을 멈추고 문교에 힘을 써서 유가(儒家)의 학술을 존숭하였다. 집현원을 세우고 재능과 학식이 있는 학자들을 불러들였으니, 유사 이래로 오늘날과 같이 성황을

---

8 『창랑시화(滄浪詩話)』「시평(詩評)」: "……或問唐詩何以勝我朝？唐以詩取士, 故多專門之學, 我朝之詩所以不及也."

9 진문화, 「과거제도와 당시 홍성의 관계에 대하여」, 경성대학교 인문과학연구소: 『인문과학논총』 창간호, 1998, 12.

이룬 적이 없다. 윗사람이 모범을 보이면 아랫사람이 본받아, (나라에 어진 사람이 많아져) 집집마다 표창할 만하였다. 그리하여 본인의 짧은 견문을 다하여 감히 『절운』의 부족한 부분을 보충하여 넣었고 아울러 여러 서적을 공부하여 『절운』에 주를 더하고 해설을 덧붙였다. 각 주(州)와 현(縣)의 이름은 대부분 지금의 이름을 따랐고, 글자의 자체(字體)에 있어서, 편방(偏旁)과 점획(點畫)의 의의(意義)를 고려하여 어떤 것은 재(才)를 따르고, 어떤 것은 목(木)을 따르며, 어떤 것은 척(彳)으로 쓰고, 어떤 것은 인(亻)으로 썼는데, 모두 남김없이 자세히 적어넣었으니 (앞으로) 오류가 없기를 바란다. 그중에서도 이상한 소문이나 기괴한 전설, 성씨의 유래, 토지의 산물, 산하 초목, 새, 짐승, 벌레, 물고기 등을 하나하나 다 실었는데, 모두 의거하는 바가 있다. 지금 더해진 3500자와 옛 책의 것까지 합하면 모두 15000자가 되는데, 이는 주석과 해설이 포함되지 않은 수이다. 한 편으로 묶어, 유(儒), 불(佛), 도(道)가 공존하도록 하였다. 서명은 『당운(唐韻)』이라고 하여, 『주례(周禮)』의 뜻을 취하였다. 『삼창(三蒼)』, 『이아(爾雅)』, 『자통(字統)』, 『설문(說文)』, 『옥편(玉篇)』, 석경(石經), 『성류(聲类)』, 『성보(聲譜)』, 『구경(九經)』, 제자(諸子), 『사(史)』, 『한(漢)』, 『삼국지(三國志)』, 『진(晋)』, 『송(宋)』, 『후위(後魏)』, 『주(周)』, 『수(隋)』, 『진(陳)』, 『량(梁)』, 『양제(兩齊)』 등의 역사서와, 『본초(本草)』, 『성원(姓苑)』, 『풍속통(風俗通)』, 『고금주(古今注)』, 가집(賈執)의 『성씨영현부(姓氏英賢傅)』, 왕승유(王僧孺, 465-522)의 『백가보(百家譜)』, 『문선(文選)』의 일부분, 『효자전(孝子傳)』, 『여지지(輿地志)』 그리고 무덕(武德, 618-626)에 처음 설치된 이래 개원(開元) 20년(732)에 이르기까지 모두 주석을 포함시켰다. 많은 사람들의 비평을 기다리자니 무섭고 떨려서 식은땀이 나고 이런저런 생각들이 마음속에 뒤얽힌다. 부끄럽고 창피하지만 죽을 죄로서 이를 바친다.

[蓋文字聿興, 音韻乃作. 『蒼』『雅』为首, 『詩』『頌』次之, 則有『字統』·

『字林』·『韵集』·『韵略』, 述作頗众, 得失平分. 惟陸法言『切韵』盛行於代, 然隨珠尚類, 和壁[10]仍瑕, 遺漏字多, 訓释义少, 若無刊正, 何以討論？我国家偃武修文, 大崇儒术. 置集贤之院, 召才學之流. 自開闢以来, 未有如今日之盛. 上行下效, 比屋可封[11]. 輒罄謏聞, 敢補遺闕, 兼習諸書, 为註訓释. 州县名目, 多據今时; 又字體偏旁, 點書意义, 从才从木, 著彳 著亻, 並悉具言, 庶無比繆. 其有異聞奇怪傳說殊, 姓氏原由·土地物产·山河草木·鳥獸蟲魚, 備載其間, 皆引憑據. 今加三千五百字, 通舊总一萬五千文, 其註訓解不在此数. 勒成一家, 並具三教. 名曰『唐韵』, 蓋取『周禮』之义也. 皆案『三蒼』·『爾雅』·『字統』·『说文』·『玉篇』·石經·『声類』·『聲譜』·『九經』·諸子·『史』·『漢』·『三国志』·『晋』·『宋』·『後魏』·『周』·『隋』·『陳』·『梁』·『两齐』等史,『本草』·『姓苑』·『風俗通』·『古今注』·賈執『姓氏英贤傳』·王僧孺『百家譜』·『文選』諸集,·『孝子傳』·『輿地志』及武德[12]以来創置, 迄於開元廿年, 並列注中. 等夫輿誦[13], 戰汗交集. 恧媿上陳, 死罪死罪.]

10 『한비자(韓非子)』「화씨제십삼(和氏第十三)」: "楚人和氏得玉璞楚山中, 奉而獻之厲王. 王使玉人相之, 玉人曰: "石也. 王以和爲誑, 而刖其左足. 厲王薨, 武王卽位. 和又奉其璞而獻之武王. 武王使玉人相之, 又曰: "石也." 王又以和爲誑, 而刖其右足. 武王薨, 文王卽位. 和乃抱其璞而哭于楚山之下, 三日三夜, 泣盡而繼之以血. 王聞之, 使人問其故, 曰: "天下之刖者多矣, 子奚哭之悲也?" 和曰: "吾非悲刖也, 悲夫寶玉而題之以石, 貞士而名之以誑, 此吾所以悲也." 王乃使玉人理其璞而得寶焉, 遂命曰: "和氏之璧."

11 요순 시대 현인이 많아서 거의 집집마다 표창을 수여할 만한 덕행을 하였다. 후에 사회가 안정되고 민심이 순박하다는 의미. 『한서(漢書)』「왕망전(王莽傳)」: "明聖之世, 國多賢人, 故唐虞之時, 可彼屋而封."

12 무덕(武德, 618-626) 당 고조의 연호. 당조(唐朝)의 첫 번째 연호로서 약 8간 사용되었다. 무덕은 당조가 건국된 연대로서 무덕 초기에는 14여 개의 정권이 있었는데 무덕이 끝날 때 당조는 이미 기본적 중국을 통일하여 안정적인 통치를 마련하게 되었다.

13 『진서(晋書)』「곽박전(郭璞傳)」: "方辟四門以亮采, 訪輿誦于群心." 당(唐) 소원명(蘇源明) 『원포경전(元包經傳)』「소음(少陰)」: "昔王由是顺乃民. 敷乃惠, 聽輿诵, 聆族談. 李江 注: "聽輿誦, 采衆言也." 청(清) 조익(趙翼) 『칠십자술(七十自述)』: "辜负此邦輿誦好, 攀辕千里送关河."

『당운』「서」에서는 수조(隋朝)에 편찬된 『절운』이 매우 성행하였지만, 빠진 글자가 많고 해설이 적으므로 이를 보완하기 위해 모든 서적을 망라하여 주석을 더하여 『절운』의 교정본으로서 편찬되었음을 명시하고 있다. 특히 글자체를 바로 잡는 것에도 관심을 두어 『설문해자(說文解字)』·『옥편(玉篇)』 등의 고대 자서(字書)에 근거하여 자체(字體)의 편방과 점획의 의의에 대해 주의하였고, 목(木)을 따르는 것과 재(才)를 따르는 것, 척(彳)으로 적는 것과 인(亻)으로 적는 것 등에 대해 상세히 설명하였다. 당대에 『당운(唐韻)』의 영향은 매우 커서 손면(孫愐)이 『당운(唐韻)』을 편찬한 후에는 이전의 운서들이 점차 없어졌다고 한다.[14]

3) 송조(宋朝)의 운서

송(宋)은 문치주의와 중앙 집권제가 제도적으로 확립되었던 시기이다. 위진남북조 이래 당대까지 사회의 지배 계층으로 활약하던 문벌 귀족은 당말(唐末)과 오대(五代)의 혼란기를 거치는 동안 소멸되고 새로운 사대부 계층이 등장하여 이들이 송조의 관료층으로서 지배 계층이 되었다. 이들은 대다수 독서인(讀書人)으로서 과거를 통해 관료가 되었다.[15] 당시 과거는 관원을 선발하는 주요 통로였고 과거에 응시하려는 사대부 계층 문인들에게 운서는 필수 공구서였다. 그러므로 송조에 관의 주도로 『광운(廣韻)』·『집운(集韻)』·『예부운략(禮部韻略)』의 저작들이 잇달아 편찬된 것은 이러한 시대 배경과 깊은 관련이 있다.

여기에서는 송조에 편찬된 『광운』의 「조서(詔書)」와 『집운』의 「서문(序文)」, 그리고 『증수호주예부운략(增修互注禮部韻略)』에 수록되어 있는

14 허권(許顴) 『동제기사(東齊記事)』: "自孫愐集爲唐韻, 諸書遂廢"

15 신채식, 「송대관료제연구」, 동국대학교 박사학위논문, 1980.

「표(表)」를 통해 편찬 동기와 특징에 대해 순차적으로 살펴보고, 아울러 당시의 정음관에 대해 탐색하기로 한다.

(1) 『광운(廣韻)』의 「조서(詔書)」

북송(北宋) 진종(眞宗) 대중상부(大中祥符) 원년(1008)에 진팽년(陳彭年)과 구옹(丘雍) 등이 칙명을 받아 『대송중수광운(大宋重修廣韻)』을 편찬하였는데 간략히 『광운(廣韻)』이라고 한다. 현존하는 『광운』의 여러 판본 중 널리 알려진 「장씨택존당본(張氏澤存堂本)」의 첫머리에는 다음의 「조서(詔書)」가 실려 있다.

> 『대송중수광운(大宋重修廣韻)』 일부(一部)는 26,194언으로서 191,692 글자로 주하였다. 경덕(景德) 4년(1007년) 11月 15日에 비준한다. 사성이 문자를 만들고, 육서가 법칙을 말해주니, 이것이 경서의 시작이요, 서적의 초시가 되는 것이다. 오, 초부터 글자의 음을 분별하였고, 예서와 과두문자의 고문자체가 갈라져 나온 이래, 시간이 오래 지나면서 여러 종류를 공부하게 되면서 이로 인해 편방에 오류가 생기고, 적혀 내려오는 것 중에 빠지는 것이 생기며 주해까지 완전하지 못하니 무엇을 근거로 가르쳐야 할지 모름을 이해해주길 바란다. 도움을 구하여 토론하여 특별히 교정을 가하여 인쇄하도록 명령을 하달하였으니 널리 시행할 것을 공포하고 후대 학자로 하여금 의문점이 없이 대대손손 본받아 배우게 하려 함이다. 숭문원(崇文院)에 조인한 후 국자감(國子監)으로 보내어 구경(九經)의 예에 맞추어 반포해야 할 것이다. 문서(牒)가 도착하여, (그대로) 실행하고자, 이에 문서(牒)를 반포한다.
>
> [大宋重修廣韻一部, 凡二万六千一百九十四言, 注一十九万一千六百九十二字, 準景德[16] 四年十一月十五日, 勅四聲成文, 六書垂法, 乃經籍之

16 송 진종(眞宗)의 두 번째 연호로서 1004-1007년간 사용되었다.

資始, 寔簡册之攸先. 自吳楚辨音, 隷古分体, 年祀寖遠, 攻習多門, 偏旁由是差謁, 傳寫以之漏落, 矧注解之未備, 諒教授之何從, 爰命討論, 特加刊正, 仍令摹印, 用廣頒行, 期後學之無疑, 俾永代而作則. 宜令崇文院雕印送國子監, 依九經書例施行. 牒至, 準勅, 故牒.]

대중상부(大中祥符)[17] 원년(1008) 6월 5일에 다시 비준함. "도"에는 형상이 있어, 인간이 그것을 향하게 되며, "물"이 형상이 있기에 수가 생겨나게 되었다. 한 효(爻)는 용의 그림에서 그려져 나왔고, 여덟 종류의 서체가 곧 새와 짐승의 족적에서 생겨나 문자가 창제되었으며, 크게 발전하고 끊임없이 개선되고 점점 증가하며 해를 거쳐 내려오며 예전보다 발전하게 되었다. 사의 율격의 해음을 숭상하여 운을 취합하여 한데 모아 책을 만든 것도 매우 오래되었다. 짐이 드디어 선인의 뜻을 이어받아 순수한 본래의 기풍을 선양하고, 가르침을 세우고 글을 숭상하며, 과거로써 관리를 등용하고 표준을 분명히 밝혀 모범으로 삼았으니 이를 실제로 사용하기 바라노라. 한편 구본은 이미 틀린 것이 많고 학자들도 많이 오류를 범했으니 반드시 문자의 틀린 점을 모두 고치고, 맞는 것과 틀린 것을 확실히 구분하여야 한다. 학자 신하를 골라 모두 전심전력하여 살펴보고 맞추어보고, 더하거나 삭제하여서 올바른 것을 물어 수정을 하였다. 강목과 순서를 귀납하여 체계를 명확하게 하고, 그것을 번각시켜 미래까지 전승되게 하며 새로운 이름을 특별히 붙이고자 하니 그 업적이 오랫동안 빛나길 바라며 응당 『대송중수광운』으로 고친다. 문서(牒)가 도착하여, (그대로) 실행하고자, 이에 문서(牒)를 반포한다.

[又準大中祥符元年六月五日, 勅, 道有形器之適, 物有象數之滋, 一爻始畫於龍圖, 八體遂生於鳥跡, 書契是造, 文字教興, 踵事增華, 觸類浸長, 沿賡

17 송 진종(眞宗)의 세 번째 연호로서 1008-1016년간 사용되었다.

載以變本, 尙辭律之諧音, 集韻成書, 抑亦久矣, 朕聿遵先志, 導揚素風, 設教崇文, 懸科取士, 考覈程準, 玆實用焉, 而舊本旣譌, 學者多誤, 必豕魚之盡革, 乃朱紫以洞分, 爰擇儒臣, 叶宣精力, 校讎增損, 質正刊修, 綜其綱條, 灼然序列, 俾之摹刻, 垂于將來, 仍特換於新名, 庶永昭於成績, 宜改爲大宋重修廣韻, 牒至, 準勅, 故牒.]

육법언(陸法言)이 책을 저술하였고, 장손납언(長孫納言)이 전주(箋注)를 달았으며, 유진(劉臻)·안지추(顔之推)·노사도(盧思道)·위언연(魏彦淵)·이약(李若)·소해(蕭該)·신덕원(辛德原)·설도형(薛道衡) 등 8인이 공동으로 가려 모았으며, 곽지현(郭知玄)·관량(關亮)·설순(薛峋)·왕인후(王仁煦)·축상구(祝尙丘)·손면(孫愐)·엄보문(嚴寶文)·배무제(裴務齊)·진도고(陳道固) 등이 글자를 첨가하였다. 더욱이 여러 제가들이 글자 수를 늘이고 의미를 풀이하고 이치를 해석한 모든 것이 이 책 속에 다 실려 있다. 황제께 이 책을 바치니 황제께서 비단 오백 필을 내려주셨다.

[陸法言撰本, 長孫納言箋注, 儀同三司劉臻, 外史顔之推, 著作郎魏淵, 武陽太守盧思道, 散騎常侍李若, 國子博士蕭該, 蜀王諮議參軍辛德原, 吏部侍郎薛道衡以上八人同撰集, 郭知玄拾遺緖正更以朱箋三百字, 關亮增加字, 薛峋增加字, 王仁煦增加字, 祝尙丘增加字, 孫愐增加字, 嚴寶文增加字, 裴務齊增加字, 陳道固增加字, 更有諸家增字, 及義理釋訓, 悉纂略備載卷中, 勒成一部進上, 勒賜絹五百疋.]

위의 「조서(詔書)」를 통해 볼 때, 『광운』을 편찬한 목적은 음독을 파악하고자 하는 동시에 당시 과거 시험의 표준을 삼기 위한 것이었으며, 육조 시기와 수·당의 문인들이 대거 참여하였음을 알 수 있다. 특히 『광운』의 서문을 따로 수록하지 않고, 「조서」 뒤에 육법언(陸法言)의 『절운』 「서」와 손면(孫愐)의 『당운』 「서」를 차례로 게재한 것으로 보아 이전의 운서를 저본으로 증수된 것임을 알 수 있다. 다시 말해, 『광운』(1008)은 『절운』(601)의 편찬 시기와 400여 년이나 떨어져 있지만, 글자 수를 늘리고, 주석을 확충하고, 운의 수도 206운으로 늘리고 반절에 쓰인 글자도 약간 바꾸었더라도, 전체 음운 체계에서 볼 때, 『광운』과 『절운』의 음운 체계는 기본적으로 일치하는 같은 체제라고 할 수 있다. 그리하여 송대에는 『광운』이 크게 유행하였는데 결과적으로 육법언의 『절운』 원본은 전해지지 않게 되었다. 후대 음운을 연구하는 사람들이 모두 육법언의 『절운』을 언급하였지만, 실제로 참고한 것은 송대의 『광운』이었다.

(2) 『집운(集韻)』의 「서문」

『광운』이 출판된 지 31년 후, 정도(丁度) · 가창조(賈昌朝) 등이 칙령을 받들어 인종(仁宗) 보원(寶元) 2년(1039)에 『집운(集韻)』을 편찬하였다. 『집운』은 평성이 4권, 상성 · 거성 · 입성이 각 2권으로서 모두 10권으로 구성되었는데, 명칭에서 짐작할 수 있듯이, 제가(諸家)들의 자의(字義)와 자체(字體)에 대한 주해(註解)가 모두 망라된 방대한 규모의 운서였다. 다음 『집운』의 「서문」을 통해 『집운』의 편찬 동기와 경위에 대해 살펴보자.[18]

> 옛적 요순(堯舜) 시대에는 임금과 신하가 서로 시를 이어지어 노래를 만들었고, 상과 주 시대에는 송(頌)과 아(雅)가 그에 더해졌으니, 이는 성운이 처음으로 경전에 보인 것이다. 후세의 문사들이 소리를 비교하여 글자를 택해 종류별로 나누어 각 부로 귀속시켰으니 이로써 사성(四聲)이 있게 되었으며, 주연(周硏), 이등(李登), 여정(呂靜), 심약(沈約)과 같은 무리들은 (글자를 분류하여 엮은) 저서를 남겼다.[19]

18 뢰려(雷勵), 「『집운』과 『광운』의 체계 비교[集韻廣韻體例之比較]」, 『여운학간(勵耘學刊)』, 2011. 2기, 221-233쪽 참조.

19 『절운(切韻)』 이전의 운서로 주연의 『성운(聲韻)』, 이등의 『성류(聲類)』, 여정의 『운

근세에 소학이 황폐해지고 육서가 어지럽혀져 글을 지을 때 글자의 쓰임을 구하고자 하는 바에 미치지 못하게 되자 수의 육법언(陸法言), 당(唐)의 이주(李舟), 손면(孫愐) 등이 각자 그 부족함을 채우고자 내용을 보충하여 저서를 편찬하였다.[20]

[昔唐虞君臣賡載作歌, 商周之代頌雅參列, 則聲韻經見此焉爲始. 後世屬文之士比音擇字, 類別部居, 乃有四聲. 若周研・李登・呂靜・沈約之流皆有編著. 近世小學寖廢, 六書亡缺, 臨文用字, 不給所求. 隋陸法言・唐李周・孫愐各加裒撰,以裨其闕.]

선황제 때 진팽년(陳彭年)과 구옹(丘雍)에게 육법언의 운(韻)에 의거하여 증보 간행하라고 명하였는데, 경우(景祐) 4년에 태상박사직사관(太常博士直史館) 송기(宋祈)와 태상승직사관(太常丞直史館) 정전(鄭戩)이 진팽년과 구옹이 정한 운은 옛 글을 지나치게 많이 사용하였으며 그 번잡함과 간략함이 합당하지 못하다는 건의를 올렸다. 이에 송기(宋祈)와 정전(鄭戩) 및 국자감직강(國子監直講) 가창조(賈昌朝)와 왕수(王洙)가 함께 수정 증보토록 명하였고, 형부낭중지제고(刑部郎中知制誥) 정도(丁度)와 예부원외랑지제고(禮部員外郎知制誥) 이숙(李淑)으로 하여금 주관토록 하였다.

[先帝時令陳彭年丘雍因法言舊說爲刊益, 景祐四年太常博士直史館宋祁太常丞直史館鄭巘建言彭年・雍所定多用舊文, 繁略失當, 因詔祁與國子監直講賈昌朝・王洙同加修訂, 刑部郎中知制誥丁度・禮部員外郎知制誥李淑爲之典領.]

이제 새로운 운서를 편찬함에 있어 반드시 두루 수집함을 원칙으로 하

집(韻集)』, 심약(沈約)의 『사성보(四聲譜)』 등이 있다.

20 육법언은 『절운(切韻)』을 편찬하고, 이주(李舟)와 손면(孫愐)은 육법언의 『절운』을 보충한 『당운(唐韻)』을 편찬하였다.

며, 경전과 사서, 제자백가의 저서 및 소학서를 서로 참조하여 정하도록 한다. 글자의 뜻은 허신(許愼)의 『설문해자(說文解字)』를 근간으로 하여 『설문해자』에 수록되지 않은 경우에는 다른 책을 인용하여 풀이하도록 한다. 고문(古文)[21]은 경전, 사서, 제자(諸子)의 책에 수록된 경우에만 취하고, 그렇지 않은 경우엔 취하지 아니한다. 경전에서 하나의 글자가 여러 가지 음으로 읽히는 경우에는 선대 학자들의 견해를 각각 그 이름을 밝혀 적고자 하며 혹은 여러 의견을 함께 수록하여 여러 학설을 모으도록 한다. 통용할 수 있는 운 중에 같은 음[음이 서로 같은 소운(小韻)]이 반복하여 출현하는 경우에는 번잡함을 줄이기 위해 하나의 음으로 합한다. 경전과 사서에서 사용된 글자들 중에는 가차(假借)가 많은데, 이제 글자 별로 각각 그 뜻을 적자니 가차한 뜻과 서로 같지 않으므로, (가차의 관계가 있는 경우) 다만 "통작모(通作某)"라고 적는다. 옛 운서에서는 수록된 글자의 이체자가 있을 경우 모두 주(注)로 수록하였는데, 이제는 먼저 본자(本字)를 표기하고 기타 이체자들을 모두 함께 실어 뜻을 찾아봄에 있어 쉽게 알 수 있도록 한다. 글자 중 모양(形)과 뜻(義)이 서로 같지만 쓰는 방법이 간혹 다른 경우, 예를 들면 "坪"과 "王", "厶口와 口九", "心"과 "忄", "水"와 "氵"과 같은 경우에는 "혹서작모자(或書作某字)"라는 주를 달기로 한다. 글자 아래에 옛 운서에서는 우음(又音)을 같이 주하였으나 완벽한 주석이 아니라 헛되이 글자 수만 늘리는 결과를 낳았고, 또 글자마다 각각 다른 뜻을 가지기 때문에 수고스럽게 기록하지 않는다. 본관성씨를 나타내는 한자의 경우 기존의 운서에서는 명칭과 유래에 대해 장황히 서술하여 자훈과 어긋날 뿐 아니라 족보와도 비슷하니 이제 새로운 운서를 편찬함에 있어 "某姓"이라고만 언급할 뿐 잘 쓰이지 않는 성씨에만 인명을 예로 적도록 한다. 수록된

21 글자체[字體]에 있어 금문(今文)과 상대되는 의미의 고문(古文), 즉 춘추전국의 전서를 말한다.

글자가 사용된 예가 있으나 뜻풀이를 인용하여 증명할 근거가 없을 때에는 "闕"이라고 적어 알려진 뜻이 확실한 것이 아님을 나타내기로 한다. 세속에서 쓰는 글자들은 그 뜻을 억지로 끌어 붙여 만들어서 취할 만한 것도 없거니와 진위를 어지럽힐 따름이니 이제 주석에서 이를 바르게 고쳐 "俗作某, 非是"라고 적는다. 글자의 반절에 있어, 옛날에는 "무(武)"로 "모(某)"를, "망(亡)"으로 "망(茫)"을 대신하여 유격(類隔)이라 부르는 것을 이제 모두 각각 같은 류에 속하는 글자를 사용하도록 한다.

[令所撰集務從該廣, 經史諸子及小學書, 更相參定. 凡字訓悉本許愼說文, 愼所不載則引他書爲解. 凡古文見經史諸書可辨識者取之, 不然則否. 凡經典字有數讀, 先儒傳授, 各欲名家, 今竝論著, 以粹群說. 凡通用韻中同音再出者, 旣爲冗長, 止見一音, 凡經史用字, 類多假借今字, 各著義則假借難同, 故但言"通作某". 凡舊韻字有別体, 悉入子注,使奇文異畫湮晦難尋, 今先標本字, 余皆竝出, 啓卷求義,爛然易曉. 凡字有形義竝同, 轉寫或異, 如坪・堊", "㕦・口九", "心・忄", "水・氵" 之類, 今但注曰: "或書作某字". 凡一字之左, 舊注兼載它切, 旣不該盡, 徒醲細文. 况字各有訓, 不凡悉箸. 凡姓望之出舊, 皆廣陳名系, 旣乖字訓, 復類譜牒. 今之所書, 但曰某姓, 惟不顯者, 則略著其人. 凡字有成文相因不釋者, 今但曰缺, 以示傳疑. 凡流俗用字, 附意生文, 旣無可取, 徒亂眞僞, 今于正文之左直釋曰 "俗作某, 非是." 凡字之翻切, 舊以"武"代"某", 以"亡"代"茫", 謂之類隔, 今皆用本字述.]

무릇 오음(五音)과 청탁, 전서(篆書)와 주문(籀文)의 선후 등을 총괄하고 뭉뚱그려 종류에 따라 구분하고, 모아서 합쳐 열두 개의 범례를 책머리에 나열하니, 전체 53,525자(새로 증가시킨 글자 27,331자)이며 10권으로 나누며, 『집운(集韻)』이라고 명명하도록 한다.

[夫宮羽輕重篆籀, 後先總括包幷種別彙聯列十二, 凡著于篇端, 云字五万三千五百二十五(新增二万七千三百三十一字)分十卷, 詔名曰『集韻』.]

앞의 「서문」에서는 먼저 『집운』이 『광운』의 기초 위에서 편찬되었음을 명시하고 있다. 『광운』은 또한 진종(眞宗) 대중상부(大中祥符) 원년(1008)에 진팽년(陳彭年)과 구옹(丘雍)에 의해 육법언의 『절운』(601)을 증보 · 간행하여 편찬된 것이다.

앞서 『광운』의 「조서」 말미에는 "여러 제가들이 글자 수를 늘이고 의미를 풀이하고 이치를 해석한 모든 것이 이 책 속에 다 실려 있다.[諸家增字, 及義理釋訓, 悉纂略備載卷中]"라고 하면서 자신감 있는 어조로 글을 마치고 있다. 그러나 29년 후, 『집운』의 「서문」에서 보듯이, 인종(仁宗) 경우(景佑) 4년(1037) 송기(宋祈)와 정전(鄭戩)은 『광운』이 "옛 글을 지나치게 많이 사용하여 번잡하고, 생략된 부분이 많다[多用舊文, 繁略失當]."라고 하였는데, 이러한 지적 사항은 『집운』의 직접적인 편찬 동기가 된 듯하다.

『광운』과 『집운』의 체제를 비교해보면 다음과 같이 정리할 수 있다. 첫째, 「서문」에 "옛날에는 "무(武)"로 "모(某)"를, "망(亡)"으로 "망(茫)"을 대신하여 유격(類隔)이라 부르는 것을 이제 모두 각각 같은 류에 속하는 글자를 사용하도록 한다.[舊以"武"代"某", 以"亡"代"茫", 謂之類隔, 今皆用本字述]"라고 하였다. 이 문구의 의미는 "무(武)"와 "모(某)"가 본디 같은 순음자(脣音字)였지만, 송대 이후 중순음(重脣音)과 경순음(輕脣音)이 분화되면서 서로 다른 성모에 속하게 되었다. "망(亡)"과 "망(茫)"의 경우도 이와 마찬가지로, "무(武)"와 "망(亡)"은 순경음, "모(某)"와 "망(茫)"은 순중음이다. 그런데 『광운』의 반절에서는 순중음과 순경음을 혼용하고 있지만, 『집운』에서는 피절자와 반절상자가 같은 순중음 또는 같은 순경음이 되도록 개선하였다는 것이다.[22] 즉, 『광운』에서 쌍순음과 순치음은 서로 반

22 『집운』에서 피절자와 반절상자가 같은 순중음 또는 같은 순경음이 되도록 개선한 예가 많다. 지운(脂韻) 순음(脣音) 글자를 예로 들면, 비(悲), 『광운』 부미절(府眉切), 『집운』 포미절(逋眉切). 비(丕), 『광운』 부비절(敷悲切), 『집운』 반비절(攀悲切). 비

절상자로 사용할 수 있었으나, 『집운』에서는 반절자를 개선하였으니 쌍순음으로 쌍순음을 반절하고 순치음으로 순치음을 반절하라고 하는 의미이다. 북송 시기에 이르러 쌍순음과 순치음의 분화가 이루어졌기 때문에 『집운』 반절의 이러한 개선은 당시 실제적인 어음 변화를 고려하였음을 반영한다.

둘째, 『광운』에 생략된 부분이 많다고 지적한 것에 따라, 『집운』은 수록된 글자가 53,525자로서 『광운』의 26,104자에 비해 27,331자가 증가되었다. 운부는 『광운』과 마찬가지로 206운이지만, 당시의 음운 상황을 고려하여 운목의 명칭과 순서, 반절을 약간 변동시켰다. 그러므로 동시대 출판된 『광운』이 기존 절운 계통의 운서를 집대성하였다면, 『집운』은 『광운』의 생략된 부분을 보완하고, 옛 글을 지나치게 사용하여 번잡스러움을 지양하여 당시의 음운 현황을 참작하여 편찬된 운서라고 할 수 있다.

(3) 『예부운략(禮部韻略)』

『절운』이 세상에 알려진 후, 당 · 송조 모두 『절운』 계통의 운서를 과거 시험의 공구서로 채택하였지만, 실상 『절운』의 편찬 방식은 "소리를 따져 알고자[賞知音]"하여 "엄밀하게 분석하여 세세한 부분까지 분별[剖析毫釐, 分別黍累]"하였기에 실제로 사용되기에 적합하지 않았다. 당대 봉연(封演)의 『봉씨문견기(封氏聞見記)』에 다음의 기록이 있다.

> 수대 육법언(陸法言)은 안지추(顔之推)와 위언연(魏彦淵) 등 여러 사람들과 남북의 음을 정하여 『절운』을 지었는데 모두 12,158자로 이를 글을 짓는 표준으로 삼았다. 그러나 '先仙刪山' 같은 류는 별도로 나누어놓았으

(邳), 『광운』 부비절(苻悲切), 『집운』 빈비절(貧悲切). 미(眉), 『광운』 무비절(武悲切), 『집운』 민비절(旻悲切)(복지진(濮之珍), 『중국어언학사(中國語言學史)』, 상해고적출판사(上海古籍出版社), 1987, 268쪽 재인용).

니 글을 짓는 선비들이 모두 너무 심하게 세분되어 괴롭게 여겼다. (그리하여) 당초에 허경종(許敬宗, 592-672) 등이 상세히 논의한 후 글자 수가 적은 운들을 합쳐서 사용하자는 상서를 올렸으니, 육법언이 말한 시문의 용운만을 생각한다면 청탁이 통할 수도 있다고 한 것이 이것이다.[23]

『절운』의 분운(分韻)이 지나치게 엄밀한데도 관운서(官韻書)으로 정해지니 과거에 응시하려는 이들은 모두 "너무 심하게 세분되어 괴롭게[苦其苛細]" 여겼다. 이러한 현실적인 수요를 고려하여 송(宋) 인종(仁宗) 4년(1037) 과거를 관장하던 예부(禮部)에서 구옹(丘雍) 등이 주도하여 『예부운략(禮部韻略)』을 편찬하였다. 『광운』의 "동용(同用)"과 "독용(獨用)"을 합치고, 글자 수가 적은 운목은 없애고, 서로 비슷한 운끼리는 통용시켜 108운목을 설정하였고, 『광운』에서 자주 사용되는 9,590자를 수록하고, 주석도 간소화시켜 상용되는 기본 의미만을 주하였다. 그리하여 『예부운략』은 관운서(官韻書)으로 편성되어 입신양명을 원하는 학자들의 필독서가 되었다.

『예부운략』이 출판된 지 200여 년이 지난 후, 금조(金朝)의 왕문욱(王文郁)이 『평수신간운략(平水新刊韻略)』(1229)을 편찬하여 운목을 106운으로 정하였고, 23년 후 남송(南宋) 평수(平水) 지방의 유연(劉淵)이 『임자신간예부운략(壬子新刊禮部韻略)』(1252)을 편하여 107운으로 나누었다. 두 책은 모두 전하지 않지만, 원(元) 웅충(熊忠)의 『고금운회거요(古今韻會擧要)』(1297)에 유연(劉淵)의 107운이 그대로 사용되면서 대략적인 면모를 알 수 있게 되었다. 후에 유연(劉淵)의 체제를 그대로 사용하면서 106으로 편성된 운을 "평수운(平水韻)"이라고 불렀다.

---

23 당(唐) 봉연(封演), 『봉씨문견기(封氏聞見記)』: "隋陸法言與顔魏諸公定南北音, 撰爲切韻, 凡一萬二千一百五十八字. 以爲爲文楷式, 而先仙刪山之類, 分爲別韻. 屬文之士, 共苦其苛細, 國初, 許敬宗等詳議, 以其韻窄, 奏合而用之, 法言所謂欲廣文路, 自可淸濁皆通者也."

"평수운"은 격률시(格律詩)의 전통 때문에 원명(元明) 이후 매우 커다란 영향을 미쳤다. 오늘날에도 율시를 지으려면 "평수운"에 근거하여 운을 쓰며, 사성(四聲)과 평측(平仄)을 말할 때도 "평수운"에 따른다. 그러나 "평수운"은 본래 구어에 근거하여 편찬된 것이 아니라, 『광운』의 206운을 106운으로 합병한 것이다.

현재 북송 시기의 증정본인 『부석문호주예부운략(附釋文互注禮部韻略)』과[24] 남송 시기 모황(毛晃)이 증주하고 모거정(毛居正)이 교감·증보한 『증수호주예부운략(增修互注禮部韻略)』이 전해지고 있다. 『증수호주예부운략』은 남송(南宋) 고종(高宗) 소흥(紹興) 32년(1162)에 진상되었으므로 이 시기에 완성된 것으로 추정된다. 『증수호주예부운략』에는 「서문(序文)」이 없고 「표(表)」만 있어서 이를 통해 편찬 취지를 대략 살펴볼 수 있다.

> 신 모황(毛晃)이 올립니다. 제가 듣건대, 입에서 나와 청탁으로 나누어지는 것을 성(聲)이라고 하고, 성(聲)을 조직하여 그것의 경중을 결정하는 것을 운(韻)이라 하는데, 성운은 생긴 지가 오래되었습니다. 천지가 생긴 그 순간부터 사람의 소리가 있었고, 서계(書契)가 있었던 그 순간부터 문자가 있었으니, 세상 사람들은 창힐(蒼頡)이 문자를 창제하고 손염(孫炎)이 반절을 만들어내고 심약(沈約)이 운서를 편찬해 내는 것을 (근간의) 시초라고 알고 있을 뿐, 서계(書契)가 만들어지면 그 안에 문자가 있고, 문자

24 『부석문호주예부운략(附釋文互注禮部韻略)』 5권은 저자명은 기록되어 있지 않지만 아마도 여러 명이 편찬한 관서(官書)로 추정된다. 청(淸) 「조인각본(曹寅刻本)」과 상무인서관(商務印書館)의 사부총간(四部叢刊)에서 영인(影印)한 「철금동검루장본(鐵琴銅劍樓藏本)」이 있다. 이 책은 각 글자에 먼저 「관주(官注)」를 들고 있는데 이는 시험관과 응시생이 모두 표준으로 삼았던 널리 사용되었던 의미를 말한다. 「관주(官注)」 뒤에는 석문(釋文)을 들고 있는데 대체로 「관주(官注)」에 대한 세부적인 주석이나 보충 설명에 해당한다.

가 생겨나면 그 안에서 소리가 나오고 소리가 나오면 그 안에 운(韻)이 존재한다는 점을 알지 못하였습니다. 창힐(蒼頡)과 손염(孫炎) 그리고 심약(沈約)이 어찌 천지인(天地人) 삼재(三才)를 등진 채 스스로 만들어낼 수 있었겠습니까. 일찍이 '立我蒸民, 莫匪爾極(우리 뭇사람들 먹여 살리시니 그대 덕택 아닌 게 없어라)'는 글을 본 적이 있사온데, 이는 요임금 시대에 이미 성운이 있었다는 것을 알려주고, 또한 '日月光華, 洪於一人(일월의 아름다운 광채는 한 사람보다 넓도다)'라는 글을 보면 순임금 시대에도 (성운이) 이미 있었다는 것을 알려줍니다. 그렇지 않다면 순임금이 기(夔)에게 아악을 만들라고 명했을 때 어떻게 '시(詩)는 지(志)를 말하고, 노래는 말을 노래하며, 소리는 노래에 의지하고, 성률은 소리에 부합한다.'라고 말하였겠습니까? 고시 3000여 수를 공자가 정리하여 311수로 정할 때, 시가의 조건에 맞지 않는 것은 버렸습니다. 그 속의 성운이 나오기 이전에 성운으로 불리지 않았던 것은 원래 그러하였기 때문입니다. 처음부터 끝까지 근원을 탐색하는 것은 작가가 말한 소위 성술(聖述)이라는 것이고, 꾸며 지어내지 않는 것인데, 어찌 이것을 창힐이나 손염, 심약의 것이라 하겠습니까? (작가가 이렇게 한 것은) 어떻게 보면 명성과 교화에는 도움이 되었을지도 모릅니다. 소신이 그것을 더하고 고쳤으니 유가를 섬기며 이치를 기다립니다. 신 모황은 송구하여 머리를 조아리니, (존경하는) 황제폐하께서 앞선 제왕과 성현들의 지덕으로써 명철함을 계속 행하시고 동방의 이치에 통달하여 천하의 민심을 이어주시길 바랍니다.

[臣晃言, 臣聞言出諸口貫以清濁者謂之聲, 聲成諸文第其輕重者謂之韻, 聲韻之作其來久矣. 自有天地乃有人聲, 自有書契乃有文字, 世謂蒼頡制字・孫炎作音・沈約[25]撰韻, 以為椎輪之始, 而不知書契既造, 字生其間, 文

---

25 심약(沈約, 441-513)의 자는 휴문(休文)이고 오흥(吳興) 무강[武康, 오늘날 절강 호주(湖州)] 사람. 남북조(南北朝) 양조(梁朝)의 사학가(史學家)이자 문학가(文學家). 저서로 『진서(晋書)』・『송서(宋書)』・『제기(齊紀)』・『고조기(高祖紀)』・『이언(邇言)』・『익

字既生, 音傳其內, 聲音既出, 韻存其中. 頡也炎也約也豈能外三才之理而自為也哉. 嘗觀立我蒸民莫匪爾極之辭, 則堯之時固有聲韻也, 觀日月光華洪於一人之辭, 則舜之時固有聲韻也, 不然舜命夔典樂何以曰詩言志, 歌永言聲, 依永律和聲也邪, 古詩三千餘篇, 孔子被之, 歌定為三百十一篇, 其不合乎歌者去之, 則字音聲韻未出之前所以為聲韻者, 固自若也, 擢本探先始而終之, 作者之謂聖述者, 之謂明不有作也, 後何以述頡也炎也約也, 亦可謂有功於名教矣, 增而修之, 理若有待, 臣晃誠惶誠懼, 頓首頓首, 恭惟皇帝陛下以上聖之資撫重熙之運, 出震接統係天下之民心.]

군주의 자리에 올라 성과가 있고, 나라의 제위를 담당하고, 송나라 초기를 이어받아 정신을 진작시켜 나라를 잘 다스릴 방법을 생각하고 재덕을 겸비한 인재를 불러 모으고, 정직한 말을 광범위하게 받아들여 하루에 세 번 조공을 드려야 합니다. 이미 천하로써 부모를 부양하는 '존친지지(尊親之至)'를 최고로 이루셨고, 선철의 포부를 이어받아 일을 말하고 그들의 사업을 이어가며, 장차 큰 공로를 세우게 되실 것이니, 이는 진정 황제의 큰 성과입니다. 신 모황은 폐하의 온후한 기풍 아래 39년을 지냈습니다. 폐하의 보살핌을 저버리지 않기 위해, 어려서부터 군자와 아버지, 스승을 존중하고 예로 섬기는 재삼(在三)에 대한 배움을 시작하였고, 선열의 사업을 배우기 시작하여, 은택을 입고, 도서와 사적을 가까이하여 부지런히 공부하여 열심히 하지만 피곤할 줄 몰랐으며, 처지가 빈곤하나, 황제의 품성을 기르고자 하는 뜻을 저버리지 않음으로 어느 정도의 성과가 있기를 기대합니다. 이 같은 빛이 찬란한 태평성세를 보니 공급(孔伋)이 "홍성한 천하는 수레바퀴 넓이가 같고 문자가 같습니다. 현재 폐하께서 선제를 이어받아 천하를 통일하려 하시니, 온 나라의 백성들이 모두 폐하에게 존경을 표

례(謚例)』·『송문장지(宋文章志)』·『사성운보(四聲韻譜)』 등이 있는데 대부분 산실되었다.

하며 귀속할 것이며, 문자 통일의 정치를 받들 것입니다."라고 했던 말이 생각납니다. 소신이 누추한 곳에서 문자 같은 것에 대해서 조금의 이득이 있게 하기 위하여 약간의 수확이 있다면, 소신의 희망은 만족된 것입니다. 따라서 부지런히 배우고 고되게 공부하여 서적을 광범위하게 고증하고 국자감에서 간행된 『예부운략(禮部韻略)』을 스스로 보니, 원우(元祐) 5년에 박사 손악(孫諤)이 내용을 증가시키기를 진정한 이후에 극히 적은 수의 글자만이 겨우 증가되었을 뿐이고, 소흥(紹興) 11년 진사 황계종(黃啓宗)이 운에 근거하여 보충했을 때도 증가된 것은 많지 않았습니다. 오히려 빠진 것이 많고 반절에 오류가 있었으며, 주에 빠진 것이 있었습니다. 예를 들어, '군(群)'을 '군(羣)'으로 쓰고, '효(効)'를 '효(效)'로 쓰는 등입니다.

[乘乾有為, 主域中之大寶, 繼宋之初, 厲精圖治, 招俫俊乂, 開納讜言, 一日三朝, 已極尊親之至養, 繼志述事, 將成卒伐之大功, 誠帝王之大有為也. 臣晃生陛下淳龐之俗三十有九年矣, 自結髮受在三之教, 始學箕裘, 沐浴膏澤, 左右圖史, 力學不倦, 窮而益堅, 期於有成, 以無負聖朝涵育之意. 目此光華盛旦, 竊思孔伋之言, 曰: 至治之世, 車同軌, 書同文, 今陛下以聖繼, 聖方將混一區宇, 海內喁喁, 咸仰同文之治, 臣在草茅畎畝中, 苟有涓塵, 以裨助同文之萬一, 則臣之志願足矣. 故於螢雪案, 博考載籍, 竊見方今國子監刋行禮部韻略, 自元祐五年博士孫諤陳乞添收, 僅得一二, 至紹興十一年進士黃啓宗隨韻補輯, 所增不廣, 尚多闕遺, 音切謬誤, 圈註脫略, 如群之為羣, 効之為效……]

「표(表)」의 원문이 상당히 길어서 후략(後略)하고 내용을 정리하면 다음과 같다. 첫째, 모황(毛晃)은 2,655자를 증자(增字)했으며 모거정(毛居正)은 1402자를 증자(增字)했다. 둘째, 『예부운략(禮部韻略)』은 어떤 글자가 다른 글자체나 다른 음을 가지고 있을 때 그 글자의 주변에 동그라미를 쳐서 표시를 하였는데 모황(毛晃)은 1,690자에 동그라미 표시를 더

첨가했다. 셋째, 글자체를 정정한 곳이 485항에 이른다. 넷째, 주석에 수정(修訂)을 하였다. 모씨(毛氏) 부자가 수정한 주석은 후대에 높이 평가받아 유연(劉淵)의 『임자신간예부운략(壬子新刊禮部韻略)』과 송렴(宋濂) 등이 편찬한 『홍무정운(洪武正韻)』에서 주요 참고 자료로 삼았다.

결론적으로 송조(宋朝)에 『광운(廣韻)』·『집운(集韻)』·『예부운략(禮部韻略)』 세 종류의 운서가 편찬되었지만 모두 『절운』 계통의 음운 체계를 견지하고 있었다. 『광운』은 『절운』의 증정본이었고, 30년 이후에 출간된 『집운』은 이를 더욱 집대성한 증정본이었으며, 그보다 2년 전에 출간되었던 『예부운략』은 과거제의 현실 수요에 부응하여 출간된 『절운』의 간략본이었던 것이다.

4) 금조(金朝)의 운서

고대 동아시아 지역의 북방 지역에서 거주하던 유목 민족들은 예로부터 기후가 따뜻하고 비옥한 농지에서 선진적인 문화생활을 영위하는 중국의 중원 지역을 동경해왔다. 그리하여 기원전부터 황하를 중심으로 화하(華夏)·동이(東夷)·서융(西戎)·남만(南蠻)·북적(北狄)이라고 불렀던 고대 민족들이 각축을 벌였고, 위진남북조(220-589) 시기에는 중국 북방 지역의 소위 오호(五胡)라고 불리던 흉노(匈奴)·갈(羯)·저(氐)·강(羌)·선비족(鮮卑族)이 남하하여 한족과 이웃하면서 십육국(十六国)[26]을 세웠다. 또 수당 이후에는 거란(契丹)·여진(女真)·몽고(蒙古)·만주족(滿洲族)에 의해 요(遼, 916-1125)·금(金, 1115-1234)·원(元, 1271-1368)·

26 "16국(十六国)"이란 오량(五凉): 전량(前凉)·후량(后凉)·남량(南凉)·북량(北凉)·서량(西凉)), 사연(四燕): 전연(前燕)·후연(后燕)·북연(北燕)·남연(南燕), 삼진(三秦): 전진(前秦)·후진(后秦)·서진(西秦), 이조(二趙): 전조(前趙)·후조(後趙), 대하(大夏) 등 15개 북방 정권과 1개의 서남 정권인 성한(成漢)을 가리킨다.

청(淸, 1616-1912)의 왕조가 세워졌다. 이들 정복 왕조는 중국의 일부 또는 전 지역을 정치적으로는 공략 또는 지배를 하였으나 아이러니하게도 한문화에 '정복'당하여 민족 자체가 소멸되는 지경에 이르게 되었다.[27]

11세기 말 북만주 지역에 거주하던 완안부(完顔部)의 추장 아골타(阿骨打, Akutta)는 여러 부족을 통합시키고 세력을 확장하여 1115년 금(金)을 건국하였다. 이후 금은 송과 연합하여 1125년 요(遼)를 멸망시키고, 또 1127년에는 송의 수도 변경(汴京, 오늘날의 개봉(開封))을 함락시켜[28] 금은 건국한 지 불과 10여 년 만에 중국 영토의 거의 반을 차지하는 대제국으로 발전하였다.

금은 영토의 확대와 더불어 여진(女眞)의 부족 국가 체제에서 중국식 중앙 집권 체제로 통치 체제를 바꾸어 전제 국가를 수립하였다. 그러나 금은 정치적으로는 중국의 본거지를 정복하였지만, 여진의 고유한 문화는 한문화(漢文化)에 점차 밀려나서 결국 완전히 동화되어버렸다. 금 세종(世宗, 1123-1189)이 여진의 국수주의를 고무하고 장려한 일도 있었지만, 그의 훈계 내용은 거꾸로 당시 금의 한문화 수용 상황을 여실히 보여준다.

> 여진족의 옛 풍습은 매우 순직하여 비록 글을 알지 못하더라도 하늘과 땅에 제사를 지내고 친척을 공경하고, 60세 이상의 노인들을 존중하고, 손님을 접대하고, 친구들과 신의가 있고, 예도가 정답고, 친절한 것이 모두 자연스러웠으니 그 훌륭함이 옛 서적에 실려 있는 것과 다르지 않았다. 너

---

27 심소희, 「고대 동아시아 북방민족의 한화에 대한 고찰」, 중국어문학연구회: 『중국어문학논집』 제68호, 2011.

28 당시 휘종(徽宗)과 흠종(欽宗)을 비롯하여 종실과 관료 등 3천여 명이 만주로 끌려갔는데 역사가들은 이를 '정강(靖康)의 변'이라고 한다. 이로부터 송은 회수(淮水) 이북의 땅을 금에게 내어주고 강남의 임안(臨安, 오늘날의 항주)에 도읍으로 하여 남송(南宋)을 열었다.

희들은 마땅히 그것을 익히고 배워야 하며 옛 풍습을 잊어서는 안 된다.[29]

> 짐은 선제께서 행한 일을 생각하며 잠시도 잊은 적이 없다. 그래서 때때로 이 말을 듣고 또한 너희들도 그것을 알게 하고자 한다. 너희들은 어려서부터 한족의 풍속을 익혀 여진족의 순수하고 참된 풍속을 알지 못한다. 심지어 문자와 언어도 혹 이해하지 못하니 이는 근본을 잊은 것이다. 너희는 마땅히 짐의 뜻을 본받아야 하며 자자손손에 이르기까지 또 마땅히 짐의 가르침과 경계를 준수해야 한다.[30]

> 경호 병사에 응한 사람 가운데 여진어에 정통하지 않은 사람이 있으면 아울러 배우도록 강요하라. 이후로는 한어로 말할 수 없다.[31]

위의 구절은 여진의 황실 호위사들이 여진의 언어문자를 잘 알지 못하거나 익숙하지 않았다는 의미로서 대다수의 백성들도 한어(漢語)만 말할 수 있었다는 것을 설명한다. 선비어와 한어가 융합되는 상황을 저지하고자 금 세종은 또 다음과 같이 훈시하였다.

> 여러 왕의 아명을 일찍이 여진어로 명명한 적이 없는데, 이제는 모두 마땅히 바꾸어야 한다. …… 여진 사람들은 한족의 성으로 개칭할 수 없고 남쪽 사람들의 복장을 배워서는 안 된다. 어기는 사람은 형벌을 당할 것이다.[32]

---

29 『금사(金史)』「세종본기(世宗本記)」: "女直(即女真)舊風最为纯直, 雖不知書, 然其祭天地, 敬親戚, 尊耆老, 接賓客, 信朋友, 禮意款曲, 皆出自然, 其善與古書所載無異. 汝輩當習學之, 舊風不可忘也."

30 위의 책: "朕思先朝所行之事, 未嘗暫忘, 故時聽此詞, 亦欲令汝輩知之. 汝輩自幼惟習漢人風俗, 不知女眞純實之風. 至于文字語言, 或不通曉, 是忘本也. 汝輩當體朕意, 至於子孫, 亦當遵朕教誡也."

31 위의 책: "應衛士有不閑女眞語者, 並勒習學, 仍自後不得漢語."

32 위의 책: "諸王小字未嘗以女眞語命之, 今皆當更易, ……禁女眞人不得改稱漢姓, 學南人

여진족들은 전쟁에 뛰어났으나 정착하여 수십 년을 지내게 되자 자신의 유목 정체성을 잃게 되었다. 결국 여진족은 점차 한족화되어갔고, 남송과의 평화를 공고히 하였다. 금의 지배자들도 유교 이념을 채택하고 관원의 선발을 위해 과거제를 시행하였는데 과거에 응시하려는 자들이 점차 증가하여 금 장종(章宗, 1189-1208) 치세엔 대략 40,000명에 이르렀다고 한다.[33] 금대 과거의 가장 중요한 과목은 사부(辭賦)였고 사인들은 어려서부터 시를 지었다. 그리하여 금대(金代) 태화(泰和) 8년(1208) 한도소(韓道昭)는 부친 한효언(韓孝彦)이 쓴 『사성편해(四聲篇海)』를 편집하여 『오음집운(五音集韻)』 15권을 편찬하였는데 금대에 과거 시험에 공구서로서 추종받게 되었다. 이는 당시 시대 배경에서 충분히 납득이 되는 점이다. 다음은 『오음집운』의 「서문(序文)」이다.

> 성운의 학문은 유래가 오래되었다. 문자가 만들어진 후에 서적이 생겨났으나, 자구나 문장을 풀어 밝혀줄 수 있는 선비는 여전히 부족하였다. 수(隋) · 당(唐)에 이르러 육법언(陸法言)과 그의 장손 육납언(陸納言) 등이 사학(詞學)에 뛰어나고 듣고 보아서 얻은 지식이 심히 풍부하여 이에 유진(劉臻) 등과 함께 심오한 도리와 숨은 의미를 깊이 연구하였다. 그리하여 옛날에 있었던 것과 현재 기록한 것을 취하여 『절운』 5권을 정하고 10책으로 나누었다. 무릇 '절운(切韻)'이란 상자(上字)로 절(切)을 나누고 하자(下字)로 운(韻)을 삼아서 합쳐야 음을 알 수 있으므로 발성에 의하여 이름이 얻어지게 되는 것이다. 즉 『자통(字統)』, 『자림(字林)』, 『운집(韻集)』, 『운략(韻略)』 등과는 비교할 수도 없는 것이다. 어떤 사람들이 "주석에도 잘못이 있고, 글자가 빠지기도 하고 틀리기도 하였으니, 만약 교정본이 없

衣裝, 犯者抵罪."

33 반산지보(飯山知保), 「몽원 통치하의 화북사회와 사인교육의 변천(蒙元統治下華北社會與士人教育的變遷)」, 『중국사연구(中國史研究)』 제70집, 2011, 62쪽.

다면 어떻게 논의하겠는가?"라고 말했는데, 이것이 바로 『당운(唐韻)』을 집필한 이유였다. 많은 의견을 뽑아서 가려내고, 가장 요긴한 것만을 모아 내니, 유가의 경전이 이로부터 면모가 일신하고 다양한 유가의 학문이 사라지지 않았으니, 고인이 마음 씀이 이렇게도 매우 깊구나.

[聲韻之學, 其來尙矣. 書契旣造, 文籍乃生, 然訓解之士猶多闕焉. 迄於隋唐, 斯有陸生, 長孫[34]之徒, 詞學過人, 聞見甚博, 于是同劉臻輩探賾索隱, 鈎深致遠[35], 取古之所有, 今之所記者, 定爲切韻五卷 析爲十策[36]. 夫切韻者, 蓋以上切下韻, 合而翻之, 因爲號, 以爲名, 則『字統』·『字林』·『韻集』·『韻略』不足比也. 議者猶謂"注有差錯, 文復漏誤, 若無刊正, 何以討論 則『唐韻』所以修焉. 採摭羣言, 撮其樞要, 六經之文, 自爾煥然, 九流之學, 在所不廢 古人之用心爲如何哉.]

일찍이 문학에 종사하는 사람은 반드시 성운(聲韻)을 중심으로 삼아야 하는데, 성운(聲韻)을 중심으로 하려면 반드시 오음(五音)에 근본을 두어야 한다고 말한다. 그러면 자모(字母)의 순서는 소홀히 할 수 있겠는가? 그러므로 먼저 깨달은 선비는 그 논변하는 바가 아주 상세하고, 탐구하는 바가 매우 분명하여 책을 써서 의견을 내세움에 있어 더할 것이 없다. 그러나 나는 스스로의 능력을 헤아리지 못하고 그 만분의 일이라도 고치고 윤색하고자 하였다. 따라서 여러 경전과 훈고를 인용하여 여러 잘못을 바로잡고자, 자모(字母)를 나열하는 데 있어서는 등급으로 차례를 매겼는데 '견(見)'모 아음(牙音)을 처음에 두고, '래(來)'모와 '일(日)'모를 마지막에 두었

34 육법언(陸法言)의 장손인 육눌언(陸訥言)은 당인(唐人)으로 그의 생평에 관해 알려져 있지 않다.(왕수명(汪壽明) 선주(選注), 『역대한어음운학문선(歷代漢語音韻學文選)』, 32쪽.)

35 『주역(周易)』「계사상(繫辭上)」: "探賾索隱, 鉤深致遠, 以定天下之吉凶, 成天下之亹亹者, 莫大乎蓍龜.

36 『절운(切韻)』과 『광운(廣韻)』은 5책, 『집운(集韻)』은 10책으로 나뉨.

다. 내용이 풍부하여 모두 갖추어져 있고 혹시라도 빠진 것이 없었으며, 시작과 끝의 순서가 있고 앞과 뒤가 분별이 있어 마치 손바닥을 보는 것과 같다. 초학자에게는 도움이 되기를 바라지만, 음운에 통달한 선비의 기대에 부응하기를 감히 바라지 않는다. 이전에 간행된 운서에는 3,000여 자가 증가되고 운이 늘어났다. 본 운서는 이와 비교하여『용감수감(龍龕手鑑)』에 의거하여 5,000여 자가 추가되었다. 따라서 뛰어난 장인에게 다시 명하여 좋은 인판을 새기도록 하여 학자들이 그것을 본다면 그 의미가 분명해질 것이다. 숭경(崇慶)[37] 원년(1212) 간지(干支) 임신(壬申) 하지에 서문을 쓰다.

[嘗謂以文學爲事者, 必以聲韻爲心, 以聲韻爲心者, 必以五音爲本, 則字母次第, 其可忽乎. 故先覺之士, 其論辨至詳, 推求至明, 著書立言, 蔑無以加, 然愚不揆度, 欲修飾萬分之一, 是故引諸經訓, 正諸訛舛, 陳其字母, 序其等第, 以見母牙音爲首, 終於來日字, 廣大悉備, 靡有或遺, 始終有倫, 先後有別, 一有如指諸掌, 庶幾有補於初學, 未敢併期於達者, 已前印行音韻, 旣增加三千餘字, 玆韻也. 方之於此 又以龍龕訓字, 增加五千餘字焉. 是以再命良工, 謹鏤佳板, 學者觀之, 目擊而道存, 時崇慶元年歲次壬申長至日序.]

이 내용을 통해『오음집운(五音集韻)』이 매우 보수적인 성격의 운서임을 알 수 있다. 먼저『오음집운(五音集韻)』「서문(序文)」에서는『절운』과『당운』의 편찬 배경에 대해 설명하였다.『절운』은 수당 시기에 육법언과 그의 장손(長孫)인 육납언(陸納言)이 유진(劉臻) 등과 함께 옛날에 있었던 것과 현재 기록한 것을 취하여『절운』 5권을 편찬하였다고 하고, 무릇 '절운(切韻)'이란 상자(上字)로 절(切)을 나누고 하자(下字)로 운(韻)을 삼아서 합쳐야 음을 알 수 있으므로 발성에 의하여 이름이 얻어지게 되는

37 금(金) 위소왕(衛紹王)의 연호 장지일(長至日)은 하지(夏至)의 다른 이름.

것이므로 『자통(字統)』, 『자림(字林)』, 『운집(韻集)』, 『운략(韻略)』 등과는 비교도 할 수 없는 것이라고 역설하였다.

그러나 『절운』의 주석에 잘못이 있고, 글자가 빠지기도 하고 틀리기도 하여 교정본이 불가피하여 『당운(唐韻)』이 편찬되었는데 많은 문헌 자료에서 요긴한 것만을 모아내어, 유가의 경전이 이로부터 면모가 일신되어 유가의 학문이 사라지지 않게 되었다고 하였다.

그리고 『오음집운(五音集韻)』에서는 특별히 오음(五音)과 자모(字母)의 순서에 유의하였음을 명시하였다. 각 소운을 36자모에 따라 일정한 순서대로 배열하였고, 같은 자모(字母)의 소운(小韻) 안에 개합(開合)의 구분이 있을 경우 다시 이를 나누었으며 각 소운(小韻) 앞에 해당 자모(字母)와 등(等)을 명시하였다. 이는 이전 운서와는 확연히 다른 편제 방식이라고 할 수 있다. 『사고전서(四庫全書)』「총목제요(總目提要)」에도 "금(金) 한도소(韓道昭) 『오음집운(五音集韻)』부터 비로소 칠음(七音)·사등(四等)·36자모(字母)로 당송의 자뉴(字紐)[소운(小韻)]를 바꾸기 시작하여 운서에 일대 변화를 가져왔다. ……"라고 명시한 바 있다.[38] 또한 이전에 간행된 운서에는 3,000여 자가 증가되고 운이 늘어났는데, 『오음집운』은 『용감수감(龍龕手鑑)』(997)[39]에 의거하여 5,000여 자를 추가시켰다고 하였다.

그러므로 『오음집운(五音集韻)』에서 160운으로 병합된 것은 『광운』의 "동용" "독용"의 규정과 『집운』을 참조하여 만든 것이므로 『오음집운(五音集韻)』의 음계도 기본적으로 『절운』 계통에서 벗어나지 않았다고 할 수 있다.[40]

---

38 『사고전서(四庫全書)』「총목제요(總目提要)」: "自金韓道昭五音集韻始以七音四等三十六母 顚倒唐宋之字紐 而韻書一變 ……"

39 997년 요대(遼代)의 승려 행균(行均)이 승려들의 독경(讀經), 염불(念佛)을 돕기 위해 한자에 음주(音注)와 석의(釋義)를 붙여서 만든 한자 자전.

5) 원조(元朝)의 운서

금조와 원조는 모두 이민족 왕조에 의해 통치되었지만 몽골에 의해 건립된 원조는 여진족이 세운 금조와는 사뭇 차이가 있었다. 금의 여진족은 한족 문화를 적극적으로 수용하기 위해 자민족의 언어와 풍습까지 금지하였지만[41], 원의 몽고족은 중국의 전통 문화를 무시하고 파괴하였으며 한족들을 가장 낮은 사회 계층으로 귀속시켰다. 특히 독서유생들은 걸인(乞人) 바로 전 단계의 신분이었다.[42]

일찍이 송조(宋朝)부터 도시 경제의 발달과 도시 상인 및 수공업자들의 문화적 요구에 따라 서민 문화가 발달하였는데 중원에 거주하던 몽골·색목인과 기타 외족들은 중원의 전통 문화보다는 서민 문화에 심취하여 화본(話本) 소설, 민간의 강창(講唱)·기예(技藝)·잡극(雜劇)과 남희(南戲) 등이 발전하였다. 그리하여 과거제는 70년이 넘게 폐지되어 유학(儒學)과 시문(詩文)이 그다지 중시되지 않았다.

오늘날 전해지는 『고금운회거요(古今韻會擧要)』는 원(元) 대덕(大德) 원년(元年)(1297)에 웅충(熊忠)이 지었다. 이는 황공소(黃公紹)의 『고금운회(古今韻會)』(1292)를 근거한 간략본이다. 『고금운회거요』는 운부를 『임자신간예부운략(壬子新刊禮部韻略)』에 근거하여 107운으로 나누었

---

40 강충희, 「오음집운(五音集韻)과 광운(廣韻)의 비교연구」, 『중국학보』 20호, 1979; 오길용, 「『오음집운』의 편찬과정과 체재」, 『중국인문과학』 13집, 1994; 오길용, 「오음집운연구」, 전남대학교 박사학위논문, 1995; 홍현지, 「『오음집운』과 『번역노걸대』의 음운체계 비교연구」, 한국외국어대학교 일반대학원 석사학위논문, 2010 참조.

41 『청사고(淸史稿)』 「태종본기(太宗本紀)」: "옛날 금의 희종이 한의 풍습을 따르고 한의 복장을 입고는 본국의 언어마저 잊어버려 태조와 태종의 업적을 퇴색시켰다. …… (昔金熙宗循漢俗, 服漢衣冠, 盡忘本國言語, 太祖太宗之業遂衰……)"

42 청대(淸代) 조익(趙翼), 『해여총고(陔余叢考)』 「구유십개(九儒十丐)」: "元制: 一官, 二吏, 三僧, 四道, 五医, 六工, 七獵, 八民, 九儒, 十丐."

고, 각 운자는 『오음집운(五音集韻)』과 마찬가지로 칠음(七音), 사등(四等), 36자모(字母)의 순서에 따라 배열되었다. 『고금운회거요』「서문」을 통해 구체적으로 살펴보자.

> 육경(六經)에는 운어(韻語)가 있지만 운서(韻書)가 없어 세상의 음은 각자의 방언에 의거하여 압운을 해야 했다. 남조(南朝)의 심약(沈約)이 『운보(韻譜)』를 저술한 후부터 사성(四聲)이 서로 섞여져 압운할 수 없었고 수조(隋朝)의 육법언 등이 운서를 쓴 이래로 칠음(七音)이 정확하지 않게 되었다. 당조(唐朝)에 이르러서는 성률(聲律)을 과거 시험에 설치하여 『운략(韻略)』이 예부에서 공포되고, 운문과 산문이 『운략』을 표준으로 하지 않으면 진사에 선발되지 못하고, 시험관도 『운략』에 의해 결정되었다. 오로지 『예운(禮韻)』이라는 책이 금과옥조처럼 여겨져서 감히 한 글자도 경솔하게 더하거나 보탤 수 없었다. 게다가 이름 있는 관료와 유가의 선비들이 모두 과거와 관련이 있으므로 어떻게 잘못을 논의할 수 있겠는가? 스스로 시문을 짓는 것만 하더라도 간혹 고운(古韻)을 써서 독자들이 이해하기 어려워서 문장을 이룰 수가 없었다.
>
> 음운학이 퇴색된 지 오래되었다. 송대(宋代)의 성(省)·감(監) 등 관직에 있는 유학자들이 의논하여 공표하였으니, 『운략』에 집주(集注)한 자가 거의 50여 명이 되지만 대부분 잘못된 것을 이어받아서 과거 시험의 편의를 위해 대충 정하였다. 『예부운략』을 집필한 자는 경전의 모든 음을 망라하지 않았고 『예부운략』을 해석하는 자도 역시 전적으로 시문을 짓는 근거만으로 삼았으니, 경을 말할 때 쓰이는 어떤 글자가 『예부운략』에 이 글자가 없으면 쓸 수가 없었다. 어떤 자를 읽을 때 경에서는 어떤 음으로 읽는데 『예부운략』에는 이 글자 아래 주(注)가 없어서 압운하는 사람이 잘못 사용하기도 하였다. 사람들에게 오히려 경전의 음에는 위배되지만 『예부운략』의 주(注)에 위배되지 않는 정도에 이르렀다. 그의 폐단을 어찌 다 말

할 수 있겠는가? 다른 것들까지 논의할 겨를이 없을 뿐이다.

[六經有韻語, 無韻書, 五方之音各以韻叶也. 自南史沈約撰『韻譜』[43], 而四聲不相爲用, 隋陸法言等製韻書, 而七音遂譌. 迨李唐聲律設科, 『韻略』之下禮部, 進士詞章非是不在選, 而有司去取決焉. 一部『禮韻』, 遂如金科玉條, 不敢一字輕易出入. 中更名公鉅儒, 皆有科舉之累, 而焉得議其非 ? 獨於私作詩文, 間用古韻, 讀者已聱牙不能以句. 音學之失久矣. 宋省・監申明儒紳論叶, 『韻略』集注殆且五十餘家, 率皆承舛襲譌, 以苟決科之便. 造『韻』者旣未嘗盡括經傳之音, 釋『韻』者又專以時文為據. 或言經作某字, 『韻』無此字, 不可用; 或言經本某音『監韻』此字下無注, 押者非至使人寧背經音 無違韻注 其敝可勝言哉 它又未暇論也.]

같은 고향사람 재헌(在軒) 황공소(黃公紹) 선생은 분개하여 천여 년 간의 운서의 잘못된 부분을 정정하고자 자서(字書)들을 참작하여 『고금운회(古今韻會)』를 저술하였다. 대체로 『설문(說文)』을 근거하였고, 고주문(古籀文)과 속례문(俗隸文)・『범장(凡將)』・『급취(急就)』・필체가 기복이 있는 가로로 쓰인 문자를 참고하였으며, 아래로 율서(律書)・방기(方技)・악부(樂府)・방언(方言)에 이르기까지 깊이 연구하지 않은 것이 없었고, 또한 칠음(七音)・육서(六書)로 검증하였다. 무릇 경사자집(經史子集)의 정음(正音)・차음(次音)・엽음(葉音)・이사(異辭)・이의(異義) 및 사물(事物)・윤류(倫類)・제도(制度) 등 상세하게 해설하지 않은 것이 없을 뿐만 아니라 완비하게 기록해내니 산해의 보물처럼 방대하도다.

나는 관청에서 머물면서 이에 (황공소의 『고금운회』를) 먼저 볼 수가 있었다. 밤을 새워 몰래 논의를 이어보고자 하였으나 애석하게도 그 편질

---

43 심약(沈約)이 만든 운서로서 『사성류보(四聲類譜)』・『사성운보(四聲韻譜)』・『사성보(四聲譜)』로 부르기도 한다. 『양서(梁書)』「심약전(沈約傳)」, 『남사(南史)』「심약전(沈約傳)」, 『수서(隋書)』「경적지(經籍志)」에 기록이 있음.

이 방대하여 각 처의 학사들도 두루 살펴볼 수가 없었다. 은거하면서 『예부운략』을 얻고 모황(毛晃) · 유연(劉淵) 두 사람이 편한 운서를 더하고 경전에는 마땅히 수록되었으나 (『고금운회』에는) 수록되지 않은 글자들을 취하여 따로 『운회거요(韻會擧要)』 한 편을 저술하였다. 비록 예교 문화의 기강으로 삼기에는 부족하지만, 옛 운들의 의혹되는 부분을 풀어낼 수 있었다. 그중 각 조례(條例)는 모두 범례(凡例)와 같다. 비록 그러하기는 하지만, 성음이 있어야 음악이 생기는 것이므로 옛 성인들이 성음을 격율로 삼은 것은 근거가 있는 것이다. 언어와 문자는 더 말할 것이 있겠는가? 오늘날 사람들은 일생 동안 이러한 규율을 준수해왔지만, 그 도를 알지 못하고 오히려 열심히 심약(沈約) · 육법언(陸法言) 등을 따른다. 스스로 얻은 바가 사사로워서 진실로 그것이 가능한 것인지를 알지 못하므로 대강의 내용을 남겨놓으니 후세의 현명한 사람을 기다린다.

[同郡在軒先生黃公公紹, 慨然欲正千有餘年韻書之失, 始秤字書, 作『古今韻會』. 大較本之『說文』, 參以籒古隸俗 · 『凡將』 · 『急就』 · 旁行勇落之文, 下至律書 · 方技 · 樂府 · 方言, 靡所不究, 而又檢以七音 · 六書, 凡經史子集之正音 · 次音 · 叶音 · 異辭 · 異義, 與夫事物倫類制度, 纖悉莫不詳說而備載之. 浩乎像山海之藏也！僕辱館公門, 獨先快覩. 旦日竊承緒論, 惜其編帙浩翰, 四方學士不能遍覽. 隱屛以來, 因取『禮部韻略』, 增以毛 · 劉二韻, 及經傳當收錄未載之字, 別爲『韻會擧要』一編. 雖未足以紀綱人文, 亦可以解舊韻之惑矣. 其諸條貫, 具如凡例. 雖然, 聲音之起而樂生焉, 古先聖人以聲為律, 有以也. 言語文字云乎哉？今之人終身由之而不知其道, 反區區取信於沈 · 陸. 自得之私, 誠不知其可也. 故隙梗概, 以俟來哲.]

위의 「서문」에서 웅충(熊忠)은 먼저 『고금운회거요』의 편찬 동기에 대해 다음과 같이 설명하였다. 첫째, 육경(六經)에 운어(韻語)가 있지만 운서(韻書)가 없어서 각자의 방언에 의하여 압운을 해야 했다. 그동안 심약

(沈約)의 『운보(韻譜)』와 육법언(陸法言)의 『절운』이 편찬되었어도 나름 문제를 가지고 있었다. 특히 세상에서 금과옥조(金科玉條)로 여기는 『운략(韻略)』은 과거 시험의 편의를 위해 개편되었기 때문에 경서의 음운을 읽어내는 데에는 매우 큰 결함을 가지고 있다. 둘째, 이러한 천여 년 간의 잘못을 시정하고자 황공소(黃公紹) 선생이 널리 자료를 수집하여 『고금운회』를 편찬하였지만 인용된 전고(典故)가 매우 많고 훈고(訓詁)에 치중하여 그 방대함 때문에 모든 학자들이 두루 볼 수가 없었다. 셋째, 이러한 상황에서 웅충(熊忠)은 『예부운략』과 모황(毛晃)의 『증수호주예부운략(增修互注禮部韻略)』, 유연(劉淵)의 『임자신간예부운략(壬子新刊禮部韻略)』 등을 참고하여 『고금운회』의 번다한 것을 버리고 요점만을 정리하며 유실된 것을 보충하여 『고금운회거요』를 편찬하게 되었다고 밝혔다.

앞의 『고금운회거요』 「서문」에는 명시하지 않았지만, 『고금운회거요』 「범례」를 통해 그의 체제에 대해 좀더 구체적으로 알 수 있다.

> 옛날 운의 상평(上平) · 하평(下平) · 상(上) · 거(去) · 입(入)의 오성(五聲) 206운은 이제 평수운(平水韻)에서 통용되는 병합한 운에 의거하여 107운으로 하였다. 옛날 운에 실린 것은 본래 순서가 없으나 이제 각 운은 칠음(七音) · 사등(四等)으로 나누어 견(見)에서 시작하여 일(日)로 끝나는 36자모로 나누어 운으로 하였다.[44]

옛날 운에 실린 것을 「칠음(七音)」[45]에서 살펴보면, 한 운(韻)의 글자인

44 『고금운회거요』 「범례」: "舊韻上平下平上去入五聲, 凡二百六韻今依平水韻併通用之韻爲一百七韻. 舊韻所載本無次序今每韻幷分七音四等始於見終於日三十六母爲一韻.": 조희무, 「『고금운회거요』의 제작과 체재」, 중국인문학회: 『중국인문과학』 12집, 1993, 71쪽 재인용.

45 「칠음(七音)」은 『고금운회거요』의 처음에 평수운의 운목에 따라 만든 소운표(小韻表)이다. 운부(韻部) 아래 운류(韻類)를 나누고 다시 성류(聲類)별로 소운(小韻)을 배

데 여러 운으로 들어간 것도 있고 여러 운의 글자인데 한 운으로 병합된 것도 있다. 이제 각 운은 「칠음(七音)」의 운에 의하여 각기 종류대로 모아 두고 "已上案七音屬某字母韻"이라고 주하여 일러둔다.[46]

즉 『고금운회거요』는 전통 운서의 틀에 따라 먼저 평성(平聲)[평성상(平聲上), 평성하(平聲下)] · 상성(上聲) · 거성(去聲) · 입성(入聲)으로 나누고 운목(韻目)은 평수운(平水韻) 107운(韻)을 취하였다. 성류(聲類)는 칠음(七音)과 사등(四等)으로 분별하였으며, 운류(韻類)는 각 류(類)에 대표자를 설정하여 '모자모운(某字母韻)'으로 표시하였다. 각 성조(聲調)마다 운부(韻部)를 배열하였고 각 운부(韻部)마다 성모별(聲母別)로 소운이 수록되어 있다. 각 소운을 나타내는 표제자(標題字)에는 반절(反切)이 표기되어 있었다. 『설문(說文)』에서의 해당 글자에 대한 설명을 제시하고 있는데 『이아(爾雅)』 · 『광운(廣韻)』 · 『예기(禮記)』 · 『사기(史記)』 · 『한지(漢志)』 · 『좌전(左傳)』 등을 인용하여 훈(訓)을 달았다.

『고금운회거요』는 "평수운"의 107운목을 그대로 사용하고 있으나 운부(韻部)마다 "이상속모자모운(已上屬母字母韻)"라고 명시하였다. 이는 전통 운서에서 같은 운인 글자를 여러 자모운(字母韻)에 각각 귀속시킨 것이다. 이를 귀납해보면 실제 운부의 변화로서 어음 변화가 반영된 것으로 볼 수 있다. 즉 『고금운회거요』의 체제로 볼 때, 실제로는 당시의 변화한 실제 어음을 반영하였지만, 표면적으로는 전통을 따랐던 것을 알 수 있다.[47]

열하였다.

46 『고금운회거요』「범례」: "舊韻所載考之七言, 有一韻之字而分爲數韻字, 有數韻字而併爲一韻者, 今每韻依七音韻各以類聚, 注云已上案七音屬某字母韻.": 조희무, 「『고금운회거요』음계연구」, 중국인문학회: 『中國人文科學』 15집, 1996, 51쪽 재인용.

47 왕옥지, 「원대 운서의 가치 및 출현배경 고찰」, 중국어문학연구회: 『중국어문학논집』 38호, 2006.

6) 명조(明朝)의 운서

원말(元末)의 정치 부패와 가렴주구가 극심한 가운데 각지에서 일어난 농민 봉기 과정에서 주원장(朱元璋, 1328-1398)은 명조를 건국하였다. 명의 건국은 외견상 한족 문화의 부흥을 의미하는 듯하지만, 실제로는 비천한 평민 출신의 주원장이 원말의 반란 집단에서 출발하여 점차 군사집단, 정치 집단으로 전환하는 과정을 거치면서 명조를 개창한 것이었다. 그러나 주원장은 명의 창업 과정에서 유교를 국가 시책으로 삼았고, 특히 강남으로 세력을 확장하면서 유교를 공식적으로 표방하여 적극적으로 유사(儒士)들을 초빙하여 정사에 필요한 자문을 구하는 등 이들을 명조 개창의 지원 세력으로 삼았다. 그리하여 유교에 입각한 교화를 강조하여 인재 양성을 위한 국자감(國子監)과 한림원(翰林院)을 설치하였고, 과거제를 시행하여 인재를 널리 등용하였으며, 고금 도서를 수집하고 유교의 확산과 보급을 위해 편찬 사업을 시행하였다.[48]

이러한 문화·학술적 배경에서 명조는 운서사상(韻書史上)의 최고 홍성기라는 명성에 걸맞게 약 116여 종의 운서가 편찬되었다.[49] 그중 홍무(洪武) 8년(1373) 악소봉(樂韶鳳), 송렴(宋濂), 왕선(王僎) 등 15명의 문신들에 의해 편찬된 『홍무정운(洪武正韻)』은 「번각본(藩刻本)」 5종, 「경창

---

48 윤정분, 「명초 경연제도의 배경과 그 특징」, 명청사학회: 『명청사연구』 제25집, 2006. 윤정분, 「명대경연제도와 정국운영의 추이」, 중국사학회: 『중국사학사연구』 75호, 2011.

49 『중국고적선본서목(中國古籍善本書目)』과 『문자음운훈고지견서목(文字音韻訓詁知見書目)』에 수록된 운서가 약 72종이고, 『문연각서목(文淵閣書目)』·『조씨보문당서목(晁氏寶文堂書目)』·『담생당장서목(澹生堂藏書目)』·『만권당서목(萬卷堂書目)』·『명사(明史)』「예문지(藝文志)」 등에는 실전된 운서의 서목을 44여 종 찾아볼 수 있다. 영기부(甯忌浮)(2009), 『한어운서사(漢語韻書史)』, 상해인민출판사(上海人民出版社), 13쪽.

본(經廠本)」 1종, 「사각본(私刻本)」 5종 이외에 각판자(刻版者)나 각판장소가 불분명한 「명각본(明刻本)」의 이본(異本) 5종 등 판본수가 무려 10종에 이르렀다.[50] 또한 『영락대전(永樂大典)』, 『오거운서(五車韻瑞)』처럼 『홍무정운』의 운목(韻目)이 책의 목차로 사용된 경우도 있어서 당시 관운서(官韻書)로서 크게 성행하였던 『홍무정운』이 차지하고 있는 위치를 대변해준다. 『홍무정운』의 「서문」을 통해 편찬 취지에 대해 알아보자.[51]

> 사람은 태어나면서 소리가 있어서 발성되는 말소리에는 칠음(七音)이 갖추어져 있다. 소위 칠음(七音)이란 아음(牙音), 설음(舌音), 순음(脣音), 치음(齒音), 후음(喉音)과 반설음(半舌音)·반치음(半齒音)을 말한다. 지혜로운 이가 면밀하게 살펴서, 청(淸)과 탁(濁)으로 나누고, 각(角), 치(徵), 궁(宮), 상(商), 우(羽)에서 반상(半商)과 반치(半徵)까지 정하니 세상의 모든 글자의 음이 모두 여기에 있게 되었다. 그러므로 글자 음이란 운서(韻書)의 시작이다. 무릇 단독으로 내는 말소리를 성(聲)이라고 하고, 글자를 이룬 것을 음(音)이라고 한다. 글자음은 자연스럽게 어울리는 것이지 억지로

50 장사패(張士佩)의 『홍무정운옥건(洪武正韻玉健)』, 양시위(楊時偉)의 『홍무정운보전(洪武正韻補箋)』, 주후영(朱厚煐)의 『홍무정운고당왕전서(洪武正韻高唐王篆書)』, 주가동(周家棟)의 『홍무정운휘편(洪武正韻彙編)』, 저자 불명의 『홍무정운방음석의(洪武正韻傍音釋義)』 등처럼 명대 학자들 사이에는 『홍무정운』에 대한 연구나 이용이 활발하게 전개되고 있었다. 영기부(甯忌浮)(2009)는 명대의 운서 가운데 장보(章黼) 『병음연성자학집성(幷音連聲字學集成)』(1460), 주우빈(朱祐檳) 『중편광운(重編廣韻)』(1549), 양시위(楊時偉) 『홍무정운전(洪武正韻箋)』(1626), 여상두(余象斗) 『준운편해정종(遵韻篇海正宗)』(1598), 주공양(朱孔陽) 『자운합벽(字韻合壁)』(1628), 진인석(陳仁錫) 『준운편해조종(遵韻篇海朝宗)』, 허이녕(許爾寧) 『운략(韻略)』, 『변음찬요(辨音纂要)』(1624), 주광가(朱光家) 『자학지남(字學指南)』(1601), 여곤(呂坤) 『교태운(交泰韻)』(1603), 모증(毛曾) 『병음연성자학집요(幷音連聲字學集要)』(1561) 등을 모두 『홍무정운(洪武正韻)』 계통 운서로 분류하고 있다.

51 심소희, 「『홍무정운(洪武正韻)』의 「서문(序文)」을 통한 정음관 고찰」, 한국중국언어학회: 『중국언어연구』 제35집, 2011.

만들어서 되는 것이 아니다. 요(堯)·순(舜) 시대의 화답하며 부르던 노래나 길거리에서 불리던 노래는 잠시 논하지 않겠다. 『시경(詩經)』의 「국풍(國風)」·「대아(大雅)」·「소아(小雅)」·「송(頌)」 등 사시(四詩)의 경우, 사회 계층으로 말하자면, 위로는 왕공에서 아래로는 소인배나 천한 노비까지 모두 작품이 있었고, 작자들로 말하자면, 거주하는 곳이 동·서·남·북으로 달라서 그들의 곡조에는 빠르고 높거나 낮고 느린 차이가 있었다. 사방의 음이 매우 달라서 공자가 시를 산정(刪訂)할 때에도 모두 현악기의 가락에 맞추어보고 그 음의 조화로움을 취했다. 음의 조화로움은 자연스러움을 일컫는 것이다. 이것뿐만 아니라 초한(楚漢) 시기 이후, 『이소(離騷)』의 문체나 「교사가(郊祀歌)」, 「안세방중가(安世房中歌)」의 노래 및 위·진 시기의 여러 작품들이 언제 한 가지 규율에 제한받은 적이 있었는가? 또한 그 음을 조화롭게 한 것에 불과할 뿐이다.

[人之生也則有聲, 聲出而七音具焉. 所謂七音者, 牙·舌·唇·齒·喉, 及舌齒各半是也. 智者察知之, 分其清濁之倫, 定爲角·徵·宮·商·羽, 以至於半商半徵, 而天下之音, 盡在是矣. 然則音者, 其韻書之權輿乎, 夫單出爲聲, 成文爲音, 音則自然協和, 不假勉強而後成. 虞廷之『賡歌』, 康衢之民謠, 姑未暇論; 至如『國風』·『雅』·『頌』四詩, 以位言之, 則上自王公, 下逮小夫賤隸, 莫不有作; 以人言之, 其所居有南北東西之殊, 故所發有剽疾重遲之異. 四方之音, 萬有不同, 孔子刪詩, 皆堪被之絃歌者, 取其音之協也. 音之協, 其自然之謂乎, 不特此也. 楚漢以來, 『離騷』之辭, 『郊祀』『安世』之歌, 以及於魏晉諸作, 曷嘗拘於一律 ? 亦不過協比其音而已.]

양조(梁朝)의 심약으로부터 사성(四聲)·팔병(八病)의 제한을 두어 처음으로 평상거입(平上去入)을 나누고 『유보(類譜)』라고 명명하였는데 대체로 오음(吳音)이 많았다. 당에 이르러 시부(詩賦)를 (과거) 시험 과목으로 설치하자 사성 음율의 계율이 더욱 엄격해졌으며, 예부에서 과거 시험을 주관하였기 때문에 이름을 바꾸어 『예부운략』이라고 하였는데 작은 차이까지도 감히 바꾸려고 하지 않았다. 비록 중경(中經)[52]에 몇몇 대학자가 있었지만, 오랫동안 답습되어온 것을 바꾸려고 하지 않았다. 더욱이 실제 통하지 않는 것을 걱정하여 고쳐보려는 자도 있었지만, 조정에 있는 학자에게서 나온 것이 아니기 때문에 신임을 얻지 못하였다. 단지 무이(武夷) 지방의 오역(吳棫)이 이에 대해 매우 고심하여, 『주역』, 『시경』, 『상서』에서 아래로 근세에 이르기까지 무릇 50여 명의 학자를 조사하여 『운보(韻補)』를 만들었다. 신안(新安) 지역의 주희는 오역(吳棫)의 학설에 근거하여 (시집전) 300편의 글자들의 음을 고쳤다. 학식이 있는 자들이 혹은 이를 신봉하였지만 세간에서 쓰인 운은 오히려 예전과 같았다. 아, 음운이 갖추어진 것은 사시(四詩)를 넘을 수가 없다. 『시경』은 공자가 산정(刪訂)하였는데 공자가 정한 기준을 따라 하지 않고, 오로지 구차하게 심약이 정한 것을 신봉하니 큰 문제가 아니겠는가?

[自梁之沈約, 拘以四聲八病, 始分爲平上去入, 號曰『類譜』, 大抵多吳音也. 及唐以詩賦設科, 益嚴聲律之禁, 因禮部之掌貢擧, 易名曰『禮部韻略』, 遂至毫髮, 弗敢違背. 雖中經二三大儒, 且謂承襲之久不欲變; 更縱有患其不通者, 以不出於朝廷學者, 亦未能盡信. 唯武夷吳棫, 患之尤深, 乃稽『易』·『詩』·『書』, 而下逮于近世凡五十家, 以爲『補韻』. 新安朱熹據其說, 以協三百篇之音. 識者雖或信之, 而韻之行世者, 猶自若也. 嗚呼, 音韻之備, 莫踰於四詩! 詩乃孔子所刪舍, 孔子弗之從, 而唯區區沈約之是信, 而不幾於大惑歟.]

삼가 생각하건대, 황제께서 옛 일을 상고하시고 학문을 중시하시어 정

52 당송(唐宋) 시기 국자감(國子監)에서 경서의 글자 수에 따라 대중소(大中小)로 나누었는데 그중 중등(中等)을 중경(中經)이라고 하였다. 당(唐)에선 『시(詩)』·『주예(周禮)』·『의례(儀禮)』를 중경(中經)이라고 하였고, 송(宋)에선 『서(書)』·『역(易)』·『공양(公羊)』·『곡량(穀梁)』·『의례(儀禮)』를 중경(中經)이라고 하였다.

무의 시간에도 친히 운서를 열람하셨는데, 비슷한 종류가 잘못 자리매김되고 성음이 이치에 어그러져 온당하지 않은 것을 보시고는 시문을 담당하는 신하를 불러 말씀하시길, '운학이 강좌(江左)에서 시작되어 더욱 정음을 잃게 되었다.'고 하셨다. 원래 독용(獨用)인데 합쳐져서 통용(通用)이 된 것으로, 예를 들어, 동(東)운과 동(冬)운, 청(淸)운과 청(靑)운이 있고, 또한 원래 한 운인데 나누어져서 두 개 운이 된 것으로는, 예를 들어, 우(虞)운과 모(模)운, 마(痲)운과 차(遮)운이 있다. 이와 같은 예는 일일이 열거할 수가 없다. 자네들은 음운에 능통한 자들의 의견을 널리 구하여 다시 간행하여 그것을 정하라고 하셨다. 이에 한림원의 시강학사(侍講學士)인 악소봉(樂韶鳳), 송렴(宋濂)과 대제(待制)를 맡은 왕선(王僎), 수찬(脩撰)을 맡은 이숙윤(李叔允), 편수(編脩)를 맡은 주우(朱右), 조훈(趙壎), 주렴(朱廉), 전부(典簿)를 맡은 구장(瞿莊), 추맹달(鄒孟達), 전적(典籍)을 맡은 손분(孫蕡)과 답록여권(答祿與權)은 황제의 명철한 조서를 받들어 정성을 다해 연구하고 깊이 사고하여 첫째로 중원(中原)의 아음(雅音)으로 기준을 정하고, 다시 방언에 얽매여 옛날과 오늘날의 음이 통하지 못할까 걱정하여 좌어사대부(左御史大夫)를 맡은 왕광양(汪廣洋), 우어사대부(右御史大夫)를 맡은 진녕(陳寧), 어사중승(御史中丞)을 맡은 류기(劉基), 호광행성(湖廣行省) 참지정사(參知政事)를 맡은 도개(陶凱)에게 가르침을 청하였다. 원고를 여섯 번 옮겨 써서 비로소 편찬해낼 수 있었다.

[恭惟皇上, 稽古右文, 萬幾之暇, 親閱韻書, 見其比類失倫, 聲音乖舛, 召詞臣諭之曰 : 韻學起於江左, 殊失正音, 有獨用當倂爲通用者, 如東・冬・淸・靑之屬; 亦有一韻當析爲二韻者, 如虞・模・痲・遮之屬. 若斯之類, 不可枚舉. 卿等當廣詢通音韻者, 重刊定之. 於是翰林侍講學士臣樂韶鳳・臣宋濂; 待制臣王僎; 脩撰臣李叔允; 編脩臣朱右・臣趙壎・臣朱廉; 典簿臣瞿莊, 臣鄒孟達; 典籍臣孫蕡, 臣答祿與權, 欽遵明詔, 研精覃思, 壹以中原雅音爲定, 復恐拘於方言, 無以達於上下, 質正於左御史大夫臣汪廣洋・右御史大夫

臣陳寧・御史中丞臣劉基・湖廣行省參知政事臣陶凱. 凡六謄稿, 始克成編]

그 소리가 어울리고 운이 화합되는 것은 합치고 그렇지 않으면 나누었다. 의미가 같고 글자꼴이 같은데 두 번 보이는 것은 합쳤다. 옛날 송대의 휘를 피하느라 수록되지 않았던 글자들은 보충하였다. 주석은 모두 모황(毛晃) 부자의 『증수호주예부운략(增修互注禮部韻略)』에 의거하였고, 16권으로 묶어내었는데 계산해보니 76개의 운이고 모두 합치면 몇 만 글자이다. 황제께 아뢰니, 『홍무정운(洪武正韻)』의 이름을 내리시고 신 렴(濂)에게 서문(序文)을 짓도록 명하셨다. 신 렴(濂)이 혼자서 가만히 생각해보니 (일찍이) 사마광(司馬光)이 "만물의 본체와 작용을 갖춘 것은 글자보다 나은 것이 없고, 많은 글자의 모양과 음을 아우르는 것은 운(韻)보다 나은 것이 없다. 소위 천(天), 지(地), 인(人)의 도리, 천성과 천명과 도덕의 오묘함, 예도 음악 형벌 정사의 근원이 모두 이것과 연관이 있으므로 참으로 신중하지 않을 수가 없다."라고 말한 바가 있었다. 고대 사람들의 음은 오로지 조화롭게 화합하는 것만을 취했기 때문에 서로 통하지 않는 것이 없었다. 강좌(江左)에서 처음으로 운서를 만들었을 때, 오직 종으로 사성(四聲)이 있는 것만 알고 횡으로 칠음(七音)이 있는 것을 알지 못했다. 그리하여 가로와 세로가 교차하지 못해 운을 세우는 근본을 잃어 때때로 막히고 얽매이게 되어서 서로 사용하지 못하게 되었다. 송대 관리들이 통합하려고 한 적도 있으나 아주 조금만 『유보(類譜)』와 달라도 군자들은 이를 우려하였다.

[其音諧韻協者併入之, 否則析之; 義同字同而兩見者, 合之; 舊避宋諱而不收者, 補之. 註釋則一依毛晃父子之舊, 勒成一十六卷, 計七十六韻, 共若干萬言. 書奏, 賜名曰『洪武正韻』, 敕臣濂為之序. 臣濂竊惟司馬光有云 : 備萬物之體用者, 莫過於字, 包衆字之形聲者, 莫過於韻. 所謂三才之道, 性命道德之奧, 禮樂刑政之原, 皆有繫於此, 誠不可不慎也. 古者之音, 唯取諧協,

故無不相通. 江左制韻之初, 但知縱有四聲而不知衡有七音, 故經緯不交而失立韻之原, 往往拘礙不相爲用. 宋之有司, 雖嘗通倂, 僅稍異於『類譜』, 君子患之.]

오늘날 성인에 필적하는 황제가 계셔서 (천하를 통일시켜) 너비가 같은 수레와 글자꼴이 같은 글을 쓰게 되어 무릇 예도와 음악, (법률, 학문, 예술, 종교 등) 문물의 모든 것이 옛날의 성현의 것을 따르게 되고 요순 시대의 정치를 계승하여 눈부시게 빛나게 되었다. 운서도 황제께서 고려하시어 문신들에게 명을 내리시길, 음에 따라 올바르게 바로 잡아서 오래된 고질적인 習속을 씻어내라고 하셨으니, 아, 이 얼마나 대단한 일인가? 비록 (음악에서) 선궁(旋宮)이 칠음(七音)으로 균(均)을 삼지만 균(均)은 운(韻)을 말한다. 십이률(十二律)로 옮겨놓으면 팔십사조(八十四調)와 합치되어 서로 돌면서 교차하는데, 대악의 조화로움이 여기에 있게 되는 것이다. 부끄러운 것은 신 렴(濂) 등의 재능과 학식이 어둡고 얕아서 황제의 큰 뜻을 받들 수 없는데, 명령을 받들자니 매우 두려워서 (마음만) 급하고 어찌할 바를 몰랐다. 삼가 두 손을 모아 머리를 조아리고 책의 첫머리에 서문을 써서, 이로써 본 왕조의 문치가 크게 진작되는 모습을 보이니 음운의 학문이 모두 옛날로 돌아가게 되었다고 하였다. 홍무(洪武) 8년(年) 3월18일에, 한림시강학사(翰林侍講學士), 중순대부(中順大夫), 지제고(知制誥), 동수국사(同脩國史) 겸 태자찬선대부(太子贊善大夫) 송렴(宋濂)이 삼가 서문을 적는다.

[當今聖人在上, 車同軌而書同文, 凡禮樂文物, 咸遵往聖, 赫然上繼唐虞之治, 至於韻書, 亦入宸慮, 下詔詞臣, 随音刊正, 以洗千古之陋習, 猗歟盛哉雖然旋宮以七音爲均, 均言韻也, 有能推十二律[53]以合八十四調[54], 旋轉相交,

53 고대 음악의 12가지의 음조. 황종(黃鐘), 태족(太簇), 고세(姑洗), 유빈(蕤賓), 이칙(夷則), 무사(無射) 등 6가지 양률(陽律)과 임종(林鐘), 남려(南呂), 응종(應鐘), 대려(大

而大樂之和, 亦在是矣. 所可愧者, 臣濂等才識闇劣, 無以上承德意, 受命震惕, 罔知攸措. 謹拜手稽首, 序于篇端, 于以見聖朝文治大興. 而音韻之學, 悉復於古云. 洪武八年三月十八日, 翰林侍講學士 · 中順大夫 · 知制誥 · 同脩國史兼太子贊善大夫 · 臣宋濂謹序.]

『홍무정운』「서문」에서는 먼저 성음의 생성 원리에 대해 설명하였는데 이는 기존 운서의 서문과 대별되는 점이다. 즉 "사람은 선천적으로 발음 기관에서 소리를 내는데, 이 말소리는 청탁(淸濁)으로 나뉘고 궁(宮) · 상(商) · 각(角) · 치(徵) · 우(羽) · 반상(半商) · 반치(半徵)의 음악과 합치된다. 이에 공자는 지역에 따라 다른 글자음을 거문고의 가락에 맞추어 『시경』의 조화로운 글자음을 취하였다." 이는 사람의 말소리와 음악에는 모두 음양오행의 정제된 구조 방식이 갖추어져 있어서 서로 감응하고 교류하면서 영향을 미치므로 올바른 글자음을 추구하려면 현실에서 사용되는 구어음을 분석하는 것이 아니라, 궁(宮) · 상(商) · 각(角) · 치(徵) · 우(羽) · 반상(半商) · 반치(半徵)의 칠음(七音)을 통해 만물의 본원 속에서 글자음의 본질을 파악해야 한다는 것이다.

또한 명 태조는 시공(時空)을 초월하여 사용될 수 있는 '중원(中原)의 아음(雅音)'을 기준으로 『홍무정운』을 편찬하도록 하였다. 그동안 현대

呂), 협종(夾鐘), 중려(中呂) 등 6가지 음률(陰律)을 포함한다. 예를 들어 『주례(周禮)』에서 "凡爲樂器, 以十有二律爲之數度."라고 하였으며 『여씨춘추(呂氏春秋)』「고악(古樂)」에서 "次制十二筒, 以之阮隃之下, 聽鳳皇之鳴, 以別十二律, 其雄鳴爲六, 雌鳴亦六, 以比黃鐘之宮, 適合."라고 하였다.

54 고대 음악의 궁조(宮調) 이론 중에서, 궁(宮), 상(商), 각(角), 치(徵), 우(羽), 변궁(變宮), 변징(變徵) 등 7가지 음계(音階)와 황종(黃鐘), 대려(大呂), 태족(太簇), 협종(夾鐘), 고세(姑洗), 중려(中呂), 유빈(蕤賓), 임종(林鐘), 이칙(夷則), 남려(南呂), 무사(無射), 응종(應鐘) 등 12가지 율려(律呂)는 서로 조화하면서 음을 정해 84가지의 음조가 형성되었다. 예를 들어, 「수서(隋書)」권14 「음악지(音樂志)」에서 "律有七音, 音立一調, 故成七調十二律, 合八十四調, 旋轉相交, 盡皆和合."라고 하였다.

학자들은 『홍무정운』이 중원 어느 지역의 음운 체계를 반영하고 있다고 전제하고 중원의 소재지에 대해 천착해왔다. 그간의 논의를 거쳐 '중원(中原)'은 지리적으로 황하 중하류 하남성을 중심으로 하는 화북평원 일대를 의미하는 것으로 합의된 듯하다. 서주(西周) · 동주(東周) · 서한(西漢) · 동한(東漢) · 위(魏) · 서진(西晋) · 북위(北魏) · 수(隋) · 당(唐) · 오대(五代) · 북송(北宋) 등 20여 개 왕조가 정주(鄭州), 안양(安陽), 낙양(洛陽)[55], 개봉(開封) 등 하남 지역에 수도를 정하였기 때문이다. 그러나 다른 각도에서 볼 때, '중원'을 공간적인 개념으로 이해할 수 있다. 중원은 역사적으로 전쟁과 환난이 집중되어 많은 하남인들이 전란을 피하여 다른 지역으로 이주하면서 중화 문명의 전파를 이루었던 '천하의 가장 중심이 되는 지역'인 것이다. 그러므로 중원의 소재지가 구체적으로 어디인지는 그다지 중요하지 않은 것 같다. 게다가 『홍무정운』은 중원 지역에서 사용되었던 실제 구어음이 아닌 '아음(雅音)'을 기준으로 삼았다. '아음(雅音)'은 세속적으로 널리 통용되는 음이 아니라 고상하고 표준적이며 규범에 맞는 음, 문화적 수준이 높은 음이라는 뜻이다. 그래서 아음(雅音)의 글자음은 모든 계층의 사람들이 일상생활에서 사용되는 구어음이 아니라 사회 특권층들이 교육 기관을 통해[56] 학습될 수 있는 음이었다.

명 태조는 모든 예악과 문물이 요순의 정치를 계승하도록 하였고, 글

---

55 낙양(洛陽)은 역사적으로 "짐심(斟鄩) · 서호(西毫) · 낙읍(洛邑) · 낙사(洛師) · 성주(成周) · 왕성(王城) · 낙양(雒陽) · 중도(中都) · 동도(東都) · 동경(東京) · 신도(神都) · 낙경(洛京) · 경락(京洛) · 낙중(洛中) · 숭경(嵩京) · 중경(中京) · 서경(西京) · 이락(伊洛) · 하락(河洛) · 하남(河南) · 낙주(洛州) · 삼천(三川)" 명칭으로 불리워졌다.

56 『대대예기(大戴禮記)』「보부(保傅)」: "古者年八歲而出就外舍, 學小藝焉, 屡小節焉. 束發而就大學, 學大藝焉, 屡大節焉. 束發, 謂成童, 十五岁.", 『한서(漢書)』「식화지(食貨志)」: "八歲入小學, 學六甲五方書計之事, 始知室家長幼之節 ; 十五入大學, 學先聖禮乐, 而知朝廷君臣之禮.", 『주례(周禮)』「보씨(保氏)」: "保氏掌諫王惡, 而養國子以道, 乃教之六藝."

자음을 바로잡아서 음악과 합치되게 하여 음운의 학문이 모두 옛날로 돌아가게 하였다. 이로 볼 때, 『홍무정운』에서 지향하는 목표 시점은 과거이다.[57] 옛 성현의 음으로 읽어야만 성현을 정확하게 이해할 수 있고 현재 통용되는 음으로 읽어내는 것은 성현의 본의를 왜곡시킬 수 있다고 해서 와음(訛音)이라고 경계하였던 것이다.

다시 『홍무정운』「서문」의 내용을 정리하면, 『홍무정운』에 구현된 글자음은 왕도의 음이 근간이 되었더라도 고어가 완벽하게 보존되어 시공을 초월하여 사용되는 이상적인 글자음 체계였다. 일반 대중과는 유리된 음이었지만, 명대 사대부 계층에서는 시부(詩賦)를 짓거나 경서(經書)를 읽을 때 또는 과거 시험을 준비할 때 『홍무정운』에 기재되어 있는 글자음을 표준으로 삼았던 것이다. 이러한 『홍무정운』은 제2의 음운 봉출 시기였던 명대에 인쇄를 거듭하였고, 『홍무정운』의 글자음 체계는 동아시아에서 지식층의 소통 방식으로서 조선뿐만 아니라 일본[58] 등 인근 한자 문화권 주변 국가에 커다란 영향을 미쳤다.

7) 청조(淸朝)의 운서

1616년 누르하치가 만주를 통일하고 세운 청(淸, 1636-1912)은 2대 황제 태종이 즉위한 이후부터 명(明)과 전쟁을 벌이기 시작하여 1644년, 3대 순치제(順治帝, 1638-1661)에 이르러 마침내 명(1368-1644)을 멸망

---

57 명 태조 홍무제(洪武帝)는 몽골의 오랜 지배에서 변질된 한문화의 부흥에 주력, 당(唐) 송(宋) 문화로 환원하려는 복고주의적 정책을 취하였다. 이로 인해 명초의 문화 정책은 중국 전통 문화의 재생과 부흥에 중심을 두었다.

58 장승여(張昇余), 『일본 당음과 명청 관화의 연구(日本唐音與明淸官話的硏究)』, 홍계도서출판공사(興界圖書出版公司), 1998. 정봉(丁鋒), 『일한 유한(Ryukyuan Okinawa) 대음과 명청 관화음 연구(日漢琉漢對音與明淸官話音硏究)』, 중화서국(中華書局), 2008 참조.

시키고 북경에 입성하였다. 그 후 청은 신강 · 티벳 · 몽골 · 대만 등 변강 지역을 제국의 판도에 편입시켜 명보다 2배가량의 영토를 확장시켰다. 청 이전에 중원의 패권을 장악한 요(遼, 916-1125)와 금(金, 1115-1234)은 물론 몽골의 원(元, 1271-1368)도 1세기 넘게 한족을 지배하진 못했던 반면, 한족에 비해 문화도 뒤쳐졌고 인구도 적었던 청은 이전 이민족 왕조들과는 달리 완벽하게 한족을 지배하면서 300년 동안 왕조를 이어나갔다. 청이 문화적 자부심도 강하고 인구도 압도적으로 많은 한족을 그토록 오랫동안 지배할 수 있었던 비결은 무엇일까? 바로 "문화적 화이관(華夷觀)"을 바탕으로 유교의 예치(禮治)에 기본을 둔 통일 정책 때문이었다.

일찍이 당(唐) 태종(太宗, 598-649)은 "오랑캐도 사람이므로 그 마음은 중하(中夏)와 다르지 않다."고 하고 "왕은 덕치의 은택이 더해지지 않음을 염려해야지 종족이 다름을 의심해서는 안 된다."[59]고 하여 전통적으로 굳건히 견지해온 종족적 화이관에서 문화적 화이관을 향한 단초를 열었다. 원말(元末)의 혼란을 수습하고 중국을 통일한 명(明) 태조(太祖) 주원장(朱元璋, 1328-1398)도 "짐이 이미 천하의 주인이 되었으니 화하(華夏)와 이적(夷狄) 사이의 구별이 없으며, 성씨가 비록 다르더라도 모두 어루만질 것이다."[60]라고 선언하였다. 또한 그는 "예의를 아는 자로서 신민(臣民)이 되고자 하는 자에 대해서는 화하(華夏) 사람과 마찬가지로 어루

59 사마광(司馬光) 『자치통감(資治通鑑)』하권(下卷) 상해고적출판사(上海古籍出版社), 1990, 권197, 「정관십팔년조(貞觀十八年條)」, "夷狄亦人耳, 其情與中夏不殊. 人主患德澤不加, 不必猜忌異類": 정석범, 「강옹건(康雍乾)시대 '대일통(大一統)' 정책과 시각 이미지」, 한국미술사교육학회: 『미술사학』 23호, 2009, 11쪽 재인용.

60 『명태조실록(明太祖實錄)』 (중앙연구원(中央研究院) 역사어언연구소(歷史語言研究所), 1991), 권53, 「홍무삼년육월정축조(洪武三年六月丁丑條)」. "朕旣爲天下主, 華夷無間, 姓氏雖異, 撫字如一": 정석범, 「강옹건(康雍乾)시대 '대일통(大一統)'정책과 시각 이미지」, 한국미술사교육학회: 『미술사학』 23호, 2009, 11쪽 재인용.

만질 것이다."[61]라고 선포하였는데 이와 같은 조치 등으로 명조(明朝)의 화이(華夷)를 구분하는 기준은 '종족'이 아닌 유교적 '예의(禮義)'의 유무로 탈바꿈하게 되었다.[62]

북경에서 태어나서 어려서부터 유학의 훈도를 받은 강희제(康熙帝, 1661-1722)는 만주족의 고유 문화로는 군주권을 강화할 수 없으며 한족의 제도를 모방하는 것이 필수적이라는 사실을 절감하였다. 이에 강희제는 경연(經筵)을 열고 평생 독서에 전념하는 한편[63] 남순(南巡)을 통해 민생현안을 해결하는 데 매진하여 유가적 군주로서의 이미지를 구축해나갔다.[64] 그렇다고 해서 그가 만주인으로서의 긍지와 문화적 뿌리를 저버린 것은 아니었다. 유가 군주로서의 이미지는 치국의 방편이었을 뿐, 그가 내세운 '만한일체(滿漢一體)'의 기치는 만주의 한문화에 대한 종속의

---

61 『명태조실록(明太祖實錄)』 2 (중앙연구원(中央硏究院) 역사어언연구소(歷史語言硏究所), 1991), 권26, 「원 지정 27년 10월 병인조(元至正二十七年十月丙寅條)」, "有能知禮義, 願爲臣民者, 與中夏之人撫養無異": 정석범, 「강옹건(康雍乾)시대 '대일통(大一統)'정책과 시각 이미지」, 한국미술사교육학회: 『미술사학』 23호, 2009, 11쪽 재인용.

62 윤영인, 「만주족 정체성과 청대사 연구」, 만주학회: 『만주연구』 제5집, 2006, 11-13쪽. 송미령, 「강희제의 청 제국 구상과 만주족의 정체성」, 역사학회: 『역사학보』 196호, 2007, 127-129쪽.

63 당시 프랑스 선교사 부베(J, Bouvert, 1656-1730)는 강희제에 대해 다음과 같이 소개한다. "지금 강희제는 찬란한 문화를 부흥시키기를 갈망하고 있고, 이러한 목적에 도달할 수 있는 가장 좋은 방법은 각종 학문을 중시하는 것이다. 강희제가 중국 내에서 과학과 예술을 발전시키고 자신이 통치하는 시대가 태평성세를 이루기 위해서는 부지런히 학문과 예술을 탐구함으로써 만민에게 솔선수범을 보이고, 더불어 이러한 정신을 널리 알리는 것, 이것 외에는 좋은 방책이 없다.", "황제는 위대한 사냥꾼이었을 뿐만 아니라 뛰어난 학생이었다. 그는 중국의 고전을 상당히 많이 암송하였고, 중국어와 만주어 두 가지 문자를 자유롭게 사용했다. 선교사들을 통해서 그는 많은 유럽의 학문들, 특히 철학, 천문학 그리고 수학을 배웠다. 그는 하루에 두세 시간 동안 젤비용 신부와 부베 신부에게 학문을 배웠다.": 안종수, 「부베와 라이프니츠」, 새한철학회: 『철학논총』, 52호, 2008, 219-220쪽.

64 송미령, 「청 강희제 동순의 목적과 의미」, 명청사학회: 『명청사연구』 24호, 2005.

의미가 아니었다. 이 점은 그가 황자(皇子)들에게 늘 만주 문화를 근본으로 삼고 한(漢)문화를 수단으로 삼으라고 훈계한 것에서 알 수 있다.[65]

> 한인(漢人)의 학문이 만주인(滿洲人)보다 백배는 낫다는 것을 짐(朕)이 모르는 것은 아니나, 황태자가 한인의 풍속을 즐기고 좋아하게 될까 염려된다. 이 때문에 한인들에게 맡기지 않고, 짐(朕)이 직접 가르쳤다. …… 그대[달합탑(達哈塔)]는 황태자를 봉시(奉侍)하여 만주예법(滿洲禮法)에 통하게 하며, 한인의 풍습에 물들지 않게 하라.[66]

> 청조는 창업 이래 예리한 궁전(弓箭)을 보유하고 천하를 진동하게 하는 빛나는 무력(武力)으로 백성을 안정시키고 천하를 통일하였다. 지금 우리는 조종(祖宗)의 비호로 태평한 천하를 얻은 것이다. 어찌 무비(武備)를 토론하고 연습하는 것을 하지 않겠는가? 이런 까닭에 짐(朕)이 매일 너희들 황자(皇子)들과 근어시위(近御侍衛)들을 이끌고 활쏘기를 하면서 제도와 예의를 완비하는 것이다.[67]

강희제는 통치 대상인 한족에 대해서는 유가적 군주로서의 이미지를 부각시키고, 통치 주도세력인 만주족에 대해서는 문화적 자존 의식을 고취시켰다. 그리하여 강희제는 적극적으로 유교 가치관을 수용하고, 명대

---

65 황자들은 6세가 되면 교육을 받기 시작하였는데, 사서(四書)와 역경(易經)·상서(尙書)·예기(禮記) 등 유학경전과 역사서를 공부하였으며, 만주문과 궁술(弓術) 등 군사 과목들도 함께 배웠다. (이영옥 역, 『중국황태자의 교육』, 김영사, 2007)

66 『강희기거주(康熙起居注)』 권2, 「강희 26년 6월 7일」, 1638-1639쪽, (중국제일역사당안관(中國第一歷史檔案館), 중화서국(中華書局), 1984): 송미경, 「청 강희제의 황태자 결정과 그 위상」, 명청사학회: 『명청사연구』 제33호, 2010, 121쪽. 재인용.

67 『정훈격언(庭訓格言)』, 266-267쪽. (호남인민출판사(湖南人民出版社), 1999) 송미령, 「청 강희제의 황태자 결정과 그 위상」, 명청사학회: 『명청사연구』 제33호, 2010, 122쪽 재인용.

의 과거 제도를 부활시켰으며, 유교 교육 기관인 국자감과 관학을 재건하였다. 또한 남방 출신의 학자들을 대거 발탁하여 대대적인 편찬 사업에 착수하였다.[68] 특히 자학(字學)에 관심을 가지고 있던 강희제는 「성조인황제정훈격언(聖祖仁皇帝庭訓格言)」에서 그의 학문관을 다음과 같이 피력하였다.[69]

> 짐은 어려서부터 전적(典籍)에 관심을 가졌고, 근년에 들어 편정한 책이 대략 수십 종이 되는데 모두 이미 차례대로 완성되었다. 자학(字學)에 있어서는 관심이 더욱 깊다. 『자휘(字彙)』는 지나치게 간략하고 『정자통(正字通)』은 넘칠 정도로 너무 많다. 또 각 지방의 풍토가 같지 않고 말소리도 각각 다르다. 사마광(司馬光)의 『유편(類篇)』은 부분적으로 간혹 명확하지 않은 부분이 있다. 심약(沈約)의 성운(聲韻)은 후대 사람 중에 비판하지 않는 사람이 없다. 『홍무정운(洪武正韻)』은 논박을 당하는 부분이 많아 결국 널리 퍼지지 않았고, 또한 심약(沈約)의 운에 의거하고 있다. 짐은 제가들의 견해를 참조하여 힘써 연구하고 고증하였다. 우리 청조의 만주문자 및 몽고 서역 해외 여러 나라의 문자의 경우 대개 자모(字母)를 따라서 만들어졌다. 발음은 비록 지역마다 다르더라도 글자는 모두 점과 획으로 구성된다. 두 글자가 합쳐져 한 글자가 되고 두 음운을 반절(反切)하여 하나의 음이 된다. 이로부터 천지의 모음은 사람의 목소리에서 나오고 목소리의 형상을 글씨의 모양에 깃들였음을 알 수 있다. 고로 짐은 여러 서적을 참고하여 책 한 권을 편정하여 『강희자전(康熙字典)』이라고 명명하였다. 『자휘(字彙)』가 빠뜨린 내용을 더하고 『정자통(正字通)』의 번잡함을

---

68 강희제는 문화 교육 사업을 매우 중시하여 중요 전적의 편찬에 직접 관여하였다. 예를 들어 『강희자전(康熙字典)』·『패문운부(佩文韻府)』·『청문감(清文監)』·『강희전람람도(康熙全覽览圖)』·『고금도서집성(古今圖書集成)』 등 약 60여 종에 이른다.

69 유항춘, 「강희 말년의 학술과 고금도서집성」, 『한국문화』 57, 2012, 191쪽 재인용.

삭제하여 힘써 상세함과 간략함 사이의 중용을 얻고 지당함에 귀의하여 영구히 전해져 가르침이 될 수 있기를 바라노라.

[朕自幼留心典籍, 比年以來所編定書約有數十種, 皆已次第告成, 至於字學, 所關尤切. 字彙失之簡略, 正字通涉於氾濫. 兼之各風土不同, 語音各異, 司馬光之類篇, 分部或有未明. 沈約之聲韻, 後人無不訾議, 洪武正韻, 多所駁辯, 迄不能行, 仍依沈韻, 朕參閱諸家, 究心考證, 如我朝淸文, 以及蒙古西域洋外諸國, 多從字母而來, 音雖由地而殊, 而字莫不寄於點畫, 兩字合作一字, 二韻切爲一音. 因知天地之母音發於人聲, 人聲之形象寄於字體, 故朕酌訂一書, 命曰康熙字典, 增字彙之闕遺, 刪正字通之繁冗, 務使詳略得中, 歸於至當, 庶可垂示永久云.]

① 『음운천미(音韻闡微)』

이러한 시대적 배경과 학술적 풍토에서 강희(康熙) 54년(1715)에 이광지(李光地, 1642-718)·왕란생(王蘭生, 1680-737)·서원몽(徐元夢, 1655-741)·방포(方苞)·유홍도(兪鴻圖)·주학건(周學健)·이청식(李淸植)·당계조(唐繼祖)·대림(戴臨)·삼보(三保)·아이대(雅爾岱)·이지망(李之網) 등은 강희제(康熙帝)의 명(命)을 받들어 『음운천미(音韻闡微)』를 편찬하였다.

『음운천미』의 특이한 점은 그 체제가 완전히 전통 운서의 재판(再版)으로서, 31성모(聲母)와 76운부(韻部) 체계를 갖추고 있는 『홍무정운(洪武正韻)』보다 더 존고(存古)의 성격을 가지고 있다는 점이다. 『음운천미』가 이처럼 보수적인 성격을 갖는 것은 강희제의 사상 경향과 청대 학술 배경에 깊은 관련이 있음을 짐작할 수 있다.

먼저 성모(聲母)의 경우, 아(牙)·설(舌)·순(脣)·치(齒)·후(喉)·반설(半舌)·반치(半齒)의 36자모(字母)에 따라 구분하였는데 그 이유에 대해 다음과 같이 설명하였다.

운에 따라 음을 구분하는 관건은 자모(字母)에 있다. 매 운 위에 표시한 견(見)·계(溪) 등의 글자가 바로 자모(字母)이다. 그 방법은 범승에서부터 왔는데 송대(宋代) 정초(鄭樵)의 『칠음략(七音略)』에서 상세히 분석되었고 원대(元代) 유감(劉鑑)의 『절운지남(切韻指南)』에서도 상세히 분석되고 규정되었다. 무릇 36자모에는 13모는 겹쳐서 배열되므로 세로 23칸이고 가로 4행으로 나뉜다. 평상거입(平上去入)은 소리에 의하여 분류되고, 순후치설(脣喉齒舌)은 발음 부위에 따라 분류된다. 무릇 경사(經史)의 운서에 음이 있고 글자가 있는 것은 모두 포함시켰고 각 지역의 독특한 부분이나 고금 음운의 변화도 범주를 정하였으니 한어의 음을 변별하는 관건이 되는 것이다. 그 외의 고려나 회교도의 자서도 운을 나누고 자모를 나누었으나 중원의 음과 합치되지 않는 부분이 많고, 소옹(邵雍)의 『황극경세서(皇極經世書)』 및 근대의 운을 논의한 서적에서 그들의 자모가 일치하지 않으니, 혹 자모가 많으면 그 자모에 해당하는 글자가 없을 수도 있고 혹 자모가 적으면 글자음이 많아서 속할 수 있는 자모가 없기도 하다. 오직 36자모의 체계가 한문과 부합되므로 이 책에서는 옛 방식을 따라 36자모를 사용하기로 한다.[70]

또한 운모 체계에 있어서도 106운(韻)의 평수운(平水韻)의 체계를 따라 『광운(廣韻)』을 계승한 전통 운서의 체제를 그대로 유지하여 첫째, 침(侵)·담(覃)·염(鹽)·함(鹹) 등 [-m]운미를 여전히 간직하고 있고, 둘째,

---

70 『어정음운천미(御定音韵阐微)』「범례(凡例)」제6조: "按韻分音在於字母. 每音上所標見溪等字乃字母也. 其法出自梵僧, 詳析於宋鄭樵七音略, 而審定於元劉鑑切韻指南. 凡三十六母内有一十三母重列者, 故縱分二十三行, 橫分四等, 平上去入以聲相附, 脣喉齒舌以類相從. 凡經史韻書中有音有字者皆足以包之, 各省風土之殊, 古今音韻之變亦有以界之, 乃漢文審音之樞要也. 他如高麗, 回回諸字書, 亦分韻分母, 而與中土之音多不對, 邵子皇極經世書及近代言韻者, 其字母各有多寡, 然或字母多而母中不能有字, 或字母少而字音多無所歸, 惟三十六母之譜與漢文合, 今仍其舊.

모든 운모체계에 있어서 개합(開合)과 홍세(洪細)의 틀을 유지하고 있으며, 3등 합구(合口) 세음(細音)이 촬구호(撮口呼)로 전화(轉化)되지 않는 상태를 보존하고 있다 셋째, 입성운(入聲韻)은 양성운(陽聲韻)에 짝지어 입성운미(入聲韻尾) [-p, -t, -k]가 존재하는 어음을 반영하였다.[71] 성조(聲調)도 역시 『광운(廣韻)』이나 『절운지남(切韻指南)』 등 전통 체계에서 보이는 성조 체계를 고수하여 '평(平) · 상(上) · 거(去) · 입(入)'의 사성(四聲)을 고스란히 담고 있다. 『어제음운천미(御製音韻闡微)』「서(序)」를 통해 그의 편찬 취지에 대해 살펴보자.

> 소리의 이치는 매우 정교하다. 천지간에는 자연의 소리가 있고, 사람의 소리에는 자연의 음절이 들어 있다. 옛날 슬기롭고 현명한 사람이 사람의 말소리에 들어 있는 자연의 음절을 취하여 이러한 음절이 노래에 따라 변화하고 또 율여와 조화를 이루도록 하였기 때문에 팔음(八音)이 조화롭고 신과 사람이 화합하게 되었으니 모든 것이 이러한 이치였다. 문장을 지을 때 음운을 따지지 않을 수 없다. 남방과 북방의 풍습 습관과 지리 환경의 차이와 고대와 현대의 변화의 차이를 고려하지 않으면 후(喉), 설(舌), 순(脣), 치(齒) 및 청탁(淸濁)과 경중(輕重)의 차이를 분별하기 매우 어려워서 자주 잘못을 범하고 어지럽고 번잡하게 되어 그의 근원을 깊이 탐구하기 어렵게 될 것이다. 서역의 범승이 자모를 36개로 정하고 천하의 소리를 모아 오음을 분별하여 반절의 학문이 성행하게 되었는데 사마광 정초와 같은 유학자들은 모두 그것을 떠받들었다. 그 반절의 방법에 음화(音和) · 유격(類隔) · 호용(互用) · 차성(借聲)이 있었는데 종류와 체례가 서로 달랐기 때문에 후대 사람들은 그것이 명확하지 않고 번잡하여 바로 이해할 수 없

71 김태완 · 안기섭, 「음운천미의 음운체계와 청대 관화」, 중국인문학회: 『중국인문과학』 28호, 2004, 재인용.

었고, 종종 유격(類隔)과 호용(互用)으로 반절을 음화(音和)가 되게 하여 그 근원을 찾아낼 수 없었다.

[聲音之道微矣. 天地有自然之聲, 人聲有自然之節. 古之聖人, 得其節之自然者, 而為之依永和聲.至於八音諧, 而神人和, 胥是道也. 文字之作, 無不講求音韻. 顧南北異其風土, 古今殊其轉變. 喉舌唇齒, 清濁輕重之分辨在毫釐. 動多訛舛, 樊然淆混, 不可究極. 自西域梵僧, 定字母為三十六, 分五音以總天下之聲, 而翻切之學興. 儒者若司馬光・鄭樵皆宗之. 其法有音和・類隔・互用・借聲, 類例不一. 後人苦其委曲繁重, 難以驟曉. 往往以類隔互用之切, 改從音和而終莫能得其原也.]

우리 강희제께서는 참으로 총명하시어 걸출한 천지만물의 오묘함과 율력 상수의 비밀을 모두 깊이 깨달으시고 본질을 통달하셨다. 국서의 합성 방법은 자연에서 나온 것이기 때문에 한문 반절의 정밀하고 오묘함을 모두 아우를 수 있었다. 따라서 대학사 이광지(李光地)에게 체례와 세목을 기안하게 하셨고, 생원(生員) 왕란생(王蘭生)에게 편집하도록 한 후, 다시 상서(尚書) 서원몽(徐元夢)과 동기성(董其成)에게 교정을 하도록 하셨다. 康(강)熙 54년(年)에 시작하여 지금까지 10년 만에 준공되었음을 아뢰었더니 이를 『음운천미(音韻闡微)』라고 명명하셨다. 대략 그의 반절의 법칙은 천천히 읽으면 두 개의 글자가 되지만 빨리 읽으면 하나의 음이 되므로 음화(音和)에 있어 최고의 경지에 이를 수 있었다. 발음의 조화로움은 모두 사람의 자연스러움에서 나오는 것이지 억지로 내는 것이 아니므로 참으로 간단하고 쉽게 이해할 수 있는 것이다. 이것은 역대로 반절을 만든 사람들이 해내지 못했던 것이었는데, 음운을 추구하는 사람들이 이것을 학습하면 확실히 매우 편리하다.

[我聖祖仁皇帝[72]亶聰, 首出天地萬物之奧, 律歷象數之秘, 靡弗心解神會,

72 청 성조인황제(聖祖仁皇帝) 애신각라(愛新覺羅) 현엽(玄燁, 1654-1722)은 청조의 네

洞徹本原, 以國書合聲之法出於自然, 足以盡括漢文翻切之要妙也. 於是指授大學士李光地, 擬定條例節目, 俾諸生王蘭生纂輯之後, 復以尙書徐元夢董其成. 始自康熙五十四年, 迄今十載奏竣. 命之曰: 『音韻闡微』. 蓋其為法也, 緩讀則成二字, 急讀則成一音. 在音和中尤極 其和總出於人聲之自然, 而無所勉强, 洵為簡明易曉, 從來翻切家所莫及, 而講求音韻者習之, 良甚便也.]

비록 이러하지만, 이는 전적으로 절운(切韻)에 대해 말하는 것이다. 일찍이 『황극경세서(皇極經世書)』를 보니 률(律)이 감응하여 려(呂)음이 나오고, 려(呂)가 감응하여 률(律)음이 나오므로 "률(律)"과 "려(呂)"가 끊임없이 서로 호응하는 것이므로 소리로 만물의 변화를 통솔하니 사람들은 그것이 소리로 수를 만들고 수로써 괘에 합치되어 천지만물의 규율이 모두 이렇게 만들어지는 것이라고 하였다. 우리 강희제께서는 스스로 음운의 근원을 보시고 그것으로 음율을 제정하시고 음악을 만드시고 도덕을 숭상하셔서 그의 도가 관통되지 않는 것이 없었다. 아마도 지혜로움과 해박하심이 미세한 사물에까지 극치에 이르니 어찌 군신들이 고개를 들고 뵐 수조차 있겠는가? 옹정(雍正) 4년 5월(月)18일(日).

[雖然, 此特就切韻言之耳. 嘗觀『皇極經世書』, 律感呂而聲生, 呂感律而音生, 律呂倡和相生不窮, 以聲音統攝萬物之變. 說者謂其以聲起數, 以數合卦, 而萬物之理脩焉. 我聖祖仁皇帝獨見音韻之本原, 即用以審音定律, 作樂崇德, 其道擧無所不貫. 蓋睿知淵通更有極乎至微者. 夫豈羣下所能仰窺萬一哉. 雍正四年五月十八日.]

위의 서문에서 유념해야 할 사항은 『음운천미』에 반절(反切) 방법에

번째 황제이자, 북경으로 수도를 정한 후의 두 번째 황제로서 연호는 강희이고, 시호는 '합천홍운문무예철공검관유효경성신공덕대성인황제(合天弘運文武睿哲恭儉寬裕孝敬誠信功德大成仁皇帝)'이다.

대한 획기적인 개선안이 제시되었다는 점이다. 반절은 천여 년 동안 별다른 수정이나 보완 없이 그대로 사용되어왔는데 『음운천미』에서는 '국서(國書)의 합성(合成) 방법은 자연에서 나온 것이기 때문에 반절의 정밀하고 오묘함을 모두 아우를 수 있었다.'고 하면서, '대략 그의 반절 법칙은 천천히 읽으면 두 개의 글자가 되지만 빨리 읽으면 하나의 음이 되므로 음화(音和)에 있어 최고의 경지에 이를 수 있다.'고 하였다. 『음운천미』 「범례」 제1조를 참조하면 다음과 같다.

> 『절운(切韻)』을 세상에 전하는 글들은, 그 용법이 번잡하며 어려운 음을 취하였다. 이제 본 왕조의 자서(字書)는 합성절법(合聲切法)에 의거하니, 곧 그 용법이 간단하고 쉬운 음을 취한다. 예를 들면, '공(公)'자(字)는 이전에는 '고홍절(古紅切)'이었으나, 이제는 '고옹절(姑翁切)'로 나타내며 '건(巾)'자(字)는 예전에 '거은절(居銀切)'이었으나, 이제는 '기인절(基因切)'로 표현한다. …… 대개 번절(翻切)의 앞 자(字)는 성모(聲母)를 결정짓고, 뒷 자(字)는 운(韻)을 결정한다. 이제 앞 자(字)는 본래의 음을 나타낼 수 있는 것을 선택하고, 뒷 자(字)는 본래의 운(韻)을 받는 것을 택하니, 그것을 천천히 읽으면 두 글자이나, 빨리 읽어내면 하나의 음을 이루게 된다. 이 방법은 국서(國書)의 12자두(字頭)로부터 시작되어, 음운의 원류를 담고 있으며, 번절(翻切)의 오묘함을 파악하고 있어서, 간명하고 이해하기 쉬우니, 예전에는 없던 새로운 것이다.[73]

예를 들어, '공(公)'자는 이전에는 '고홍절(古紅切)'이었으나, 『음운천

73 『음운천미(音韻闡微)』「범례(凡例)」 제1조: "世傳切韻之書, 其用法繁而取音難. 今依本タ朝字書合聲切法, 則用法簡而取音易. 如公字舊用古紅切, 今擬姑翁切; 巾字舊用居銀切, 今擬基因切……蓋翻切之上一字定母, 下一字定韻. 今於上一字擇其能J生本音者, 下一字擇其能收本韻字, 緩讀之爲二字, 急讀之卽成一音. 此法啓自國書十二字頭, 括音韻之源流, 握翻切之竅妙, 簡明易曉, 乃前古所未有也."

미』에서 '고옹절(姑翁切)'로 나타내는 것은 '공(公)'과 '고(姑)'가 성모 · 청탁 · 성조가 모두 같고, '공(公)'과 '옹(翁)'은 운모 · 등 · 청탁 · 성조가 모두 동일하기 때문이다. 특히 '고(姑)'자는 운미가 없고 '옹(翁)'자는 영성모로서 두 글자의 주요 모음이 같기 때문에 빨리 읽으면 자연히 하나의 음을 이루게 된다. '이것은 역대로 반절을 만든 사람들이 해내지 못했던 것이었는데, 음운을 추구하는 사람들이 이것을 학습하면 확실히 매우 편리하다.'고 하였다.

그러나 이러한 반절은 단지 방법상의 '개선'일 뿐, 반절이 반영하는 어음 체계를 변혁하고자 한 것이 아니라는 점은 다음 문구에서 분명히 명시하고 있다. '비록 이러하지만, 이는 전적으로 절운(切韻)에 대해 말하는 것이다[雖然此特就切韻言之耳].' 즉, 『음운천미』에는 각 글자 아래 '예전 반절로 쓰인 글자가 적절하면 그 반절을 사용하였다.'[74]고 하며, 합성(合聲)의 조건에 완전히 일치하는 경우 전통적 반절의 개념을 더 중시하여 『광운』과 『집운』의 반절을 그대로 사용하였다.

관수(官修) 운서인 『음운천미』는 전통적인 운서의 틀을 고수하면서 초방언적인 문언음(혹은 독서음) 체계를 담고 있어서 전국적으로 통행될 수 있었다. 옹정제(雍正帝, 1723-735)는 관리는 반드시 관화(官話)를 이해해야 한다는 칙령을 내렸으며, 당시 복건성과 광동성에 '정음서원(正音書院)'을 설립하여 관화를 교육하였다.[75] 이때 사용한 정음교재(正音教材)

74 『음운천미(音韻闡微)』 「범례(凡例)」 제4조: "遇舊韻書翻切用字已合者, 則仍其舊也."

75 『옹정실록(雍正實錄)』 권72, 「옹정 6년 8월 갑신(甲申) 조목」: "황제께서 이르시길, 광동성(廣東省) · 복건성(福建省)의 사람들은 관화(官話)를 알지 못하는 경우가 많다. …… 오직 사투리로 공부하여 글자의 음을 읽는 것이 습관이 된 후에는, 관화(官話)를 배우더라도 혓소리를 느껴서 바꾸어 적응하기가 어렵다. 해당 독무(督撫)와 학정(學政)에게 명하여, 무릇 사투리에 매여 공부하는 곳에는, 유력한 집안을 일깨워 명하여 먼저 인근에서 관화(官話)로 공부를 시키는 선생을 모셔다가 그 자제를 가르치고 돌려가면서 서로 전수하게 하였다. 8년을 기한으로 하고, 8년 이후에도 생원

로는 광동 지방 사람이 사용한 『정음저화(正音咀華)』(1853)와 『정음절운지장(正音切韻指掌)』(1860)이 있으며, 복건 지방 사람이 사용한 『정음통속표(正音通俗表)』(1867)가 있다. 이들 교재가 표준으로 삼은 '정음(正音)'은 다름 아닌 『음운천미(音韻闡微)』가 대표하는 음계였던 것이다.[76]

② 『강희자전(康熙字典)』

강희(康熙) 55년(1716년)에 편찬된 『강희자전(康熙字典)』은 운서의 범주에 넣을 수는 없지만,[77] 『광운(廣韻)』, 『옥편(玉篇)』, 『집운(集韻)』, 『고

(生員)·공생(貢生)·감생(監生) 중에서 관화(官話)를 할 줄 모르면, 잠시 향시(鄕試)의 응시를 정지시키고, 포정사(布政使)가 글을 지어 부쳐 보내는 것도 허락하지 않았다. 동생(童生)이 관화(官話)를 하지 못하면 부(府)·주(州)·현(縣)에서는 학정(學政)에게 보내 시험을 치르는 것도 허락하지 않았다. 관화(官話)를 배워 훤히 소통할 때를 기다렸다가 다시 그 응시를 허락하였다. 사투리가 있는 모든 省에 시행하여 한 가지로 준수하게 하였다.'(上諭, 廣東福建人多不諳官話…… 祇因用鄕語讀書以致字音讀慣後, 雖學習官話, 亦覺舌音難轉應, 令該督撫學政, 於凡係鄕音讀書之處, 諭令有力之家先於鄰近延請官話讀書之師, 敎其子弟, 轉相授受, 以八年爲限, 八年以外, 如生員貢監不能官話者, 暫停其鄕試, 布政使不准起文送部, 童生不能官話者, 府州縣不准取送學政考試, 俟學習通曉官話之時, 再准其應試, 通行凡有鄕音之省, 一體遵行.) (김태완, 「음운천미를 통한 청대 관화 성모체계 고찰」, 한국중국언어학회: 『중국언어연구』 14호, 2002, 245쪽 재인용.)

76 『정음저화(正音咀華)』와 『정음절운지장(正音切韻指掌)』의 저자이자 함풍(咸豐)(1851-1861) 연간에 광주(廣州)의 '정음서원(正音書院)'에서 '정음'을 직접 가르친 사이존(莎彛尊)은 『정음절운지장(正音切韻指掌)』 「범례(凡例)」에서 '이 저서는 특히 정음을 배우는 자들을 위해 지은 것이다.'라고 전제하고, 이어서 '정음(正音)은 결코 북경음(北京音)이 아니며 중주음(中州音)이다.'라고 하였다. 그가 표명한 '중주음(中州音)을 기본으로 한다.'라는 저서의 원칙은 사실 중원(中原)의 어음을 전수한다는 것이며, 또한 중주음(中州音)을 '정음(正音)'으로 여겼음을 알 수 있게 한다.

77 강희제(康熙帝)의 칙명으로 진정경(陳廷敬)·장옥서(張玉書) 등 30명의 학자가 참여하였다. 명의 『자휘(字彙)』·『정자통(正字通)』 등을 참고하였으며, 12집으로 나누고 119부로 세분하여 총 42권으로 구성되었다. 214개의 부수를 세워 약 47,000자를 각 부수에 배속시켜 획수 순으로 배열하고, 각 글자마다 반절(反切)·훈고(訓詁)·자해(字解)와 속자(俗字)·통자(通字)를 표시하였다. 자해는 고전의 용례(用例)를 경

금운회거요(古今韻會擧要)』, 『홍무정운(洪武正韻)』 등 고운서(古韻書)의 반절(反切)이 모두 수록되어 있다. 『어제강희자전(御製康熙字典)』「서(序)」를 보자.

『역전』에서는 "상고 시기에는 '결승(結繩)'으로 다스렸는데, 후대에 성인이 이를 대신하여 '서계(書契)'를 창제하였다. 그러자 모든 관리들이 다스려지고 모든 백성들이 살펴질 수 있게 되었다."라고 하였다. 주의 관리 외사(外史)는 책 이름을 사방에 널리 알리는 역할을 담당하였고, 보씨(保氏)는 귀족 자제들을 양성하는데 '육서'를 가르쳤는데, 문자를 고찰하는 것은 매우 중대한 일에 속하였으니 무릇 그것은 만 가지 일과 백 가지 만물의 근본이자 바탕으로 정치와 교육을 이롭게 흐르게 하기에 충분했다. 옛 글 전서(篆書)와 예서(隸書) 등은 세월에 따라 변하여 동한에 이르러서는 허신(許愼)의 『설문해자(說文解字)』가 나왔다. 하지만 (이 책은) 자의(字義)만 중요시하고 자음(字音)은 소홀히 하였다. 이러한 까닭에 세상에서는 한대 유학자들이 글자만 알고 글자음은 알지 못한다고 하고, 강남의 유학자들은 사성(四聲)만 알 뿐, 칠음(七音)은 알지 못한다고 한다.

[易傳[78]曰 上古結繩而治, 後世聖人易之以書契[79], 百官以治萬民以察. 周

사백가(經史百家) 및 한 · 진 · 당 · 송 · 원 · 명 이래의 시인 · 문사들의 저술에서 광범하게 인용하였다. 음운과 훈고에 중점을 두어 각 글자마다 금운(今韻)을 앞에 두고 고운(古韻)을 뒤로 하였으며, 정의(正義)를 앞에 두고 방의(旁義)를 뒤에 두었다.

78 『역전(易傳)』은 전국 시기 『역경(易經)』을 해설한 논문집이다. 그 학설은 공자에 기본을 두고 공자 후학에 의해 이루어졌다. 『단전(彖傳)』「상하편(上下篇)」· 『상전(象傳)』「상하편(上下篇)」· 『문언전(文言傳)』· 『계사전(繫辭傳)』「상하편(上下篇)」· 『설괘전(說卦傳)』· 『서괘전(序卦傳)』· 『잡괘전(雜卦傳)』 등 모두 10편인데 한대에는 "십익(十翼)"이라고 불렀다.

79 『역(易)』「계사하(繫辭下)」: "上古結繩而治, 後世聖人易之以書契. 『서서(書序)』: "古者伏羲氏之王天下也, 始劃八卦, 造書契, 以代結繩之政, 由是文籍生焉. 육덕명(陸德明) 『경전석문(經典釋文)』: "書者, 文字. 契者, 刻木而書其側. 『자치통감(資治通鑒)』「진안제륭안삼년(晋安帝隆安三年)」: "珪曰 : '書籍凡有几何, 如何可集?' 對曰: '自書契以来, 世

官外史 掌達書名於四方, 保氏養國子教以六書, 而考文列於三重. 盖以其為萬事百物之統紀, 而足以助流政教也. 古文篆隷, 隨世遞變, 至漢許氏始有說文, 然重義而略於音. 故世謂漢儒識文字而不識子母, 江左[80]之儒識四聲而不識七音.]

'칠음(七音)'의 전통은 서역에서부터 비롯되었다. 36자(字)로 성모를 나타내는데, 세로는 '사성(四聲)'을 분류하고, 가로는 '칠음(七音)'을 나열하였다. 이렇게 하여 세상의 모든 소리를 바로잡아 정리해낼 수 있었다. 일찍이 『관자(管子)』의 책에 실려 있는 바를 고찰해보면, 모든 백성들이 (내는) 소리의 청탁(淸濁)과 고하(高下)를 각각 그 지역 강의 깊고 얕음, 샘의 토양의 넓고 좁음에 본떠서 만든 것이었다. 그러므로 오음(五音)에 반드시 치우침이 생기게 되어 칠음(七音)이 온전하게 갖추어지는 것은 매우 드물게 되었다. 이것이 역대로 전해지는 바 음을 취한 것이 한가지로 일치되지 못한 까닭이다. 『설문해자』 이후의 자서 중에서 비교적 잘 된 것으로는 양(梁)의 『옥편(玉篇)』, 당(唐)의 『광운(廣韻)』, 송(宋)의 『집운(集韻)』, 금(金)의 『오음집운(五音集韻)』, 원(元)의 『고금운회거요(古今韻會擧要)』, 명(明)의 『홍무정운(洪武正韻)』이 있는데, 모두 당시에 크게 유행했을 뿐 아니라 후세에 지대한 영향을 미쳤다. 후세에 전해졌지만 드러나지 않은 것이 수십, 수백 권이 있다. 그것을 편집한 이들은 모두 스스로 조금도 잘못이 없다고 말하지만, 후세 유학자들이 추론해보니 부족한 점들이 많았다. 혹은 수록된 글자를 세밀하게 해야 할 것과 생략해야 할 것의 중심을 잃어버리

有滋益, 以至于今, 不可勝計. 苟人主所好, 何優不集.'" 청(清) 공자진(龔自珍) 『서역치행성의(西域置行省議)』: "東南臨海, 西北不臨海, 書契所能言, 無有言西北海狀者. 주자청(朱自青) 『경전상담(經典常談)』 「설문해자(說文解字)」: "'契'有'刀刻'的義; 古代用刀筆刻字, 文字有'書契'的名稱.

80 강남 지역을 가리킴. 장강(長江) 하류의 천호(芜湖)와 남경(南京)의 아래 남쪽 연안 지역. 옛날에는 동쪽을 왼쪽[左]이라고 하고 서쪽을 오른쪽[右]이라고 하였다.

거나, 혹은 인용된 문헌이 난잡하거나 세밀하지 못하기도 하여 (이에 대한) 기준이 없고, 혹은 글자에 여러 의미가 있지만 상세히 밝히지 않았거나, 혹은 여러 개의 독음이 있지만 모두 적어놓지 않아서 일찍이 완전함을 갖춘 경전으로 받들어져서 늘상 바꾸지 않아도 될 만한 것이 없었다.

[七音之傳, 肇自西域. 以三十六字為母, 從為四聲, 横為七音. 而後天下之聲, 總於是焉. 嘗考管子之書所載 五方之民, 其聲之清濁高下各象其川原泉壤淺深廣狹而生 故于五音必有所偏得, 則能全備七音者, 鮮矣. 此歷代相傳, 取音者所以不能較若畫一也. 自說文以後字書, 善者, 於梁則『玉篇』, 於唐則『廣韻』, 於宋則『集韻』, 於金則『五音集韻』, 於元則『韻會』, 於明則洪武『正韻』, 皆流通當世, 衣被後學. 其傳而未甚顯者, 尚數十百家. 當其編輯, 皆自謂毫髮無憾, 而後儒推論輒多同異, 或所收之字繁省失中, 或所引之書濫疎無準, 或字有數義而不詳, 或音有數切而不備, 曾無善兼美具, 可奉為典常而不易者.]

짐이 매번 경전을 읽어 견문을 넓히고자 함에 문자의 독음과 의미가 복잡하고 심오하여, 한 개인의 견해에만 의거하여 자신의 의견을 고수하고 모든 방면에 정통하고 빠짐이 없게 하기는 어려웠다. 이에 유학자들에게 명하여 옛 서적을 모두 취하여 순서대로 배열하여 모으되, 독음을 표시하고 의미를 밝히도록 하였다. 『설문(說文)』과 『옥편(玉篇)』을 주로 따르고, 동시에 『광운(廣韻)』·『집운(集韻)』·『고금운회거요(古今韻會擧要)』·『홍무정운(洪武正韻)』 등도 참고하며, 이 외의 책에서도 인용할 만한 독음이나 의미가 있으면 빠짐없이 기록하도록 하였다. 여러 저작에서 완전하지 않은 용례에 대해서는 경사백가와 한(漢)·진(晉)·당(唐)·송(宋)·원(元)·명(明) 각 시대의 시인과 문인의 기록에서 다방면으로 널리 자료를 수집하여 근거를 삼도록 하였다. 그러한 연후에 고금 자형의 분별과 방언 발성의 차이를 각각 나누어 배열하여 책을 펼치면 일목요연하여 하나라도 의미가 상세하지 않거나 하나라도 독음이 갖추어지지 않은 것이 없다. 무룻 5년의 검열을 걸쳐 본 책을 완성하여 『자전(字典)』이라고 명명하였다. 이것으로 문자 통일의 정책을 밝히며, 옛 도를 연구하는 학문을 계승하게 하고 문자의 발전과 역사적 과정을 잘 이해할 수 있게 되어 관청의 벼슬아치와 백성들이 따라 지키는 표준이 되기를 바란다. 이것으로 자저의 서를 삼는다. 강희 55년 윤3월 19일.

[朕每念經傳至博 音義繁賾, 據一人之見 守一家之說, 未必能會通罔缺也. 爰命儒臣, 悉取舊籍, 次第排纂, 切音解義. 一本『說文』·『玉篇』, 兼用『廣韻』·『集韻』·『韻會』·『正韻』, 其餘字書 一音一義之可採者, 靡有遺逸. 至諸書引證未備者, 則自經史百子, 以及漢晉唐宋元明以來詩人 文士所述, 莫不旁羅博證, 使有依據. 然後, 古今形體之辨, 方言聲氣之殊, 部分班列 開卷了然, 無一義之不詳 一音之不備矣. 凡五閱歲而其書始成, 命曰字典, 於以昭同文之治. 俾承學稽古者, 得以備知文字之源流, 而官府吏民亦有所遵守焉. 是為序. 康熙五十五年閏三月十九日.]

동아시아 지역의 한자 문화권의 사유 특징에 의하면, 소리[聲]과 음(音)은 모두 '천인합일(天人合一)'의 만물 생성 원리에 의해 탄생되어 그 구조 원리가 선천적으로 같다고 본다. 그리하여 올바른 '성(聲)'과 '음(音)'은 인간의 성정(性情)도 교화시킬 수 있다고 여겼다. 때문에 한자를 어떤 글자음으로 읽을 것인가에 대한 고충은 각 시대마다 특히 왕조가 바뀔 때마다 있어왔고 그 고충의 결과물로서 운서(韻書)가 편찬되었다. 이 책에서 살펴본 각 왕조별 편찬된 관찬(官撰) 운서의 서문에는 편찬자들의 글자음의 기준을 정하기 위한 고심의 흔적을 쉽게 찾아볼 수 있었다. 운서의 글자음들은 먼저 성현들의 본의를 이해하고 따르기 위해선 고음(古音)과 소통되어야 했고, 통일 왕조의 '독음통일(讀音統一)'이라 하는 정치적 수요를 이루기 위해선 왕도(王都) 중심의 여타 지방 음을 제압할 수 있는 "아음(雅音)"이어야 했다. 그러므로 운서에서 반영하는 글자음 체계는 당시의 실제 말소리 체계에 합치될 수가 없었다. 어쩌면 운서에 구현되어 있는 글자음의 체계는 말소리 체계보다 상위 체계로서 말소리 체계와 다를수록 더욱 권위를 갖는 것으로 간주되었다.

『절운』에서 『음운천미』까지의 역대 왕조에서 편찬되었던 운서들은 과거 시험에 응시하기 위한 시부 용운의 공구서로서 제작되어 본연의 기능을 다하였다. 『절운』·『당운』·『광운』의 초기 운서는 음을 변별하는 데에 치중하여 될 수 있는 대로 운을 분별하는 데 주력하였다.[193운(『절운』) → 196운(『당운』) → 206운(『광운』)], 또 『오음집운』·『고금운회거요』·『홍무정운』·『음운천미』의 후기 운서부터는 실제 활용 수요에 맞추어 통용(通用)·합용(合用)에 근거로 합병되는 경향이었다.[160운(『오음집운』) → 107운(『고금운회거요』) → 106운(『음운천미』).] 그러나 편집상 변화를 거듭하였으나 실제 음운 체계의 변화는 크지 않았다. 각 운서에서 지향하는 정음 체계는 공간적으로는 왕도 중심 또는 중원 문명이 배태된 지역 중심의 어음이었고, 시간적으로 존고·복고주의의 어음을 지향하였다. 즉 "고금남북(古今南北)"의 시·공간이 모두 고려되는 이상적인 문언음 체계였던 것이다. 그리하여 수대(隋代) 『절운』은 수·당 시대의 어느 실제 방음(方音)과도 부합되지 않았고, 송대 『광운』과 『평수운』 역시 송대와 원대의 어느 지역의 실제 음운 체계와 부합되지 않았다. 금대와 원대 이후 정치 중심이 북방으로 옮겨왔으나 심음(審音)을 목적으로 한 운서가 여전히 실제 음독과는 다른 어음 체계를 고수하고 있었던 것은 과거 시험 또는 문인(文人)들의 시부(詩賦) 용운(用韻)이 여전히 『절운』 계통의 운서를 바탕으로 제작되었기 때문이다.

이러한 운서에 구현된 문언음 음운 체계는 이 책에서 논의하는 소옹의 역리적 상수학에서 추론된 정음 체계와 직접적인 관련은 없는 듯하다. 그러나 '규범적'이고, '이상적'이며, '인위적'인 음운 체계라는 공통 인수는 소옹의 정음관이 가능할 수 있었던 문화적 토양을 충분히 설명해준다.

2. 운도에 나타난 정음관

소옹의 『황극경세서』 「성음창화도」는 운도의 형식으로 정리되었으므로 후세에 제작된 운도에서 소옹의 『황극경세서』 「성음창화도」와의 계승 발전 관계를 구체적으로 탐색해볼 수 있을 것이다.

먼저 운도는 대략 세 가지 유형으로 나눌 수 있다. 첫 번째 유형은 기본적으로 『절운(切韻)』이나 『광운(廣韻)』의 음계를 연구하여 그 반절을 도표에 그려낸 것이다. 대표적인 운도로는 『운경(韻鏡)』과 『칠음략(七音略)』을 들 수 있는데, 이들은 『광운』의 206운을 43개의 도표에 그려놓고, 이를 43전(轉)이라고 하였다. 두 번째 유형은, 첫 번째 유형의 기초 위에 당시의 몇 가지 음운 변화를 참조하여 조정한 것이다. 『절운지장도(切韻指掌圖)』 · 『경사정음절운지남(經史正音切韻指南)』(약칭하여 『절운지남(切韻指南)』) · 『사성등자(四聲等子)』 등이 그것이다. 이러한 류의 운도는 『운경(韻鏡)』의 43개 도표를 간략히 20개의 도표로 귀납해냈는데 『절운지장도』가 그러하며, 또 『절운지남』과 『사성등자』는 16섭으로 귀납해냈다. 『절운지장도』는 귀납한 20개의 도표에 섭의 명칭을 기재하지 않았지만, 『절운지남』과 『사성등자』에는 16섭의 명칭이 기재되어 있다. 이 세 운도들은 운목(韻目)을 모두 『광운』의 206운에서 따왔고, 성모도 모두 36자모를 사용한 공통적인 특징을 가지고 있다. 이들은 정도의 차이는 있지만, 모두 당시 음을 근거로 몇 가지를 조정하거나 합병하여, 음운 체계, 특히 운모 체계에서의 변화가 두드러진다. 첫 번째 유형과 두 번째 유형의 운도는 모두 송 · 원 시기에 제작된 것으로 알려져 있다. 본 절에서는 이제 세 번째 유형의 운도에 대해 살펴보고자 한다.

세 번째 유형의 운도는 주로 명 · 청 시기에 제작된 운도로서 다양한 형식과 내용이 특징이다. 명 · 청 시기에 얼마나 많은 운도가 제작되었는지 알 수 없으나 오늘날 전해지는 운도만 해도 약 120여 종 정도이다.[81] 작자들의 자술(自述)과 자료 분석을 통해 볼 때, 명 · 청 시기 운도 작자들은 방언(方言)이나 고음(古音)에 기초하여 "인류 공동의 어음을 표현하는 정음 체계"를 구현하고자 하였음을 알 수 있다. 작자들은 각자 정음의 범주를 정하고 그들의 어음 지식과 심음 능력에 따라 각양각색의 운도를 제작한 것이다. 이는 이 책에서 논의하는 소옹의 정음관이 계승된 것이라고 할 수 있다. 운도의 체제 면에서도 소옹의 『황극경세서』「성음창화도」의 영향을 크게 받았다. 소옹이 어음을 분석할 때 사용한 '성모(聲母)를 가리키는 음(音)', '운모(韻母)를 가리키는 성(聲)', '사등(四等)을 구분하는 개(開) · 발(發) · 수(收) · 폐(閉)' 등의 술어가 명 · 청 시기의 운도에 계속 사용되었고 천성(天聲)과 지음(地音)에 글자가 없는 빈자리를 '● [천성(天聲)]'과 '■ [지음(地音)]'으로 표시하는 방법도 그대로 계승되었다. 그리하여 반뢰(潘耒, 1646-1708)는 『유음(類音)』에 18개의 글자 없는 음을 설정하였고, 웅사백(熊士伯)은 『등절원성(等切元聲)』의 「원성운보(元聲韻譜)」에 11개의 글자 없는 음을 제시하였으며, 강영(江永, 1681-1762)과 강유고(江有誥, ?-1851)도 36자모 이외에 14개의 글자 없는 음을 첨가시켰다. 노내선(勞乃宣, 1843-1921)도 36자모 이외에 22개의 글자 없는 음을 정하였는데 이러한 방식은 전적으로 소옹의 『황극경세서』「성음창화도」의 영향이라고 추정할 수 있다. 또한 원자양(袁子讓)[82] · 방

81 이 방면에 대한 연구로는 조음당(趙蔭棠), 『등운원류(等韻源流)』, 문사철출판사(文史哲出版社), 1957; 이신괴(李新魁), 『한어등운학(漢語等韻學)』, 중화서국(中華書局), 1983; 경진생(耿振生), 『명청등운학통론(明清等韻學通論)』, 어문출판사(語文出版社), 1992가 있다. 조음당(趙蔭棠)은 역사적인 각도에서 운도를 남계(南系)와 북계(北系)로 나누었고, 이신괴(李新魁)는 각 운도의 음계의 성질에 따라 중고운서음(中古韻書音), 상고음(上古音), 현실음(現實音), 구어(口語), 방음(方音), 종합성질(綜合性質)의 음계 등으로 나누었으며, 경진생(耿振生)은 각 운도의 음계의 성질에 따라 관화방언구(官話方言區), 남방방언구(南方方言區), 고음(古音), 혼합형음계(混合型音系)로 나누었다.

82 원자양(袁子讓)은 명(明) 침주(郴州) 사람이다. 생졸년 미상. 자는 자견(仔肩)이고 호는 칠십일봉주인(七十一峰主人)이다. 만력 13년(1585)에 거인(擧人)이 되었고 29년

이지(方以智, 1611-1671) · 웅사백(熊士伯) · 방대곤(龐大坤) 등 많은 명 · 청 시기의 학자들은 『황극경세서』「성음창화도」를 전문적으로 연구하였고, 교중화(喬中和) · 번등봉(樊騰鳳) · 종상(宗常) 등도 소옹의 음학(音學) 관념을 적극적으로 받아들였다. 다음의 논의를 통하여 신유학의 발전과 더불어 명 · 청 시대에 제작된 운도에 소옹의 『황극경세서』「성음창화도」가 어떻게 계승 · 발전되었는지에 대해 좀 더 구체적으로 고찰하여보자.

1) 공간적 개념에 기초한 정음관

명 · 청 시기의 학자들에게는 자신의 방언을 귀납하여 객관적으로 기록하고 묘사하는 개념이 구체적으로 세워지지 않았으며 이를 목표로 삼는 이도 별로 없었던 것으로 보인다. 근대 한족 공통어로서 구어(口語) 형식의 '관화(官話)'가 늦어도 14세기부터 형성되기 시작하였다고 추측하고 있지만, 명 · 청 시기에 구어 형식의 관화를 규정하여 공통어의 체계로 정한 것도 아니다.[83] 청(淸) 옹정(雍正) 8년(1730)에 민(閩) · 월(粵) 지방에 정음서원(正音書院)을 세워 관리를 파견하여 관화를 가르쳤다고 하는 기록이 있다.[84] 그러나 이는 통일 사회에서 광범한 교제상의 수요로 인한 것이지 결코 공통어의 문제가 거론된 것은 아니다. 당시 통치자나 문인들이 중요시하였던 것은 "문언문의 정음(正音)"이었다. 문인들은 성리학

(1601)에 진사(進士)가 되었다. 등운학(等韻學)에 정통하여 만력 31년(1603)에 『자학원원(字學元元)』 10권을 편찬하였다.

83 북경대학중문계현대한어교연실(北京大學中文系現代漢語教研室), 『현대한어(現代漢語)』, 북경(北京): 상무인서관(商務印書館), 1993, 5쪽.

84 왕식(王植), 『운학(韻學)』: "天子移風易俗, 無微弗及, 無遠弗屆, 以閩粵鄉音鴃曲, 特諭守土官多方敎導, 限年報命."

에서 제시하는 정음관을 계승하여 고도로 축적된 심음 능력과 음운 지식을 바탕으로 문언문의 음운을 구현하기 위한 운도를 제작하였던 것이다. 그렇다고 구어 형식의 관화 음계가 정음 체계에 전혀 영향을 미치지 않았다고 할 수는 없다. 운도에 구현된 음계는 필연적으로 작자들이 본래 습득한 방음 체계의 틀 안에서 검증되기 때문이다. 그러므로 정음 체계를 구현하고자 하는 똑같은 동기에서 편성된 운도라도 작자들의 음운 관점과 작자들이 근거로 삼는 어음 체계에 따라 다르게 가공되었으므로 운도가 반영하는 어음 체계는 제각기 다른 특징을 갖게 되었다.

어떤 학자들은 지리적인 측면에서 정음(正音)을 추론하여 어느 지방의 방언을 정음이라고 지목하였다. 예를 들면 명대의 적지 않은 사람들이 중주(中州) 지방의 음을 정음(正音)이라고 여겼다.

> 대저 천지의 바른 기운은 중국에 있고 중국의 바른 기운은 중주(中州)에 있다. 기운이 올바름을 얻게 되면 소리도 올바름을 얻으므로 사방은 모두 이것으로 모범을 삼아야 할 것이다.[85]

> 중원(中原)은 남북의 중간과 청탁이 만나는 그 사이에 있다. 그러므로 송(宋)은 중원아음(中原雅音)을 지으매 남북의 유생을 모으고 오방의 소리를 참작하여 중원에서 하나로 절충하였다. 하락(河洛)은 남방도 아니고 북방도 아닌 천지의 가운데에 있으므로 소리와 기운이 빼어난 것이다.[86]

사전적 의미로 볼 때, '중주(中州)'는 황하 중하류에 위치한 하남성(河南省)의 옛 이름으로서 중화 문명과 중화 민족의 발원지라는 뜻이다. '중

---

85 채청(蔡清, 1465-1505), 『중주음운(中州音韻)』「서언(序言)」: "盖天地之中氣在中國, 中國之中氣在中州. 氣得其中, 則聲得其正, 而四方皆當以是爲的焉."

86 여곤(呂坤), 『교태운(交泰韻)』(1603): "中原當南北之間, 際清濁之會, 故宋制中原雅音, 合南北之儒, 酌五方之聲, 而一折衷于中原. 謂河洛不南不北, 當天地之中, 爲聲氣之萃."

원(中原)'도 은 · 상대의 수도인 상구(商丘) · 안양(安阳) · 정주(郑州), 한대의 수도인 낙양(洛阳) · 남양(南阳) · 개봉(开封)을 중심으로 한 옛 왕도의 수도 지역으로서 중화 문명의 발원지를 말한다. 또한 '하락(河洛)'은 낙양(洛阳)을 중심으로 황하(黃河)와 낙하(洛河)가 합류되는 유역으로서 고대인들은 찬란한 물질 문명과 정신 문명을 일구었던 정치 · 경제 · 문화의 중심 지역을 말한다. 어떤 후세 학자들은 중주(中州) · 중원(中原) · 하낙(河洛)을 지리적인 개념으로 이해하여 정음(正音)을 하남 방언에 기초한 어음 체계라고 주장하기도 하였다. 그러나 중주 · 중원 · 하낙은 앞의 문맥에서도 알 수 있듯이, 어느 지역을 지칭하는 것이 아니라 대대로 중화 문명이 형성되고 이를 발전시키며 살아왔던 공간적인 개념으로 이해해야 할 것이다.

청대(淸代)의 유은(裕恩)은 북경어(北京語)가 정음이라고 주장하여 그의 『음운봉원(音韻逢源)』(1840)에서 다음과 같이 말하였다.

> 오방의 음이 청탁과 높낮이가 모두 같지 않으니, 마땅히 북경어로 모범을 삼아야 할 것이다.[87]

그러나 어느 한 지역의 방언을 정음이라고 여긴 학자들은 많지 않다. 대부분의 학자들은 남북 방언을 절충하고 고금음을 참작한 음을 정음이라고 여겼다. 그리하여 어떤 지역의 방언도 완정한 정음이 아니고 또 각 방언마다 모두 정음의 요소를 조금씩 가지고 있다고 하였다. 다음의 예문을 보자.

> 사방의 습속이 다르고 음운도 일정하지 않다. …… 무릇 사방이 각각 치우친 바가 있고 중주(中州) 또한 사방에 갇혀 있으니 어찌 올바름을 얻

87 『음운봉원(音韻逢源)』: "五方之音, 淸濁高下各有不同, 當以京師爲正."

을 수 있을까?[88]

사방의 음과 기운이 각각 치우쳤으니, 중주(中州)의 음이라도 반드시 올바름을 갖춘 것은 아니다.[89]

학자들은 물론 중국어 방언 전체를 이해할 수 없었으므로 자신의 방언 지식을 이용하여 될 수 있는 대로 '합치지 않고 될 수 있는 대로 나누는[從分不從合]' 원칙으로 각 방언의 음류를 분별하고 각 방언의 최대공약수를 추려내어 음계를 편성하였다. 또한 글자가 있는 음의 발음 원리와 취합 관계에 근거하여 글자가 없는 음까지도 추출해내어 사람이 낼 수 있는 모든 음을 운도의 체계 안에 표현하고자 하였다. 그리하여 반뢰(潘耒, 1646-1708)는 자신이 지은 『유음(類音)』의 체계는 바로 '남방음도 아니고 북방음도 아닌 사람들에게 본래부터 있는 음이다. 천하의 음을 모두 나타내었고 천하의 음을 모두 갖추었다[非南音非北音乃人人本有之音也. 天下之音盡矣, 天下之音備矣].'라고 하였고, 노내선(勞乃宣)도 자신이 지은 『등운일득(等韻一得)』(1883)의 체계는 '천하의 음을 모두 갖추었다[天下之音備矣].'고 자평하였다.

이와 같이 작자마다 자신이 제작한 운도가 세상의 모든 음을 포괄한다고 자칭하더라도 작자의 심음 능력, 방언 지식, 음운학에 대한 소양 정도의 여하에 따라 다르게 운도가 편성될 수 있다. 즉 고도의 심음 능력을 갖춘 작자는 어음을 더욱 정밀하게 묘사하고 정확하게 어음의 체계성을 파악할 수 있었다. 또 작자의 방언에 대한 지식도 운도의 편제에 영향을

---

88 임본유(林本裕), 『성위(聲位)』: "五方殊習, 音韻不齊, …… 夫五土旣各有所偏, 卽中州亦囿于方, 安得爲正?"

89 양세수(楊世樹), 『성율역간편(聲律易簡編)』 「방음해(方音解)」: "五方聲氣各偏, 卽中州之音亦未必全正也."

미칠 수 있었다. 만약 어떤 작자가 방언의 다양성을 이해하지 못한다면 자신이 알고 있는 방음만이 모든 방언을 대표한다고 여길 것이다. 서효(徐孝)는 『중정사마온공등운도경(重訂司馬溫公等韻圖經)』(1603)이 '화음과 오랑캐 음을 포함하여 세상의 모든 음[華夷世音]'을 포괄한다고 하였고, 여곤(呂坤)은 『교태운(交泰韻)』(1603)이 '남방과 북방의 오랑캐 음을 막론하고 맞지 않는 것이 없다[南蠻北狄, 無不暗合].'라고 주장하였으며 번등봉(樊騰鳳)은 그의 저작인 『오방원음(五方元音)』이 이름 그대로 '오방(五方)의 원음(元音)'이라고 하였다.[90]

또한 학자들마다 방언에 대한 견해가 일치하지 않아서 어떤 이는 객관적으로 방언간의 특징을 기록하였지만 잘잘못을 가리지 않았다.[91]

> 북쪽 사람들은 향(香)과 상(廂), 강(姜)과 장(將), 강(羌)과 창(槍)의 6개 성모를 구분하지 못하고, 남쪽 사람들은 상(商)과 상(桑), 장(章)과 장(臧), 장(長)과 장(藏)의 6개 성모를 구분하지 못한다. 또 남쪽의 음은 '양낭(良娘), 상상(廂桑), 장장(將臧), 창창(槍倉), 강강(江釭), 항항(巷笐)' 등의 성모를 구분하지 못하기도 하는데, 이는 성모의 차이이다. 운모로 말하자면, 북쪽에서는 '진정(陳程), 은영(銀盈), 근경(勤檠), 신승(神繩), 임영(林靈), 빈평(貧平), 금경(金京), 민명(民鳴), 친청(親靑), 빈병(賓兵), 분붕(奔崩), 근경(根庚), 진증(眞蒸), 신성(新星)' 등의 음에 대해서 아주 상세히 구분하지만,

90 반등봉(攀騰鳳), 『오방원음(五方元音)』: "一元有十二會, 一運有十二世, 一世有十二月, 一日有十二時, 日月一年有十二會, 黃鍾一年有十二律, 韻亦十二, 出于自然, 增之不可, 減之不可, 謂非天地之元音亦不可."

91 이여진(李汝珍), 『이씨음감(李氏音鑒)』: "北人不分香廂, 姜將, 羌槍六母; 南音不分商桑, 章臧, 長藏六母; 又如南音于良娘, 廂桑, 將臧, 槍倉, 江釭, 巷笐等母亦有不分者, 此母不同也. 以韻而論, 北于陳程, 銀盈, 勤檠, 神繩, 林靈, 貧平, 金京, 民鳴, 親靑, 賓兵, 奔崩, 根庚, 眞蒸, 新星之類, 分之甚細, 南或合而爲一; 盖北以眞文元侵四韻音近, 以庚靑蒸三韻音近, 二者廻乎不侔; 而南以七韻音皆相類. 至南音于饅蠻, 剜彎, 官關, 潘攀, 般班, 堅難, 羶山, 賢閑, 延顔之類, 分之甚細, 北或合而爲一. 此韻不同也"

남쪽에서는 이 음들이 하나로 발음될 수 있다. 대개 북쪽에서는 진(眞), 문(文), 원(元), 침(侵) 네 글자의 운이 발음상 비슷하고, 경(庚), 청(靑), 증(蒸) 세 글자의 운이 발음상 비슷하다고 여기지만, 양자는 완전히 다른 것이다. 하지만 남쪽에서는 이 일곱 글자의 운이 모두 비슷하다고 여긴다. 남쪽 음으로 말하자면 '만만(饅蠻), 완만(剜彎), 관관(官關), 반반(潘攀), 반반(般班), 견난(堅難), 전산(羶山), 현한(賢閑), 연안(延顔)' 등의 음에 대해서는 아주 자세히 구분하지만, 북쪽에서는 이들을 하나로 합치기도 한다. 이것은 운모의 차이이다.

또 어떤 이는 고운서(古韻書)를 기준으로 방언을 정음(正音)과 와음(訛音)으로 구분하기도 하였다.[92]

소리란 본래 잘못이 없는 것이나 지방마다 어음이 달라 상호간에 착오가 생기게 된다. 예를 들어, 각각의 운은 동(東), 강(江), 지(支), 진(眞)의 차이가 있으나 여러 지방에서는 서로 다른 운을 섞어서 사용한다. 또 예를 들면, 동(同)운은 평상거입의 차이가 있으나 여러 지방에서는 같은 운 내에서 이 성조들을 섞어서 사용한다. 일찍이 귀로 들은 적이 있는 것들은 다음과 같다. 진진(秦晋) 지방에서는 통(通)을 탄(呑)처럼 읽고, 동(東)을 돈(敦)처럼 읽고, 용(龍)을 론(論)처럼 읽고, 홍(紅)을 혼(魂)처럼 읽는데, 이는 동(東)운을 진문(眞文)운으로 읽은 것이다. 휘(徽) 지역의 동쪽에서는

92 원자양(袁子讓), 『자학원원(字學元元)』 「방어호성지류(方語呼聲之謬)」: "聲原不謬, 而方語不同, 互有彼此之訛. 如各韻有東江支眞之別, 而方語于韻外淆之; 如同韻有平上去入之别, 而方語或于韻內混之. 嘗卽所耳聞者一概: 秦晋讀通如呑, 讀東如敦, 讀龍如論, 讀紅如魂, 盖謬東韻于眞文也: 徽東讀堂如檀, 讀郎如蘭, 讀陽如延, 讀岡如干, 盖謬陽韻于寒韻也; 齊魯讀萌如蒙, 讀榮如容, 讀琼如窮, 讀簧如紅, 讀肱如公, 盖謬庚韻于東韻也; 閩人讀朱如支, 讀車如箕, 讀胥如西, 盖謬魚虞于支微也; 粤人讀謀如茅, 讀樓如勞, 讀頭如逃, 讀愁如曹, 盖謬尤韻于宵肴也. 此皆韻外之淆也."

당(堂)을 단(檀)처럼 읽고, 랑(郞)을 란(蘭)처럼 읽고, 양(陽)을 연(延)처럼 읽고, 강(岡)을 간(干)처럼 읽는데, 이는 양(陽)운을 한(寒)운으로 읽는 것이다. 제노(齊魯) 지방에서는 맹(萌)을 몽(蒙)처럼 읽고, 영(榮)을 용(容)처럼 읽고, 경(琼)을 궁(窮)처럼 읽고, 황(簧)을 홍(紅)처럼 읽고, 굉(肱)을 공(公)처럼 읽는데, 이는 경(庚)운을 동(東)운으로 읽은 것이다. 복건(福建)의 사람들은 주(朱)를 지(支)처럼 읽고, 거(車)를 기(箕)처럼 읽고, 서(胥)를 서(西)처럼 읽는데, 이는 어우(魚虞)운이 지미(支微)운에 섞여 들어간 것이다. 광동(廣東)의 사람들은 모(謀)를 모(茅)처럼 읽고, 루(樓)를 노(勞)처럼 읽고, 두(頭)를 도(逃)처럼 읽고, 수(愁)를 조(曹)처럼 읽는데, 이는 우(尤)운이 소효(宵肴)운에 섞여 들어간 것이다. 이는 모두 다른 운간에 뒤섞인 것이다.

결론적으로 명 · 청 시기 학자들은 기존 방언 가운데 고운서(古韻書)에 부합하는 음을 정음(正音)이라고 하였고, 고운서(古韻書)에 합치되지 않더라도 오방의 방언에 두루 통하는 음이라면 또한 정음이라고 하였다. 예를 들면 다음과 같다.

치우치지 않는 것을 알맞다고 하고 가지런하고 고른 것을 올바르다고 하는데 이는 땅의 구역을 가리키는 것은 아니다.[93]

세상 사람들이 모두 능히 통하여 이해할 수 있는 것, 바로 그것이 정음(正音)이다.[94]

---

93 반뢰(潘耒), 『류음(類音)』 「음론(音論)」: "不偏之謂中, 均齊之謂正, 非疆域之謂也."

94 임본유(林本裕), 『성위(聲位)』: "五方之人皆能通解者, 斯爲正音也."

2) 시간적 개념에 기초한 정음관

유학은 공자(孔子) 이래 2천 년이 넘는 역사 변천 과정에 적응해온 다채로운 변화의 논리를 갖고 있다. 명조가 멸망하고 청조가 세워지는 이른바 왕조 교체의 시기로 들어서게 되자 변화의 폭이 큰 시대에 살고 있던 문인들은 다시 새로운 방향을 모색하게 되었다. 그리하여 한족 왕조에서 만주족 왕조로 이민족 간의 왕조가 교체되던 시기의 철학을 경세철학(經世哲學)이라고 하는데 학술상으로는 경사(經史)에서 실질적인 증거를 구하는 고증적인 방법론이 나타났다.

명대부터 맹아가 보이던 고음학(古音學)이 청대에 이르러 고염무(顧炎武, 1613-1682)를 위시한 강영(江永, 1681-1762) · 대진(戴震, 1724-1777) · 단옥재(段玉裁, 1735-1815) · 공광삼(孔廣森, 1753-1787)) · 왕념손(王念孫, 1744-1832) · 강유고(江有誥, ?-1851) 등 저명한 학자들이 연이어 출현하면서 독립적인 분야로 발달하게 되었다. 청대 학자들의 고음연구의 성과를 통해 귀결되는 특징은 바로 복고 사상이라고 할 수 있다.[95]

청대의 고음학은 고염무를 창시자로 하는데 그의 『음학오서(音學五書)』「음론(音論)」의 첫머리에 진제(陳第, 1541-1617)의 『모시고음고(毛詩古音考)』 · 『독시졸언(讀詩拙言)』의 의론을 인용하고 있는 점을 보아 진제의 직접적인 영향을 받았음을 알 수 있다. 명대 진제는 『모시고음고(毛詩古音考) · 자서(自序)』에서 "때에는 고금이 있고 땅에는 남북이 있으며 글자에는 바뀜이 있고 소리에는 변화가 있는데 이는 반드시 필연적인 형세이다[時有古今, 地有南北, 字有更革, 音有轉移, 亦勢所必至]."라고 정확한 관점을 제시한 바 있다. 고염무는 『음학오서(音學五書)』「서(序)」에서 다

---

95 왕력(王力), 『중국어언학사(中國語言學史)』, 중국도서간행사(中國圖書刊行社), 1984. 155-156쪽.

음과 같이 언급하였다.

> 하늘이 이 문화를 아직 없애지 않으려고 한다면 반드시 성인이 다시 일어나서 오늘날의 음을 소박한 고음으로 돌려놓을 것이다.[96]

이에 대해 강영(江永, 1681-1762)은 다음과 같이 비평하였다.

> 나는 이 말이 역시 실현되기 어려울 것이라고 생각한다. 옛 사람들의 음에 간혹 방음이 남아 있지만 금음이 이미 오랫동안 사용되었으니 어떻게 한 모퉁이로 천하를 개괄할 수 있겠는가? …… 만약 오늘날 사람들이 날마다 사용하는 일용품을 없애고 강제로 옛사람들의 물건으로 바꾸려고 한다면 세상에 누가 그것을 따르겠는가?[97]

강영은 음의 변화를 분명히 인식하고 있었으나 그렇다 하더라도 그의 정음의 표준은 여전히 고음(古音)에 있었다. 강유고(江有誥, ?-1851)의 저서인 『당운사성정(唐韻四聲正)』이나 『당운재정(唐韻再正)』 등에도 '옛 것은 옳고 오늘날의 것은 그르다[是古非今].'는 관념이 완고하게 드러나 있다. 뿐만 아니라 장병린(章炳麟, 1869-1936)도 『중휴고운표준(重鐫古韻標準)』「서(序)」에서 다음과 같이 말하였다.

> 오늘날은 말이 문란하여 남방과 북방이 다르지만, 결국 고음을 잃지 않고 당운(唐韻)의 운부와 부합하는 것이 옳은 것이다.[98]

---

96 고염무(顧炎武), 『음학오서(音學五書)』「서문(序文)」: "天之未喪斯文也, 必有聖人復起, 擧今日之音而還之淳古者."

97 강영(江永), 『고음표준(古音標準)』「예언(例言)」: "愚謂此說亦大難. 古人之音雖或存方音之中, 然今音通行旣久, 豈能以一隅者概之天下? …… 若廢今人之所日用者, 而强易以古人之器, 天下其誰從之?"

98 장병린(章炳麟), 『중휴고운표준(重鐫古韻標準)』「서문(序文)」: "今世語言譌雜, 南朔異

이와 같이 복고를 지향하는 시대·학술적 분위기는 운도에 구현된 정음 체계에도 그대로 반영되어 특정의 유파를 형성하였다. 앞에서 논의한 공간적 개념에서의 정음의 표준은 고음(古音)을 참조하기는 하였지만 완전히 고음으로 결정하는 것이 아니고 공간적 개념이 첨가되어 방언 중의 음류가 존재해야만 정음이라고 할 수 있었다. 그러나 고음(古音)을 주장하는 학자들은 고음만이 유일한 표준이라고 여겨서 고음의 음류에 완전히 합치되지 않은 것은 정음이 아니라고 하였다. 만약 어떤 고음류가 각 방언에서 모두 소실되었다면 모든 방언은 이 점에 있어서 모두 와음(訛音)으로 변해버렸다는 것이다. 예를 들어 학자들은 36자모(字母)를 고수해야 한다고 하였는데 이는 36자모의 체계가 모든 방음의 성모를 총괄할 수 있다고 믿었기 때문이다.

> 옛날 사람들이 전하는 36자모는 글자가 있는 모든 음을 총괄하므로 더하거나 줄여서도 안 되고 옮기거나 바꾸어서도 안 된다. 무릇 더하거나 줄이거나 바꾸거나 옮기려는 자는 모두 망동일 뿐이다.[99]

> 옛날 사람들이 정한 성모와 운모는 여러 방언의 음을 참고하여 만든 것이다. 옛날 『광운(廣韻)』·『집운(集韻)』의 여러 서적에 반절음은 부합되지 않는 것이 없으니 실로 글자가 있는 모든 음을 총괄할 수가 있다.[100]

시공(時空)을 초월하여 적용되는 표준 체계인 36자모가 방언과 맞지 않는 것은 오늘날의 방언이 정음이 아니기 때문이다. 36자모에 부합되어

流, 終之不失古音與契合唐韻部署者近是."

99 강영(江永) 『사성절운표(四聲切韻表)』 「범례(凡例)」: "昔人傳三十六母, 總括一切有字之音, 不可增減, 不可移易, 凡欲增減移易者, 皆妄作也."

100 노내선(勞乃宣), 『등운일득(等韻一得)』 「외편(外篇)」: "古人所定母韻, 乃參考諸方之音而爲之. 古諸『廣韻』『集韻』諸書, 音切無不符合, 實足以括一切有字之音."

야만 정음 체계인 것이다. 그리하여 36자모를 고집하는 학자들은 부득이 독음상의 분별을 하지 않을 수 없었는데 예를 들면 다음과 같은 견해들이다.

> 천하의 음은 모두 방음이다. 36자모를 일일이 분명히 밝힐 수 없는 형편이 되어버렸다. 반드시 오방의 정음에 부합하게 말해야만 비로소 정음이 될 수 있다. 관어(官語)나 향어(鄕語)를 불문하고 오직 그 위치를 잃지 않은 음을 찾아서 읽어야 한다. …… 그 위치를 잃었다면 비록 관음(官音)이라도 올바르지 않으니 또 무엇을 취하리요.[101]

> '지(知)'와 '조(照)', '철(徹)'과 '천(穿)', '징(澄)'과 '상(床)'은 대략 서로 비슷하지만 하나는 설상음(舌上音)이고 또 하나는 정치음(正齒音)이다. 특히 설음과 치음은 미세한 관련이 있지만 분별되는 것이니 이른바 매우 작은 차이나마 천리(天理)에 의해 나뉜 것이라 하겠다. '비(非)'와 '부(敷)'를 동일시함에 있어서는 이들이 비슷한 음 같지만, 사실 '비(非)'는 견(見)·단(端)·지(知)·방류(幫類)이고 '부(敷)'는 계(溪)·투(透)·철(徹)·방류(滂類)이므로 이와 같이 분별하지 않으면 안 된다. '니(泥)'와 '낭(娘)'모(母)는 모두 설음(舌音)이지만 설두(舌頭)와 설상(舌上)이므로 각각 차이가 있다. 즉 통섭(通攝)의 농(農)과 농(醲)의 차이는 즉 '니(泥)'·'낭(娘)'모(母)의 차이인 것이다.[102]

---

101 강영(江永), 『음학변미(音學辨微)』: "天下皆方音. 三十六位未能一一淸析者, 勢使然也. 必合五方之正音呼之, 始爲正音. 不論官音, 鄕音, 唯取不失其位者讀之, …… 倘失其位, 雖官音亦不正, 又何取焉."

102 원자양(袁子讓), 『자학원원(字學元元)』: "知之與照, 穿之與徹, 澄之與床, 大概相肖, 一在舌上, 一在正齒, 特舌齒微相關而實有分別, 所謂毫釐而千里者也. 非敷之同, 猶有近似, 然非乃見端知幫之類, 敷則溪透徹滂之類, 亦未嘗無辨也. 泥娘之母均在舌音, 然舌頭舌上, 不無彼此, 卽通攝農醲別之, 則泥娘較然."

운모에 있어서도 방언을 기준으로 하기보다는 옛 문헌인 『광운(廣韻)』, 『평수운(平水韻)』, 『칠음략(七音略)』, 『절운지남(切韻指南)』 등에 구분된 분운(分韻)의 틀에 근거하여 운류(韻類)를 분석하였다. 청대(淸代) 사이존(莎彝存)은 『정음저화(正音咀華)』 「십문(十問)」에서 다음과 같이 말하였다.

무엇이 정음인가? 흠정운서인 『강희자전(康熙字典)』·『음운천미(音韻闡微)』에 따른 글자음이 바로 정음이다. 무엇이 남음인가? 옛날 강남에 도읍을 세웠으니 즉 강남성의 말을 남음이라고 한다. 무엇이 북음인가? 오늘날 북쪽 연지방에 도읍을 정했으니 북경성의 말을 북음이라고 한다.[103]

방대곤(龐大坤)이 『등운집략(等韻輯略)』(1840)에 구현한 정음 음계도 기본적으로는 『광운(廣韻)』 음계를 따랐지만 『집운(集韻)』, 『옥편(玉篇)』, 『오음집운(五音集韻)』 등의 운서에 수록된 많은 글자를 포함하고 있다. 학자마다 분운(分韻)의 기준은 조금씩 달랐어도 고문헌에 기초하는 복합성의 음계는 일종의 시대 풍조였던 것 같다.

한편 명·청 시기에는 운도의 원리가 보편적으로 응용되어 많은 작자들이 운도를 제작하였는데, 송·원 시기의 운도와 비교하면 연구 방법과 편찬 방식이 다양하고 혁신적이며 또한 운모의 분석이 매우 정교하고 체계적이다. 명·청 시기 학자들은 송·원 시기 운도의 술어를 연용하는 동시에 새로운 술어를 부단히 창조하였다. 어떤 것은 완전히 새로운 개념을 담고 있어서 이전의 운도에는 이와 대응되는 술어가 없는 경우도 있었고, 또 어떤 것은 원래의 개념을 전혀 다른 새로운 개념의 술어로 바

103 사이존(莎彝存), 『정음저화(正音咀華)』 「십문(十問)」: "何爲正音? 答曰, 遵依欽定『字典』『音韻闡微』之字音卽正音也. 何爲南音? 答曰, 古在江南建都, 卽以江南省話爲南音. 何爲北音? 答曰, 今在北燕建都, 卽以北京城話爲北音."

꾸어 명칭만 달리한 경우도 많았다. 그리하여 술어의 사용이 매우 복잡하고 통일된 규범이 없었으므로 독자들에게 이 학문이 난해하고 허황하다는 인식을 심어주게 되어 명맥을 잇지 못하게 되었다는 평가를 받게 된 것이다.

다음은 연도별로 정리한 명 · 청 시기에 간행된 주요 운도(韻圖)이다.

1368-1397 조휘겸(趙撝謙)『황극성음문자통(皇極聲音文字通)』

1442 난무(蘭茂)『운략이통(韻略易通)』

1460 장보(章黼)『운학집성(韻學集成)』

1540 왕응전(王應電)『성운회통(聲韻會通)』

1561 모증(毛曾) · 도승학(陶承學)『병음련성자학집요(幷音連聲字學集要)』

1568 이제방(李齊芳)『운략류석(韻略類釋)』

1578 복양래(濮陽涞)『운학대성(韻學大成)』

1581 상소양(桑紹良)『청교잡저(青郊雜著)』

1587 이등(李登)『서문음의편고사편(書文音義便考私編)』

1602 서효(徐孝)『중정사마온공등운도경(重訂司馬溫公等韻圖經)』

1603 원자양(袁子讓)『자학원원(字學元元)』

1605 엽병경(葉秉敬)『운표(韻表)』

1611 오계사(吳繼仕)『음성기원(音聲紀元)』,
교중화(喬中和)『원운보(元韻譜)』

1612 무명씨(無名氏)『운법직도(韻法直圖)』

1613 여곤(呂坤)『교태운(交泰韻)』

1614 전(前) 이세택(李世澤)『운법횡도(韻法橫圖)』

1618 갈중선(葛中選)『태율편(泰律篇)』

1632 진신모(陳藎謨)『황극도운(皇極圖韻)』

1641 방이지(方以智)『절운성원(切韻聲原)』

1642 필공진(畢拱辰) 『운략회통(韻略匯通)』

1654-1673 번등봉(樊騰鳳) 『오방원음(五方元音)』

1657 심숙(沈叔) 『칠음운준(七音韻准)』

1626 금니각(金尼閣, Nicolas Trigault) 『서유이목자(西儒耳目資)』

1674 조소기(趙紹箕) 『졸암운오(拙庵韻悟)』

1681 마자원(馬自援) 『등음(等音)』

1685 박은자(朴隱子) 『시사통운(詩詞通韻)』

1699-1701 아마리체(阿摩利諦) 『대장자모절운요법(大藏字母切韻要法)』

1700 종상(宗常) 『절운정음경위도(切韻正音經緯圖)』

1708 반뢰(潘耒) 『유음(類音)』, 임본유(林本裕) 『성위(聲位)』, 반응빈(潘應賓) 『오거운부(五車韻府)』

1709 웅사백(熊士伯) 『등절원성(等切元聲)』

1716 시규(是奎) 『태고원음(太古元音)』

1721 왕조정(王祚禎) 『음운청탁감(音韻清濁鑒)』

1723 왕훤(汪烜) 『시운석(詩韻析)』

1725 전(前) 구정모(仇廷模) 『고금운표신편(古今韻表新編)』

1730 왕식(王植) 『운학(韻學)』

1750 유윤록(由允祿) 『동문운통(同文韻統)』

1751 용위림(龍爲霖) 『본운일득(本韻一得)』

1760 예로(倪璐) 『시운가결초보(詩韻歌訣初步)』

1762 강영(江永) 『사성절운표(四聲切韻表)』

1763 오랑(吳烺) 『정성반절정운(正聲反切正韻)』

1776 대진(戴震) 『성류표(聲類表)』, 임조린(任兆麟) 『성음표(聲音表)』

1790 주인(周仁) 『형음운회(荊音韻匯)』

1796 이원(李元) 『음절보(音切譜)』

1797 방본공(方本恭) 『등자술(等子述)』

1805 이여진(李汝珍) 『이씨음감(李氏音鑒)』

1807 허계림(許桂林) 『설음(說音)』

1800 황겸(黃謙) 『회음묘오(匯音妙悟)』

1815 장상진(張象津) 『등운간명지장도(等韻簡明指掌圖)』

1818 전(前) 사수람(謝秀嵐) 『아속통십오음(雅俗通十五音)』

1829 도겸(涂謙) 『음학비서(音學秘書)』

1834 강유고(江有誥) 『입성표(入聲表)』

1837 왕왈정(汪曰楨) 『사성절운표보정(四聲切韻表補正)』

1838 규일휘(揆一輝) 『절법지장(切法指掌)』

1839 정정모(程定謨) 『사성소보(射聲小譜)』

1840 유은(裕恩) 『음운봉원(音韻逢源)』,

방대곤(龐大堃) 『등운집략(等韻輯略)』

1842 진례(陳澧) 『절운고(切韻考)』

1843 숭봉위(崇鳳威) 『횡절오성도(橫切五聲圖)』

1847 마반용(馬攀龍) 『운법전진오미도(韻法傳眞五美圖)』

1849 유유방(劉維坊) 『동음자변(同音字辨)』

1856 왕붕비(王鵬飛) 『증서등운법율(增緖等韻法律)』

1858 화장충(華長忠) 『운뢰(韻籟)』

1860 사이존(莎彝尊) 『정음절운지장(正音切韻指掌)』

1863 주윤(周贇) 『산문신어(山門新語)』

1870 반봉희(潘逢禧) 『정음통속표(正音通俗表)』

1871 서감(徐鑑) 『음부(音泭)』

1878 허혜(許惠) 『등운학(等韻學)』

1880 역형(酈珩) 『절음첩결(切音捷訣)』

1882 왕류(汪鎏) 『공곡전성(空谷傳聲)』

1883 노내선(勞乃宣) 『등운일득(等韻一得)』,

주하(周賀) 『산문신어(山門新語)』

1886 호원(胡垣) 『고금중외음운통예(古今中外音韻通例)』,

소승훤(蕭承煊) 『천뢰신운(天籟新韻)』

1898 부선(富善, Chauncey Goodrich) 『관화췌진(官話萃珍)』

제4장

조선 시기 정음관의 수용과 창조적 변용

고려 말 부패한 불교를 비판하고 신학문으로서 성리학(性理學)이 도입된 후, 이를 적극 수용한 사대부들에 의해 조선 왕조가 개창되자 성리학은 국시(國是)로 천명되었다. 이에 성리학의 지도 이념에 합당한 체제를 수행하고자 세종 8년(1426)에는 사서오경(四書五經)과 『성리대전(性理大典)』이 수입되었고, 세종 15년(1433)에는 『오경사서대전(五經四書大典)』이 들어와[1] 본격적으로 성리학을 학습 · 연찬(硏鑽)하게 되었다. 이러한 과정에서 『성리대전(性理大典)』의 7~13권에 수록되어 있던 소옹의 『황극경세서(皇極經世書)』의 성음 이론은 성리학의 보편적인 성음관(聲音觀)으로 소개되었다.

그러나 『성리대전』은 당시의 최고의 학술 기관이었던 집현전 학자들도 쉽게 이해하기 힘든 서적이었고, 『성리대전』을 가르칠 수 있는 유학자도 거의 없었던 실정이었다. 세종 10년(1428) 3월 2일의 기사를 보자.

1 『청장관전서(青莊館全書)』 55권 「앙엽기(盎葉記)」 「중국서래동국(中國書來東國)」: "宣宗宣德元年丙午. [我世宗八年.] 賜四書, 五經, 性理大全. 八年癸丑. [我世宗十五年.] 賜五經, 四書大全. [明紀宣德八年. 賜朝鮮國王李示旁匋我世宗諱五經四書大全諸書. 案淵鑑類函引此.]"

주상께서 집현전응교(集賢殿應敎) 김돈(金墩)에게 이르기를, "『성리대전』이 지금 인쇄되었는지라, 내가 이를 읽어보니 의리(義理)가 정미(精微)하여 궁구(窮究)하기에 쉽지 않다. 그대는 정상(精詳)한 사람이니 마음을 써서 한번 읽어 보라." 하니, 김돈이 아뢰기를, "스승에게 배우지 않으면 쉽사리 궁구해볼 수 없지마는, 신이 마땅히 마음을 다하겠습니다." 하였다. 주상께서 말씀하시기를, "비록 스승을 얻고자 하나 진실로 얻기가 어렵도다." 하였다.[2]

『성리대전』이 어렵게 여겨진 것은 특히 『황극경세서』와 『율여신서(律呂新書)』의 난해함 때문이었다. 그리하여 성종 11년(1480)에는 홍문관의 영민한 자에게 예습하여 진강하도록 하였고,[3] 또 성종 20년(1489)에는 홍문관에 명하여 『성리대전』에 주석을 달도록 하는 특별한 전교를 내리기도 하였다.

홍문관에 전교하기를, "『성리대전』은 반드시 여러 글을 상고한 뒤에야 그 뜻을 통할 수 있는데, 여러 글이 넓고 많아서 열람하기가 어려우니, 책 끝에 여러 글을 상고하여 기록하게 하라." 하였다.[4]

---

2 『세종실록』 10년(1428) 3월 2일: "上謂集賢殿應敎金墩曰: 『性理大全』書, 今已印之, 予試讀之, 義理精微, 未易究觀. 爾精詳人也, 可用心觀之." 墩曰: "非因師授, 未易究觀, 然臣當盡心." 上曰: "雖欲得師, 固難得也."

3 『성종실록』 11년(1480) 10월 20일: "경연에 나아갔다. 강하기를 마치자, 영사 이극배와 지사 강희맹이 아뢰기를, "『자치통감』은 사가의 근본이고, 『성리대전』은 이학의 연원이니, 이 두 책은 강하지 않을 수 없습니다. 그러나 『성리대전』에는 『황극경세서』와 『율려신서』가 있어서, 그 깊은 뜻과 미묘한 취지를 사람마다 이해할 수 없으니, 청컨대 홍문관의 관원으로서 영민한 자를 택하여 예습하여 진강하게 하소서." 하니, 임금이 말하기를, "옳다."고 하였다.(御經筵. 講訖, 領事李克培, 知事姜希孟啓曰: "『資治通鑑』, 史家之根本, 『性理大全』, 理學之淵源, 此二書, 不可不講也. 然『性理大全』, 有『皇極經世書』·『律呂新書』, 其奧義微旨, 非人人所能解也, 請擇弘文館員之英敏者, 預習進講." 上曰: "然.")"

4 『성종실록』 20년(1489) 3월 9일: "傳于弘文館曰: "『性理大全』 必參考諸書然後, 乃通其

즉 조선의 유학자들은 『성리대전』에 수록되어 있는 『황극경세서』를 15세기부터 접하고 수용하기 시작하였지만, 서적이 미비했던 상황과 더불어 본격적인 연구가 시작되지는 못하였던 것 같다. 중종대 『성리대전』이 다시 간행되었고,[5] 중종 25년 최세진(崔世珍, 1468–1542)에 의해 『황극경세서집람(皇極經世書集覽)』과 『황극경세서설(皇極經世書說)』 12권[6]이 수입되었으며, 또 『황극경세서설(皇極經世書說)』이 인쇄되었다.[7] 중종 25년(1530) 12월 20일 기사에는 최세진이 『황극경세서집람』을 진상한 내용이 소상히 밝혀져 있는데 이를 통해 당시 유학자들의 『황극경세서』에 대한 이해 수준을 가늠할 수 있다.

> 『황극경세서』는 『성리대전』에 부록된 것인데 학자들이 그 뜻을 다 해석하지 못하는 것을 결점으로 여기고 있으니, 반드시 『집람(集覽)』을 참고한 다음에는 모두 해석할 수 있습니다. 신이 중국에 가서 인본(印本)을 찾았으나 얻지 못했는데 다행히 서본(書本)을 얻었기에 올립니다. 신이 이

意, 諸書浩繁, 披閱爲難. 可於卷端, 考諸書書之."

5 김항수, 「16세기 사림의 성리학 이해」, 『한국사론』 7호, 1981, 152쪽. 박권수, 「조선 후기 상수학의 발전과 변동」, 서울대학교 박사학위논문, 2006, 29쪽.

6 『중종실록』 34년(1539) 5월 17일: "부호군 최세진이 『대유대주의』 2권과 『황극경세서설』 12권을 올리고 아뢰기를, "『대유대주의』는 모두 고문이지만 새로 뽑아 모은 것으로서 임금이 보시기에 알맞은 것이고, 『황극경세서설』 역시 우리나라에 없는 것이어서 감히 올리니, 간행하여 누구나 다 볼 수 있게 하소서." ……(副護軍崔世珍以『大儒大奏議』 二卷, 『皇極經世書說』十二卷進獻曰: "『大儒大奏議』, 雖皆古文, 然新撰裒集, 宜人君所當觀鑑. 『皇極經世書說』, 亦我國所無敢獻, 請印行, 使人人皆得見之." ……)"

7 『중종실록』 37년(1542) 5월 7일: "…… 『황극경세서설』은 명나라의 주은로가 지은 것인데, 소옹의 글을 드러내어 밝히되 고구에 전거가 있고 의논도 유창하여 참으로 소옹의 글을 보는 데 도움이 되며, 『역경』을 집설한 데에 실은 제공의 논의가 명창하고 의지를 드러내어 밝힌 것이 많으므로, 『역경』을 강독할 즈음에 이것을 참고하면 도움이 있을 것입니다.(…… 『皇極經世書說』, 乃皇朝朱隱老所著, 發明邵書, 考究有據, 議論亦暢,實邵書之羽翼. 『易經集說』, 所載諸公, 論議明暢, 多所發明義旨, 講讀 『易經』之際, 參考乎此, 則不無資益.)"

책을 이순(李純)에게 보였더니 순이 '환히 알만한 곳도 있고 알기 어려운 곳도 있다.'고 하였습니다. 홍문관 관원에게 교정하여 인간(印刊)해서 본관에 소장토록 하는 것이 어떻겠습니까?[8]

당시까지도 『황극경세서』는 학자들에 의해 모두 해석되지 못하는 난해한 책으로 여겨지고 있었지만, 몇 차례 경연(慶筵)에서의 강의[9]와 『황극경세서집람』과 『황극경세서설』이 수입되고, 『황극경세서설』이 간행되는 등 참고 서적들이 갖추어지면서 『황극경세서』에 대한 연구도 조금씩 진행되었던 것으로 보인다.

조선 유학자들이 소옹의 문집인 『소자전서(邵子全書)』를 수입하여 『황극경세서』의 전체 내용을 접할 수 있었던 것도 17세기 이후였다. 1613년 신흠(申欽, 1566-1628)이 최초로 북경에 인편으로 『소자전서』 전질을 구했다고 하지만,[10] 18세기 후반까지도 『소자전서』는 일반 유학자들이 쉽

---

8 『중종실록』 25년(1530) 12월 20일: "僉知中樞府事崔世珍, 以『皇極經世書集覽』, 進上曰: "『皇極經世書』, 附『性理大全』, 而學者病不能盡解其意, 必因集覽後, 可得盡解矣. 臣赴京求印本, 而未得之, 幸得書本而獻焉. 臣以此書示之於李純, 純曰: '有通曉處, 又有難曉處.' 云. 請以弘文館官員, 校正開刊, 藏之本館何如?"

9 『중종실록』 8년(1513) 9월 24일: "예조 판서 김응기 · 대제학 신용개 등이 김세필 · 김안국 · 유운 · 성운 · 김양진 · 홍언필 등으로 하여금 항상 홍문관 관원과 더불어 『성리대전』 내의 『황극경세서』 · 『역학계몽』 · 『율려신서』 · 『홍범』 · 『황극내편』을 홍문관에서 강습하여 이해하기 어려운 곳은 선배들에게 질문하게 하고, 진강할 때에는 다시 정통한 사람을 가려 전강하게 하기를 청하니, 주상께서 '그리하라.' 하였다.(禮曹判書金應箕 · 大提學申用漑等, 請令金世弼 · 金安國 · 柳雲 · 成雲 · 金揚震 · 洪彦弼等, 常與弘文館官員, 講習『性理大全』內『皇極經世書』 · 『易學啓蒙』 · 『律呂新書』 · 『洪範』 · 『皇極內篇』于弘文館, 有難解處, 質問于先覺處, 及其進講時, 更選精熟者, 使之進講, 上曰: "可.")"

10 『상촌고(象村稿)』 60권: "余少時喜觀邵易. 而未領其要. 思索而復置之. 如是者蓋數十年. 世無名儒碩師究窮乎此者. 亦無緣就質而擊蒙矣. 暨萬曆癸丑. 得罪于朝. 竄跡田間. 無他隨身物. 秖有皇朝諸學士所纂性理大全在床上. 捐佩之餘. 取經世約法觀之. 則忽若有所通曉. 因以推研則信其爲加倍之法. 而又非渺茫難知者也. 於是乎閉戶考證. 漸得蹊逕. 而心

게 구해볼 수 있는 서적이 아니었다. 대부분의 유학자들은 『성리대전』에 수록되어 있는 『황극경세서』를 본 듯하다.

그러므로 본 장에서는 『훈민정음』(1446)과 『동국정운』(1448), 『홍무정운역훈』(1455)을 중심으로 세종대의 정음에 대한 논의와 『황극경세서』 「성음창화도」에 대해 본격적으로 논의하였던 서경덕(徐敬德, 1489-1546), 최석정(崔錫鼎, 1646-1715), 황윤석(黃胤錫, 1729-1791)의 저술을 중심으로 전기와 후기로 나누어 고찰하기로 한다. 시대 사상으로서 성리학의 흐름과 변화 양상에 주목하면서 정음에 대한 논의의 전개를 탐구하고, 조선 시기 상수학적 정음학의 수용 과정과 아울러 창조적으로 변용되는 면모를 탐색하고자 한다.

1. 조선 전기

1) 『훈민정음』

조선 초 세종(世宗)은 자신이 연마한 학문적 축적을 정치 현실에 반영시키고자 집현전을 설치하고 젊은 학자들을 영입하여 국가적 지원 아래 성리학 연구를 추진하였다. 무엇보다 세종의 관심을 끈 것은 『성리대전』에 수록되어 있는 성음(聲音) 관련 부분이었다. 세종은 먼저 성리학적 언어관에 입각하여, 음양(陰陽)이 결합하여 세상 모든 음을 이룬다는 사실을 터득하였다.

不敢自信. 旋捐金於燕市. 購邵子全書以來. 以所領會者校之. 則頗似符契. 余旣自幸其粗有所得. 而顧海隅偏壤. 文獻不備. 如先儒箋釋. 莫有見者. 此數之源委. 但憑註解參互爾. 然經世內外篇. 若方圓兩圖. 天地始終. 元會諸圖. 已具其槩. 推之自當悟入. 至於聲音之數. 自是一理. 旣知四象之數則卽迎刃而解矣.”

> 하늘과 땅의 도는 오로지 음양오행일 뿐이다. 곤괘와 복괘 사이가 태극인데 이 태극이 움직이고 멎고 한 다음에 음과 양이 생겨나는 것이다. 무릇 천지간에 생명이 있는 것들이 음양을 버리면 어찌할 것인가? 그러므로 사람의 말소리에도 모두 음양의 이치가 있으나 사람들이 이를 살피지 못할 뿐이다. 지금 훈민정음을 만듦에 처음부터 지혜를 부려 찾은 것이 아니라 그 말소리에 따라 그 이치를 다 했을 뿐이다.[11]

즉 음양오행의 원리에서 우주 자연의 지배 법칙을 구하고, 더 나아가 인간의 어음도 같은 원리의 자연 법칙이 적용될 수 있다고 본 것이다. 훈민정음의 창제 원리에 대해서도 다음과 같이 설명하였다.

> 천지인(天地人)에서 모양을 취하니 삼재(三才)의 도가 갖추어졌다. 그리하여 삼재는 만물의 우선이 되지만 하늘은 다시 삼재의 시작이 된다. 이는 마치 ·ㅡㅣ 세 글자가 팔성(八聲)의 머리가 되면서도 ·자가 다시 세 글자의 최고가 되는 것과 같다.[12]

세종과 집현전 학자들은 중성 11자를 기본자 "·ㅡㅣ" 세 글자를 연역하여 만들었는데 중성의 기본자인 "·ㅡㅣ"는 각각 하늘과 땅, 그리고 사람의 삼재(三才)의 모양을 본뜬 것이라고 설명하였다. 그중 '·'는 하늘이 자(子)에서 열리므로 하늘의 둥근 모양을 본뜬 것이고, 'ㅡ'는 땅이 축(丑)에서 열리므로 지평의 모양을 본뜬 것이며, 'ㅣ'는 사람이 인(寅)에서 생겨나니 사람이 서 있는 모양을 본뜬 것이라고 하였다.[13] 『훈민정음』「제

---

11 『훈민정음(訓民正音)』「해례(解例)」: "天地之道, 一陰陽五行而已. 坤復之間爲太極, 而動靜之後爲陰陽. 凡有生類在天地之間者, 捨陰陽而何之. 故人之聲音, 皆有陰陽之理, 顧人不察耳. 今正音之作, 初非智營而力索, 但因其聲音而極其理而已."

12 위의 책: "取象於天地人, 而三才之道備矣. 然三才爲萬物之先, 而天又爲三才之始, 猶·ㅡㅣ三字爲八聲之首, 而又·爲三字之冠也."

13 위의 책: "天開於子, 形之圓, 象乎天, 地闢於丑, 形之平, 象乎地, 人生於寅, 形之立, 象乎人."

자해」에서 논의된 관련 내용을 다음의 도표로 나타낼 수 있다.

		字形	象形內容
基本字	ㆍ	圓	象乎天
	ㅡ	平	象乎地
	ㅣ	立	象乎人
		制字基準	字形說明
初出字	ㅗ	ㆍ與一合而成	取天地初交之義也
	ㅏ	ㅣ與ㆍ合而成	取天地之用發於事物待人而成也
	ㅜ	一與ㆍ合而成	亦取天地初交之義也
	ㅓ	ㆍ與ㅣ合而成	亦取天地之用發於事物待人而成也
再出字	ㅛ	與ㅗ同而起於ㅣ	起於ㅣ而兼乎人, 二其圓者 取其再生之義也
	ㅑ	與ㅏ同而起於ㅣ	起於ㅣ而兼乎人, 二其圓者 取其再生之義也
	ㅠ	與ㅜ同而起於ㅣ	起於ㅣ而兼乎人, 二其圓者 取其再生之義也
	ㅕ	與ㅓ同而起於ㅣ	起於ㅣ而兼乎人, 二其圓者 取其再生之義也

또한 초성, 중성, 종성이 결합하여 글자가 만들어지는 정황도 천지 기운이 운행하는 모습에 비유하여 설명하였다.[14]

> 초성과 중성, 종성의 글자가 어울려 이루어진 음절에 대해 말하자면, 여기에는 마치 동(動)과 정(靜)이 서로 뿌리가 되고 음과 양이 엇바뀌어서 변화하는 뜻이 있다. 동(動)이란 하늘이요, 정(靜)이란 땅이며, 동정(動靜)을 겸한 것은 사람이다. …… 일원(一元)의 기운이 두루 흘러 끝나지 않고, 사시(四時)의 운행이 돌고 돌아 끝이 없는 까닭에 정(貞)에서 다시 원(元)이 되고 겨울에서 다시 봄이 되는 것이니, 초성이 다시 종성이 되고 종성이

14 박권수, 「조선후기 상수학의 발전과 변동」, 서울대학교박사학위논문, 2006, 97-99쪽 참조.

다시 초성이 되는 것은 역시 이와 같은 것이다.[15]

이와 같이 주역의 원리를 빌려 성음(聲音)의 연원을 설명하는 훈민정음을 오늘날 대부분의 학자들은 『황극경세서』와 지대한 연관이 있다고 보고 있다.[16] 당시 성리학은 지식과 생활, 행위와 이념을 선도하였으므로 『성리대전』의 7-13권에 부록되어 있는 소옹의 『황극경세서』는 보편적인 어음관으로 인식되어 훈민정음의 창제에 영향을 끼쳤다고 보는 것이다.

그러나 이 책에서는 훈민정음의 창제에 『황극경세서』의 영향이 그다지 크지 않았을 것으로 생각한다. 앞에서 논의하였듯이, 15세기는 집현전 학자들이 신유학을 막 수용하기 시작한 시점이었으므로 『황극경세서』「성음창화도」에 구현되어 있는 상수 음운학 이론을 충분히 숙지하여 새로운 문자를 창제하는 기본 철학이 되기에는 현실적으로 시기상조였을 것이다. 또한 『훈민정음』의 내용은 이 책의 앞 장에서 살펴본 『홍문정운』(1375)이나 『음운천미』(1726)의 「서문」에서도 찾아볼 수 있는 내용이다.

> 사람은 태어나면서 소리가 있어서 발성되는 말소리에는 칠음(七音)이 갖추어져 있다. 소위 칠음(七音)이란 아음(牙音), 설음(舌音), 순음(唇音), 치음(齒音), 후음(喉音)과 반설음(半舌音), 반치음(半齒音)을 말한다. 지혜로운 이가 면밀하게 살펴서, 청(淸)과 탁(濁)으로 나누고, 각(角), 치(徵), 궁

---

15 『훈민정음(訓民正音)』「제자해(制字解)」: "以初中終合成之字言之, 亦有動靜互根陰陽交變之義焉. 動者 天也. 靜者 地也. 兼互動靜者 人也. 一元之氣, 周流不窮, 四時之運, 循環無端, 故貞而復元, 冬而復春. 初聲之復爲終, 終聲之復爲初, 亦此義也."

16 이에 관하여 홍기문, 『정음 발달사』, 서울신문사 출판국, 1946; 이숭녕, 「황극경세서의 이조 후기 언어 연구에의 영향」, 『국어학연구』, 형설출판사, 1972; 유창균, 「황극경세서가 국어학에 끼친 영향」, 『석당논총』 제15집, 1989; 박동규, 「샤오 용의 사상이 한글 제정에 끼친 영향」, 『한글』 253호, 2001 등의 연구를 참고할 수 있다.

(宮), 상(商), 우(羽)에서 반상(半商)과 반치(半徵)까지 정하니 세상의 모든 글자의 음이 모두 여기에 있게 되었다.[17]

만물의 본체와 작용을 갖춘 것은 글자보다 나은 것이 없고, 많은 글자의 모양과 음을 아우르는 것은 운(韻)보다 나은 것이 없다. 소위 천(天), 지(地), 인(人)의 도리, 천성과 천명과 도덕의 오묘함, 예도 · 음악 · 형벌 · 정사의 근원이 모두 이것과 연관이 있으므로 참으로 신중하지 않을 수가 없다.[18]

소리의 이치는 매우 정교하다. 천지간에는 자연의 소리가 있고, 사람의 소리에는 자연의 음절이 들어 있다. 옛날 슬기롭고 현명한 사람이 사람의 말소리에 들어 있는 자연의 음절을 취하여 이러한 음절이 노래에 따라 변화하고 또 율여와 조화를 이루도록 하였기 때문에 팔음(八音)이 조화롭고 신과 사람이 화합하게 되었으니 모든 것이 이러한 이치였다.[19]

고려 광종(光宗, 925–975)부터 과거제가 시행되었다면[20] 구체적인 전래 기록이 남아 있지 않지만, 분명히 관련 운서나 운도가 수입되어 영향을 끼쳤을 것이다.[21] 예를 들어, 세종 27년(1445)부터 『홍무정운역훈』의

---

17 『홍무정운(洪武正韻)』「서문(序文)」: "人之生也則有聲, 聲出而七音具焉. 所謂七音者, 牙舌唇齒喉及舌齒各半是也. 智者察知之, 分其清濁之倫, 定爲角徵宮商羽, 以至於半商半徵, 而天下之音, 盡在是矣."

18 위의 책: "備萬物之體用者, 莫過於字, 包衆字之形聲者, 莫過於韻. 所謂三才之道, 性命道德之奧, 禮樂刑政之原, 皆有繫於此, 誠不可不慎也."

19 『음운천미(音韻闡微)』「서문(序文)」: "聲音之道微矣. 天地有自然之聲, 人聲有自然之節. 古之聖人, 得其節之自然者, 而為之依永和聲.至於八音諧, 而神人和, 胥是道也."

20 『정조실록』 21년(1797) 7월 14일: "……삼가 우리 나라의 과거 제도를 상고해보건대, 이 제도는 고려 광종(光宗) 때부터 창설되었는데(……謹按我東科制, 創自高麗光宗之時)."

21 소창진평(小倉進平)의 『조선어학사(朝鮮語學史)』 479쪽에서는 고려 중기 충숙왕(忠肅

편찬 준비가 시작되었으므로 세종과 집현전 학자들은 『홍문정운』을 필독하였을 것이다.

또한 『훈민정음』 「제자해」 등의 내용과 음운학 용어가 『절운지장도』와 유사한 예가 적지 않다. 예를 들어 『절운지장도』의 「변자모차제예(辨字母次第例)」에서도 만물의 본원 속에서 글자음의 본질을 파악하였다.

> 자모(字母)를 분별한다는 것은 그 소리의 바름을 취하여 그것을 근본으로 삼는 것이다. 근본이 세워지면 소리가 이로부터 생겨나므로 이것을 모(母)라고 부른다. 36자모로 384성이 만들어진다는 것은 자모가 상생된다는 의미인데, 한 기운이 발설되면 청탁의 순서와 경중의 규율이 정해지게 되는 까닭에 이것이 오음(五音)에 합치되고 사시(四時)와 운용되는 것이다. 그러므로 아음(牙音)부터 시작되는데 봄[春]의 모습이고 음으로는 각(角)이고 오행으로는 목(木)이다. 그 다음은 설음인데 여름의 모습으로서 음은 치(徵)이고 오행으로는 화(火)이다. 그 다음은 순음(脣音)인데 초여름[季夏]의 모습으로서 음은 궁(宮)이고 오행으로는 토(土)이다. 그 다음은 치음(齒音)인데 가을[秋]의 모습으로서 음은 상(商)이고 오행으로는 금(金)이다. 다음은 후음(喉音)인데 겨울[冬]의 모습으로서 음은 우(羽)이고 오행으로는 수(水)이다. 이른바 오음(五音)이 나오는 것이 사시(四時)의 운용과 같은 것이다.[22]

王) 26년(1300)에 『신간배자예부운략(新刊排字禮部韻略)』이 복간되었다고 함.(: 이숭녕, 「세종의 언어정책에 관한 연구-특히 운서편찬과 훈민정음제정과의 관계를 중심으로 하여」, 『아세아연구』 1집, 1958, 4쪽 재인용)

22 『절운지장도(切韻指掌圖)』 「변자모차제예(辨字母次第例)」: "辨字母者, 取其聲音之正, 立以爲本, 本立則聲音由此而生, 故曰母, 以三十六母演三百八十四聲, 取子母相生之義, 是故一氣之出, 淸濁有次, 輕重有倫, 合之以五音, 運之若四時, 故始牙音, 春之象也, 其音角, 其行木, 次曰舌音, 夏之象也, 其音徵, 其行火, 次曰脣音, 季夏之象也, 其音宮, 其行土, 次曰齒音, 秋之象也, 其音商, 其行金, 次曰喉音, 冬之象也, 其音羽, 其行水, 所謂五音之出, 猶四時之運者此也."

이는 특히 『훈민정음』 「제자해」와 『훈민정음』 「제자해가결(制字解歌訣)」의 내용과 유사하다.

> 무릇 사람의 소리를 오행에 근본을 두는 까닭은 계절에 어그러짐이 없고 음악의 오음에 맞추어도 틀리지 않기 때문이다. 목구멍[喉]은 깊고 젖어 수(水)라고 할 것이니 소리가 비고 통하여 물의 허명하고 두루 흐름과 같은 것이다. 계절로는 겨울[冬]이고 음으로는 우(羽)이다. 어금니[牙]는 서로 어긋나고 길어서 목(木)이라고 할 것이니 소리가 목구멍소리와 비슷해도 여무져서 나무가 물에서 나되 그 모양이 있는 것과 같은 것이다. 계절로는 봄[春]이요 음으로는 각(角)이다. 혀[舌]는 날카롭고 움직이므로 화(火)라고 할 것이니 소리가 구리고 날리어 불의 이글거리며 활활 타오름과 같다. 계절로는 여름[夏]이요 음으로는 치(徵)이다. 이[齒]는 단단하고 끊어서 금(金)이라고 할 것이니 소리가 부스러지고 걸리어 쇠의 잔 부스러기가 단련되어 무엇이 이루어짐과 같다. 계절로는 가을[秋]이요 음으로는 상(商)이다. 입술[脣]은 모나고 합하여 토(土)라고 할 것이니, 소리가 머금고 넓어 땅이 만물을 함축하여 넓고 큼과 같은 것이다. 계절로는 늦여름[季夏]이요, 음으로는 궁(宮)이다.[23]

> ……계절과 충기가 배합되어 오행과 오음에 어울리지 않는 것이 없도다. 목구멍[喉]은 수(水)이면서, 겨울[冬]이며, 음은 우(羽)이다. 어금니[牙]는 봄[春]이면서 목(木)이며 음은 각(角)이다. 음이 치(徵)면서 여름[夏]이며 화(火)인 것은 혀[舌]이며, 이[齒]는 음은 상(商)이면서 가을[秋]이고 또한 금

23 『훈민정음(訓民正音)』 「제자해(制字解)」: "夫人之有聲, 本於五行, 故合諸四時而不悖, 協之五音而不戾. 喉邃而潤, 水也, 聲虛而通, 如水之虛明而流通也. 於時爲冬, 於音爲羽, 牙錯而長, 木也, 聲似喉實, 如水之生於水而有形也, 於時爲春, 於音爲角, 舌銳而動, 火也. 聲轉而颺, 如火之轉展而揚揚也, 於時爲夏, 於音爲徵, 齒强而斷金也, 聲屑而滯, 如金之屑瑣而鍛成也, 於時爲秋, 於音爲商, 脣方而合, 土也, 於時爲季夏, 於音爲宮."

(金)이다. 입술[脣]은 위치나 숫자가 정해지지 않아도 토(土)로서 늦여름[季夏]이며 음은 궁(宮)이다.……[24]

위의 내용을 비교하여 정리해보면 다음의 표와 같다.

『切韻指掌圖』「辨字母次第例」			
	四時	五音	五行
牙音	春	角	木
舌音	夏	徵	火
脣音	季夏	宮	土
齒音	秋	商	金
喉音	冬	羽	水

『훈민정음』「제자해」			
	五行	四時	五音
喉音	水	冬	羽
牙音	木	春	角
舌音	火	夏	徵
齒音	金	秋	商
脣音	土	季夏	宮

『절운지장도』「변자모차제예(辨字母次第例)」에서는 아(牙)·설(舌)·순(脣)·치(齒)·후(喉) 음을 사시(四時)·오음(五音)·오행(五行)의 순서로 서술하였고,『훈민정음』「제자해」와「제자해가결(制字解歌訣)」에서는 후(喉)·아(牙)·설(舌)·치(齒)·순(脣) 음을 오행(五行)·사시(四時)·오음(五音)의 순서로 서술하였다. 서술되는 내용의 '순서'에만 차이가 있을 뿐, 대입되는 항목의 내용은 동일하다.

또한 앞의『절운지장도』「변자모차제예」에서는 36자모를 발음 부위에 따라 칠음(七音)으로 구분하였는데 이는『훈민정음』「초성해가결」의 내용과 유사하며, 아(牙)·설(舌)·순(脣)·치(齒)·후(喉)·반설(半舌)·반치(半齒)의 순서로 서술한 점도 동일하다.

君(ㄱ)·快(ㅋ)·虯(ㄲ)·業(ㆁ)의 소리는 어금니 소리[牙]이고, 혓소리

24 『훈민정음(訓民正音)』「제자해가결(制字解歌訣)」: "……配諸四時與沖氣, 五行五音無不協, 維喉爲水冬與羽, 牙迺春木其音角, 徵音夏火是舌聲, 齒則商秋又是金, 脣於位數本無定, 土而季夏爲宮音.……"

[舌]는 斗(ㄷ)·呑(ㅌ)·覃(ㄸ)·那(ㄴ)이며, 彆(ㅂ)·漂(ㅍ)·步(ㅃ)·彌(ㅁ)는 입술소리[脣]이고, 잇소리[齒]에는 卽(ㅈ)·慈(ㅉ)·侵(ㅊ)·戌(ㅅ)·邪(ㅆ)가 있고, 挹(ㆆ)·虛(ㅎ)·洪(ㆅ)·欲(ㅇ)은 목구멍소리[喉]이며, 閭(ㄹ)는 반혓소리[半舌]이고, 穰(ㅿ)은 반잇소리[半齒]이다.[25]

한편 『절운지장도』 「변자모청탁가(辨字母淸濁歌)」는 자모(字母)와 청탁(淸濁)의 관계를 7언의 형식으로 설명하였는데, 이것도 역시 『훈민정음』 「제자해가결(制字解歌訣)」과 유사하다. 아래의 예문을 비교해 보자.

> 横篇第一是全淸, 第二次淸總易明, 全濁第三聲自穩, 不淸不濁四中成,
> 齒中第四全淸取, 第五從來類濁聲, 唯有來日兩箇母, 半商半徵濁淸平.[26]

> 聲音又自有淸濁, 全淸聲是君斗彆, 卽戌挹亦全淸聲, 若迺快呑漂侵虛,
> 五音各一爲次淸, 全濁之聲虯覃步, 又有慈邪亦有洪, 全淸並書爲全濁.[27]

각 운서와 운도에서 사용된 청탁(淸濁)의 용어를 비교해보면 세종대에

---

25 『훈민정음(訓民正音)』 「초성해가결(初聲解歌訣)」: "君快虯業其聲牙, 舌聲斗呑及覃那, 彆漂步彌則是脣, 齒有卽慈侵戌邪, 挹虛洪欲迺喉聲, 閭爲半舌穰半齒."

26 『절운지장도(切韻指掌圖)』 「변자모청탁가(辨字母淸濁歌)」: "가로 줄 첫 번째는 전청(全淸)이고, 두 번째는 차청(次淸)으로 모두 쉽게 알 수 있다. 전탁(全濁)은 세 번째로 소리가 숨어 있으며, 불청불탁(不淸不濁)은 네 번째 가운데 이루어진다. 치음 가운데 네 번째를 전청(全淸)이 취하고 있으며, 다섯 번째는 본래부터 탁성(濁聲)에 속하는데, 오직 래(來)와 일(日) 두 자모는 반상반징(半商半徵)으로서 탁(濁)과 청(淸)이 고르다."

27 『훈민정음(訓民正音)』 「제자해가결(制字解歌訣)」: "성음(聲音)에는 본디부터 청탁(淸濁)이 있으니, 전청(全淸)은 君[ㄱ]·斗[ㄷ]·彆[ㅂ]이요, 卽[ㅈ]·戌[ㅅ]·挹[ㆆ]도 또한 전청(全淸)이다. 快[ㅋ]·呑[ㅌ]·漂[ㅍ]·侵[ㅊ]·虛[ㅎ]와 같은 것은, 다섯 소리가 각각 차청(次淸)이다. 전탁(全濁)에는 虯[ㄲ]·覃[ㄸ]·步[ㅃ]와 慈[ㅉ]·邪[ㅆ], 그리고 洪[ㆅ]이 더 있다. 전청(全淸)을 나란히 쓰면 전탁(全濁)이 된다."

편찬된 『훈민정음』·『동국정운』·『홍무정운역훈』은 운도 중에서도 『절운지장도』와 가장 유사한 것을 볼 수 있다.

『훈민정음』 『동국정운』 『홍무정운역훈』	全淸	次淸	全濁	不淸不濁
『운경』	淸	次淸	濁	不淸不濁
『고금운회거요』	淸	次淸	濁	次濁
『절운지남』	純淸	次淸	全濁	半淸半濁
『절운지장도』	全淸	次淸	全濁	不淸不濁
『황극경세서』「성음창화도」	淸	淸	濁	濁

『절운지장도』가 만들어진 시기는 대략 남송 말기인 1176년에서 1203년 사이로 추정된다. 근래 몇몇 학자들이 『절운지장도』가 사마광(司馬光, 1019-1086)의 명의로 위작된 것이라는 근거를 제시하였지만, 『절운지장도』의 서문에 "涑水司馬光書"로 끝맺고 있기 때문에 청대 이전에는 모두들 의심없이 송대의 대학자 사마광이 저술한 것이라고 믿어왔다.[28] 훈민정음이 여타 운도보다 유독 『절운지장도』와 유사한 부분이 많은 것은 『절운지장도』가 정통성을 보유하고 있다고 여겼기 때문일 것이다. 『동국정운』의 「서문」에도 다음과 같이 명시하고 있다.

> 심약과 유법언 등에 이르러 글자를 나누고 모아서 성을 고르고 운에 맞추는 성운의 학설이 비로소 홍하게 되었다. 그러나 여러 학자들이 잇달아 각기 제 학설을 내놓으니 논의가 잦은 만큼 잘못 또한 적지 않았다. 이에 온공(溫公, 사마광)이 운도를 짓고 강절(康節, 소옹)이 수리를 밝혀 깊은 이치를 찾아 울려서 여러 설이 하나로 모아졌다.[29]

28 최병권, 「절운지장도 연구」, 연세대학교 석사학위논문, 1994, 14쪽.

29 『동국정운(東國正韻)』: "……乃至沈陸諸子 彙分類集 諧聲協韻 而聲韻之說始興 作者相

이 책에서는 『훈민정음』에 대한 여타 운서나 운도의 영향 관계를 밝히고자 하는 것이 아니다. 소옹(1011-1077)의 『황극경세서』나 『절운지장도』(1176-1203), 『홍무정운』(1375) 등 중국에서 편찬된 운서와 운도는 모두 훈민정음(1446)보다 먼저 편찬되었으므로 성리학적 이데올로기에 충실하였던 세종과 집현전 학자들은 필시 적극적으로 참고하였을 것이다. 그들은 공통의 성리학적 언어관을 견지하였으므로 비슷한 문구나 내용으로 표현되는 것은 어쩌면 당연할 수 있다.

주요한 것은 세종과 집현전 학자들이 세상만물이 생성되는 원리에 입각하여 성음(聲音)을 이해하였고, 각 통일 왕조의 운서마다 추구하였던 시·공간에 모두 적용될 수 있는 음운 체계, 상수역학에 의해 밝혀놓은 세상 모든 음의 수, 그리고 성음의 틀에 구현된 세상의 모든 음을 나타내는 운도 등 당시 성리학적 언어관에 의해 이루어진 모든 것들을 용해시킨 후, 새로운 차원의 문자를 창제하였다는 것이다.

이것에는 정반합(正反合) 변증의 논리가 들어 있다. 중국의 많은 운도 작자들은 세상 모든 음을 운도의 틀에 구현하고자 하였지만, 그 속에 암암리에 포함되어 있던 '모순'의 정체를 알아채지 못하였던 듯하다. 그것은 음을 표현하고자 운도의 칸에 기입되는 글자가 '표음 기능이 전무한 한자'인 까닭이었다. 결국 운도의 작자들은 자신만의 기준으로 운도를 편찬하였더라도 어떠한 운도도 준거가 될 수 없었다. 결국 현재까지 남아 있는 120여 편의 운도들은 태생적인 모순에 의해 남겨진 잔해물인 것이다.

그러나 조선에서 세종은 한자의 이러한 한계를 일찌감치 갈파한 듯하다. 최만리가 언문창제 반대상소문을 올렸을 때[30] 그는 다음과 같이 일갈

繼 各出機杼 論議旣衆 誤亦多 於是溫公著之於圖 康節明之於數 探賾鉤深 以一諸說."

30 『세종실록』 26년 2월 20일: 「최만리등 언문창제 반대 상소문(崔萬理等諺文創製反對上疏文)」: "儻曰, 諺文皆本古字, 非新字也. 則字形雖倣古之篆文, 用音合字, 盡反於古, 實無

하였다.

“옛 사람이 이르기를, 범음은 중국에서 행해지지만 공자의 경서가 발제하(跋提河, 인도와 중국 국경의 강)를 넘어가서 행하여지지 않는 것은 글자의 꼴에 따르고 소리에 따르지 않았기 때문이라고 하였다. 무릇 소리가 있으면 이에 부합되는 글자가 있는 것이거늘 어찌 소리 없는 글자가 있을 수 있겠는가?”[31]

여기에서 세종이 말하는 ‘옛 사람’은 송대의 정초(鄭樵, 1104-1162)를 가리키는 듯하다. 그가 지은 『칠음략(七音略)』의 서문에 유사한 글이 있기 때문이다.[32] 정초는 『칠음략』의 제작 동기에 대해 다음과 같이 설명하였다.

“어찌하여 석가의 책은 중국에 들어올 수 있거늘, 공자의 책은 발제하(跋提河)에 이를 수 없는 것인가. 성음의 도에 장애가 있는 까닭이니 이것은 후세 학자들의 잘못이다. 배와 수레는 소통되면서도, 문의가 이르지 못하는 것은 무엇 때문인가. 내가 지금 칠음을 취하여 『통지(通志)』「칠음략(七音略)」을 편찬하니, 배우는 이들 모두가 이 학문을 모두 전수받은 후, 공자의 책이 사람들이 사는 곳에 두루 펼쳐지길 바란다. 이른바 하(夏)로

所據. 自古九州之內, 風土雖異, 未有因方言而別爲 文字者. 唯蒙古西夏女眞日本西蕃之類. 各有其字是皆夷狄事耳, 無足道者. ……歷代中國, 皆以我國, 有箕子遺風, 文物禮樂, 比擬中華. 今別作諺文, 捨中國而自同於夷狄.”

31 『홍무정운역훈(洪武正韻譯訓)』「서문(序文)」: “古人謂梵音行於中國, 而吾夫子之經不能過跋提河者, 以字不以聲也. 夫有聲, 乃有字, 寧有無聲之字耶.”

32 『고려사(高麗史)』 권40 「세가(世家)」 권40(38a) 공민왕 13년(1364) 6월 을묘조(乙卯條): “명주 사도가 와서 향료인 참향과 활과 화살, 그리고 『옥해』와 『통지』 등의 책을 바쳤다.(明州司徒……來獻沉香弓矢及玉海通志等書.)”(강신항, 『한국의 운서』, 국어학회, 2000, 20-21쪽 재인용)

써 오랑캐를 변하게 한다는 것은 마땅히 여기에서 시작되는 것이다."[33]

정초는 인도의 불교 문화가 중국에 전래될 수 있었으나 중국의 유교 문화가 인도에 전래될 수 없는 까닭이 후세 학자들의 '성음의 깨달음이 부족한 탓[聲音之道有障閡耳]'이라고 화두를 던졌다. 이에 후세 학자들은 정초의 뜻을 받들어 무수히 많은 운도를 제작하여 성음의 이치를 깨우치고자 하였으나 정작 대입되는 글자가 표음 기능이 부실한 한자였기에 하세월 헛공론을 하였다. 최만리가 '소리로써 글자를 합하는 것은 모두 옛것에 어긋나는 일이며 실로 근거가 없는 일입니다[用音合字, 盡反於古, 實無所據].'라고 언문 창제를 반대하였지만 세종은 바로 '글자[한자]가 소리를 담아낼 수 없었기 때문[以字不以聲也]'에 공자의 책이 발제하를 건너지 못한 것이라고 질타하고, 한자의 질곡에서 벗어나 마침내 소리를 담아내는 새로운 문자를 창제하여 '바람소리, 학의 울음, 닭이 홰치며 우는 소리, 개 짖는 소리일지라도' 모두 적어낼 수 있게 된 것이다.[34]

이와 같이 세종이 새로운 문자 창제에 대한 발상의 전환이 가능했던 것은 바로 신생 국가로서의 자주성과 문화적 주체성 때문이었다. 세종과 집현전 학자들은 "천지자연의 어떤 말소리는 반드시 그 말소리에 합당한

33 『칠음략(七音略)』「서문(序文)」: "何瞿曇(석가모니의 출가전 성씨인 Gautama의 음역)之能入諸夏, 而宣尼(한대 平帝 시대의 공자의 시호)之書不能至跋提河. 聲音之道有障閡耳, 此後學之罪也. 舟車可通, 則文義可及. 今舟車所通而文義所不及者何哉. 臣今取七音編而爲志. 庶使學者盡轉其學, 然後能周宣宣尼之書以及人面之域, 所謂用夏變夷, 當自此始."

34 『훈민정음』「해례본」: "以二十八字, 　　雖風聲鶴唳鷄鳴狗吠, 皆可得而書矣."은 『칠음략·서문』에도 이와 비슷한 표현을 찾아볼 수 있다. 『칠음략(七音略)』「서문(序文)」: "중국의 승려가 이를 따라 36자모를 정하니, 중경(重輕)과 청탁(淸濁)이 그 순서를 잃지 않고, 천지 만물의 음이 여기에 갖추어졌다. 비록 학의 울음소리, 바람소리, 닭의 울음소리, 개짖는 소리, 천둥우뢰소리, 모기 소리도 모두 적어낼 수 있으니 하물며 사람 말소리야 말할 나위가 있겠는가.(華僧從而定之, 以三十六爲之母, 重輕淸濁, 不失其倫, 天地萬物之音, 備於此矣. 雖鶴唳風聲鷄鳴狗吠雷霆驚天蚊虻過耳皆可譯也. 況於人言乎.)"

천지자연의 글자가 있는 법이다. 만약 풍토에 따라 말소리가 각각 다르면 그 말소리에 합당한 글자도 각각 다를 것이다. 그러나 말소리가 다름에도 불구하고 그 말소리에 합당한 글자가 없어서 다른 말소리를 적는 글자를 빌려 사용하는 것은 마치 둥근 구멍에 모난 자루를 끼우는 일과 같은 것이다."고 하고, "그러나 우리나라는 말소리가 중국과 다름에도 불구하고 중국의 글자(한자)를 쓰고 있으므로 일상 쓰는 말소리의 만분의 일도 적어내지 못하고 있다."고 개탄하였다.[35] 좀 더 구체적으로 고찰하여 보자.

> 우리 조선은 안팎으로 산하(山河)가 저절로 한 구획을 이루어 지리와 기후 조건이 중국과 완전히 다르다. 그러므로 발음이 어찌 중국음과 부합될 수 있겠는가? 한자음이 중국과 다른 것은 자연스런 이치이다.[36]

즉 지형이 한 구획을 이루어 지세와 기후의 조건이 아주 달라지면 말소리 자체가 다르게 된다는 것이다. 조선은 중국과 안팎으로 산하(山河)가 가로 놓여 지형의 특징상 근본적으로 말소리 자체가 같을 수가 없다.[37]

---

35 『훈민정음(訓民正音)』「정인지서(鄭麟趾序)」: "有天地自然之聲 則必有天地自然之文. …… 然四方風土區別 聲氣亦隨而異焉. 盖外國之語 有其聲而無其字 假中國之字以通其用 是猶枘鑿之鉏鋙也. 豈能達而無礙乎 要皆各隨所處而安 不可强之使同也. 吾東方禮樂文章 侔擬華夏 但方言俚語 不與之同. 學書者患其旨趣之難曉 治獄者病其曲折之難通. 昔新羅薛聰 始作吏讀 官府民間 至今行之 然皆假字而用 或澁或窒 非但鄙陋無稽而已 至於言語之間 則不能達其萬一焉."

36 『동국정운(東國正韻)』「서문(序文)」: "矧吾東方 表裏山河 自爲一區 風氣已殊於中國 呼吸豈與華音相合歟 然則語音之所以與中國異者 理之然也."

37 말소리의 차이가 지형상의 특징에 연유한다는 착상은 마치 인간의 운명이 사주(四柱)에 의해 결정된다는 것과 같은 맥락이다. 사주가 중요한 몫을 차지하는 이유는 사주의 년 · 월 · 일 · 시에 따라 오행이 다르게 작용되어 운명이 각각 결정되기 때문이다. 그러므로 각 지형마다 오행(五行) · 오시(五時) · 오방(五方) · 오음(五音)의 작용이 다르게 전개되어 말소리가 결정되는데 한 지형 내에서도 또한 지세와 조건에 따라 다

말소리가 다르므로 이에 따라 글자도 같을 수 없다. 이러한 확고한 인식에서 세종과 집현전 학자들은 세종 25년(1443)에 성음의 이치에 따라 발음 부위와 발음 방법을 상형한[38] '훈민정음'을 창제하였다.

문화란 흐르는 물과 같은 관성을 가지고 있어서 높은 데서 낮은 데로 전파된다. 선진 문화를 받아들여 문화 능력에 따라 수용하고 토착화시키는 과정에서 어떻게 고급 문화로 고양 · 자기화시키느냐, 아니면 동화되어 아류로 전락하느냐에 초점을 맞추어보아야 할 것이다. 사실 전통 시대에 선진 문화로서 우리가 받아들인 중국 문화도 순수 고유한 중국 문화라고 볼 수 없다. 주변의 제국, 특히 서역을 통한 서구 문화를 끊임없이 받아들여 중국이라는 거대한 용광로에 일단 중국화시킨 것이기 때문이다. 우리 민족이 중국 문화를 받아들여 우리의 실정에 맞게 자기화시켜 독특한 개성의 문화를 창조한 예는 많지만 '훈민정음'의 창제는 그중 대표적인 예라고 할 수 있다.

2) 『동국정운』

훈민정음(1443)을 창제한 후 세종과 집현전 학자들이 가장 먼저 착수한 것은 이미 전승된 조선 한자음을 바로 잡는 일이었다. 유교 국가로서 이상적인 정치를 실현하기 위해서는 우선 어문정책(語文政策)이 실시되어야 한다고 생각하였기 때문이다. 이는 앞에서도 언급하였듯이 예(禮) · 악(樂) · 성음(聲音) · 정교(政教)가 밀접한 관계가 있다고 여기는 동아시아의 전통 예악 사상의 영향이라고 보이며,[39] 또한 중국에서 통일

를 수 있다.

38 『훈민정음(訓民正音)』「제자해(制字解)」: "정음 28글자는 각각 그 모양을 본떠서 이를 만들었다.(正音二十八字 各象其形而制之.)"

39 『예기(禮記)』「악기(樂記)」 권37: "성(聲)을 살피면 음(音)을 알게 되고, 음(音)을 살피

왕조마다 표준 한자음 운서를 편찬하여 통치의 효율을 추구하였던 것과 맥을 같이하는 것이다.

『동국정운(東國正韻)』은 세종 29년(1447)에 편찬이 완성되고, 이듬해 10월에 간행되었지만, 편찬이 언제부터 시작되었는지에 대한 기록이 없다. 『세종실록』 26년(1444) 2월 14일 기사에 세종이 최항·박팽년 등에게 명하여 웅충(熊忠)의 『고금운회거요(古今韻會擧要)』(1297)를 번역하게 하였다는 기사가 있는데[40] 며칠 후, 최만리가 옛사람의 운서를 함부로 고쳐서는 안 된다는 요지의 상소를 올린 후,[41] 『고금운회거요』에 대한 어떠한 기사도 보이지 않는다. 아마도 세종과 집현전 학자들은 『고금운회거요』의 번역 중에 조선 한자음과의 어음상의 간극을 통감하여 번역 사업을 철회한 것이 아닐까 생각된다. 『동국정운』「서문」의 "옛사람이 편한 운목(韻目)과 정해진 자모(字母)에 합쳐야 할 것은 합치고 나눠야 할 것은 나누되[古人編韻定母, 可併者併之, 可分者分之]" 문구에서의 '옛사람'은 『고금운회거요』의 저자인 웅충(熊忠)을 의미하는 듯하다. 오늘날 학계에서도 당시의 정황과 두 운서의 상관되는 내용에 비추어, 본래 중국 표준 한자음을 번역하고자 착수되었던 『고금운회거요』의 번역 사업이 조선 한

면 악(樂)을 알게 되고 악(樂)을 살피면 정교(政教)를 알게 되니, 이로써 정교(政教)의 도리가 완비되는 것이다.(審聲以知音 審音以知樂 審樂以知政 而治道備矣.)" 또한 『성리대전(性理大典)』에 수록된 주희(朱熹)의 『역학계몽(易學啓蒙)』: "성음의 이치를 깨달은 뒤에라야 만물의 이치를 터득하게 된다.(知聲音之理而後, 萬物之理得矣.)"

40 『세종실록』 26년(1444) 2월 16일: "命集賢殿校理崔恒·副校理朴彭年·副修撰申叔舟·李善老·李塏·敦寧府注簿姜希顔等, 詣議事廳, 以諺文譯『韻會』, 東宮與晉陽大君瑈·安平大君瑢監掌其事. 皆稟睿斷, 賞賜稠重, 供億優厚矣."

41 『세종실록』 26년(1444) 2月 20日: □ 또 옛사람이 이미 만든 운서를 가볍게 고치고, 황당한 언문을 붙여서 공장(工匠)에 수십 인을 모아 이를 각본(刻本)하여서 급하게 널리 반포하려 하시니, 천하의 사람과 후세 사람의 공론이 어떠하겠습니까.(又輕改古人已成之韻書, 附會無稽之諺文, 聚工匠數十人刻之, 劇欲廣布, 其於天下後世公議何如?)"

자음의 표준음 운서인 『동국정운』의 편찬으로 급선회하였을 것이라고 보고 있다.[42]

두 운서의 체제를 비교해보면, 『고금운회거요』는 36자모의 107운을 고수하고 있는 반면, 『동국정운』은 23자모의 91운 체제이다. 이 책의 3장 1절 『고금운회거요』 「서문」의 해제에서 볼 수 있듯이, 웅충(熊忠)은 중국 운서의 편찬 배경과 연원, 자신이 『고금운회거요』를 제작하게 된 동기에 대해 서술하고 있다. 반면에 『동국정운』 「서문」에는 조선 한자음에 대한 주체성을 바탕으로 조선 한자음 운서 제작의 당위성과 아울러 조선 한자음의 혼란 원인, 혼란상 및 개정 방법까지 상세히 제시하고 있어서, 더욱 정교하고 짜임새 있는 성음 이론으로 발전된 모습을 볼 수 있다. 『동국정운』 「서문」의 해제를 통해 구체적인 내용을 알아보자.

> 하늘과 땅이 화합하니 조화가 이루어져서 사람이 생기고, 음과 양이 서로 만나니 기운이 맞닿아서 소리가 생기며, 소리가 생기니 칠음(七音)이 저절로 갖춰지고, 칠음이 갖춰지니 사성(四聲)도 구비되는 것이다. 칠음과 사성이 씨줄과 날줄로 엮이어 맑고, 흐리고, 가볍고, 무거움과 깊고, 얕고, 빠르고, 느림이 자연스럽게 생기게 되었다.
>
> 이러한 까닭에 포희(庖犧)가 괘(卦)를 만들고 창힐(蒼頡)이 글자를 만든 것도 모두 자연의 이치에 따라 만물의 정에 통한 것이다. 심약(沈約) · 육

42 『동국정운』과 『고금운회거요』에 관하여 다음과 같은 연구 논문이 있다. 정인승 · 성원경, 「동국정운 연구: 원본교주를 시도하여 고금운회거요와 재구편과 비교를 하면서」, 『건국대학교학술지』 15호, 1973; 권혁준, 「『동국정운』과 『고금운회거요』의 지(止), 해(蟹)섭 음운 체계 비교」, 한국중국언어학회: 『중국언어연구』 12집, 2000; 권혁준, 「『동국정운』과 『고금운회거요』의 효(效) · 유(流)섭 음운 체계 비교」, 『강남대학교 논문집』 38호, 2001; 조운성, 「동국정운의 운류와 고금운회거요의 반절하자」, 영남대학교 인문과학연구소: 『인문연구』 58집, 2010; 조운성, 「동국정운의 운류와 고금운회거요의 자모운」, 서강대학교 인문과학연구소: 『서강인문논총』 28호, 2010.

법언(陸法言) 등 여러 선비들이 글자를 구분하고 종류대로 모아서 성음을 고르게 하고 운(韻)을 맞추니 성운(聲韻)의 학설이 일어나기 시작하였다. 운서를 편찬하는 이가 줄을 이었으나 각자 모두 자기 주장을 하였으므로 논의도 많아지고 잘못도 역시 많아졌다. 이에 사마온공(司馬溫公)이 운도로 나타내고, 소강절(邵康節)이 수리로 밝혀내어 깊은 이치를 찾아내고 심오한 이치까지도 연구하여 여러 학설을 통일하였다. 그러나 각 지방의 음이 각각 다르므로 옳고 그름을 따짐에 여러 사람의 의견이 같지가 않았다.

[天地絪緼, 大化流行而人生焉; 陰陽相軋, 氣機交激而聲生焉. 聲旣生焉, 而七音自具, 七音具而四聲亦備, 七音四聲, 經緯相交, 而淸濁輕重深淺疾徐, 生於自然矣. 是故庖犧畫卦, 蒼頡制字, 亦皆因其自然之理, 以通萬物之情, 及至沈, 陸, 諸子彙分類集, 諧聲協韻, 而聲韻之說始興. 作者相繼, 各出機杼; 論議旣衆, 舛誤亦多. 於是, 溫公著之於圖, 康節明之於數, 探賾鉤深, 以一諸說. 然其五方之音各異, 邪正之辨紛紜.]

대저 음에 차이가 있는 것이 아니라 사람에게 차이가 있는 것이고, 사람에게 차이가 있는 것이 아니라 지세에 차이가 있는 것이다. 대개 지세가 다르면 풍토와 기질이 다르고, 풍토와 기질이 다르면 발음하는 것도 다르게 된다. 동남 지역에서는 치음과 순음을 많이 쓰고, 서북 지역에서는 후음을 많이 쓰는 것도 바로 그것이다. 그래서 글의 의미로는 통할지라도 성음은 같지 않은 것이다.

우리나라는 안팎으로 산하가 저절로 한 구획을 이루어 풍습과 기질이 이미 중국과 다르므로 발음이 어찌 중국 음에 서로 합치될 수 있겠는가. 그러한즉, 말의 소리가 중국과 다른 것은 당연한 이치이고, 조선의 한자음도 마땅히 중국의 한자음에 합치될 듯하지만, 발음이 돌고 구르는 사이에 가볍고 무거움과 열리고 닫힘의 동작이 말소리에 저절로 끌리게 되어서, (조선) 한자음도 따라서 변하게 된 것이다. 그 음이 비록 변하였더라도 청탁과 사성(四聲)은 옛날과 다름이 없을 터인데, 일찍이 책으로 저술하여 바르게 전하는 것이 없었고, 어리석은 스승과 세상 선비들이 반절하는 법도 모르고, 자모와 운모의 분류 방식에도 어두워서, 글자 모양이 비슷하면 같은 음으로 읽고, 전대(前代) 임금의 휘자는 피한다고 해서 다른 음(音)을 빌리기도 하며, 두 글자로 합하여 하나로 만들기도 하거나, 한 음을 나누어 둘로 만들며, 다른 글자를 빌려 쓰거나, 점이나 획을 더하거나 감하며, 정음[漢音]을 따르거나 속음[俚語]을 따라서 자모(字母)·칠음(七音)·청탁(淸濁)·사성(四聲)이 모두 변하게 되었다.

[夫音非有異同, 人有異同; 人非有異同, 方有異同, 蓋以地勢別而風氣殊, 風氣殊而呼吸異, 東南之齒唇, 西北之頰喉是已. 遂使文軌雖通, 聲音不同焉. 吾東方表裏山河, 自爲一區, 風氣已殊於中國, 呼吸豈與華音相合歟! 然則語音之所以與中國異者, 理之然也. 至於文字之音則宜若與華音相合矣, 然其呼吸旋轉之間, 輕重翕闢之機, 亦必有自牽於語音者, 此其字音之所以亦隨而變也. 其音雖變, 淸濁四聲則猶古也, 而曾無著書以傳其正, 庸師俗儒不知切字之法, 昧於紐躡之要, 或因字體相似而爲一音, 或因前代避諱而假他音, 或合二字爲一, 或分一音爲二, 或借用他字, 或加減點畫, 或依漢音, 或從俚語, 而字母七音淸濁四聲, 皆有變焉.]

가령 아음(牙音)으로 말할 것 같으면 계모(溪母)가 대부분 견모(見母)에 들어갔으니, 이는 자모(字母)가 변한 것이고, 계모(溪母)의 글자가 혹 효모(曉母)에 들어간 것은 칠음(七音)이 변한 것이다. 우리나라의 말소리에도 청탁(淸濁)이 분변되는 것은 중국과 다름이 없는데, 조선의 한자음에 탁성(濁聲)이 없으니 어찌 이럴 수가 있는가. 이는 청탁이 변한 것이다. 우리나라 말소리에는 사성(四聲)도 매우 분명한데, 조선의 한자음에는 상성(上聲)·거성(去聲)이 구별이 없고, '질(質)' 운과 '물(勿)' 운은 마땅히 단모(端母, -t)로 종성(終聲)을 삼아야 하는데, 세속에서 래모(來母, -l)로 발음하여 그 소리가 느려져서 입성(入聲)에 마땅하지 않게 된 것은 사성(四聲)이 변한 것이다. '단모(端母)'를 '래모(來母)'로 발음하는 것은 종성(終聲)에만 있는 것이 아니라 '차례(次第)'의 '례(뎨→례)'와 '목란(牧丹)'의 '란(단→란)'처럼 초성(初聲)이 변한 것도 많다. 우리나라의 말소리에는 계모(溪母)가 많이 쓰이면서 한자음에는 오직 '쾌(快)'의 한 글자뿐이니, 이것도 우스운 것이다.

이로 말미암아 글자의 획이 어그러져 '어(魚)'와 '노(魯)'가 뒤섞이고, 성음(聲音)이 흐트러져 정음과 속음이 함께 쓰이는 지라 가로[橫]로는 사성(四聲)을 제대로 배열할 수 없고, 세로[縱]로는 칠음(七音)을 제대로 배열할 수 없어서 성모와 운모의 결합으로 짜여지는 글자음이 제대로 표시가 안 되고, 경순음과 경중음의 차례가 뒤바뀌는 등 성운의 변화가 극에 이르렀다.

세상에 유가의 스승이라는 사람이 그 잘못된 것을 알고 사사로이 고쳐서 제자들을 가르치기도 하나, 마음대로 고치는 것을 신중하게 여겨서 구습을 그대로 따르는 이가 많으니, (지금) 만일 크게 바로잡지 아니하면 오래 될수록 더욱 심해져서 장차 구해낼 수 없는 폐습이 될 것이다.

[若以牙音言之, 溪母之字, 太半入於見母, 此字母之變也;溪母之字, 或入於曉母, 此七音之變也. 我國語音, 其淸濁之辨, 與中國無異, 而於字音獨無濁聲, 豈有此理! 此淸濁之變也. 語音則四聲甚明, 字音則上去無別. 質勿諸韻, 宜以端母爲終聲, 而俗用來母, 其聲徐緩, 不宜入聲, 此四聲之變也. 端之爲來, 不唯終聲, 如次第之第, 牧丹之丹之類, 初聲之變者亦衆. 國語多用溪母, 而字音則獨夬之一音而已, 此尤可笑者也. 由是字畫訛而魚魯混眞, 聲音亂而涇渭同流, 橫失四聲之經, 縱亂七音之緯, 經緯不交, 輕重易序, 而聲韻之變極矣. 世之爲儒師者, 往往或知其失, 私自改之, 以敎子弟, 然重於擅改, 因循舊習者多矣. 若不大正之, 則愈久愈甚, 將有不可救之弊矣.]

옛날에 시(詩)를 지을 때에는 그 음을 맞출 뿐이었지만, 『시경(詩經)』 3

백편부터 한(漢)·위(魏)·진(晉)·당(唐)의 모든 작가들은 하나의 운에만 구애되지 않았으니, '동(東)'운을 '동(冬)'운에도 쓰고, '강(江)'운을 '양(陽)'운에도 쓰는 것과 같으니, 어찌 운(韻)이 구별된다고 하여 서로 통하게 쓰지 않겠는가? 또 자모(字母)를 만든 것도 소리에 맞출 따름이니, 설두(舌頭)·설상(舌上)과 순중(脣重)·순경(脣經)과 치두(齒頭)·정치(正齒)와 같은 것은 우리나라의 한자음에서는 분별할 수 없으니 마땅히 자연스러움을 바탕으로 할 것이지, 어찌 꼭 36자에 구속될 필요가 있겠는가.

[蓋古之爲詩也, 協其音而已. 自三百篇而降, 漢, 魏, 晋, 唐諸家, 亦未嘗拘於一律, 如東之與冬, 江之與陽之類, 豈可以韻別而不相通協哉! 且字母之作, 諧於聲耳. 如舌頭舌上, 脣重脣輕, 齒頭正齒之類, 於我國字音, 未可分辨, 亦當因其自然, 何必泥於三十六字乎?]

생각해보면, 우리 주상전하께서 유교를 숭상하시고 도를 소중히 여기시며, 학문에 힘쓰고 교화를 일으킴에 지극하시지 않는 바가 없으셨는데, 여러 가지 중요한 정사를 살피시는 겨를에도 한자음 문제를 염려하시어 이에 신 숙주와 집현전직제학 최항(崔恒), 직집현전 성삼문(成三問)과 박팽년(朴彭年), 집현전교리 이개(李愷), 이조정랑 강희안(姜希顔), 병조정랑 이현로(李賢老), 승문원교리 조변안(曹變安), 승문원부교리 김증(金曾)에게 명하시어 세속의 습관을 두루 채집하고 널리 전적을 상고하여, 널리 쓰이는 음을 근본으로 삼고, 옛 음운의 반절에도 맞추며 자모의 칠음(七音)과 청탁(淸濁)과 사성(四聲) 등에 걸쳐 그 근원을 밝히지 않음이 없도록 하여 올바른 길로 바로잡도록 하셨다.

[恭惟我主上殿下崇儒重道, 右文興化, 無所不用其極, 萬機之暇, 慨念及此, 爰命臣叔舟及守集賢殿直提學臣崔恒, 守直集賢殿臣成三問·臣朴彭年, 守集賢殿校理臣李愷, 守吏曹正郎臣姜希顔, 守兵曹正郎臣李賢老, 守承文院校理臣曺變安, 承文院副校理臣金曾, 旁採俗習, 博考傳籍, 本諸廣用之音,

協之古韻之切, 字母七音, 淸濁四聲, 靡不究其源委, 以復乎正.]

그러나 신들이 재주와 학식이 얕고 짧으며 학문이 좁고 고루하여, 뜻을 받들기에 미치지 못하여 매번 가르침을 받고자 번거롭게 해드렸다. 이에 옛사람이 편성한 운목과 제정한 자모를 가지고 합쳐야 할 것은 합치고 나눠야 할 것은 나누되, 하나를 합하거나 하나를 나누거나, 하나의 성모를 세우거나 하나의 운모를 정함에 있어서 모두 재가를 받았으며, 또 각각 고증과 근거를 두었다. 이에 사성(四聲)으로써 조정하고 91운과 23자모로 기준을 정한 후, 어제하신 "훈민정음"으로 그 음을 정하고, 또 '질(質)'·'물(勿)'의 운(韻)은 '영모(影母, ㆆ)'로써 '래모(來母, ㄹ)'를 보충하여 속음을 따르면서 음을 바르게 하였으니, 옛 습관의 그릇됨이 모두 고쳐졌다. 책이 완성되매 이름을 '동국정운'이라고 하시고, 신 숙주에게 명하시어 서문을 지으라고 명하셨다.

[臣等才識淺短, 學問孤陋, 奉承未達, 每煩指顧, 乃因古人編韻定母, 可併者併之, 可分者分之, 一併一分, 一聲一韻, 皆稟宸斷, 而亦各有考據. 於是調以四聲, 定爲九十一韻二十三母, 以御製訓民正音定其音. 又於質勿諸韻, 以影補來, 因俗歸正, 舊習譌謬, 至是而悉革矣. 書成, 賜名曰『東國正韻』, 仍命臣叔舟爲序.]

신 숙주가 생각하옵건대 사람이 날 때 천지의 기운을 받지 않은 자가 없는데, 성음은 기에서 나는 것이다. 청탁이란 것은 음양의 분류로서 천지의 도이요, 사성(四聲)이란 것은 조화의 단서로서 사시(四時)의 운행이라, 천지의 도가 어지러우면 음양의 자리가 뒤바뀌고, 사시(四時)의 운행이 문란해지면 조화가 차례를 잃게 되니, 지극하도다 성운의 묘함이여! 음양의 중심이며 조화의 가장 중요한 요점이구나. 하물며 글자가 만들어지기 전에는 성인의 도가 천지에 의탁했지만, 글자가 만들어진 뒤에는 성인의 도가 서책에 실리게 되었으니, 성인의 도를 밝히려면 마땅히 글의 의미를 먼저 알아야 하고, 글의 의미를 알기 위해선 마땅히 성운부터 알아야 하니, 성운은 곧 도를 배우는 시작[權輿]인지라, 또한 어찌 쉽게 깨우칠 수 있겠는가!

[臣叔舟竊惟人之生也, 莫不受天地之氣, 而聲音, 生於氣者也. 淸濁者, 陰陽之類, 而天地之道也; 四聲者, 造化之端, 而四時之運也. 天地之道亂, 而陰陽易其位; 四時之運紊, 而造化失其序, 至哉, 聲韻之妙也! 其陰陽之閫奧, 造化之機緘乎! 況乎書契未作, 聖人之道, 寓於天地; 書契旣作, 聖人之道, 載諸方策! 欲究聖人之道, 當先文義; 欲知文義之要, 當自聲韻. 聲韻, 乃學道之權輿也, 而亦豈易能哉!]

이것이 우리 성상께서 성운에 마음을 두시고 고금의 것을 취사선택하시어 지침(指針)을 만드시어 억만대의 어리석은 모든 후생들에게 길 열어주신 까닭이다. 옛사람이 책을 짓고 운도를 그려서 음화(音和)니 유격(類隔)이니, 정절(正切)이니 회절(回切)이니 하여 그 법이 매우 자세한데도, 배우는 이들은 여전히 입을 어물거리고 더듬더듬하여 음을 고르고 운을 맞추기에 어두웠다. 훈민정음이 만들어진 다음부터는 입에서 나는 만 가지 소리도 털끝만큼 틀리지 아니하니, 실로 음을 전하는 중심적인 역할을 하게 되었다. 청탁이 분별되니 천지의 도가 정하여지고, 사성(四聲)이 바로잡히니 사시(四時)의 운행이 순리대로 되니, 진실로 조화를 모두 감싸고 우주를 주름잡으며, 오묘한 뜻이 현묘한 도의 입구에 부합되고 신령스러운 기틀이 대자연의 소리에 통하는 것이 아니면 어찌 능히 이에 이를 수 있겠는가. 청탁이 돌고 구르며 자모가 서로 밀치어 칠음과 12운율과 84성조는 가히 성악(聲樂)의 정도(正道)와 더불어 한 가지로 크게 화합하게 되었도다. 아아, 소리를 살펴서 음(音)을 알고, 음을 살펴서 음악을 알며, 음악을 살펴서 정치를 알게 되는 것이니, 훗날 보는 이들은 반드시 얻는 바가 있을 것이다.

[此我聖上所以留心聲韻, 斟酌古今, 作爲指南, 以開億載之群蒙者也. 古人著書作圖, 音和類隔, 正切回切, 其法甚詳, 而學者尙不免含糊囁嚅, 昧於調協. 自正音作而萬古一聲, 毫釐不差, 實傳音之樞紐也. 清濁分而天地之道定; 四聲正而四時之運順, 苟非彌綸造化, 轇轕宇宙, 妙義契於玄關, 神幾通于天籟, 安能至此乎? 清濁旋轉, 字母相推, 七均而十二律而八十四調, 可與聲樂之正同其大和矣. 吁! 審聲以知音, 審音以知樂, 審樂以知政, 後之觀者, 其必有所得矣.][43]

이상의 『동국정운』「서문」의 내용을 순서대로 정리해보자. 「서문」에서는 먼저 "하늘과 땅이 화합하니 조화가 이루어져서 사람이 생기고, 음과 양이 서로 만나니 기운이 맞닿아서 소리가 생기며, 소리가 생기니 칠음(七音)이 저절로 갖춰지고, 칠음이 갖춰지니 사성(四聲)도 구비되는 것이다."라고 성음 생성 원리를 제시하였다. 그런데 세종과 집현전 학자들은 이러한 원리를 다시 역설적으로 재해석하여 '조선과 중국은 지형이 다르고 풍습과 기질이 달라서 발음도 다르므로 조선 한자음이 변별성과 독자성을 가질 수밖에 없다'는 논지를 만들어냈다. 즉 "우리나라는 안팎으로 산하가 저절로 한 구획을 이루어 풍습과 기질이 이미 중국과 다르므로 발음이 어찌 중국 음에 서로 합치될 수 있겠는가. 그러한즉, 말의 소리가 중국과 다른 것은 당연한 이치이고, 조선의 한자음도 마땅히 중국의 한자음에 합치될 듯하지만, …… 발음의 동작이 말소리에 저절로 끌리게 되어서, 한자음도 따라서 변하게 된 것이다."라고 설명하였다. 그러나 세

43 여기에서 번역한 『동국정운』「서문」은 1988년 대제학에서 출판된 『동국정운』 권1 첫머리에 실려 있는 것이다. 이는 1972년 초 심언광(沈彦光)의 16대손 심교만(沈教萬)가의 세장본(世藏本)인 6권 6책 전질의 영인본이다. 『세종실록』 29년(1447) 9월 24일(戊午) 기사에도 『동국정운』「서문」이 실려 있는데 내용이 동일하다.

종과 집현전 학자들이 볼 때, 조선 한자음의 현황은 매우 이상적이지 않았다. 자모(字母) · 칠음(七音) · 청탁(淸濁) · 사성(四聲)이 모두 변하여 "바로잡지 않으면 갈수록 심해져서 장차 구해낼 수 없는 폐습"이 될 수 있는 긴박한 상황이었다.

이에 신숙주는 조선 한자음에 이러한 혼란이 야기된 원인을 먼저 분석하였다. 그는 "책으로 저술되어 바르게 전하는 것도 없고, 어리석은 스승과 세상 선비들은 반절하는 법도 모르고, 자모와 운모의 분류 방식에도 어두워서, 글자 모양이 비슷하면 같은 음으로 읽고, 전대(前代) 임금의 휘자를 피한다고 다른 음(音)을 빌리기도 하며, 두 글자로 합하여 하나로 만들기도 하거나, 한 음을 나누어 둘로 만들며, 다른 글자를 빌려 쓰거나, 점이나 획을 더하거나 감하며, 정음[漢音]을 따르기도 하고 속음[俚語]을 따르기도 하였기" 때문이라고 하였다. 그리고는 구체적인 예를 들어 제시하였는데, "아음(牙音)의 경우, 계모(溪母)의 글자가 대부분 견모(見母)에 들어가서 자모(字母)가 변하였고, 혹은 효모(曉母)로 들어가서 목(木)에서 수(水)로 칠음(七音)이 변하였다. 조선의 말소리에서는 청탁(淸濁)이 구별되는데, 조선의 한자음에는 탁성(濁聲)이 없고, 또 조선의 말소리에는 사성(四聲)이 매우 분명한데, 조선의 한자음에는 상성(上聲) · 거성(去聲)의 구별이 없다. 뿐만 아니라, '질(質)'운과 '물(勿)'운은 단모(端母, -t)로 종성(終聲)을 삼아야 하는데, 세속에서 래모(來母, -l)로 발음하여 그 소리가 느려져서 입성(入聲)에 합당하지 않게 되었다. 초성(初聲)에서도 '차례(次第)'의 '례(뎨→례)'와 '목란(牧丹)'의 '란(단→란)'처럼 '단모(端母, ㄷ-)'가 '래모(來母, ㄹ-)'로 변한 예가 많다. 또 조선의 말소리에는 계모(溪母)가 많은데 조선 한자음에는 '쾌(快)' 한 글자뿐이다. 그 외에 글자의 획이 어그러져 '어(魚)'와 '노(魯)'가 뒤섞이고, 정음과 속음이 함께 쓰이며, 사성(四聲)과 칠음(七音)을 제대로 배열할 수 없으므로 성모와 운모가 결합하여 짜여지는 글자음이 제대로 표시되지도 않고, 경순음과 경중음은 차례가 뒤바뀌는 등 성운의 변화가 극심하게 되었다."고 하였다.

그리고 신숙주는 다음과 같이 조선 한자음의 개선 방안을 제시하였다. 먼저 "세속의 습관을 두루 채집하여 일단 널리 쓰이는 음을 근본으로 삼되, 널리 전적을 상고하여 옛 음운의 반절도 고려하여 자모의 칠음(七音), 청탁(淸濁), 사성(四聲) 등 그 근원을 밝혀서 올바르게 바로잡도록 하였다."는 원칙하에, 일단 "설두(舌頭)·설상(舌上), 순중(脣重)·순경(脣經), 치두(齒頭)·정치(正齒)음이 조선 한자음에서 분별할 수 없으면 마땅히 자연스러움을 바탕으로 할 것이지, 어찌 36자에 구속될 필요가 있겠는가."라고 하여 조선 한자음의 변별성에 입각하여 조선 한자음의 어음 변화를 수용하였다. 또 '질(質)'·'물(勿)'운의 경우, 래모(來母, ㄹ)'에 '영모(影母, ㆆ)'를 보충하여 속음을 따르면서도 음을 바르게 하였다.

다음은 『동국정운』에 쓰인 초성의 23자의 용례이다.

	全淸	次淸	全濁	不淸不濁
牙音	ㄱ: 긍(搄)	ㅋ: 킁(肯)	ㄲ: 끙(兢)	ㆁ: 응(凝)
舌音	ㄷ: 등(登)	ㅌ: 특(忒)	ㄸ: 뜽(騰)	ㄴ: 능(能)
脣音	ㅂ: 붕(崩)	ㅍ: 풍(倗)	ㅃ: 뿡(朋)	ㅁ: 믕(瞢)
齒音	ㅈ: 증(增) ㅅ: 승(僧)	ㅊ: 측(測)	ㅉ: 쯩(曾) ㅆ: 씽(繩)	
喉音	ㆆ: 흑(億)	ㅎ: 홍(興)	ㆅ: 뺭(恒)	ㅇ: 응(蠅)
半舌音				ㄹ: 릉(棱)
半齒音				ㅿ: 싱(仍)

이 표에서 보듯이, 『동국정운』에서는 훈민정음의 자음 17자 외에 탁음 'ㄲ, ㄸ, ㅃ, ㅉ, ㅆ, ㆅ' 6자를 설정하였다. 조선의 말소리에는 청탁이 구별되는데, 조선 한자음에 탁성이 없는 것은 분명히 와음(訛音)된 것이라고 판단하여 인위적으로 교정하여 바로잡으려는 의도를 가지고 있었던 것 같다.

세종은 『동국정운』을 간행한 후, 여러 도(道)와 성균관(成均館) · 사부학당(四部學堂)에 나눠주면서 다음과 같이 하교(下教)하였다.

> 본국의 인민들이 속운(俗韻)을 익혀서 익숙하게 된 지가 오래 되었으므로, 갑자기 고칠 수 없으니, 억지로 가르치지 말고 배우는 자로 하여금 의사에 따라 하게 하라.[44]

그 후, 문종 2년(1452) 4월 4일 기사와 세조 6년(1460) 5월 28일 기사, 그리고 명종 6년(1551) 3월 21일 기사를 보건대, 『동국정운』식 한자음 표기법은 대략 조선 중기까지 사용된 것 같다.

> 『동국정운』은 이미 고금의 운서를 참작하여 정한 것이므로 운을 사용하는 데 있어서는 문제가 없으니, 빌건대 『예부운(禮部韻)』과 같이 대략 주해(注解)를 내어서 거자(擧子)로 하여금 압운(押韻)하는 데 쓰도록 하소서.[45]

> 예조에서 아뢰기를, "『훈민정음』은 선왕께서 손수 지으신 책이요, 『동국정운』 · 『홍무정운』도 모두 선왕께서 찬정하신 책이요, 이문도 또 사대에 절실히 필요하니, 청컨대 지금부터 문과 초장에서 세 책을 강하고 사서 · 오경의 예에 의하여 분수를 주며, 종장에서 아울러 이문도 시험하고 대책의 예에 의하여 분수를 주소서.[46]

---

44 『세종실록』 30년(1448) 10월 17일 기사: "頒『東國正韻』于諸道及成均館 · 四部學堂, 仍教曰: "本國人民, 習熟俗韻已久, 不可猝變, 勿强教, 使學者隨意爲之."

45 『문종실록』 2년(1452) 4월 4일 기사: "『東國正韻』, 旣已參酌古今韻書定之, 於用韻無所防礙, 乞如『禮部韻』, 略出注解, 令擧子用以押韻."

46 『세조실록』 6년(1460) 5월 28일 기사: "禮曹啓: "『訓民正音』, 先王御製之書, 『東國正韻』,『洪武正韻』, 皆先王撰定之書; 吏文又切於事大, 請自今文科初場試講三書, 依四書 · 五經例給分, 終場幷試吏文, 依對策例給分. 從之."

> 우리나라는 예로부터 문헌의 나라로 일컬어졌으며 경술(經術)과 사장(詞章)이 진실로 볼 만한 것이 있었는데 몇 년 전부터 경학(經學)을 공부하는 자가 스승에게 전수받는 일이 별로 없으므로 단지 대의(大義)만 어긋날 뿐 아니라 글자의 음까지도 잘못 전해지고 있는 것이 많으니 실로 작은 일이 아닙니다. 삼가 보건대 세종조에서 이런 풍습을 근심하여 신숙주에게 명하여 『동국정운』을 만들어서 영원한 법으로 삼으셨는데, 이를 폐지하고 강(講)하지 않은 지가 오래입니다. 바라건대 경연에서나 관학에서 한결같이 『동국정운』에 의해 읽게 한다면 아래로 산간 벽촌에 이르기까지 널리 전파되어 자운의 오류는 걱정할 것이 없을 것입니다.[47]

일부 학자들은 『동국정운』식 한자음 표기법이 비현실적이고 인위적인 요소 때문에 실제 한국 한자음의 연구 자료로서 가치가 반감되었다고 평가하기도 한다.[48] 그러나 『동국정운』은 '동국'이라는 명칭에서도 짐작할 수 있듯이 신흥 유교 국가의 주체성을 가지고 '조선 한자음은 중국 한자음과 다르다'는 인식하에 편찬된 최초의 표준 조선 한자음 운서이다. 이로서 조선에서는 역대로 『화동정음통석운고(華東正音通釋韻考)』(1747)·『삼운성휘(三韻聲彙)』(1751)·『규장전운(奎章全韻)』(1795) 등의 운서가 편찬되었는데 『동국정운』은 조선 한자음이 체계적으로 정리될 수 있는 단초를 제공하였다는 점에서 의의가 있다.

그리고 무엇보다도 『동국정운』의 가장 큰 의의는 중국 전적 운서의 성

---

47 『명종실록』 6년(1551) 3월 21일 기사: "吾東方, 古稱文獻之邦, 經術·詞章, 誠有可觀者. 頃年以來, 業經學者, 鮮有師授, 故不獨大義乖舛, 至於字音, 亦多承訛襲謬, 誠非細故. 伏見世宗朝, 軫念此習, 命申叔舟, 作『東方正韻』, 以爲永世之法, 廢而不講久矣. 請於經筵之上, 館學之中, 一依『正韻』讀之, 則下至窮鄕僻村, 可以廣傳, 而不患字韻之謬矣."

48 이윤동, 『중기한국한자음의 연구』, 서울: 우골각, 1988, 11쪽; 하야육랑(河野六郎), 「다시 동국정운에 대하여(再び東國正韻に就いて)」, 『하야육랑저작집(河野六郎著作集)』, 평범사(平凡社), 1979, 267-283쪽.

음 이론을 적극적으로 수용하고 동아시아의 유교적 언어관에서 가장 정교하고 완비된 성음 이론으로 구현시킨 운서라는 점이다. 이 책의 3장 1절에서는 중국 역대 왕조에서 편찬한 10종 운서의 서문을 주해하여 각 운서의 서문에서 제시하는 정음 사상과 성음 이론에 대해 살펴보았다. 그러나 『동국정운』처럼 이렇게 정교하고 섬세하며 짜임새가 완비된 성음 이론이 제시된 바가 없었다. 『동국정운』은 적극적인 선진 문화의 수용을 통해 조선의 주체적인 문화 창달의 잠재력이 발양된 것이라고 여겨진다.

3) 『홍무정운역훈』

명 태조(明太祖) 홍무제(洪武帝) 주원장(朱元璋)의 칙령으로 홍무(洪武) 8년(1373)에 편찬된 『홍무정운(洪武正韻)』은 판본수가 10종에 이르고, 『영락대전(永樂大典)』(1408)과 명대(明代) 릉치릉(凌稚隆)의 『오거운서(五車韻瑞)』 등이 『홍무정운』의 운목(韻目)을 책의 목차로 삼아서 편찬된 점으로 보아 『홍무정운』은 당시 크게 유행하였던 최고의 흠정 운서였던 것 같다.

그러나 『홍무정운』은 후세에 그다지 환영을 받지 못했다. 이에 대해 오늘날 학자들은 『홍무정운』의 편찬에 남방 출신의 학자들이 대거 참여하였고, 그들은 남곡(南曲)의 용운에 근거하여 편집한 듯,[49] 북방음에는 이미 존재하지 않았던 전탁음을 보존시키고, 입성운미까지 설정하였기 때문이라고 하였다. 이러한 주장이 일리가 있지만, 이 책에서는 다른 각도에서 생각해보았다. 『홍무정운』「서문」에는 다음과 같이 편찬 방법에 대해 밝히고 있다.

---

49 당작번(唐作藩) 저, 심소희 역, 『중국음운학』, 교육과학사, 2000, 263쪽.

……소리가 어울리고 운이 화합되는 것은 합치고 그렇지 않으면 나누었다. 의미가 같고 글자꼴이 같은데 두 번 보이는 것은 합쳤다. 옛날 송대의 휘를 피하느라 수록되지 않았던 글자들은 보충하였다. 주석은 모두 모황(毛晃) 부자의 『증수호주예부운략』에 의거하였고, 16권으로 묶어내었는데 계산해보니 76개의 운이고 모두 합치면 몇 만 글자이다."[50]

진제(陳第, 1541-1617)가 "때에는 고금이 있고, 땅에는 남북이 있으며, 글자체가 바뀌어지듯이 음이 바뀌어지는 것은 필연적인 것이다."[51]라고 제시하였듯이, 『홍무정운』은 음의 변화를 염두에 두고 『증수호주예부운략(增修互注禮部韻略)』을 저본으로 삼아 그의 운부(韻部)를 개정하였다. 『홍무정운』이 『증수호주예부운략』을 저본으로 삼았다고 하는 것은 명실공히 『절운』 계통의 문언음 운서의 전통을 계승한 흠정운서라는 의미인데, 그럼에도 불구하고 『홍무정운』이 유행하지 않은 것은 외적 요인이 있었기 때문이 아닌가 생각된다. 즉 송대 이후 서민 문화가 발달하여 명대에는 특히 서민층 중심의 소설 장르가 유행하게 되어 문언음으로 압운을 하는 귀족층 중심으로 향유되었던 시부 문학이 퇴조하게 된 것이 문언음의 운서가 각광을 받지 못했던 이유가 아닐까. 청대에 편찬되었던 또 다른 흠정운서인 『음운천미』가 각광받지 못했던 것도 이와 같은 사회적 배경을 고려해볼 수 있을 것이다.

그러나 문언음 운서는 당시 세계의 유일한 소통 도구였다. 주변 국가에서는 선진 문화를 보유하고 있는 중국과의 교류를 위해 『홍무정운』을 수입하여 『홍무정운』의 한자음 학습에 매진하였다. 일본에서는 『홍무정

---

50 『홍무정운(洪武正韻)』 「서문(序文)」: "……其音諧韻協者併入之, 否則析之; 義同字同而兩見者, 合之; 舊避宋諱而不收者, 補之. 註釋則一依毛晃父子之舊, 勒成一十六卷, 計七十六韻, 共若干萬言……"

51 『모시고음고(毛詩古音考)』: "時有古今, 地有南北, 字有改革, 音有轉移, 亦勢可必至."

운』 한자음이 기재된 자료들을 수입하여 일본 한자음의 당음(唐音)에 그 의 잔재를 남기게 되었다.[52] 조선에서는 그보다 앞서 『홍무정운』이 수입되어 세종은 훈민정음을 창제한 후 바로 번역 작업에 착수하여 『홍무정운역훈』을 편찬하였다. 『홍무정운역훈』 「서문」을 통해 편찬 경위에 대해 구체적으로 살펴보자.

> 성운의 학문은 정통하기가 가장 어렵다. 아마도 사방의 풍토가 다르면 기(氣)도 이에 따라 다르게 되는데 소리는 기(氣)에서 생기므로 소위 사성(四聲)과 칠음(七音)이 지역에 따라 다른 것이다. 심약(沈約)이 『사성성보(四聲聲譜)』를 지은 후 남방의 음이 섞여 식자들이 이를 근심해왔으나 역대로 이를 바로잡은 이가 없었다. 오직 명 태조 황제께서 어그러지고 잘못 분류된 것을 근심하시어 유신들에게 중원의 표준음으로 통일하여 『홍무정운』으로 정하라고 명하시니 실로 세상의 모든 나라에서 받들 바이다.
>
> [聲韻之學. 最爲難精. 蓋四方風土不同. 而氣亦從之. 聲生於氣者也. 故所謂四聲七韻. 隨方宜異. 自沈約著譜. 雜以南音. 有識病之. 而歷代未有釐正之者. 洪惟皇明太祖皇帝. 愍其乖舛失倫. 命儒臣. 一以中原雅音. 定爲洪武正韻. 實是天下萬國所宗. 聲韻之學. 最爲難精. 蓋四方風土不同. 而氣亦從之. 聲生於氣者也. 故所謂四聲七韻. 隨方宜異.]
>
> 우리 세종 장헌대왕께서 운학에 뜻을 두시고 깊게 연구하시어 훈민정음 몇 개 글자를 창제하시니 세상 만물의 소리를 전하지 못할 것이 없게 되었다. 우리 동방의 선비들은 비로소 사성과 칠음을 알게 되어 자연히 갖

52 장승여(張昇余), 『일본당음과 명청관화의 연구(日本唐音與明清官話的硏究)』, 홍계도서출판서안공사(興界圖書出版西安公司), 1998, 11-43쪽, 102-180쪽 참조. 정봉(丁鋒), 『일한 유한대음과 명청관화음 연구(日漢琉漢對音與明清官話音硏究)』, 중화서국(中華書局), 2008. 세원굉지(笹原宏之) 저 · 이건상 · 인천대일본한자문화연구회 역, 『훈독을 통해 본 일본의 한자문화와 동아시아의 한자문화』, 인문사, 2012.

추지 않은 것이 없게 되었는데 다만 (조선 한자음의) 자운(字韻)뿐만이 아니었다. 이에 우리나라는 대대로 중화 문화를 섬겨왔으나 어음이 통하지 않아 반드시 통역에 의지하므로 먼저 『홍무정운』을 번역하라고 명하시었다. (그리하여) 현 예조참의 성삼문(成三問) · 전농소윤(典農少尹) 조변안(曹變安) · 지금산군사(知金山郡事) 김증(金曾)과 전 행통례문봉례랑(行通禮門奉禮郎) 손수산(孫壽山) 및 신 숙주(叔舟) 등에게는 옛 문헌을 조사하여 상황을 살펴보게 하시고, 수양대군 휘(諱)와 계양군(桂陽君) 증(璔)에게는 출납을 맡게 하시고, 모두 친히 간여하여 할당 일과를 정하셨다. (그리하여) 칠음(七音)으로 맞추고 사성(四聲)으로 조정하고 청탁(淸濁)으로 조화롭게 하시니 가로와 세로, 씨줄과 날줄이 비로소 바르고 어그러짐이 없게 되었다.

[我世宗莊憲大王. 留意韻學. 窮硏底蘊. 創制訓民正音若干字. 四方萬物之聲. 無不可傳. 吾東方之士. 始知四聲七音. 自無所不具. 非特字韻而已也. 於是以吾東國. 世事中華. 而語音不通. 必賴傳譯. 首命譯洪武正韻. 令今禮曹參議臣成三問,典農少尹臣曹變安, 知金山郡事臣金曾,前行通禮門奉禮郎臣孫壽山及臣叔舟等. 稽古證閱. 首陽大君臣諱,桂陽君臣璔. 監掌出納. 而悉親臨課定. 叶以七音. 調以四聲. 諧之以淸濁. 縱衡經緯. 始正罔缺.]

그러나 어음도 이미 다르고 와전된 것도 많아서 신들에게 중국의 선생이나 학자에게 나아가 바로잡도록 하시니, 내왕한 것이 7, 8차에 이르고 물어본 사람도 여러 명이었다. 연경은 만국이 회동하는 곳으로 갔다가 돌아오는 길이 멀지만 일찍이 교제하며 설명해준 자가 또한 적지 않았으니, 다른 지역의 사신들과 불교도며 도교도며, 미천한 사병에 이르기까지 만나보지 않은 사람이 없었다. (그리하여) 정과 속의 다르고 같게 변한 것을 모두 밝히고자 중국의 사신으로 본국에 온 자가 유학자이면 또 물어서 올바름을 취하였다.

무릇 원고를 열 몇 번이나 고치고 고된 일을 반복하다 보니 마침내 8년의 세월에 이르러 이전의 잘못을 바로잡은 것이 더욱 의심스러운 부분은 없는 것 같다. 문종 공순대왕께서는 동궁으로 계실 적부터 세종대왕을 보좌하여 성운에 간여하셨고, 보위에 즉위하시자 신 등과 전 판관 노삼(魯參)과 현 감찰 권인(權引), 부사직신 임원준(任元濬)들에게 다시 원고를 수정하도록 명하셨다.

[然語音旣異. 傳訛亦甚. 乃命臣等. 就正中國之先生學士. 往來至于七八. 所與質之者若干人. 燕都爲萬國會同之地. 而其往返途道之遠. 所嘗與周旋講明者. 又爲不小. 以至殊方異域之使. 釋老卒伍之微. 莫不與之相接. 以盡正俗異同之變. 且天子之使至國而儒者. 則又取正焉. 凡謄十餘藁. 辛勤反復. 竟八載之久. 而向之正罔缺者. 似益無疑. 文宗恭順大王. 自在東邸. 以聖輔聖. 參定聲韻. 及嗣寶位. 命臣等及前判官臣魯參,今監察臣權引,副司直臣任元濬. 重加讎校.]

대저 『홍무정운』은 운을 합하거나 나눈 것은 다 바르게 되었으나 유독 칠음(七音)의 앞뒤 순서가 맞지 않았다. 그러나 감히 경솔하게 바꿀 수 없어서 이전 것은 그대로 두고, 여러 운에 자모(字母)를 분류하여 기입하였으며 각 글자의 앞에는 훈민정음으로 반절(反切)을 대신하였다. 속음과 두 가지로 쓰이는 음 또한 몰라서는 안 되므로 해당 글자의 밑에 따로 기입하였다. 만약 이해하기 어려운 것이 있으면 대략 주를 달고 그 예를 보였으며, 또 세종께서 정하신 『사성통고(四聲通考)』에 따로 첫머리에 붙이고 다시 범례를 실어서 지침이 되도록 하였다.

[夫洪武韻用韻倂拆. 悉就於正. 而獨七音先後. 不由其序. 然不敢輕有變更. 但仍其舊而分入字母於諸韻,各字之首. 用訓民正音. 以代反切. 其俗音兩用之音. 又不可以不知. 則分注本字之下. 若又有難通者. 則略加註釋. 以示其例. 且以世宗所定四聲通攷. 別附之頭面. 復著凡例. 爲之指南.]

성상께서 즉위하시자 간행하여 널리 전하라고 재촉하여 명하시고, 신이 일찍이 선왕에게 명을 받았으므로 서(序)를 지어 전말을 기록하라고 명하셨다. 생각해보면 음운은 가로에 칠음(七音)이 배열되고 세로에 사성(四聲)이 배열되는데 사성은 장강(長江) 하류 지역에서 시작되고 칠음은 서역에서 시작되었다. 송의 유학자들이 운보를 지으니 가로와 세로가 합치되어 하나가 되었다. 칠음은 36자모였지만 설상음(舌上音) 4개 자모(字母)와 순경차청음(脣輕次淸音, 敷母) 1개 자모는 세상에서 사용되지 않은 지 오래되었고 또한 옛날에 이미 바뀐 것이 있으니 이것들은 억지로 존속시켜 옛 것에 얽매여서는 안 된다.

[恭惟聖上卽位. 亟命印頒. 以廣其傳. 以臣嘗受命於先王. 命作序以識顚末. 切惟音韻. 衡有七韻. 縱有四聲. 四聲肇於江左. 七音起於西域. 至于宋儒作譜. 而經緯始合爲一. 七音爲三十六字母. 而舌上四母. 脣輕次淸一母. 世之不用已久. 且先輩已有變之者. 此不可强存而泥古也.]

사성(四聲)은 평상거입을 말하는데 전탁(全濁) 글자의 평성(平聲)은 차청(次淸)과 가깝게 되었고, 상(上)·거(去)·입(入聲)은 전청(全淸)과 가깝게 되었다. 세상의 쓰임이 이와 같지만 역시 이렇게 변화한 까닭은 알 수가 없다. (또한) 처음이 있고 끝이 있어야 한 글자의 음을 이루는 것은 당연한 이치인데 오직 입성자(入聲字)에 대해서는 세상에서 대체로 종성을 쓰지 않으니 너무나도 말이 안 된다. 몽고의 운서와 황공소(黃公紹)의 『운회(韻會)』에서도 입성(入聲)에 종성(終聲)을 쓰지 않으니 무슨 까닭인가? 이와 같은 예가 하나가 아니니 이것 또한 의심스러운 것이다.

[四聲爲平上去入. 而全濁之字. 平聲近於次淸. 上去入近於全淸. 世之所用如此. 然亦不知其所以至此也. 且有始有終. 以成一字之音. 理之必然而獨於入聲. 世俗率不用終聲. 甚無謂也. 蒙古韻與黃公紹韻會. 入聲亦不用終聲何耶. 如是者不一. 此又可疑者也.]

중국을 오가며 바로잡은 것이 이미 많지만, 끝내 운학에 정통한 자를 만나서 성모와 운섭을 조화롭게 하는 묘미를 분별하지 못했다. 다만 말하고 읽고 외우는 나머지 시간에 청탁(淸濁)과 개합(開合)의 근원을 연구하여 이른바 가장 어려운 것을 정밀히 해명하고자 하였으니, 이것이 고된 작업을 여러 해 동안 하여 간신히 얻게 된 것이다.

[往復就正旣多. 而竟未得一遇精通韻學者. 以辨調諧紐攝之妙. 特因其言語讀誦之餘. 遡求淸濁開闔之源. 而欲精夫 所謂最難者. 此所以辛勤歷久而僅得者也.]

신 등은 학문이 얕고 학식이 모자라서 일찍이 지극한 이치를 연구하여 주상전하의 뜻을 현양시키지 못하였다. 오히려 하늘이 내리신 성인이신 우리 세종대왕께서는 뛰어나고 널리 통달하여 이르지 못한 바가 없으심에 힘입어, 성운의 근원을 모두 밝히고 옳고 그름을 결정하여 칠음(七音)과 사성(四聲), 하나의 날실[經]과 하나의 씨실[緯]이 마침내 바르게 돌아가게 하셨다. 우리 동방에서 수천 수백 년 동안 알지 못하던 것을 열흘도 못 되어 배우니, 진실로 깊은 사색을 거듭하여 이를 깨우칠 수 있으면 성운학이 어찌 정통하기가 어렵겠는가?

[臣等學淺識庸. 曾不能鉤探至賾. 顯揚聖謨. 尙賴我世宗大王天縱之聖. 高明博達. 無所不至. 悉究聲韻源委. 而斟酌裁定之. 使七音四聲. 一經一緯. 竟歸于正. 吾東方千百載所未知者. 可不浹旬而學. 苟能沉潛反復. 有得乎是. 則聲韻之學. 豈難精哉.]

옛사람이 이르기를 범음은 중국에서 통행되는데 공자의 경서는 발제하(跋提河)를 넘어 인도에서 행해지지 않는 것은 글자 때문이고 소리 때문이 아니라고 하였다. 대저 소리가 있으면 곧 글자가 있는 것인데 어찌 소리 없는 글자가 있겠는가? 이제 훈민정음으로 이를 번역하니 성모와 운모가 조화로워서 음화(音和)·유격(類隔)·정절(正切)·회절(回切)의 번거로운 수고 없이도 입만 열면 음을 얻어 조금도 틀리지 아니하니, 어찌 풍토가 같지 않음을 걱정하겠는가. 우리 열성(세종·문종)께서 제작하신 묘법이 더할 나위 없이 훌륭하고 아름다워서 고금에 뛰어나시고, 전하의 계승하여 지으신 훌륭한 뜻 또한 선인들의 공로보다 빛나는 바이다.

[古人謂梵音行於中國. 而吾夫子之經. 不能跋提河者. 以字不以聲也. 夫有聲乃有字. 寧有無聲之字耶. 今以訓民正音譯之. 聲與韻諧. 不待音和類隔正切回切之繁且勞. 而擧口得音. 不差毫釐. 亦何患乎風土之不同哉. 我列聖製作之妙. 盡美盡善. 超出古今. 而殿下繼述之懿. 又有光於前烈矣.]

『홍무정운역훈』은 전 16권 8책으로 이루어졌는데 현재 1책의 권1·2는 발견되지 않고 이를 제외한 나머지 7책만 전해지고 있다. 권1과 권2가 전해지지 않아서 「서문(序文)」과 「범례(凡例)」 등을 확인할 수 없었으나 다행히 신숙주의 문집 『보한재집(保閑齋集)』 권15에 『홍무정운역훈』 「서문」의 전문이 수록되어 있고, 「범례(凡例)」도 서문에 『사성통고(四聲通攷)』 「범례(凡例)」를 대신한다는 내용이 있는데,[53] 오늘날 『사성통고』가 전하지 않더라도 『사성통해(四聲通解)』에 『사성통고』 「범례」가 실려 있어 그 내용을 모두 알 수 있게 되었다.

『홍무정운역훈』 「서문」에는 먼저 "세종께서 우리나라는 대대로 중국과 사귀어왔으나 어음이 통하지 않아 반드시 통역관에게 의지해야만 하는 사실을 비추어보시고, 무엇보다도 『홍무정운』을 번역하라고 명령하셨다."라고 명시하여 세종이 명과의 교역을 통해 선진 문화를 받아들이고자 『홍무정운역훈』을 편찬하도록 하였음을 밝히고 있다. 그리하여 세종 25년(1443)에 훈민정음을 창제한 후, 세종 27년(1445)에 신숙주와 성삼

53 『홍무정운역훈』 「서문」: "세종께서 정해 놓으신 『사성통고』를 따로 첫머리에 붙이고 다시 범례를 실어서 지침이 되도록 하였다."

문을 요동에 보내어 『홍무정운역훈』의 편찬을 준비시켰다.[54]

> 집현전 부수찬 신숙주와 성균관 주부 성삼문과 행사용 · 손수산을 요동에 보내서 운서를 질문하여 오게 하였다.[55]

『동국정운』과 『홍무정운역훈』의 「서문」은 모두 신숙주가 썼는데 두 운서의 편찬 동기가 달라 「서문」의 논지에도 차이가 있는 듯하다. 『동국정운』 「서문」에서는 정교하고 완벽한 성음 이론으로 조선 한자음의 와음(訛音) 현황과 개선책에 대해 역설하였던 것에 비해 『홍무정운역훈』 「서문」에서는 편찬 경위에 대해 구구절절이 지면을 할애하고 있다. 『홍무정운역훈』의 편찬과 간행이 늦어진 이유에 대한 변론으로 『홍무정운역훈』 「서문」에는 『홍무정운역훈』의 편찬을 착수한 이래 세종과 집현전 학자들은 매우 어려움이 있었음을 토로하고 있다. 『홍무정운』이 홍무 8년(1375)에 간행되었지만 이에 구현된 정음 체계는 현실음인 속음 체계와 커다란 격절이 있었기 때문이다.

그들은 탁월한 심음 능력으로 중국 한자음의 음의 변화를 정확히 진단하였다. 그리하여 신숙주 등은 '정속이동지변(正俗異同之變)'을 밝히기 위해 중국에 7 · 8차례 파견을 나가서 연경(燕京, 오늘날의 북경)의 각계각층 사람들을 만나 물어보고, 또 명나라 사신이 조선에 올 때마다 정확한 음을 확인하는 등 거의 8년 동안 원고를 10여 차례나 개정하여 『홍무정

---

54 『성종실록』 18년(1487) 2월 2일 기사: "세종조에 신숙주 · 성삼문 등을 보내어 요동에 가서 황찬(黃瓚)에게 어음과 자훈을 질정하게 하여 『홍무정운』과 『사성통고』 등의 책을 이루었기 때문에, 우리나라 사람들이 이에 힘입어서 한훈을 대강 알게 되었습니다.(世宗朝遣申叔舟 · 成三問等到遼東, 就黃瓚質正語音字訓, 成『洪武正韻』 及 『四聲通考』 等書. 故我國之人, 賴之粗知漢訓矣)."

55 『세종실록』 27년(1445) 1월 7일 기사: "遣集賢殿副修撰申叔舟 · 成均注簿成三問 · 行司勇孫壽山于遼東, 質問韻書.

운역훈』은 단종 3년(1455)에 와서야 간행하게 된 것이다.[56] 이러한 지난한 과정을 통해 세종과 집현전 학자들은 마침내 중국 한자음에 '정음'과 '속음'의 두 가지 한자음 체계가 존재하고 있었다는 것을 발견하게 되었다. '정음(正音)'과 '속음(俗音)'이란 무엇인가. 신숙주는 『사성통고』「범례」에서 '정음'과 '속음'에 대해 다음과 같이 정의하였다.[57]

> 운도와 운서 등 여러 서적과 지금 중국인들이 사용하는 바로서 글자음을 정하고, 또 중국의 현실음으로서 널리 사용되고 있는 중국 현실어음이면서 운도와 운서의 음과 맞지 않는 것은 글자마다 원래의 반절 아래 속음(俗音)이라고 써서 표시하였다.[58]

즉 신숙주는 '정음(正音)'과 '속음(俗音)'이 모두 현재 중국인들에게 사용되고 있는데, '정음'은 운도와 운서 등에 부합하는 어음이고, '속음'은 중국의 현실음으로서 더 많이 사용되는 어음이라고 설명하여 『홍무정운역훈』에서는 정음과 속음을 모두 기재하였다.

오늘날 중국 학계에서는 중국 방언에 보편적으로 "문백이독(文白異讀)" 현상이 존재하고 있다고 인정하고 있다. '문백이독'이란 어느 방언이 외래 방언의 어휘를 차용하여 쓰는 과정에서, 한 글자에 외래 방언의 음과 본 방언의 음이 동시에 병존하는 현상을 말한다. 외래 방언이란 그 지역의 대표적 방언 혹은 전국적인 대표 방언인 경우가 일반적이어서 외래 방언으로 읽는 음을 문언음[혹은 문독음(文讀音)]이라고 하고 본 방언으로 읽는 음을 백화음[혹은 백독음(白讀音)]이라고 한다. 어떤 방언에서는

---

56 단종 3년(1455)에 16권 8책으로 완성되었으나 현재 1책인 권1과 권2는 없어지고 권3에서 16까지 14권 7책만이 남아 있다.

57 주성일, 「신숙주와 최세진의 중국어 정음관」, 『중국학보』 제57집, 2008, 55-61쪽.

58 『사성통고(四聲通考)』「범례(凡例)」 제1조: "以圖韻諸書, 及今中國人所用, 定其字音, 又以中國時音所廣用, 而不合圖韻者, 逐字書俗音, 於反切之下."

문언음과 백화음이 전혀 다른 음운 구조를 가지고 있기도 한다.[59] 중국 방언에서 이러한 문백이독 현상을 처음으로 인식한 이는 장태염(章太炎, 1869-1936)이고,[60] '문백이독'의 명칭은 나상배(羅常培, 1899-1958)의 『하문음계(厦門音系)』에서 처음으로 사용되었다고 한다.[61] 20세기 현대 학자들에 의해 비로소 인식되어 '문백이독'이라고 명명되는 어음 현상은 바로 15세기 조선의 세종과 집현전 학자들이 『홍무정운』을 번역하면서 두 음운 체계를 전사하느라 고충을 겪었던 '정음', '속음'이 아닌가. 아마도 신숙주 등은 오늘날 대부분의 중국 방언에 존재하고 있는 '문백이독' 현상을 최초로 통찰한 듯하다. 다시 말해 그들은 연경(북경) 방언의 '문백이독'을 채취하고 기록하느라 8년이라는 지난한 세월이 필요했던 것이다. 실로 대단한 심음 능력이 아닐 수 없다. 또한 이러한 심음 능력을 갖추고 있었기 때문에 표음문자 훈민정음이 창제될 수 있었다는 그들의 역량을 재삼 증명해주는 듯하다.

또한 『홍무정운역훈』에서 설정한 초성 31자는 다음과 같다.

훈민정음에서는 초성 17자모를 설정하였고, 『동국정운』에서는 조선 한자음에 전탁음 자모(ㄲ, ㄸ, ㅃ, ㅆ, ㅉ, ㆅ) 6자를 인위적으로 설정하여 23자모 체계로 정했다. 그런데 『홍무정운역훈』에서는 중국 한자음을 표음하기 위해 전탁음 외에도 순경음(脣輕音)과 정치음(正齒音), 치두음(齒頭音)을 설정하여 모두 31자모 체계로 정하였다. 새로운 글자를 위한 글자꼴은 다음과 같은 방식으로 만들어내었다. 즉 순경음은 순중음 'ㅂ·

59 모정열, 「한어방언 중에 나타나는 문백이독의 특성에 대한 고찰」, 한국중문학회: 중국문학연구 33집, 2006, 463쪽.

60 『신방언(新方言)』「서문(序文)」: "有誦讀占畢之聲旣用唐韻, 俗語猶不違古音者. 有通語旣用今音, 一鄕一州猶不違唐韻者, 有數者同從一聲, 唐韻以來, 一字轉變余字則猶在本部, 而俗或從之俱變者, 不可窮理."

61 조봉(趙峰), 「한어방언의 문백이독에 대한 시론(試論漢語方言的文白異读)」, 『영덕사전학보(寧德師专学報)』, 1995 4기.

	全淸	次淸	全濁	不淸不濁	全淸	全濁
牙音	ㄱ: 균(鈞)	ㅋ: 쿤(困)	ㄲ: 꾼(羣)	ㆁ: ᅌᅵᆫ(銀)		
舌頭音	ㄷ: 둰(端)	ㅌ: 퉌(湍)	ㄸ: 뚼(團)	ㄴ: 닌(紉)		
脣重音	ㅂ: 빈(賓)	ㅍ: 핀(繽)	ㅃ: 삔(頻)	ㅁ: 민(民)		
脣輕音	ㅸ: ᄫᅮᆫ(芬)		ㅹ: ᄬᅮᇢ(浮)	ㅱ: ᄝᅮᆫ(文)		
齒頭音	ᅎ: ᅎᅵᆫ(津)	ᅔ: ᅔᅵᆫ(親)	ᅏ: ᅏᅵᆫ(秦)		ᄼ: ᄼᅧᆫ(先)	ᄽ: ᄽᅲᆫ(旬)
正齒音	ᅐ: ᅐᅵᆫ(眞)	ᅕ: ᅕᅵᆫ(瞋)	ᅑ: ᅑᅵᆫ(陳)		ᄾ: ᄾᅡᆫ(刪)	ᄿ: ᄿᅵᆫ(辰)
喉音	ㆆ: ᅙᅵᆫ(因)	ㅎ: 휸(熏)	ㆅ: ᅘᅮᆫ(魂)	ㅇ: 윤(雲)		
半舌音				ㄹ: 린(鄰)		
半齒音				ㅿ: ᅀᅧᆫ(然)		

ㅍ·ㅃ·ㅁ'에 발음 원리에 따라 연서(連書)하여 'ㅸ·ㅹ·ㅱ'로 표시하였다. 그리고 치두음은 치음의 기본 글자꼴인 'ㅈ, ㅊ, ㅉ, ㅅ, ㅆ'를 발음 부위에 따라 변형시켜 앞의 획을 길게 하여 'ᅎ, ᅔ, ᅏ, ᄼ, ᄽ'로 표시하였고, 정치음은 뒤의 획을 길게 하여 'ᅐ, ᅕ, ᅑ, ᄾ, ᄿ'로 표시하였다. 『훈민정음·제자해』를 통해 알 수 있듯이, 훈민정음은 성음의 이치에 따라 발음 부위와 발음 방법을 상형하여 만든 글자이므로 이들 글자를 발음 원리에 따라 조합하고 변형하면 천지자연에 존재하는 어떠한 소리도 글자로서 표기해낼 수 있는 문자 체계인 것이다.[62]

『동국정운』과 『홍무정운역훈』은 모두 세종조에 편찬되었지만 편찬 취지와 목적에 따라 각각 다른 어음 체계를 반영하고 있다. 『동국정운』은 정음 사상에 바탕을 두고 와음(訛音)된 조선 한자음을 교정하기 위해 편찬된 표준 조선 한자음 운서였다. 또한 『홍무정운역훈』은 중국과의 지속

62 조선 사역원에서 편찬된 『역어유해』, 『몽고유해』, 『동문유해』, 『왜어유해』에서는 우리말 음소에 없는 중국어, 몽고어, 만주어, 일본어 음을 표기하기 위해 기존의 글자음에 발음 방법과 발음 부위를 고려하여 새로운 글자꼴을 만들어내었다. 자세한 내용은 심소희, 「조선시대 외국어 한글표기법의 고찰」, 『중국어문학지』 제17집, 2005 참조.

적인 교역을 위해 편찬되었는데 15세기 북방 지역 연경(북경) 방언의 '문백이독(文白異讀)', 즉 정음(正音, 문언음)과 현실 어음인 속음(俗音, 백화음)이 모두 기록된 운서였다.

표의문자인 한자는 세계사에 유례없이 시 · 공간을 초월하여 사용되었지만, 표음 기능의 부재로 하세월 불편함을 겪어왔다. 이러한 어려움을 타개하기 위해 여러 가지 표음법을 개발하기도 하고, 갖가지 운도와 운서를 편찬하는 수고를 하였고, 최근 알파벳 문자를 빌려 표음 문제를 일단 해결한 듯하지만, 중국에서는 아직도 한자의 표음 문제는 미제(未濟)의 진행형 과제이다. 그러나 조선에서는 주체적이고 창조적인 역량을 발휘하여 한자의 질곡에서 벗어나 표음문자 훈민정음을 창제하였다. 실로 동아시아 문화사상 문화의 적극적인 수용과 창조적 변용 및 발전의 기제가 작동된 위대한 업적이라고 하지 않을 수 없다.

그러나 세종조에서 비롯된 정음 연구의 전통은 곧 막을 내리게 되었다. 여러 가지 이유가 있겠으나, 무엇보다도 정음 연구와 학문적 관련성을 가졌던 학자들이 정치적으로 그 기반을 잃었기 때문이다. 집현전에서 육성된 성리학자들은 세조의 왕위 찬탈로 사육신(死六臣) 등 핵심이 숙청당하였고, 그 과정에서 세조에 동조하여 살아남은 집현전 출신의 학자들도 명분과 의리에서의 약점 때문에 성리학을 적극 현창 · 발전시키지 못한 채 문물 제도의 정비에만 주력하였다. 또한 찬탈로 인해 성리학적 명분에 취약할 수밖에 없었던 세조는 비성리학적 요소를 부각시킴으로써 자신의 기반을 공고히 하려 하였다. 이에 왕권 강화와 중앙 집권 체제 확립에는 성공하였지만 일시적으로 학문 발전이 둔화되었고 이와 더불어 정음 연구 전통은 침체 상태에 들어가기 시작하였다.

2. 조선 후기

조선은 중국 중심의 동북아시아를 천하로 인식하고 중국과 문화적 동질성을 형성하는 유교 문화 국가로서 확고한 위상을 가지고 있었다. 그리하여 유교적 명분론에 입각한 화이론(華夷論)에 근거하여 유교 문화의 정수를 보존하고 있는 중국을 중화(中華)로 인식한 반면, 힘의 논리에 의존하는 북방 유목 민족이나 남방의 왜를 이적(夷狄)으로 열등시하였다. 이러한 대외 의식은 조선 시대 전 시기에 걸친 것이지만 조선 중기 성리학이 확고하게 뿌리를 내리고 나서는 더욱 강화되었다.

그러나 남방의 오랑캐(임진왜란, 1592-1598)와 북방의 오랑캐(병자호란, 1636)에 의해 40년 간격으로 침략을 당하고, 명을 멸망시킨(1644년) 새로운 군사 대국인 청(淸)이 중원(中原)을 완전 장악하여 종전의 중화 문화 질서가 붕괴되는 상황에 맞닥뜨리게 되자 조선은 이를 '천하대란(天下大亂)'으로 인식하였다. 그리하여 조선은 명을 대신하여 와해된 동북아시아의 중화 문화 질서를 회복해야 할 사명과 중화 문화의 계승자로서 이를 수호해야 할 의무를 자담(自擔)하고 나섰다. 이는 양난을 겪는 동안 좌절감과 모멸감을 극복하는 대안으로써 오히려 성리학적 명분론을 강화시키고 자주보강의 논리를 확립시키면서 재건하고자 하는 조선 사회 나름의 자기 회복 방법이었다. 그리하여 이전의 소중화(小中華) 의식에서 중화 문화의 수호자로서 '조선이 바로 중화(中華)'라는 조선중화(朝鮮中華) 의식으로 대전환이 이루어졌고, 집권층의 학자들은 성리학의 적통을 자부하면서 조선 사회를 순수 성리학 이념으로 재정비하고자 하였다.[63]

그러므로 조선 초 이후 잠잠하였던 정음 연구가 다시 시작된 것도 이

---

63 정옥자, 『조선후기 문학사상사』, 서울: 서울대학교출판부, 1990; 『조선후기문화운동사』 서울: 일조각, 1988; 『조선후기의 지성사』, 서울: 일지사, 1991 참조.

러한 시대조류에 편승한 성리학적 학풍의 소치였다고 할 수 있다. 조선 초 정음 연구의 정수(精髓)인 훈민정음은 실용적 측면에서 인정받아 대중의 문자로서 널리 이용되었다. 그러나 세조(世祖)의 왕위 찬탈로 인해 집현전 중심의 학풍은 맥이 끊기게 되었고, 또 연산군(燕山君)의 훈민정음 탄압[64]으로 인하여 부녀자들이나 하층민들이 쓰는 언문(諺文)으로 전락하여 훈민정음은 학문적으로나 정책적으로나 정음 연구의 고려 대상이 되지 못하였다. 그러나 조선 중기 이후 신진 성리학자들인 사림(士林)에 의해 본격적으로 성리학의 이론적 연구가 심화되면서 다시 『성리대전(性理大典)』에 수록된 소옹의 성음(聲音) 관련 이론에 관심을 갖기 시작하였는데, 이러한 시점에서 중종(中宗) 때의 서경덕(徐敬德, 1489-1553)은 독자적인 역리적(易理的) 입장에서 『황극경세서』「성음창화도」를 재해석하여 정음 연구의 시발점이 되었다.

1) 서경덕

서경덕(徐敬德)의 호는 화담(花潭)으로서 성종(成宗) 20년(1489)에 출생하여 명종(明宗) 원년(1546)까지 살았던 조선 최고의 철학자이다. 그의 저서로는 『화담집(花潭集)』 2권이 전하는데, 부(賦) 1편, 시(詩) 70여 편, 소(疏) 3편, 서(書) 4편, 잡저(雜著) 13편, 서(序) 1편, 명(銘) 2편으로 구성되어 있고, 그 외 연보(年譜), 비명(碑銘), 유사(遺事), 사제문(賜祭文), 문

---

64 연산군은 정치적 파쟁과 관련하여 다음과 같이 훈민정음의 사용을 엄금하였다. "이제부터 훈민정음을 가르치지도 말고 배우지도 말고 이미 배운 자는 쓰지도 말 것이며 그래도 사용하는 자를 알거든 고발할 것. 또 개인이 간직하고 있는 훈민정음에 관련 서적을 모두 불살라버리되 다만 한어의 번역서만은 예외로 한다.(燕山君日記 10年 7日 戌申條: 今後諺文勿敎勿學, 已學者亦令不得行用. 凡知諺文者, 令漢城五部摘告其知而不告者, 並隣人罪之, 仝上 七月 庚戌條: 諺文, 行用者. 以棄毁制書律, 知而不告者, 以制書有違論斷, 朝士家所藏 諺文口訣書册皆焚之, 如飜譯漢語之類勿禁.)"

인록(門人錄) 등이 수록되어 있다. 서경덕의 철학 사상을 탐색하기 위해서는 잡저(雜著)에 실린 13편이 중요한 텍스트가 되는데,[65] 그중 「황극경세성음해(皇極經世聲音解)」, 「발전성음해미진처(跋前聲音解未盡處)」, 「황극경세수해(皇極經世數解)」, 「육십사괘방원지도해(六十四卦方圓之圖解)」, 「괘변해(卦變解)」 등은 모두 소옹의 『황극경세서(皇極經世書)』에 대해 서경덕 자신의 의견을 피력한 내용의 글이다. 서경덕의 학문 세계에 소옹의 영향이 적지 않았음을 추측해볼 수 있다. 당시 학자들도 서경덕을 소옹의 학문을 완전히 이해한 유일한 학자로 평가하였다.[66]

> 서경덕이 비록 수리(數理)에 주력하여 공부했습니다만 덕의(德義)에 관한 말을 해놓은 것도 보통 유자(儒者)들보다 월등하게 뛰어납니다. …… 마치 소강절(邵康節)·채원정(蔡元定)과 정자(程子)·주자(朱子)의 관계와 같습니다.[67]

> 주상께서 이르시기를, "서경덕이 수학을 알았다고 하는데, 그런가?"하니, 성영(成泳)이 아뢰기를, "우리나라에서는 서경덕이 알았다고 합니다. 지난 번 중국 사신 허국(許國)이 왔을 때 '그대 나라에 학자가 있는가?'라고 묻자, 그때 서경덕이 있다고 대답했는데, 성리학(性理學)에도 정통하지만

---

65 『화담문집(花潭文集)』 「잡저(雜著)」에는 「원리론(原理論)」, 「이기설(理氣說)」, 「태허설(太虛說)」, 「귀신사생론(鬼神死生論)」, 「복기견천지지심설(復其見天地之心說)」, 「온천변(溫泉辨)」, 「황극경세성음해(皇極經世聲音解)」, 「발전성음해미진처(跋前聲音解未盡處)」, 「황극경세수해(皇極經世數解)」, 「육십사괘방원지도해(六十四卦方圓之圖解)」, 「괘변해(卦變解)」, 「박이정자사(朴頤正字詞)」, 「금사신자사(金士伸字詞)」 등 13편의 글이 실려 있다.

66 박권수, 조선후기 상수학의 발전과 변동, 서울대학교 박사학위논문, 2006, 30-31쪽 참조.

67 『선조실록』 7년(1574) 2월 23일: "徐敬德, 雖學主於數, 然其德義立言, 高出常儒. …… 若邵康節·蔡元定之於程·朱, ……"

수학에 더욱 정통했다고 하였습니다."[68]

> 서화담(徐花潭)은 이름은 경덕(敬德)이요 자는 가구(可久)로서 타고 난 자질이 상지(上知)에 가까운데 황폐한 곳에서 일어나 스스로 학문을 할 줄을 알았다. 그중에서도 특히 소강절(邵康節)의 역에 조예가 깊었는데 그가 뽑아낸 『황극경세서(皇極經世書)』의 수(數)를 보면 하나도 잘못된 곳을 찾을 수가 없으니 참으로 뛰어나다고 하겠다. 만약 그가 중국에 태어나 대유(大儒)를 직접 스승으로 모시고 배웠더라면 그 고명하고 투철하게 된 경지가 현재 보이는 발전 정도로 그치지만은 않았을 것인데, 하여튼 선천역(先天易)의 지름길을 제대로 찾아낸 자는 아조(我朝)에서 화담 한 사람뿐이었다.[69]

서경덕은 「황극경세성음해(皇極經世聲音解)」에서 『성리대전』에 부록되어 있는 소옹의 『황극경세서(皇極經世書)』「경세사상체용지수도(經世四象體用之數圖)」를 해설하면서 성음에 관한 자신의 견해를 표명하였다. 이는 최초로 개인 문집에서 소옹의 성음 이론을 본격적으로 거론하였다는 점에서 큰 의의를 갖는다. 서경덕의 정음 연구를 필두로 최석정(1646-1671), 신경준(1712-1781), 황윤석(1719-1759) 등의 후학들이 정음론을 제기하였고 결국 조선 후기에 정음 연구 전통을 부흥시키는 계기가 되었기 때문이다.

---

68 『선조실록』 34년(1601) 8월 18일: "上曰: "徐敬德知數學云, 是乎?" 成泳曰: "東國以敬德爲知矣. 往者華使許國之來, 問曰: '爾國有學者乎?' 其時以敬德對, 而精於性理之學, 而尤精於數云."

69 신흠(申欽, 1566~1628) 『상촌고(象村稿)』 권52 「청창연담(晴窓軟談)」: "徐花潭名敬德. 字可久. 生質近於上知. 起自草萊. 自知爲學. 於邵易尤邃. 其推出經世之數. 無一謬誤. 奇哉. 使生於中國. 薰染大儒函丈之間. 則其高明透徹. 不啻其所造而已. 知羲易蹊逕者. 我朝一人."

그러면 서경덕은 「황극경세성음해」에서 어떠한 관점으로 정음 이론을 서술하였으며, 소옹과는 어떠한 차별점이 있었을까? 특히 이 책에서 주목하는 것은 서경덕의 심중에 있는 정음(正音)의 정체이다. 서경덕은 『황극경세서』 「경세사상체용지수도」에 수록된 한자를 무슨 음으로 읽어냈을까? 조선 한자음이었을까? 아니면 중국 한자음이었을까? 서경덕도 400여 년 전 중국 북송 시기 한자음의 틀에 맞추어 제작된 『황극경세서』 「경세사상체용지수도」에 담겨 있는 성음 체계를 이해하기가 결코 쉽지 않았을 것이다.

서경덕의 『화담집』 「황극경세성음해」에 관한 기존 연구는 의외로 많지 않다. 유창균(1987)은 「황극경세성음해」의 내용을 상세히 정리하였고,[70] 강호천(1993)은 역리론적 측면에서 연구한 바 있다.[71] 그 외에 김학주(1972), 황광옥(2003), 강신항(2006)의 역주가 있는데 『화담집』 원문 자체에 오기(誤記)가 많아서인지 해석이 일치되지 않는 부분이 적지 않다. 서경덕의 사후, 박민헌(朴民獻, 1516-1586), 허엽(許曄, 1517-1580) 등이 그의 시와 문장을 수집하여 『화담집』을 간행하였으나 임진왜란 기간 중에 망실되었고, 선조 38년(1605)에 홍방(洪霶)이 다시 자료를 수집하여 간행하였다가, 후에 부록 등을 첨가하여 영조 46년(1770)에 다시 간행하여 오늘에 이르고 있다. 아마도 「황극경세성음해」에 특히 오탈자가 적지 않은 것은 후인들이 수기(手記)에 수기를 거듭하여 간행되었던 까닭인 듯하다.

이 책에서는 먼저 『성리대전』에 수록된 「경세사상체용지수도(經世四象體用之數圖)」를 『화담집』의 「황극경세성음해」와 이에 보충 설명을 첨부한 「발전성음해미진처(跋前聲音解未盡處」와의 원문 대조 작업을 통해

70 유창균, 「서경덕의 『황극경세성음해(皇極經世聲音解)』에 대하여」, 『한국학 국제학술회의 논문집』, 인하대: 한국학연구소, 1987.

71 강호천, 「서경덕의 '성음해'연구」, 『청주대학교 논문논총』 8 · 9집. 1993.

오탈자를 파악한 후, 주석을 하여 「황극경세성음해」에 반영되어 있는 서경덕의 정음관에 대해 탐색하고자 한다.

(1) 『화담집(花潭集)』 「황극경세성음해(皇極經世聲音解)」

하늘에는 어두움[陰]과 밝음[陽]의 크고 작은 기류[氣]가 있고, 땅에는 딱딱함[剛]과 부드러움[柔]의 크고 작은 바탕[質]이 있다. 기류는 위에서 변화하여 모양이 생기고, 바탕은 아래에서 변화하여 꼴이 갖추어진다. 그리하여 해[日]과 달[月]과 별[星]과 성좌[辰]가 하늘에서 모양이 이루어지고, 물[水]과 불[火]과 흙[土]과 돌[石]은 땅에서 꼴이 갖추어진다. 하늘에 있는 모양들이 바뀌면서 시간이 생겨나고, 땅의 꼴들이 교차되면서 만물이 생기는데 그 시간과 만물에는 (고유의) 숫자가 정해져 있다. 만물에는 소리[聲]와 빛깔[色]과 기운[氣]과 맛[味]이 있는데 그중 소리의 수가 가장 많다. 그리하여 소옹 선생은 음양과 강유의 크고 작은 숫자를 밝혀놓은 것이다.

근본을 규명하려면 실체[體]를 헤아려야 하고 실체를 헤아리려면 쓰임[用]이 미치는 바를 살펴야 하니, 즉 쓰임을 드러내기만 하면 체수(體數)가 물러나고 본수(本數)가 숨겨지게 되는 것이다. 하늘의 용수(用數)는 112이고, 땅의 용수는 152이니, 이에 올바른 소리[正聲, 正音]의 글자를 밝혀서 이를 도표에 나열하였다. 성(聲)에는 높낮이가 있으므로 평상거입으로 나누고 입술의 오무림 여부를 따르게 하였다. 또한 음(音)에는 (혀의) 굽혀짐과 펴짐이 있으므로 개발수폐로 나누고 소리의 청탁 여부를 따르게 하였다.

[天有陰陽大小異氣, 地有剛柔大小異質. 氣變於上而象生焉. 質化於下而形具焉. 日月星辰, 成象於天, 水火土石,[72] 成形於地. 象動於天而萬時生, 形交於地而萬物成, 時之與物有數存焉. 物有聲色氣味, 聲之數爲盛, 故邵子窮陰陽

---

72 『화담집』 원문에는 '수목토석(水木土石)'으로 되어 있지만, 내용적으로 볼 때, '수화토석(水火土石)'의 오기이다.

剛柔大小之數. 原本以推體, 推體以致用, 致用則體數退而本數藏矣. 天之用數, 百有十二, 地之用數, 百有五十二, 於是推正聲正音之字母, 列之爲圖, 聽有高下, 故分以平上去入, 闢翕隨焉. 音有屈伸, 故別以開發收閉, 淸濁隨焉.]

일일성(日日聲)은 양(陽) 중에서도 양(陽)이다. 그 소리는 마땅히 평성이고 비원순 개구음[闢音]이다. 다량(多良) 이하의 일곱 음[多良千刀妻宮心]이 모두 평성이면서 비원순 개구음의 글자이므로 그것이 일일성(日日聲)이 되는 것을 알 수 있다. 양(陽)은 즉 비원순 개구음을 주관한다.

일월성(日月聲)은 양과 더불어 음이다. 그 소리는 마땅히 평성이고 원순 합구음이다. 화광(禾光) 이하의 여섯 음[禾光元毛衰龍]이 모두 평성이면서 원순 합구음의 글자이므로 그것이 일월성(日月聲)이 되는 것을 알 수 있다. 음(陰)은 즉 원순 합구음을 주관한다.

해[日]는 더위가 되고 달[月]은 추위가 된다. 추위란 더위의 끝자락에서 오는 것이니 즉 음(陰)은 양(陽)에서 나오는 것이고 월(月)은 일(日)의 소리를 따르는 것이다. 그러므로 화(禾)는 다(多)의 소리가 변한 것이고, 광(光)은 량(良)의 소리가 변한 것이다. 일(日)과 월(月)에 배열되어 있는 음들은 모두 평성이지만 비원순 개구와 원순 합구의 차이가 있다. 그리하여 (日日聲의) 궁(宮)과 (日月聲의) 용(龍)의 소리를 읽어보면 용(龍) 운모가 궁(宮) 운모에서 변한 것을 알 수 있다. 즉 비원순 개구가 변하여 원순 합구가 된 것이다.

유독 심(心)성이 변하여 합구가 된 것은 알 수가 없다. 이는 용(龍)자 아래 하얀 동그라미인 것이니 소리는 있으나 글자가 없는 것이다. 만약 심(心)의 소리를 변화시켜 합구음이 되게 한다면 금(琴)자를 쓸 수 있을 듯하지만 합구음의 올바름은 아닐 것이다. 하얀 동그라미는 글자를 이루어낼 수 없는 것이니 그것을 조정하여 보면 금(琴)의 소리와 비슷할 뿐일 것이다. (또한) 세 개의 검은 동그라미가 각 성(聲) 아래에 배열되어 있는데 음

(陰)의 체수(體數)인 48을 없앤 것이다. 이는 글자만 없는 것이 아니라 소리도 없는 것이다.

[日日聲, 陽之陽也. 其聲宜平以闢, 多良以下七聲. 皆聲爲平闢之字, 則知其爲日日聲, 陽則主闢也. 日月聲, 陽與陰也. 其聲宜平以翕, 禾光以下六聲, 皆爲平翕之字, 則知其爲日月聲. 陰則主翕也. 日爲署, 月爲寒. 寒者, 署之餘也, 陰從陽者也, 故月之聲從日之星[73] 而禾之聲多聲之變也. 光之聲, 良聲之變也. 日月同聲而特闢翕異, 而讀官[74]與龍之聲, 則知龍聲乃官聲之變也. 而變闢爲翕者爾. 獨心聲變之爲翕, 則推不得, 是爲龍字下白圈, 乃有聲而無字者也. 若使心聲變以爲翕聲, 則似可作琴字, 然非翕聲之正也. 白圈之不成字, 調之則琴聲之似也. 三箇黑圈. 列於每聲之下者. 卽所去陰體數四十八也. 是不唯無字, 乃無聲者也.]

일성성(日星聲)은 태양 중의 소양(少陽)이다. 그 소리는 마땅히 평성이면서 비원순 개구음이다. 일일성(日日聲)에 비하면 비원순 개구음이 심하지 않지만, 개정(開丁) 이하의 여섯 가지[開丁臣牛魚男] 소리가 모두 평성 비원순 개구음으로 전환되어 일성성(日星聲)이 되었음을 알 수 있다. 다만 태양(太陽)처럼 지나치게 개구음이지는 않다.

일진성(日辰聲)은 태양 중의 소음(少陰)이다. 그 소리는 평성이면서 원순 합구음이다. 회형(回兄) 이하의 다섯 가지(回兄君龜烏) 소리가 모두 평성이면서 원순 합구음인 글자가 된다. 태음(太陰)보다 원순되는 정도보다 심하니 그것이 일진(日辰)의 소리가 됨을 알 수 있다.

---

73 『화담집』 원문에는 '일지성(日之星)'으로 되어 있지만 내용적으로 볼 때, '일지성(日之聲)'의 오기이다.

74 『화담집』 원문에는 '관(官)'으로 되어 있지만, 『성리대전(性理大典)』의 「경세사상체용지수도(經世四象體用之數圖)」에는 '궁(宮)'으로 되어 있다. 『화담집』의 오기인 듯하다. 전후 내용적으로도 '궁(宮)'이 맞으므로 본문에서는 '궁(宮)'으로 수정하여 논하였다.

성(星)은 낮이 되고 진(辰)은 밤이 된다. 밤은 낮의 끝이니 음이 양을 따르는 것이다. 그러므로 진(辰)의 소리는 성(星)의 소리를 따르니 회(回)의 운모는 개(開)의 운모에서 변화한 것이고, 형(兄)의 운모는 정(丁)의 운모에서 변화한 것이다. 즉 성(星)과 진(辰)이 평성인 점은 같지만 개구와 합구가 다를 따름이다.

군(君)·오(烏) 두 글자 아래의 하얀 동그라미는 우(牛)와 남(男)의 두 소리로 추측해보아도 알아낼 수가 없다. 그 예를 미루어 보면, 개구음이 변하여 합구음이 되는 것이니 우(牛)는 구(鉤)의 소리가 될 수 있을 듯하고 남(男)은 감(堪)의 소리가 될 수 있을 듯하다. 그러나 개구와 합구가 바르게 어울리지 않는다. 그러므로 글자를 이루지 못하고 단지 그 소리만 남아 있는 것이다.

귀(龜)는 우(牛) 아래 하얀 동그라미가 (합구로 변하여) 이루어진 글자이다. 소리를 변화시켜 이룬 글자들을 미루어 보면, (龜처럼) 진실로 개구음을 이루지 못하였으나 합구음을 이룬 것이 있고, 또 (牛·男처럼) 개구음을 이루었으나 합구음을 이루지 못한 것이 있다. (여하간) 우(牛) 아래 동그라미는 일일성(日日聲)을 좇아 처(妻)에서 변했으나 글자를 이루지 못한 것이다. 상거입(上去入) 세 성조는 모두 평성에서 확대된 것이다.

[日星聲, 太陽中之少陽也. 其聲亦宜平闢, 比日日聲則爲不甚闢, 開丁以下六聲, 皆爲平闢之轉 則知其爲日星聲, 但不若太陽之太闢爾. 日辰聲, 太陽中之少陰也. 其聲宜平翕, 回兄以下六聲,[75] 皆爲平翕之字, 而甚於太陰之翕也. 則知其爲日辰之聲. 星爲晝, 辰爲夜, 夜者晝之餘, 而陰從陽者也. 故辰之聲, 從星之聲, 而回之聲, 開聲之變也. 兄之聲, 丁聲之變也. 星辰同聲而唯闢翕異爾. 君烏二字下白圈, 乃牛男二聲之推不得者也. 推其例, 變闢爲翕則牛

75 『화담집』 원문에는 육성(六聲)이라고 하였지만 『성리대전(性理大典)』의 일진성(日辰聲)에는 "회형군귀오(回兄君龜烏)"로 표기되었으므로 오성(五聲)의 오기이다.

字似可作鉤聲, 男字似可作堪聲, 然闢翕不楷正, 故不爲字而徒有其聲也. 龜字, 乃牛字下白圈之成字者也. 推聲之變字, 固不成於闢而成於翕者, 亦有成於闢而不成於翕者也. 牛下之圈, 從日日聲, 妻字之變而不成字者也. 上去入三聲, 皆平聲之推也.]

월일성일진일(月日星日辰日)의 소리는 모두 (日日聲平闢인) 다(多) 소리의 글자가 변한 것이고, 월월성월진월(月月星月辰月)의 성은 (日月聲平翕인) 화(禾) 등의 글자가 변한 것이다. 월진성진진진(月辰星辰辰辰)의 소리는 (日辰聲平翕인) 회(回) 등의 글자가 변한 것이다. 그중 하얀 동그라미의 음은 모두 변화된 성조 자리의 몇 번째 글자인가를 따져서 추측해볼 수 있다.

글자의 소리가 83성의 가락보다 무궁한 것이 바로 자연의 이치이다. 그러나 더 확대시키지 않고 그 근본을 요약해보면 (평성인) 다화개회(多禾開回)의 사성(四聲)과 칠조(七調) 밖에서 벗어나지 않는다.

수화토석(水火土石)의 음은 일월성신(日月星辰)의 성과 더불어 그 변화 규칙이 동일하다.

개발수폐(開發收閉)의 4개 가락은 청탁으로 갈리는데 마치 평상거입(平上去入)의 네 가지 변화가 개구와 합구로 나뉘는 것과 같다.

[月日[76]星日辰日之聲, 皆多聲等字之變也. 日月[77]星月辰月之聲, 皆禾字等聲之變也.[78] 月辰星辰辰辰之聲, 回字等聲之變也. 其中白圈, 皆從其變位第幾字而推也. 字聲之無窮於八十三聲之調, 是自然之理. 更推不去, 又約求其

76 월일성상벽(月日聲上闢)에 해당되는 글자는 "可兩典早子孔審●●●, 星日聲去闢: 个向旦孝四衆禁●●●"이다.

77 『화담집』의 원문에 '일월(日月)'로 표기되었지만 내용적으로 볼 때, '월월(月月)'의 오기이다.

78 『화담집』의 원문에 내용상으로 볼 때, "月星星星辰星之聲, 皆開字等聲之變也"의 문구가 빠진 듯하다.

本, 則不出於多禾開回四聲七調之外矣. 至於水火土石之音, 則與日月星辰之聲, 其變同一規也. 其開發收閉之四調切以淸濁, 猶平上去入之四變, 分以闢翕也.]

생각건대, 성(聲)에서는 양(陽)이 개구가 되고 음(陰)이 합구가 되는데, 음(音)에 있어서는 유(柔)가 청음(淸音)이 되고, 강(剛)이 탁음(濁音)이 되는 까닭은 무엇인가?

물[水]은 밝고[明] 불[火]은 어둡고[暗] 흙[土]은 성글고[踈] 돌[石]은 딱딱[確]하다. 물은 불의 바탕이고 불은 물에서 생겨나므로 불의 음이 물의 음을 따르는 것이다. 또한 흙은 돌의 바탕이고 돌은 흙에서 생겨나므로 돌의 음이 흙의 음을 따르는 것이다. 이러한즉 청탁(淸濁)의 차이가 있더라도 음은 서로 따르고 가까운 것이다.

발수폐(發收閉) 세 음의 가락은 모두 개음(開音) 네 가락의 변화이다. 검정색 네모는 양(陽)의 체수인 40을 제한 것이니 이는 음이 없는 것이다. 흰색 네모는 모두 앞의 음을 확대시켜도 얻을 수는 없으며 음은 있으나 (이를 나타낼) 글자가 없는 것이다.

[惟在聲則陽爲闢而陰爲翕, 在音則柔爲淸而剛爲濁, 其故何也. 以水則明而火則暗, 土則踈而石則確爾 水者, 火之質, 火生於水, 故火之音從水之音, 土者, 石之質而石生於土, 故石之音從土之音也. 是則淸濁有異, 而音則相從而近也. 發收閉三音之調, 皆開音四調之之變也. 黑圈之方, 卽所去陽體數四十, 是爲無音者也. 其白圈之方, 皆前音之推不得而有音無字者也.]

화토(火土)의 음이 다른 음보다 많은 것은 무슨 까닭인가?

사행(四行) 가운데 토(土)가 많은 자리를 차지하고 있어, 거기에서 생성되는 수 또한 많기 때문이며, 화(火)는 숨어 있어서 항시 드러나는 것은 아니지만 그 쓰임은 지극히 크기 때문이다.

진(辰)의 입성과 석(石)의 폐음(閉音)이 유독 다른 것에 비해 적은 것은 무슨 까닭인가?

하늘에는 일월성신(日月星辰)이 있는데 해[日] · 달[月] · 별[星]은 밝지만 성좌[辰]는 밝지 않다. 또 성좌는 밤에 속하니 술시(戌時, 저녁 9-11시)부터 인시(寅時, 아침 5-7시)까지가 밤이 된다. 여름에는 만물이 사용하는 밤이 극히 짧아져서 술(戌)과 인(寅)은 용수에 들어가더라도 해자축(亥子丑)은 용수가 전혀 쓰이지 않는다.

(또한) 땅에는 사행(四行)이 있는데 물[水] 불[火] 흙[土]은 많지만 돌[石]은 적다. 돌이라는 물건의 성질은 바탕[質]은 온전하지만 기(氣)는 풍요롭지 않아서 물건을 낳거나 물건을 변화시키지 못한다. 그러므로 성좌[辰]와 돌[石]의 글자가 유독 적지 않겠는가.

[火土之音, 多於他音, 何也. 四行之中, 土居其多, 其生成之數亦多火, 潛而不常現, 其用則至大也. 辰之入聲, 石之閉音, 獨少於他, 何也. 天有四辰, 日月星則顯而辰不顯, 且辰屬夜, 自戌至寅爲夜, 夏至, 萬物用事之夜, 極短則戌與寅猶在用數, 而亥子丑全不用也. 地有四行, 水火土居多, 石次焉. 石之爲物 全於質而氣不饒, 故不能生物化物, 然則辰石之字, 不亦少乎.]

성(聲)의 수는 7에 그치고 음(音)의 수는 9에 그치는 것은 무엇 때문인가? 하늘의 용수(用數)는 항상 6에서 가득차고 7에서는 극점에 이른다. 그러므로 하늘의 별 중에서 가장 밝아서 볼 수 있는 것은 북두(北斗)인데 그 수가 7에 머무르는 것이다. 낮과 밤의 수는 7을 넘으면 변한다.

땅의 용수(用數)는 항상 9에 머무른다. 따라서 인월(寅月, 음력 정월)에 만물이 열리고 술월(戌月, 음력 9월)에 만물이 닫힌다. 해자축(亥子丑) 세 달은 용수가 되지 못하고 9에 도달하면 변화가 극심하게 된다. 그러므로 성(聲)은 7개 소리로 나열되지 않을 수 없고, 음(音)은 9가지 음으로 나열되지 않을 수 없다. 음은 9가지 가락으로 나뉘지 않을 수 없는 것은, 성을 펼치면 83자에 이르고, 음을 펼치면 132자에 이르니 성음 자모의 총수는 215가 된다. 이는 변화의 요점을 골고루 묶어낸 것이니 비록 289,816,576자가 변하더라도 이 구역에서 벗어날 수 없다. 그 근본을 간추려서 그 셈에 따라 적었을 뿐이다.

예를 들어 한글 16자모(字母)도 요약하여 다 나타낼 수 있다. 천지의 수는 16에서 다하는 것이니, 일월성신(日月星辰)의 성(聲)과 수화토석(水火土石)의 음(音)을 서로 곱하면 모두 16에 이른다.

[聲之數止七, 音之數止九, 何也. 天之用數, 常盈於六而極於七, 故天星之明, 可見者北斗而數止七, 晝夜之數, 過七則變矣. 地之用數, 常止於九, 故開物於月之寅, 閉物於月之戌, 亥子丑三月, 不爲用數, 究於九而變化極矣. 是則聲不得不七箇調列, 音不得不九樣調列, 音不得不九樣調切, 聲衍以至於八十三字, 音衍以至於百有三十二字, 捴聲音字母之數, 二百有一十五, 括盡變化之要, 雖二萬八千九百八十一萬六千五百七十六字之變, 皆不能出此區域, 以其撮其本而紀其會爾. 有如諺書之十六字母, 約而盡矣. 天地之數, 窮於十六, 日月星辰之聲, 水火土石之音相乘. 而皆至於十六矣.]

성(聲)은 청탁(淸濁)을 주관하고 음(音)은 개구와 합구를 주관하는데, 거꾸로 개구와 합구가 성(聲)을 따르고 청탁(淸濁)이 음(音)을 따르는 것은 무슨 까닭인가?

그 평상거입이 성(聲)의 청탁(淸濁)이고, 개발수폐(開發收閉)가 음(音)의 개·합구이기 때문에 청탁(淸濁)이 음(音)을 따르고 개·합구가 성(聲)을 따르는 것이다. 서로 잘 갖추어져 있어서 성(聲)에 음(音)이 없을 수 없고 음(音)에 성(聲)이 없을 수 없는 것을 볼 수 있다. 그러므로 평상거입 각 성(聲) 가운데 개발수폐 글자가 갖추어져 있고 개발수폐의 각 음 가운데 평상거입의 글자가 갖추어져 있는 것이다.

[聲主淸濁而音主闢翕, 乃反以闢翕隨聲而淸濁隨音, 何也. 其平上去入,

卽聲之淸濁, 而開發收閉, 卽音之闢翕, 故淸濁隨音而闢翕隨聲, 互相備而以見聲字之不能無音, 音字之不能無聲也. 故平上去入每聲之中, 開發收閉字具焉. 開發收閉每音之中, 平上去入之字具焉.]

일월성에 반드시 다량(多良) 이하 7개 글자(多良千刀妻宮心)를 그곳에 두어야 하는 것은 무엇 때문인가.

이는 『자림(字林)』에서 평성이면서 개구음인 운모를 찾아서 다량(多良) 등의 글자처럼 소리[聲]가 다르더라도 평성이면서 개구가 같으면 끌어서 이곳에 둔 것이다. (그러므로) 다량(多良)만 평성이면서 개구의 성(聲)이 될 수 있는 것은 아니다. 다량(多良)의 성(聲)과 같은 종류를 헤아려보면 무릇 평성이면서 개구가 될 수 있는 것은 모두 일일성(日日聲)이므로 이것은 특히 그 자모를 모은 것이다.

고흑(古黑) 등의 글자 또한 그러하다. 음(音)은 가락을 위주로 나뉜다. 따라서 평상거입(平上去入)에 구애되지 않고 오직 개음이면서 청음(淸音)인 가락이면 마땅히 수수음(水水音)이다. 고흑(古黑)만 오직 개음이면서 청음이 되는 것은 아니다.

음(音)의 가락은 후악설치순(喉齶舌齒脣)에서 벗어나지 않으며 후악설치순이 교차하면서 변화가 무궁하다. 개발수폐(開發收閉)는 후악설치순의 변화를 요약해낸 것이다.

[日月聲,[79] 必以多良以下七字當之, 何也. 是則於字林中求其平闢之聲, 如多良等字, 聲異而平闢同則引以當之, 不必多良獨可爲平闢之聲, 推多良之聲類則凡可爲平闢者, 皆爲日日聲, 此特括其字母爾. 古黑等字亦然, 音主調切, 故不拘於平上去入, 而惟開淸同調, 則當水水之音, 不必古黑獨爲開淸也. 音之調, 不出於喉齶舌齒脣, 而喉齶舌齒脣之交則變化不窮, 開發收閉, 括盡喉齶舌齒脣之變.]

---

79 『화담집』 원문에는 '일월성(日月聲)'이지만 '일일성(日日聲)'의 오기이다.

성(聲)이 평상거입(平上去入)에서 벗어나지 않고 음(音)이 개발수폐(開發收閉)에서 벗어나지 않는 것은 무슨 까닭인가.

어찌하여 따뜻함과 서늘함, 추위와 더위가 사계절의 기후를 조절하고, 눈[雪] 달[月] 바람[風] 꽃[花]은 사계절에 따라 풍경이 나뉘는가.

성음의 묘한 것은 수(數)에 있으니, 그 근본에 근거하여 체(體)를 드러내며 그 체(體)를 물러나면서 그 작용을 다 하게 하는 것이다. 만물의 수를 추구하는 데 있어 천하의 지극한 변화가 아니라면 그 누가 여기에 참여하겠는가.

[聲不出平上去入, 音不出開發收閉, 何哉. 豈溫凉寒燠, 氣節於四時, 雪月風花, 景分於四致歟. 聲音妙處在數, 原其本而致其體, 退其體而達其用, 至於窮萬物之數, 非天下之至變, 其孰能與於此哉.]

(2)『화담집』「앞의 글 '성음해'의 미진한 부분에 대하여(跋前聲音解未盡處)」

동그라미가 흰 것은 양(陽)의 빈 것을 나타내고 네모가 흰 것은 음(陰)의 빈 것을 나타낸다. (그러나) 허명한 곳에서도 소리는 반드시 통한다.

지금 말하는 소리는 있으나 글자를 이루지 못한다는 것은, 벽(闢)이 바뀌어 흡(翕)으로 되고 청(淸)이 변해 탁(濁)으로 되는 과정 즉 반성(半聲)·반음(半音)하여 글자를 이루지 못한 것이다. 세상의 이치가 반드시 그러한 것이니 의심할 바가 없다.

동그라미가 검은 것은 양이 꽉 막힘을 나타내고 네모가 검은 것은 음이 꽉 막힘을 나타낸다. 꽉 막힌 곳에서는 성음이 반드시 소통되지 않으니 즉 유독 글자만 없는 것이 아니라 성음 또한 없는 것이다. 글자를 비록 이루지 못했으나 반성반음(半聲半音)인 것은 마땅히 그 변화를 드러낸다. 그러나 성(聲)도 없고 글자도 없는 것은 마땅히 버려야 하지만, 또한 도표에 숫자로 나타낸 것은 체와 용이 번갈아 나가고 물러남을 보여주려는 것이다.

그러나 우리나라의 음이 너무 많이 변하여 상성과 거성, 개(開)와 발(發)의 분별이 어렵다. 그러나 중국어와 비교해보면 본 글자의 가락을 잃지 않고 변화되었을 뿐이다. 예를 들어 궁음(宮音)은 완전히 혀가 가운데 있어야 한다고 했는데 우리가 또한 읽어보면 곧 그와 같다. 따라서 변화하였지만 본 글자의 가락을 잃지 않았음을 알 수 있다. 또 변화도 하나의 규칙이 되어서 변화를 좇아서 요점과 통하면 이치가 있는 것이다. 성음도를 본다면 이치를 꿰뚫어 깨우칠 수 있으니 애초부터 우리나라 말의 변화에 사로잡혀 관련지을 것은 아니다.

[圓圈而白者, 象陽之虛明, 方圈而白者, 象陰之虛明, 虛明之地, 聲音必通. 今謂之有聲音而不成字者, 轉闢爲翕, 變淸爲濁則有半聲半音之不成字者, 理之必然, 無足疑矣. 圓圈而黑者, 象陽之窒塞, 方圈而黑者, 象音之窒塞,[80] 窒塞之地, 聲音必不通則非獨無字, 而聲音亦無也. 字雖不成, 而半聲音者, 宜著其變, 其無聲無字者, 宜去之, 亦著於圖者, 示數之體用迭爲進退爾. 但吾方之音多訛, 故難於上去開發之辨, 然比之華語, 不失本字之調而差訛爾. 如宮音, 白舌居中 吾亦讀來便如此, 故知差訛而不失本字之調. 且訛成一規, 從訛而要通, 亦有此理. 看聲音圖理透則便見破了, 初不係邦言之差訛爾.]

(3)『화담집』「황극경세성음해」의 내용 분석

① 우주 자연의 생성 원리

서경덕은 먼저 우주 자연의 생성 원리를 설명한 후, 이를 말소리 생성 원리에 대입시켜 설명하였다. 그런데 서경덕이 제시한 우주 자연의 생성

80 『화담집』 원문에는 '상음지질색(象音之窒塞)'이지만 '상음지질색(象陰之窒塞)'의 오기이다.

원리는 소옹의 그것과 차이가 있었다.[81] 먼저, 소옹은 하늘의 음(陰)과 양(陽), 땅의 강(剛)과 유(柔)가 움직였다가 멈추고 또 교차하면서 하늘과 땅의 도가 이루어지는데, 움직임이 큰 것은 태양(太陽), 작은 것은 소양(少陽), 멈춤이 큰 것은 태음(太陰), 작은 것은 소음(少陰)이 되어, 태양(太陽)은 일(日)이 되고, 태음(太陰)은 월(月)이 되며, 소양(少陽)은 성(星)이 되고, 소음(少陰)은 신(辰)이 되어 서로 교차되면서 하늘의 체와 땅의 도가 된다고 하였다. 이를 간단히 도식화하면 다음과 같다.

『황극경세서』「관물내편」

하늘 → 음(陰), 양(陽) / 동(動) → 태양(太陽), 소양(少陽), 태음(太陰), 소음(少陰) → 일월성신(日月星辰)

땅 → 강(剛), 유(柔) / 정(靜) → 태강(太剛), 소강(少剛), 태유(太柔), 소유(少柔) → 수화토석(水火土石)

이에 반해 서경덕은 하늘에는 음(陰)과 양(陽)의 크고 작은 기(氣)가 있는데 이러한 기(氣)가 형상을 이루어 일월성신(日月星辰)으로 변화하고, 이러한 하늘의 형상들은 다시 교차되면서 시간(時間)이 된다고 하였다. 또 땅에도 강(剛)과 유(柔)의 크고 작은 질(質)이 있는데 이러한 질(質)이 변화하여 형체를 이루어 수화토석(水火土石)으로 변화하고, 이러한 땅의 형체들이 다시 교차되면서 만물이 이루어진다고 하였다. 즉 서경덕은 다음과 같이 하늘과 땅의 대립에서 음양(陰陽)과 강유(剛柔), 기(氣)와 질(質), 그리고 시간(時間)과 만물(萬物)의 관계를 유도해내었다. 이를 간단히 도식화하면 다음과 같다.

81 강호천, 「서경덕의 '성음해' 연구」, 청주대학교: 『논문논총』 8 · 9집, 1993, 137-142쪽 참조.

『화담집』「황극경세성음해」

하늘 → 음(陰), 양(陽) / 기(氣) → 일월성신(日月星辰)의 형상(形象) → 시간(時間)

땅 → 강(剛), 유(柔) / 질(質) → 수화토석(水火土石)의 형체(形體) → 만물(萬物)

또 하늘과 땅의 체수(體數)와 용수(用數)의 숫자에도 차이가 있었다. 소옹은 태양소양태강소강(太陽少陽太剛少剛)의 본수(本數)는 40이고 40에 4를 곱하면 160이 되는데 태양소양태강소강(太陽少陽太剛少剛)의 체수(體數)라고 하였다. 또 태음소음태유소유(太陰少陰太柔少柔)의 본수(本數)는 48이고 48에 4를 곱하면 192가 되는데 태음소음태유소유(太陰少陰太柔少柔)의 체수가 된다고 하였다. 그런데 서경덕은 양의 체수(體數)는 40, 음의 체수(體數)는 48이라고 설정하였다.

『황극경세서』「관물내편」

태양(太陽)·소양(少陽)·태강(太剛)·소강(少剛)의 본수(本數) 40

태양(太陽)·소양(少陽)·태강(太剛)·소강(少剛)의 체수(體數) 160 (40 × 4)

태음(太陰)·소음(少陰)·태유(太柔)·소유(少柔)의 본수(本數) 48

태음(太陰)·소음(少陰)·태유(太柔)·소유(少柔)의 체수(體數) 192 (48 × 4)

『화담집』「황극경세성음해」

양(陽)의 체수 40, 음(陰)의 체수 48

이는 서경덕이 소옹의 이론을 충분히 체화한 후, 『황극경세서』「경세사상체용지수도」를 나름대로 재해석하였음을 의미한다. 무엇보다도 소옹과 서경덕의 가장 커다란 차이는 『황극경세서』「경세사상체용지수도」를 바라보는 관점이다. 소옹은 만물의 소리 · 빛깔 · 기운 · 맛 중에서 가장 관찰하기가 쉬운 소리를 통해 만물의 수를 궁구하고자 하였다. 만물의 수를 궁구하는 것이 목적이었기에 『황극경세서』「경세사상체용지수도」에는 어떤 성음의 원칙에 의해 어떤 성음을 배열했다는 음운적인 설명이 없고, 만물의 수에 대한 설명만 있을 뿐이다. 그러나 서경덕은 역리론적 대립으로 짜여진 이론적 바탕에 음운적 개념을 도입시켜 서술하였다.

② 성음 구조에 대한 인식

서경덕은 소옹과 동일한 용어로 성음 구조를 설정하였다. 즉, 십성(十聲)을 평상거입(平上去入)과 벽흡(闢翕)으로 나누고, 십이음(十二音)도 개발수폐(開發收閉)와 청탁(淸濁)으로 구분하였는데, 성(聲)은 운모, 벽흡(闢翕)은 개합(開合), 음(音)은 성모, 개발수폐(開發收閉)는 등(等)의 개념에 해당된다.

十聲		十二音	
闢翕	平上去入	淸濁	開發收閉

서경덕은 소옹의 『황극경세서』「경세사상체용지수도」에서 제시하는 성음 구조가 여느 운도와 다르다는 것을 충분히 숙지하고 있었던 것 같다. 그는 「황극경세성음해」에서 소옹이 설정한 성음 구조가 기존의 운도와 다른 것에 대해 다음과 같이 자문자답하였다. “성(聲)이 청탁(淸濁)을 주관하지만, 청탁이 음(音)에 의해 실현되고, 음(音)이 벽흡(闢翕)을 주관하지만 벽흡이 성(聲)에 의해 실현되는 것은 어떤 이유일까?”이는 얼핏 역리적인 질문인 듯하지만, 그는 놀랍게도 “성(聲)과 음(音)이 결합되어

하나의 글자음을 이룰 때, 성(聲)이 갖는 청탁의 자질은 음의 평상거입에 관여되고, 음(音)이 갖는 벽흡(闢翕)의 자질은 성(聲)의 개발수폐에 관여된다."라고 성모와 운모의 상보성을 고려한 심오한 통찰이 담긴 음운적인 답안을 내놓았다. 현대 북경어를 예로 들면, 성모의 청탁(淸濁)에 의해 중고 시기 평성(平聲)이 음평성(陰平聲)과 양평성(陽平聲)으로 나뉘었고, 상성(上聲)이 청성모(淸聲母)와 전탁음(全濁音) 성모로 나뉜 후, 각각 상성(上聲)과 거성(去聲)이 되었다. 이러한 어음 변화는 서경덕이 말하는 것처럼 성모의 청탁에 의해 운모의 성조 변화가 이루어진 것이다.

다음은 서경덕의 심중에 있는 십성(十聲)과 십이음(十二音)에 대해 구체적으로 살펴보자.

ㄱ. 십성(十聲)

십성(十聲)은 다음의 16개의 성(聲)으로 이루어져 있다.

<table>
<tr><th></th><th></th><th>闢</th><th>翕</th><th>闢</th><th>翕</th></tr>
<tr><td rowspan="4">十
聲</td><td>平</td><td>日日聲</td><td>日月聲</td><td>日星聲</td><td>日辰聲</td></tr>
<tr><td>上</td><td>月日聲</td><td>月月聲</td><td>月星聲</td><td>月辰聲</td></tr>
<tr><td>去</td><td>星日聲</td><td>星月聲</td><td>星星聲</td><td>星辰聲</td></tr>
<tr><td>入</td><td>辰日聲</td><td>辰月聲</td><td>辰星聲</td><td>辰辰聲</td></tr>
</table>

먼저 서경덕은 평성(平聲)인 "일일성(日日聲), 일월성(日月聲), 일성성(日星聲), 일신성(日辰聲)"에 대해서만 설명을 하고 나머지 상(上)·거(去)·입성(入聲)에 대해서는 구체적인 설명을 하지 않았다. 그 이유는 "상거입 세 성은 모두 평성을 기준으로 생각하면 되기 때문"이라는 것이다. 즉 평성 "일일성(日日聲), 일월성(日月聲), 일성성(日星聲), 일신성(日辰聲)"에 배열된 소리음의 특징만 파악하면 상성·거성·입성에 배열된 소리음은 평성에 준거하여 알 수 있다는 의미이다.

그러면 평성 "일일성(日日聲), 일월성(日月聲), 일성성(日星聲), 일신성(日辰聲)"에 대한 서경덕의 벽흡(闢翕), 음양(陰陽) 및 역리적 설명을 정리해보자.

『皇極經世書 · 經世四象體用之數圖』		1聲	2聲	3聲	4聲	5聲	6聲	7聲	8聲	9聲	10聲
日日聲	闢	多	良	千	刀	妻	宮	心	●	●	●
日月聲	翕	禾	光	元	毛	衰	龍	○	●	●	●
日星聲	闢	開	丁	臣	牛	○	魚	男	●	●	●
日辰聲	翕	回	兄	君	○	龜	烏	○	●	●	●

이 도표는 1성에서 10성까지의 해당 글자를 수록한 것이다.

여기에서 흥미로운 것은 소옹이 '음은 있지만 글자가 없어서 ○'라고 설정한 음에 대한 서경덕의 견해이다. 서경덕은 7성 '심(心)'의 합구음으로서 '금(琴)', 4성 '우(牛)'의 합구음으로서 '구(鉤)', 7성 '남(男)'의 합구음으로서 '감(堪)', 그리고 5성 '구(龜)'의 개구음으로서 5성 '처(妻)'보다 개구도가 작은 어떤 글자 음이라고 상정하고, 구체적인 이유에 대해 다음과 같이 설명하였다.

서경덕은 음양(陰陽)에 따라 성(聲)의 개합이 바뀌는 것에 대해, 해[日]는 덥고 달[月]은 추운데 추위가 더위에서 오듯이 음이 양을 따르기 때문이라고 설명하였다. 즉 일월성(日月聲)은 일일성(日日聲)이 변해서 생기는 것이므로 일일성(日日聲) 6성 '궁(宮)'이 변하여 일월성(日月聲) 6성 '용(龍)'이 된 것처럼 개구[闢]가 변하여 합구[翕]가 된다는 것이다. 그리하여 일일성(日日聲) 7성 '심(心)'에 대응되는 일월성(日月聲) 7성의 합구를 『성리대전』의 『황극경세서』「경세사상체용지수도」에는 ○로 표기하였지만, 서경덕은 '심(心)'의 합구가 아마도 '금(琴)'자와 비슷한 음일 것이라는 의견을 내놓았다.

陽 → 日 → 더위 → 闢 → 日日聲 → 宮 → 心
↓ ↓ ↓ ↓ ↓ ↓ ↓
陰 → 月 → 추위 → 翕 → 日月聲 → 龍 → ○[琴]

또한 서경덕은 일성성(日星聲)과 일신성(日辰聲)에 대해, 일성성(日星聲)은 일일성(日日聲)처럼 개구[闢]이지만 태양중지소양(太陽中之少陽)이므로 일일성(日日聲)만큼 개구도가 심하지 않다고 하였다. 또 일신성(日辰聲)도 일월성(日月聲)처럼 합구[翕]이지만 태양중지소음(太陽中之少陰)이므로 일월성(日月聲)보다 더 깊게 발음된다고 해설하였다.

서경덕은 일성성(日星聲)과 일신성(日辰聲)의 관계에 대해 별[星]은 낮[陽]이고 성좌[辰]는 밤[陰]에 해당되는데 밤은 낮을 따르므로 일성성(日星聲)의 '개(開), 정(丁), 신(臣), 우(牛), ○, 어(魚), 남(男)' 음이 변화하여 일신성(日辰聲)인 '회(回), 형(兄), 군(君), ○, 귀(龜), 오(烏), ○' 음이 된다고 하였다. 그리하여 『성리대전』의 『황극경세서』「경세사상체용지수도」에는 ○로 표기되었지만, 4성 '우(牛)'의 합구음으로 '구(鉤)', 7성 '남(男)'의 합구음으로서 '감(堪)'을 설정하였고, 5성 '귀(龜)'의 개구음에 대해선 일일성(日日聲) 5성의 '처(妻)'보다 개구도가 작은 음일 것이라고 하였지만 구체적인 글자를 제시하지는 않았다.

日星聲 → 별 → 낮 → 양 → 開 丁 臣 牛 ○[妻?] 魚 男
↓ ↓ ↓ ↓ ↓ ↓ ↓ ↓ ↓ ↓ ↓
日辰聲 → 성좌 → 밤 → 음 → 回 兄 君 ○[鉤] 龜 烏 ○[堪]

그러면, 서경덕은 심중에 어떤 음을 대입시켜 『황극경세서』「경세사상체용지수도」를 읽었으며, 무슨 근거로 위의 음들을 제시하였을까?

이 책에서는 『동국정운』과 『홍무정운역훈』, 중세 한국 한자음의 자료인 『훈몽자회(訓蒙字會)』·『신증유합(新增類合)』·『천자문(千字文)』[82]을 대상으로 서경덕이 어느 한자음을 근거로 하였는지, 그 한자음의 정체를 추적하였다.

먼저 일일성(日日聲)과 일월성(日月聲)은 운모의 개합의 차이이다.[83] 각 문헌의 표기음을 비교해보면, 대응되는 글자들의 개합 관계를 볼 수 있다.

	日日聲							日月聲						
	闢							翕						
	1聲	2聲	3聲	4聲	5聲	6聲	7聲	1聲	2聲	3聲	4聲	5聲	6聲	7聲
	多	良	千	刀	妻	宮	心	禾	光	元	毛	衰	龍	○
『동국정운』	당	량	쳔	도ᇢ	촁	궁	심	ᅘᅪᆼ	광	원	모ᇢ	췽	룡	○
『홍무정운역훈』	더	량	쳔	다ᇢ	쳬	귱	심	ᅘᅯ	광	원	마ᇢ	쉬	륭	○
『훈몽자회』	×	×	쳔	도	쳐	궁	심	화	광	×	모	×	룡	○
『신증유합』	다	량	쳔	도	쳐	궁	심	화	광	원	도	쳐	룡	○
『천자문』	다	량	쳔	×	×	궁	심	×	광	×	모	×	룡	○

일월성(日月聲) 7성(聲)의 '○'에 대하여 서경덕은 일일성(日日聲) 7성(聲) '심(心)'에 대응되는 합구음으로서 '금(琴)'을 제시하였다. 과연 '금(琴)'의 음가는 무엇일까? '금(琴)'은 『동국정운』에는 '끔'으로 표기되었고,

82 훈민정음 창제 이후의 한국 한자음을 국어사 구분에 따르면 중세 한국 한자음(훈민정음-임진왜란), 근대 한국 한자음(임진왜란-갑오경장), 현대 한국 한자음(갑오경장 이후)으로 구분하는데 중세 한국 한자음의 자료로는 『훈몽자회(訓蒙字會)』·『신증유합(新增類合)』·『광주천자문(光州千字文)』·『석봉천자문(石峰千字文)』을 대상으로 삼는다.: 신아사, 「중세한국한자음에 반영된 중고(中古) 합구호(合口呼) 고찰」, 『중국어문학지』 23집, 2006, 196쪽.

83 강호천은 일월성(日月聲)의 '禾'가 일일성(日日聲)의 '多'에서 변성한 것이나 '光'이 '良'에서 변성되었다는 것은 조음 위치에서 재출자는 초출자의 변화라는 것을 뜻하므로 일일성(日日聲)의 벽성(闢聲)은 초출자의 양성 모음이고 일월성(日月聲)의 흡성(翕聲)은 초출자의 음성 모음이며 일성성(日星聲)의 벽성(闢聲)은 재출자의 양성 모음이고 일신성(日辰聲)의 흡성(翕聲)은 재출자의 음성 모음으로 볼 수 있다고 하였다.(강호천,「서경덕의 '성음해' 연구」, 청주대학교: 『논문논총』 8·9집, 1993, 143쪽)

『홍무정운역훈』에는 ‘낌’으로 표기되었으며, 『훈몽자회』·『신증유합』·『천자문』에는 모두 ‘금’으로 표기되었다.

	『동국정운』	『홍무정운역훈』	『훈몽자회』·『신증유합』·『천자문』
日日聲 7聲 闢 心	심	심	심
日月聲 7聲 翕 琴	끔	낌	금

일일성(日日聲)과 일월성(日月聲)이 개합의 차이라면 ‘심(心)’에 대응되는 합구음으로서 ‘금(琴)’의 음가는 『동국정운』·『훈몽자회』·『신증유합』·『천자문』의 음이 맞을 것이다.

또한 일성성(日星聲)과 일신성(日辰聲)도 개합의 차이이다. 일일성(日日聲)이나 일월성(日月聲)보다 개구도가 작아서 개합의 차이가 분명하지는 않지만 대체로 정연한 개합의 차이를 보여주고 있다.

	日星聲							日辰聲						
	闢							翕						
	1聲	2聲	3聲	4聲	5聲	6聲	7聲	1聲	2聲	3聲	4聲	5聲	6聲	7聲
	開	丁	臣	牛	○	魚	男	回	兄	君	○	龜	烏	○
『동국정운』	캥	뎡	씬	읗	○	엉	남	휑	훵	군	○		옹	○
『홍무정운역훈』	캐	딩	찐	잉	○	유	남	훼	휭	균	○	귀	후	○
『훈몽자회』	기	뎡	신	우	○	어	남	×	형	슌	○	귀	오	○
『신증유합』	기	뎡	신	우	○	어	남	회	형	군	○	귀	오	○
『천자문』	×	뎡	신	×	○	어	남	회	형	군	○	×	×	○

일성성(日星聲) 4성의 ‘우(牛)’는 『동국정운』에 ‘읗’로 표기되었고, 『홍무정운역훈』에는 ‘잉’로 표기되었으며, 『훈몽자회』·『신증유합』에는 ‘우’로 표기되었다. 그런데 일신성(日辰聲)의 4성 ‘○’에 대하여 서경덕은 ‘우(牛)’에 대응되는 합구음으로서 ‘구(鉤)’을 제시하였다. 과연 ‘구(鉤)’의 음

가는 무엇에 근거하였을까? 『동국정운』에는 '구ᇰ'으로 표기되었고, 『홍무정운역훈』에는 '그ᇰ'으로 표기되었으며, 『훈몽자회』·『신증유합』에는 '구'로 표기되었다. 일성성(日星聲)과 일신성(日辰聲)이 개합의 차이라면 '우(牛)'에 대응되는 합구음으로서 '구(鉤)'의 음가는 『홍무정운역훈』의 '그ᇰ'이 타당하다.

	『동국정운』	『홍무정운역훈』	『훈몽자회』·『신증유합』
日星聲 4聲 闢 牛	ᅌᅮᇰ	ᅌᅵᇰ	우
日辰聲 4聲 翕 鉤	구ᇰ	그ᇰ	구

또 일성성(日星聲) 7성의 '남(男)'은 『동국정운』·『홍무정운역훈』·『훈몽자회』·『신증유합』·『천자문』에 모두 '남'으로 표기되었는데 서경덕은 '남(男)'에 대응되는 합구음으로서 '감(堪)'을 제시하였다. '감(堪)'은 『동국정운』과 『홍무정운역훈』에는 '캄'으로 표기되었고, 『신증유합』에는 '감'으로 표기되었다. 함섭(咸攝)은 범(凡)운만 제외하고 모두 개구운으로서 ᅟᅡᆷ/ᅟᅣᆷ으로 표기되었다. 때문에 '남'의 합구음으로서 '감'과 '캄'이 모두 타당하다.

	『동국정운』	『홍무정운역훈』	『훈몽자회』·『신증유합』
日星聲 7聲 闢 男	남	남	남
日辰聲 7聲 翕 堪	캄	캄	감

마지막으로 일신성(日辰聲) 5성 '귀(龜)'의 개구음인 일성성(日星聲) 5성의 '○'는 어떤 음일까? 서경덕은 구체적으로 해당 글자를 제시하지는 않았지만 일일성(日日聲) 5성의 '처(妻)'보다 개구도가 작은 음일 것이라고 단서를 달았다. 일일성(日日聲)과 일성성(日星聲)은 모두 개구[闢]이지만 개구도에 차이가 있기 때문이다. 일일성(日日聲) 5성(聲)의 '처(妻)'의 음

가에 대해 『동국정운』에는 '체'로 표기되었고, 『홍무정운역훈』에는 '쳬'로 표기되었으며, 『훈몽자회』·『천자문』에는 '쳐'로 표기되었다.

	『동국정운』	『홍무정운역훈』	『훈몽자회』·『신증유합』
日日聲 5聲 闢 妻	체	쳬	쳐
日星聲 5聲 闢 ○	○	○	○
日辰聲 5聲 翕 龜		귀	귀

원래 '귀(龜)'는 『광운(廣韻)』에서 평성 지운(脂韻)에 수록되었고 운도(韻圖)에는 지섭(止攝)의 평성 3등 합구(合口) 자리에 수록되어 있다. 그러나 『홍무정운』과 『동국정운』에는 '귀(龜)'자가 평성 회운(灰韻)에 수록되어 있고, 회운(灰韻)은 원래 합구운으로서 해당되는 개구운이 없다. 혹시 소옹과 서경덕은 '귀(龜)'가 합구운인 회운(灰韻)이므로 해당되는 개구음자가 없는 것이라고 여긴 것이 아닌가 생각된다.

ㄴ. 십이음(十二音)

서경덕은 십이음(十二音)을 개발수폐(開發收閉)로 나눈 후, 다시 청탁(清濁)으로 구분하여 수화토석(水火土石)의 순서에 맞추어 설명하였다. 다음의 도표를 보자.

		清	濁	清	濁
十二音	開	水水音	水火音	水土音	水石音
	發	火水音	火火音	火土音	火石音
	收	土水音	土火音	土土音	土石音
	閉	石水音	石火音	石土音	石石音

서경덕은 십이음(十二音) 수화토석(水火土石)이 일월성신(日月星辰)의

성(聲)과 더불어 그 변화 규칙이 동일하다고 하였으나, 십성(十聲) '○'의 음가에 대해 상세한 해석을 한 것과는 달리 십이음(十二音) '□'의 음가에 대해선 별다른 해석을 하지 않았다. 개음(開音)인 수수음(水水音), 수화음(水火音), 수토음(水土音), 수석음(水石音)을 통해 십이음(十二音)의 음운 구조와 수록자의 청탁(清濁)에 대해 살펴보자.[84]

			1音	2音	3音	4音	5音	6音	7音	8音	9音	10音	11音	12音
水水音	淸	柔	古(見)	黑(曉)	安(影)	夫(非)	卜(幫)	東(端)	乃(泥)	走(精)	思(心)	■	■	■
水火音	濁	剛	□	黃(匣)	□	父(奉)	步(並)	兌(定)	內(泥)	自(從)	寺(邪)	■	■	■
水土音	淸	柔	坤(溪)	五(疑)	母(明)	武(微)	普(滂)	土(透)	老(來)	草(淸)	□	■	■	■
水石音	濁	剛	□	吾(疑)	目(明)	文(微)	旁(並)	同(定)	鹿(來)	曹(從)	□	■	■	■

수록된 글자의 36자모를 보면, '청(淸)'으로 설정된 칸에 대입된 글자들의 성모는 모두 전청(全淸)·차청음(次淸音)이고, '탁(濁)'으로 설정된 칸에 대입된 글자는 모두 전탁(全濁)·차탁음(次濁音)이다. 청음(淸音)과 탁음(濁音)이 엇섞여 배열된 예가 없으므로 36자모의 청탁 개념이 적용되었음을 알 수 있다. 이러한 십이음(十二音)의 음운 구조를 서경덕은 어떻게 이해하고 해석하였을까? 이 책에서는 다음의 도표에서 보는 바와 같이 『동국정운』·『홍무정운역훈』·『훈몽자회』·『신증유합』·『천자문』의 한자음을 대입시켜보았다.

다음 표에서 알 수 있듯이 『동국정운』과 『홍무정운역훈』에는 수록자의 해당 자모에 맞게 한자음이 잘 설정되어 있었다. 『동국정운』의 초성이 23자모이고, 『홍무정운역훈』의 초성이 31자모이므로 『홍무정운역훈』이 『동국정운』에 비하여 순경음 표기 등에 더 정밀할 수 있었다.[85] 이러한

84 괄호 안에 수록자의 36자모를 표시하였다.

85 이에 관한 자세한 논의는 심소희, 「『성음해』를 통해 본 서경덕의 정음관 연구」, 중국

	水水音									水火音								
	淸									濁								
	1音	2音	3音	4音	5音	6音	7音	8音	9音	1音	2音	3音	4音	5音	6音	7音	8音	9音
	古	黑	安	夫	卜	東	乃	走	思	□	黃	□	父	步	兌	內	自	寺
	見	曉	影	非	幫	端	泥	精	心		匣		奉	並	定	泥	從	邪
『동국정운』	:공	·흑	한	ᄫᅮᆼ	·복	동	:냉	:즁	숭	□	ᅘᅪᆼ	□	:ᄬᅮᆼ	·뿡	·띵	쒱	쭝	·쑹
『홍무정운역훈』	구		ᅙᅥᆫ	ᄫᅮ	북	둥	내	즘	스	□	ᅘᅪᆼ	□	ᄬᅮ	뿌	×	뉘	쯔	스
『훈몽자회』	:고	·흑	×	부	·복	동	×	×	×	□	황	□	부	:보	×	·ᄂᆡ	자	ᄉᆞ
『신증유합』	고	흑	안	부	복	동	내	주	ᄉᆞ	□	황	□	부	보	×	ᄂᆡ	ᄌᆞ	ᄉᆞ
『천자문』	고	×	안	부	×	동	내	×	ᄉᆞ	□	황	□	부	보	×	ᄂᆡ	ᄌᆞ	×

	水土音									水石音								
	淸									濁								
	1音	2音	3音	4音	5音	6音	7音	8音	9音	1音	2音	3音	4音	5音	6音	7音	8音	9音
	坤	五	母	武	普	土	老	草	□	□	吾	目	文	旁	同	鹿	曹	□
	溪	疑	明	微	滂	透	來	淸			疑	明	微	並	定	來	從	
『동국정운』	콘	:옹	:몽	:ᄝᅮᆼ	:퐁	통	:로ᇢ	초ᇢ	□	□	옹	·목	문	빵	똥	·록	쪼ᇢ	□
『홍무정운역훈』	쿤	우	무	ᄝᅮ	푸	투	라ᇦ	차ᇦ	□	□	우	묵	ᄝᅮᆫ	빵	뚱	룩	짜ᇦ	□
『훈몽자회』	곤	:오	:모	:무	×	토	:로	초	□	□	오	·목	문	×	×	·록	조	□
『신증유합』	곤	오	모	무	보	토	로	초	□	□	오	목	문	×	동	녹	×	□
『천자문』	×	오	모	무	×	토	로	초	□	□	×	목	문	×	동	×	×	□

점은 『홍무정운역훈』이 『동국정운』보다 『황극경세서』 「경세사상체용지수도」의 체계를 더 잘 반영하고 있는 것이다.

만약 서경덕의 심중의 음이 『훈몽자회』·『신증유합』·『천자문』 등에 표기된 조선 한자음이었다면 『황극경세서』 「경세사상체용지수도」의 체계를 전혀 이해하지 못했을 것이다. 서경덕은 『동국정운』이나 『홍무정운역훈』에 표기된 문언음 한자음을 대입시켜서 『황극경세서』 「경세사상체용지수도」의 오묘한 체계를 이해하고 성음의 원리를 터득할 수 있었던 것이다.

어문학연구회: 『중국어문학논집』 제58호, 2009 참조.

(4) 소결

우리가 서경덕이 저술한 「황극경세성음해」를 재평가해야 하는 이유는 그의 독자적인 정음 연구로 인해 조선조 정음 연구 전통의 명맥이 유지될 수 있었기 때문이다. 무엇보다 서경덕은 매우 주체적인 입장에서 소옹의 성음 이론을 수용하였다. 『성리대전』에 수록된 『황극경세서』 「경세사상체용지수도」에는 소옹이 그의 상수 이론을 증명하기 위해 제작하였기에 성음의 배열 방법이나 원칙에 대한 어떠한 설명이 없었다. 그러나 서경덕은 모든 성음 원리를 역학적 개념으로 파악한 후에, 음운적 이론을 덧입혀 완정한 성음 이론으로 재탄생시켰다.

이 책에서 주목한 것은 서경덕의 심중에 있는 정음(正音)의 정체였다. 그리하여 『동국정운』과 『홍무정운역훈』, 당시 조선 시기의 한자음을 수록한 『신증유합』, 『훈몽자회』, 『천자문』을 대입시켜본 결과, 『동국정운』과 『홍무정운역훈』의 정음 체계가 『황극경세서』 「경세사상체용지수도」의 체재에 합당하다는 결론을 내리게 되었다. 서경덕(1489-1546)의 생존 시기에는 『동국정운』이 그다지 유행하지 않았으므로 아마도 서경덕은 『홍무정운역훈』을 뒤적이면서 소옹의 『황극경세서』 「경세사상체용지수도」에 담겨진 성음 원리를 이해하였을 것으로 생각된다. 그리고 서경덕은 소옹이 『황극경세서』 「경세사상체용지수도」에서 애초에 소리는 있지만 글자가 없는 음이라고 설정한 '○'에 대해서도 심오한 음운적 통찰을 바탕으로 나름의 적합한 글자음을 제시하였다. 서경덕은 『화담집(花潭集)』 「앞의 글 「성음해」의 미진한 부분에 대하여[跋前聲音解未盡處聲音解]」에서 다음과 같이 언급한 바 있다.

> 우리나라의 음은 너무 많이 변하여 상성과 거성, 개(開)와 발(發)의 분별이 어렵다. 그러나 화어(중국어)와 비교해보면 본 글자의 가락을 잃지 않고 변화되었을 뿐이다. 예를 들어 궁음(宮音)은 완전히 혀가 가운데 있

어야 한다고 했는데 우리가 또한 읽어보면 곧 그와 같다. 따라서 변화하였지만 본 글자의 가락은 잃지 않았음을 알 수 있다. 또 변화도 하나의 규칙이 되어서 변화를 좇아서 요점과 통하면 이치가 있는 것이다. 성음도를 본다면 이치를 꿰뚫어 깨우칠 수 있으니 애초부터 우리나라 말의 변화에 사로잡혀 관련지을 것은 아니다.

이와 같이 서경덕은 조선 한자음과 중국 한자음이 모두 와음(訛音)되었다고 지적하고, 『황극경세서』「경세사상체용지수도」의 '성음도'를 통해 어음 규칙에 따라 정음(正音)으로 시정할 것을 제시하였던 것이다.

2) 최석정

서경덕에 이어 정음학의 맥을 잇는 『황극경세서』「성음창화도」에 대한 연구는 효종·현종·숙종연간을 살았던 최석정(崔錫鼎, 1646-1715)에서 비롯되었다. 그는 인조반정(仁祖反正)의 공신 최명길(崔鳴吉, 1586-1647)의 손자로서 숙종 12년(1671)에 문과에 올라 대제학·영의정을 여덟 번이나 역임한 명문 출신의 집권층 학자 관료였다. 또한 그는 소론계의 영수로서 『명곡집(明谷集)』을 비롯하여 『경세훈민정음도설(經世訓民正音圖說)』·『운회전요(韻會箋要)』·『육서보(六書譜)』·『구수략(九數略)』 등 많은 저작을 남겼다.

그가 생존했던 시기는 바야흐로 중화(中華) 중심의 세계 질서가 와해되는 격변의 시기였다. 조선은 임진왜란과 병자호란을 겪으면서 왜(倭)와 여진(女眞)의 오랑캐에게 씻을 수 없는 수모를 당했고, 유교의 종주(宗主)였던 명(明)이 망하고(1644년), 청(淸)이 중원(中原)을 완전히 장악하는 그야말로 '천하대란(天下大亂)'의 시기였다.

이러한 상황에서 조선의 집권층 학자들은 양난의 휴우증을 극복하기 위한 방책으로 조선이 중화의 수호자이며 성리학의 적통임을 자부하면서 조선 사회를 주자성리학 이념으로 재정비하고자 하였다. 그리하여 당시 조선의 사상계는 주자학을 절대 신봉하고 여타의 사상은 용인하려고 하지 않았다. 이는 당쟁의 빌미가 되어 주자학 대 반주자학의 대치 국면을 이루게 되었고, 양명학 등은 사문난적(斯文亂賊)으로 배척되기도 하였다.

이러한 역사적 · 정치적 파란의 중심에 최석정이 있었다. 그가 정치적으로는 주자학에 담고 있었더라도 그의 학문과 사상은 양명학을 지향하고 있었다는 것은 여러 정황으로 짐작할 수 있다. 최창대(崔昌大, 1669-1720)는 증조부 최명길이 양명학에 독신했다고 밝혀[86] 양명학이 가학으로 전수되었을 가능성이 있고, 또 최석정 본인이 양명학자로 분류되는[87] 남구만(南九萬, 1629-1711), 박세채(朴世采, 1632-1695) 등에게 사사를 받았으며, 또한 조선 최대의 양명학자 정제두(鄭齊斗, 1649-1736)와 친밀하게 교유했던 것은 이러한 사실을 뒷받침해준다.[88] 이 책에서는 최석

86 최창대(崔昌大), 『곤륜집(昆侖集)』 권20 「지천공유사(遲川公遺事)」: "公與溪谷少時講學也. 見陸王之書, 悅其直指本體刊落枝葉 兩公皆深取之 公則中年覺其學術之有庇 屢形於言論."

87 정인보는 조선 시대의 양명학 수용자를 세 가지로 구분하여 정리한 바 있다. 첫째는 양명학에 관한 확실한 저서가 있든가 혹은 양명학에 관해 언급했다는 분명한 증거가 있어서 양명학파라고 하기에 의문의 여지가 없는 자, 둘째는 양명학을 비난한 말이 있더라도 전후를 종합해보면 심중에서는 양명학을 신봉하고 있었던 것을 알 수 있는 자, 셋째는 양명학에 관해 한마디도 하지 않은 채 주희를 신봉하고 있었음에도 평소 주장의 핵심을 보면 틀림없이 양명학자임을 알 수 있는 자 등의 세 부류이다. (한국철학사상연구회, 『한국철학』, 예문서원, 1995, 183-184쪽 재인용.)

88 최석정은 『경세훈민정음도설』을 저술한 후 정제두에게 문의하였는데 이에 관한 왕래 서신은 『명곡집(明谷集)』 권13의 「여정사앙우(與鄭士仰又)」와 『하곡집(霞谷集)』 권2에 「답최여화서(答崔汝和書)」, 「여최여화문목(與崔汝和問目)」, 「답최여화문목갑신(答崔汝和問目甲申)」, 「여최여화문목을유(與崔汝和問目乙酉)」 등이다. 심소희, 「조선후기 문인들의 서신을 통한 성운 인식 고찰 — 최석정과 정제두의 서신을 중심으로」, 한국중

정이 양주음왕(陽朱陰王)[89]하였던 양명학자임을 역설하려는 것이 아니다. 양난 이후 조선 사회는 주자학에 매진할 수밖에 없는 상황이었고, 조선의 지식인층에서는 조선이 명을 계승하는 중화 문화의 수호자라고 하는 조선중화(朝鮮中華) 의식이 팽배하였다.[90] 조선 최고의 지식인 최석정도 조선중화주의를 구현해야 한다는 책임감과 소명의식을 가지고 있었던 듯, 그의 저서에는 조선중화주의자로서의 시대적 사명감이 절절이 반영되어 있다. 최석정은 『경세훈민정음도설』에서 훈민정음의 가치를 인식하여 세종을 삼황(三皇)의 반열에 올려놓고, 훈민정음을 팔괘(八卦)에 비견하였으며, 「소씨황극경세천지사상체용지수도(邵氏皇極經世天地四象體用之數圖)」를 저술하여 소옹의 상수학적 해석을 정면으로 비판하고, 이를 수정 · 보완하는 운도 「훈민정음준황극경세사상체용지수도(訓民正音準皇極經世四象體用之數圖)」를 만들었다. 그리고 상수역학에 기초하여 세상 모든 음을 연역하고 훈민정음으로 주음한 「성음율려창화전수도(聲音律呂唱和全數圖)」를 제작한 것은 모두 이러한 시대적 배경과 결코 무관하지 않다. 최석정은 어쩌면 '천하대란'의 세상에 『경세훈민정음도설』을 헌상(獻上)하여 문화대국 조선의 저력과 자존감을 보여주고자 한 것일 수 있다.

이 책에서는 『경세훈민정음도설』에 노정되어 있는 '조선중화주의'를 키워드로 삼아 최석정의 훈민정음에 대한 인식에 대해 살펴보고, 『경세훈민정음도설』에 수록된 세 편의 운도인 「소씨황극경세천지사상체용지수도」 · 「훈민정음준황극경세사상체용지수도」 · 「성음율려창화전수도(聲音律呂唱和全數圖)」를 통해 정음 인식에 관한 문화의 수용과 변용 그

국언어학회: 『중국언어연구』 제38집, 2012 참조.

89 겉으로는 주자학을, 속으로는 양명학을 공부함.

90 정옥자, 『조선후기 문학사상사』, 서울: 서울대학교출판부, 1990, 『조선후기의 지성사』, 서울: 일지사, 1991 참조.

리고 발전에 이르는 세 단계 과정을 입체적으로 조명하고자 한다.

『경세훈민정음도설』 건책(乾冊)과 곤책(坤冊)은 다음의 체제로 구성되어 있다.

<table>
<tr><td rowspan="1">乾冊</td><td>經世正韻序說</td><td>「訓民正音」
「十七聲分配初聲圖」
「十一音取象八卦圖」
「聲分淸濁圖」
「音分闢翕圖」
「律呂相乘配合成字圖」
「終聲十六」
「聲分平上去入圖」
「音分開發收閉圖」
「訓民正音準皇極經世四象體用之數圖」
「聲音律呂唱和全數圖」
「聲音唱和數三百八十四爻圖」·「序韻攝」</td></tr>
<tr><td rowspan="3">坤冊</td><td>經世正韻五贊</td><td>「明象」·「辨韻」·「本數」·「稽訓」·「述志」
「聲音篇」</td></tr>
<tr><td>群書折衷</td><td>「廣韻三十八字母」
「沈氏四聲韻譜」
「邵氏皇極經世天地四象體用之數圖」
「祝氏聲音韻譜」
「韻會三十五字母」
「梵字五十母」
「劉氏切韻指南」
「禮部韻」
「三韻通考」
「東國正韻」
「字彙」
「論諺文終聲」
「論正韻圖說」
「五贊註」
「論初終聲閏位」</td></tr>
<tr><td>博物典彙</td><td>「遼東邊圖」
「薊州邊圖」</td></tr>
</table>

『경세훈민정음도설』은 최석정의 사후 250년이 지나서야 일본 경도대학 『하합문고(河合文庫)』에서 발견되었다.[91] 1968년 김지용(金智勇)이 경도대학 도서관에서 발견하여 마이크로필름에 담아왔는데, 벌레 든 곳이 많은데다가 지질이 삭아서 마이크로필름을 촬영하고 난 다음 '폴싹' 무너져버려서 전모를 알아보기 어렵게 되었다고 한다. 필름으로 간신히 보존된 자료도 원본이 본래 필사한 수택본(手澤本)인데다가 오랜 시간 동안 방치되었기 때문에 훼손된 상태가 많아서 식별하기 어려운 자구가 적지 않다. 이러한 연유 때문인지 그동안 『경세훈민정음도설』에 관한 연구는 많이 진척되지 않았고 주로 국어학계에서 관심을 갖고 연구되었다.[92]

(1) 훈민정음의 재인식

『경세훈민정음도설』 건책(乾冊)은 처음 『훈민정음』「제자해」의 내용을 실은 후, 최석정의 훈민정음에 대한 생각을 밝히면서 시작하고 있다.

> 석정이 삼가 생각하건대, 세종대왕께서 창제하신 28자는 열숙(列宿)의 모양이라고 생각됩니다. 초성 17자에서 아음(牙音)은 각(角)으로서 동방의 목(木)에 속하여 만물이 비로소 생기는 것이므로 이를 으뜸으로 한 것입니

91 최석정 저 김지용 해제, 『경세훈민정음도설(經世訓民正音圖說)』, 서울: 명문당, 2011, 5쪽 참조. 하합홍민(河合弘民, 1873～1919)은 1908년 일본 동양제국대학을 졸업하고 1910년대 조선총독부 취조국 참사관실 및 구관 제도 조사 사업을 하고 있다가 1916년 '조선사 연구'로 문학박사를 받은 인물이다. 그는 강화도 마니산 외규장각 도서 수천 권을 가져다 사료로 쓰고 경도제국대학 도서관에 도서 793부 2160책을 기증하여 하합문고(河合文庫)를 만들었다고 한다.

92 김석득, 「경세훈민정음도설의 역리적구조」, 연세대학교 국학연구원: 『동방학지』 13호, 1972; 김석득, 『우리말연구사』, 태학사, 2009; 배윤덕, 「최석정의 경세정운연구」, 연세대학교 국학연구원: 동방학지 71호, 1991; 배윤덕, 「최석정의 경세정운연구(외내사섭부터 외내팔섭까지)」, 국어국문학회: 국어국문학 114호, 1995; 배윤덕, 『우리말 운서의 연구』, 성신여자대학교 출판부, 2005 등의 연구 논문이 있다.

> 다. 설음(舌音)은 치(徵)로서 화(火)에 속하고, 순음(脣音)은 궁(宮)으로서 토(土)에 속하며, 치음(齒音)은 상(商)으로서 금(金)에 속하고 후음(喉音)은 우(羽)로서 수(水)에 속하니 오행(五行)의 상생 순서로 차례를 삼았고 중성 11자는 태극 · 양의 · 팔괘의 모양입니다.[93]

그는 『명곡집(明谷集)』 7권의 「예부운략후서(禮部韻略後序)」에서도 다음과 같이 역설하였다.

> ……훈민정음, 즉 언문은 성왕이 제작하신 것으로서 실로 괘화(卦畫) 및 서계(書契)와 더불어 그 공용이 같고, 소옹의 황극경세성음도와 표리가 됩니다.[94]

최석정은 훈민정음 28개 글자가 하늘의 별자리 모양이라고 극찬하고, 이는 괘화(卦畫) 및 서계(書契)와 쓰임이 같다고 하면서 소옹의 『황극경세성음도』와 같은 반열에 올려놓았다.

당시 주자성리학이 뿌리를 굳건히 내리고 있었고, 게다가 '한자 만능' 시대에, 명문 출신의 집권층 관료가, 아무도 주의하지 않았던, 언문(諺文)으로 전락한 '훈민정음'을 들고 나와 그 가치를 역설한 것은 무슨 까닭인가? 『경세훈민정음도설』 곤책(坤册)의 「경세정음오찬(經世正音五贊)」 「계훈(稽訓)」에는 최석정이 구상하는 문명의 구도와 역사관이 집약되어 있는데 여기에서 위의 의문에 대한 답안을 찾을 수 있을 듯하다.

---

93 『경세훈민정음도설(經世訓民正音圖說)』 「훈민정음(訓民正音)」: "臣錫鼎謹按, 御製諺文二十八字, 卽列宿之象也. 初聲十七字, 牙音角屬東方木象物之始生, 故爲首, 舌音徵屬火, 脣音宮屬土, 齒音商屬金, 喉音羽屬水, 以五行相生之序爲次, 中聲十一字, 太極兩儀八卦之象也."

94 『명곡집(明谷集)』 권칠(卷七) 「예부운략후서(禮部韻略後序)」: "……臣又竊念世宗大王御製訓民正音, 卽所謂諺文也. 聖王制作之妙, 實與卦畫書契同其功用, 而世無刊本, 傳者絶少, 邵氏經世聲音, 亦與訓民相表裏.……"

생각하건대, 우리나라는 단군(檀君)으로부터 비롯되었다. 기자(箕子) 태사(太師)가 봉(封)함을 받아 비로소 그 문명을 열었지만, 지역은 외지고 황무하며, 언어는 풍속이 달랐고 백성들은 제 뜻을 펴지 못하였으며, 정교는 거칠고 소박했다. 신라에서 고려까지 아득히 천년의 세월이 흘렀는데, 눈부시다 세종이시여, 그 도가 천명에 참여하였다. 예악과 문장은 찬란하여 조술할 만하며, 선천에서 어긋나지 않고, 널리 만물의 이치를 아셨다. 우리말을 탐구하시어 마침내 큰 가르침을 창제하시고 이름을 정음(正音)이라고 하시니 어리석은 백성들을 깨우치고 인도하셨다. 글자 모양은 어떠한가? 전서(篆書)와 주서(籒書)에서 형상을 취했다. 글자 수는 어떠한가? 하늘의 28개 별자리와 나란히 한다. 환하고 빛나며 정수와 쓰임을 모두 갖추었다. 성음과 율여가 배합되어 글자를 이루었고 종성으로 조화시켜 질서 있게 조직하였다. 글자 수가 만자로 불어나니 본체로부터 쓰임에 이른 것이다. 닭과 개의 울음소리 모두를 형용할 수 있고, 부녀자들과 백성들도 열흘이면 깨우치게 된다. 공은 팔괘를 나눈 것과 나란히 하고, 조화는 율여를 만든 일에 부합된다. 이를 만든 분은 성인이시니 상고 시대에 비해도 공이 빛난다. 저 삼황(三皇)에 짝이 되어 큰 규범을 영원토록 남기셨다. 나는 태사의 소임을 맡아 역사를 기록함이 직분이다. 그 덕을 형용하자니 하늘처럼 높고 그 빛을 그리자니 태양처럼 빛난다. 머리를 조아리며 찬을 지으니 동국의 표상으로 비추어지리라.[95]

95 『경세훈민정음도설(經世訓民正音圖說)』 곤책(坤册) 「계훈(稽訓)」: “於惟我邦. 肇自檀君. 大師受封. 始闡斯文. 地是偏荒. 言語異俗. 民志不伸. 政教牿樸. 自羅而麗. 敻數千載. 赫赫世宗. 道參天縡. 禮樂文章. 粲乎可述. 先天不違. 知周萬物. 究觀方言. 邃創大訓. 命曰正音. 開愚迪蠢. 厥體伊何. 取象篆籒. 厥數伊何. 並躔列宿. 皦如彬如. 旣粹旣備. 聲音律呂. 配合成字. 叶以終聲. 參伍錯綜. 數衍于萬. 由體達用. 鷄鳴狗吠. 咸得形容. 婦女輿臺. 旬日可通. 功參畫卦. 化符造律. 作者謂聖. 于古有烈. 媲彼皇墳. 永垂弘式. 臣忝太史. 載事是職. 狀德天高. 摹光日曜. 稽首作贊. 鏡玆東表.

최석정은 조선이 단군(檀君)에서 시작하여 기자(箕子)에 이르러 그 문명을 밝히게 되었다고 하였다.[96] 지역도 외지고 언어·풍속도 다르며 정교(政敎)도 거칠고 소박했으나, 세종대왕께서 훈민정음을 창제하시어 세상의 소리를 모두 형용할 수 있게 되었고 평범한 사람이라도 열흘이면 깨우치게 되었다. 그러므로 훈민정음은 그 공훈이 팔괘(八卦)와 같고 세종대왕은 복희(伏羲)·신농(神農)·황제(黃帝)의 삼황(三皇)에 견줄 수 있는 성인(聖人)이라고 추숭하였다.

최석정은 이러한 역사관을 가지고 적어도 문자와 성운의 영역에서 조선이 중국과 대등한 문화대국임을 찬미하였다. 명이 망한 후, 동아시아 사회에서 유교 문화를 담지하고 있는 정통을 조선이 계승하였으므로 "조선이 바로 중화"의 조선중화주의는 이러한 역사관과 문명의 구도에서 훈민정음의 가치를 재인식하게 된 것이다. 다시 말해 조선이 양란으로 와해된 조선 사회를 재건하기 위해 주자성리학을 국가 체제를 유지하는 지배 이념으로 삼았지만, 조선 최고의 지식인 최석정이 진정 추구한 것은 문화적 예속, 사대주의가 아니라, 조선이 주체가 되고 조선의 문화적 자부심을 고취시켜 조선 문화 창달에 기여하고자 하였음을 알 수 있다.

(2) 『황극경세서』 「성음창화도」의 비판적 수용과 재창조

① 「소씨황극경세천지사상체용지수도」

먼저 『경세훈민정음도설』 곤책(坤冊)에 수록되어 있는 「소씨황극경세천지사상체용지수도(邵氏皇極經世天地四象體用之數圖)」에 대하여 살

96 '단군~기자'로 이어지는 '단기정통론(檀箕正統論)'은 홍만종(1643~1725)의 『동국역대총목(東國歷代總目)』, 안정복(1712~1791)의 『동사강목(東史綱目)』, 이종휘(1731~1786)의 『동사(東史)』에서 찾아볼 수 있다.(정재훈, 「조선후기 史書에 나타난 중화주의와 민족주의」, 한국실학학회: 『한국실학연구』 8호, 2004; 김영심·정재훈, 「조선후기 정통론의 수용과 그 변화」, 한국문화연구소: 韓國文化, 2000 참조)

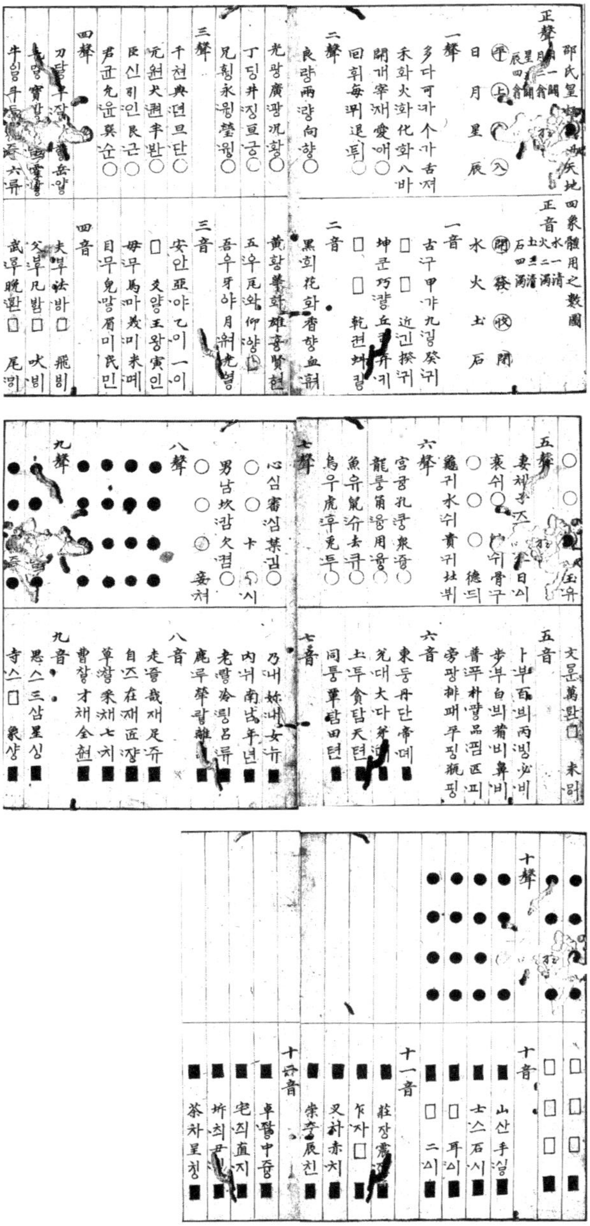

『경세훈민정음도설』「소씨황극경세천지사상체용지수도」

펴보자.

335쪽의 「소씨황극경세천지사상체용지수도」는 최석정이 소옹의 『황극경세서』 「성음창화도」에 훈민정음으로 표음한 것이다. 그의 훈민정음 표음 체계를 성모 · 운모 · 운미로 구분해보면 다음과 같다.

성모 체계: ㄱ, ㅋ, ㆁ, ㄷ, ㅌ, ㄴ, ㄹ, ㅂ, ㅍ, ㅁ, ㅸ, ㅱ, ㅈ, ㅊ, ㅅ, ㅿ, ㅎ, ㅇ
운모 체계: ㅏ, ㅑ, ㅐ, ㅘ, ㅕ, ㅖ, ㅜ, ㅟ, ㅠ, ㆇ, ㆌ, ㅡ, ㅢ, ㅣ
운미 체계: ㆁ, ㄴ, ㅁ, ㅱ

성모 체계의 경우, 전탁(全濁) 성모 'ㄲ, ㄸ, ㅃ, ㅉ, ㅆ'가 모두 청화(淸化)되어 나타나지 않았다. 의모(疑母) 'ㆁ'는 소실되지 않았고, 영모(影母) 'ㆆ'와 유모(喩母) 'ㅇ'는 합류되었다. 또 치두음(齒頭音) 'ᅎ, ᅔ, ᅏ, ᄼ, ᄽ'과 정치음(正齒音) 'ᅐ, ᅕ, ᅑ, ᄾ, ᄿ'을 구분하지 않았다. 조선 시대 편찬된 『홍무정운역훈』 · 『사성통해』 · 『삼운성휘』 · 『규장전운』 등의 운서에서는 치두음과 정치음을 구분하였지만, 『노걸대』 · 『박통사』 등 역학류 서적에서는 치두음과 정치음을 구분하지 않았는데 「소씨황극경세천지사상체용지수도」에서 정치음과 치두음을 구분하지 않은 것은 음운 변화가 아니라 표기상의 문제일 수 있다.

운모 체계의 경우, '환환운(桓歡韻)'과 '한산운(寒山韻)'이 합류되어 '권'이 모두 '간' 으로 표기된 것을 볼 수 있다.

운미 체계의 경우, 입성운(入聲韻) '-ㅂ, -ㄷ, -ㄱ'는 완전히 소실되었지만, 폐구운(閉口韻) '-ㅁ'운미는 여전히 건재함을 볼 수 있다. 『사성통해 · 범례』에는 한어 '-ㅁ'운미가 '-ㄴ'운미로 변하여 자음이 혼용되게 되었지만, '-ㅁ'운미를 그대로 기록하고 있는 이유에 대해 다음과 같이 설명하고 있다.

> 여러 운의 '-ㄴ, -ㆁ, -ㅁ' 종성의 발음은 애당초 서로 섞이지 않았는데, 침담염(侵覃鹽) 운의 합구인 종성을 한어 속음에서는 모두 ㄴ으로 발음하

> 여 진(眞)운과 침(侵)운, 산(刪)운과 담(覃)운, 선(先)운과 염(鹽)운의 음이 많이 섞이고 있다. …… 오늘날 일반적으로 '-ㄴ'으로 발음하고 있으나 간혹 '-ㅁ'으로 발음하고 있는 사람도 많아서, 속음은 기록하지 않았는데 『사성통고』도 이와 같다.[97]

최석정이 폐구운 '-ㅁ'를 표음한 것도 위와 같은 이유가 아닌지 생각한다. 그러면 최석정은 어떤 한자음에 근거하여 『황극경세서』 「성음창화도」의 수록자에 표음하였을까? 「소씨황극경세천지사상체용지수도」나 「훈민정음준황극경세사상체용지수도」의 본문에서 최석정은 소옹이 '한어(漢語)의 속음(俗音)'에 근거한 것이라고 하였지만, 최석정이 어느 한자음에 근거하여 표음하였는지에 대해 밝히지 않았다. 「소씨황극경세천지사상체용지수도」의 수록자에 표기한 음은 『사성통해』의 정음과 약 64% 유사한 경향을 보였지만, 불일치하는 36%의 한자음에는 조선어에 동화된 조선 한자음의 모습이 보이기도 하고, 17세기의 현실 중국 한자음의 모습이 보이기도 한다. 『사성통해』의 속음과 금속음과도 일치하지 않고, 1670년경 편찬된 『노걸대언해』의 정음 · 속음과 비교해보아도 일치하지 않는다. 물론 『화동정음통석운고(華東正音通釋韻考)』(1724)나 『삼운성휘(三韻聲彙)』는 모두 최석정 이후에 편찬되었으므로 최석정이 이들 운서를 참고했을 리 없다. 여하간 최석정은 소옹의 『황극경세서』 「성음창화도」를 이렇게 속화(俗化)된 중국 한자음으로 읽어내었으니 그 중국 한자음이 『황극경세서』 「성음창화도」의 체계에 합치될 리가 만무하다. 최석정은 「소씨황극경세천지사상체용지수도」 말미에 음운과 상치되는 점들에 대하여 다음과 같이 상세한 해설을 하였다.

97 『사성통해(四聲通解)』 「범례(凡例)」: "諸韻終聲ㄴㆁㅁ之呼, 初不相混而直以侵覃鹽合口終聲, 漢俗皆呼爲ㄴ, 故眞與侵, 刪與覃, 先與鹽之音, 多相混矣. …… 今俗皆呼爲ㄴ, 而間有用ㅁ呼之者亦多, 故不著俗音, 如通攷也."

내 생각에 정성 28운은 112를 4로 묶은 수이다. 정음 48모는 개(開)와 폐(閉)의 두 등에 비록 검정 네모로 쓰여지지 않는 자리가 있지만 각 한 줄이 하나의 성모가 되어 48이 되는 것은 예전과 같은 것이다. 정성은 실로 중성의 숫자이지만 훈민정음의 32개 음의 기준으로 보면 네 자리가 적다. 생각건대 ᆝ[이아(伊兒)] ᆜ[이응(伊應)] ᆝㅣ[이아이(伊兒伊)] ᆜㅣ[이응이(伊應伊)] 네 자리는 ㅏ[아(阿)] ㅑ[야(也)] ㅓ[어(於)] ㅕ[여(與)]보다 장중하다. 그의 분운도 태쾌폐제(泰夬廢祭) 회지미(灰脂微)로 □[98]해지(咍支)의 등운에 합치하였다. 그러므로 여기에서는 16섭에서 두 섭이 적어진 것이다. 입성 여러 운에서 옥옥(屋沃)운은 동종(東鍾)에 속하지 않고 우후(尤侯)운에 속하며, 갈설(曷屑)운은 한선(寒先)운에 속하지 않고 가마(歌麻)운에 속한다. 아마도 입성 글자가 옛날에는 종성이 있었는데 현재 종성이 없어진 때문이리라.

정음 48모는 본래 24모에 한 배를 가하여 얻어낸 수이다. 그러나 아음 6모, 후음 4모, 순음 10모, 설음 12모, 치음 16모로서 오음의 청탁이 매우 고르고 정연하지 않다. 한음(漢音) 순탁(純濁) 글자의 평성은 차청음(次清音)에 섞였고 상성과 거성은 순청음(純清音)에 섞였다. 그러므로 근래의 "규(揆)"는 고음(古音) "갑(甲)"의 탁음이고 "건(乾)"·"규(虯)"는 고음 "곤(坤)"·"교(巧)"의 탁음이다. 차탁(次濁)의 글자는 범어에는 두 개의 성모가 있는데 그러나 한음(漢音)에서 상성은 낮게 발음하고 평성은 높게 발음한다. 그러므로 "오(五)"·"무(武)"를 청성으로 하고 "오(吾)" "문(文)"을 탁성으로 하며 나머지는 모두 기존의 방식에 따른다. 그러나 이것은 본래의 자연스러운 소리에 합치되지 않고 게다가 단정(端精)에는 폐음(閉音)이 없고 비미(非微)에는 수음(收音)이 없는데 아마도 모두 정밀하지 않아서이다.

내가 그리하여 포괄하여 다시 도설에 나타내었으니 독자들은 세세하게

---

98 '□'는 원본의 상태가 좋지 않아 식별이 어려운 글자의 표시이다.

헤아려보길 바란다. 이 도표의 글자는 모두 언문으로 한어(漢語)에 주를 하였는데 이로써 소옹의 뜻을 나타내었다.[99]

②「훈민정음준황극경세사상체용지수도」

최석정이 「소씨황극경세천지사상체용지수도」에 대해 비판적인 시각을 갖게 된 것은 도리어 「훈민정음준황극경세사상체용지수도(訓民正音準皇極經世四象體用之數圖)」를 저술하게 된 직접적인 동기가 되었다. 「훈민정음준황극경세사상체용지수도」에 다음의 글귀가 있다.

> 이 운도는 소씨 경세서의 본 예를 따라서 약간 틀을 짠 것이다. 대개 소씨는 단지 속음을 근거해보였지만 지금 고음에 의거하여 더하고 덜하여 다시 정하였다. 예를 들어 오른쪽 성(聲)의 "임(壬)"·"계(癸)"와 음(音)의 "해(亥)"·"자(子)"·"축(丑)"은 음이 만들어질 수 없다. 아래의 글에 상세히 설명해둔다.[100]

---

99 『경세훈민정음도설』 곤책(坤册) 「군서절충(群書折衷)」「소씨황극경세천지사상체용지수도(邵氏皇極經世天地四象體用之數圖)」: "按正聲二十八韻卽一百十二四約之数也, 正音四十八母開閉二等, 雖有黑圈不用之位, 每一行爲一母, 則其爲四十八, 猶自如也. 正聲實爲中聲之数, 而準諸訓民三十二音少四位焉. 意者 ! 伊兒 ㅗㅣ 伊應 ! ㅣ 伊兒伊 ㅗㅣㅣ 伊應伊四位莊于阿也於與四位而然歟. 其分韻亦以泰夬廢祭灰脂微合于□咍支之等韻, 故十六摄少二摄焉. 入聲諸韻屋沃不属于東鍾而属於尤侯, 曷屑不属寒先而属於歌麻, 盖入聲之字古有終聲而今無现終聲故歟, 正音四十八母本出於二十四母加一倍而得数, 但牙音六·喉音四·唇音十·舌音十二·齿音十六, 五音清濁甚不匀整. 漢音純濁之字平混於次清, 上去混於純清, 故近揆爲古甲之濁, 乾虯爲坤巧之濁. 次濁之字, 梵音皆有二母, 而漢音上聲低呼, 平聲緊呼, 故以五武爲清, 吾文爲濁, 他皆仿此. 然不合於本然之聲, 且端精之無閉音, 非微無收音, 恐皆考之未精也. 余故檃栝更定圖说見上. 覽者詳之, .此圖諸字皆以諺字注漢語, 以見邵子之意云.

100 『경세훈민정음도설』 건책(乾册) 「훈민정음준황극경세사상체용지수도(訓民正音準皇極經世四象體用之數圖)」: "此圖因邵氏經世書本例頗加檃栝, 蓋邵氏只據見在俗音, 今依古音增損更定, 如右聲之壬癸, 音之亥子丑, 不能生物, 詳著于下文."

최석정은 소옹의 『황극경세서』 「성음창화도」에 표기된 음이 속음(俗音)이라고 비판하고 고음(古音)에 기준하여 「훈민정음준황극경세사상체용지수도」 운도를 제작하였다.

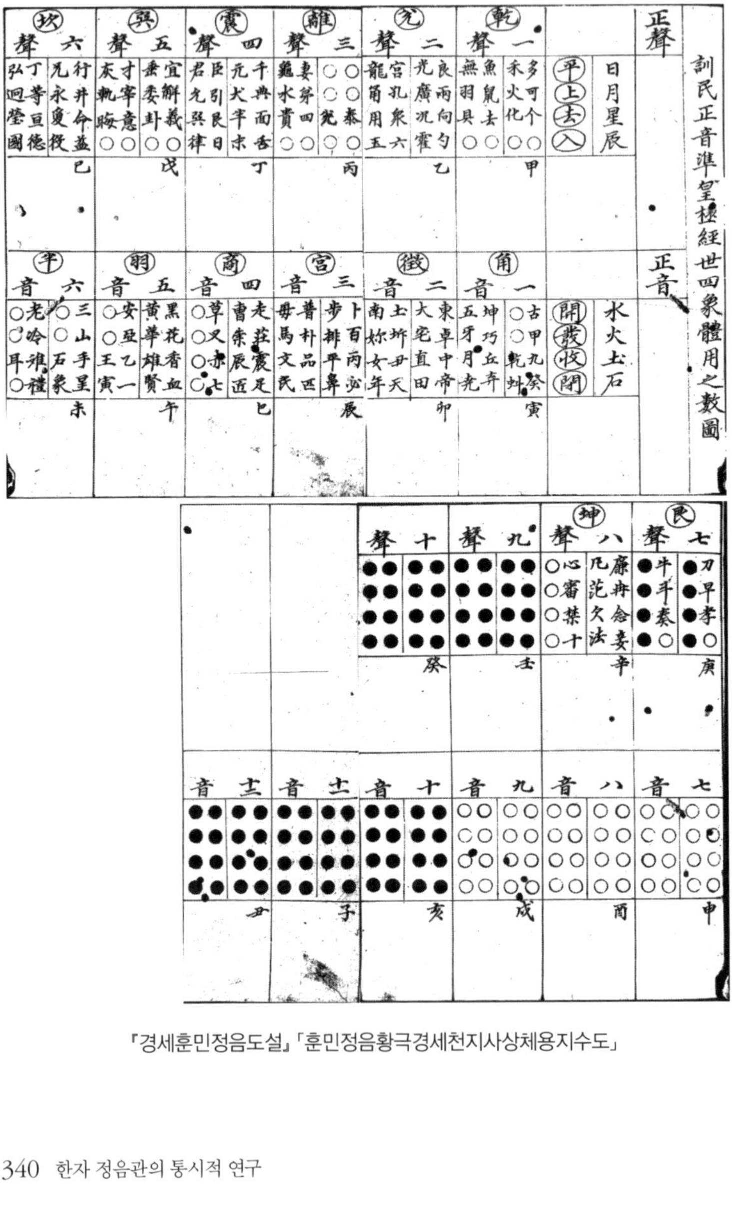

『경세훈민정음도설』 「훈민정음황극경세천지사상체용지수도」

「소씨황극경세천지사상체용지수도」와 「훈민정음준황극경세사상체용지수도」의 체제와 내용을 비교해보면, 먼저 정성(正聲) · 정음(正音)의 상수역학으로 계산된 음운의 숫자에 차이가 있다.

「소씨황극경세천지사상체용지수도」:

正聲: ① 有字 + ○ + ● ……………………………………… 160

② 有字 + ○……………………………………………… 112

③ 有字 ……………………………………………………… 83

正音: ① 有字 + □ + ■ ……………………………………… 192

② 有字 + □……………………………………………… 152

③ 有字 ……………………………………………………… 132

「훈민정음준황극경세사상체용지수도」:

正聲: ① 有字 + ○ + ● ……………………………………… 160

② 有字 + ○……………………………………………… 120

③ 有字 ……………………………………………………… 98

正音: ① 有字 + □ + ■ ……………………………………… 192

② 有字 + □……………………………………………… 144

③ 有字 ……………………………………………………… 83

최석정이 상수역학으로 계산한 음운 체계는 소옹과 숫자도 다를 뿐만 아니라 수록된 글자도 대폭 수정되었다. 또한 소옹은 정성(正聲)의 음이 없는 글자를 "○●", 정음(正音)을 "□■"로 표기하였는데, 최석정은 정성(正聲)과 정음(正音)을 모두 "○●"으로 표기하였다. 다음의 도표를 통해 확인해보자.

正聲	소옹				최석정			
一聲	多	可	个	舌	多	可	个	○
	禾	火	化	八	禾	火	化	○
	開	宰	愛	○	魚	鼠	去	○
	回	每	退	○	無	羽	具	○
二聲	良	兩	向	○	良	兩	向	勺
	光	廣	況	○	光	廣	況	霍
	丁	井	亘	○	宮	孔	衆	六
	兄	永	瑩	○	龍	甬	用	玉
三聲	千	典	旦	○	○	○	泰	○
	元	犬	半	○	○	○	태	○
	臣	引	艮	○	妻	弟	四	○
	君	允	巽	○	龜	水	貴	○
四聲	刀	早	孝	岳	千	典	旦	舌
	毛	寶	報	霍	元	犬	半	末
	牛	斗	奏	六	臣	引	艮	日
	○	○	○	玉	君	允	巽	律
五聲	妻	子	四	日	宜	鮮	義	○
	衰	○	帥	骨	垂	委	卦	○
	○	○	○	德	才	宰	意	○
	龜	水	貴	北	灰	軌	晦	○
六聲	宮	孔	衆	○	行	井	命	益
	龍	甬	用	○	兄	永	覓	役
	魚	鼠	去	○	丁	等	亘	德
	烏	虎	兎	○	弘	廻	瑩	國
七聲	心	審	禁	○	刀	早	孝	○
	○	○	○	十	●	●	●	●
	男	坎	欠	○	牛	斗	奏	○
	○	○	○	妾	●	●	●	●
八聲	●	●	●	●	廉	冉	念	妾
	●	●	●	●	凡	范	欠	法
	●	●	●	●	心	審	禁	○
	●	●	●	●	○	○	○	○
九聲	●	●	●	●	●	●	●	●
	●	●	●	●	●	●	●	●
	●	●	●	●	●	●	●	●
	●	●	●	●	●	●	●	●

正音	소옹				최석정			
一音	古	甲	久	癸	古	甲	九	癸
	□	□	近	揆	○	○	乾	虯
	坤	巧	丘	棄	坤	巧	丘	棄
	□	□	乾	虯	五	牙	月	堯
二音	黑	花	香	血	東	卓	中	帝
	黃	華	雄	賢	大	宅	直	田
	五	瓦	仰	□	土	坼	丑	天
	吾	牙	月	堯	南	妳	女	年
三音	安	亞	乙	一	卜	百	丙	必
	□	爻	王	寅	步	排	平	鼻
	母	馬	美	米	普	朴	品	匹
	目	皃	眉	民	母	馬	文	民
四音	夫	法	□	飛	走	莊	震	足
	父	凡	□	吠	曹	崇	辰	匠
	武	晚	□	尾	草	叉	赤	七
	文	萬	□	未	○	○	○	○
五音	卜	百	丙	必	黑	花	香	血
	步	白	備	鼻	黃	華	雄	賢
	普	朴	品	匹	安	亞	乙	一
	旁	排	平	瓶	○	○	王	寅
六音	東	丹	帝	■	三	山	手	星
	兌	大	弟	■	○	○	石	象
	土	貪	天	■	老	冷	離	禮
	同	覃	田	■	○	○	耳	○
七音	乃	妳	女	■	○	○	○	○
	內	南	年	■	○	○	○	○
	老	冷	呂	■	○	○	○	○
	鹿	犖	離	■	○	○	○	○
八音	走	哉	足	■	○	○	○	○
	自	在	匠	■	○	○	○	○
	草	采	七	■	○	○	○	○
	曹	才	全	■	○	○	○	○
九音	思	三	星	■	○	○	○	○
	寺	□	象	■	○	○	○	○
	□	□	□	■	○	○	○	○
	□	□	□	■	○	○	○	○

正聲	소옹				최석정			
十聲	●	●	●	●	●	●	●	●
	●	●	●	●	●	●	●	●
	●	●	●	●	●	●	●	●
	●	●	●	●	●	●	●	●

正音	소옹				최석정			
十音	■	山	手	■	●	●	●	●
	■	士	石	■	●	●	●	●
	■	□	耳	■	●	●	●	●
	■	□	二	■	●	●	●	●
十一音	■	莊	震	■	●	●	●	●
	■	乍	□	■	●	●	●	●
	■	叉	赤	■	●	●	●	●
	■	崇	辰	■	●	●	●	●
十二音	■	卓	中	■	●	●	●	●
	■	宅	直	■	●	●	●	●
	■	坼	丑	■	●	●	●	●
	■	茶	呈	■	●	●	●	●

③「성음율려창화전수도」

최석정은 이상의 논의를 바탕으로 「성음율려창화전수도(聲音律呂唱和全數圖)」를 저술하였다. 「성음율려창화전수도」는 『경세훈민정음도설』 건책(乾册)의 70%의 분량을 차지한다. 앞부분에 실려 있는 「훈민정음(訓民正音)」, 「십칠성분배초성도(十七聲分配初聲圖)」, 「십일음취상팔괘도(十一音取象八卦圖)」, 「성분청탁도(聲分淸濁圖)」, 「음분벽흡도(音分闢翕圖)」, 「율려상승배합성자도(律呂相乘配合成字圖)」, 「종성십육(終聲十六)」, 「성분평상거입도(聲分平上去入圖)」, 「음분개발수폐도(音分開發收閉圖)」, 「훈민정음준황극경세사상체용지수도(訓民正音準皇極經世四象體用之數圖)」는 온전히 「성음율려창화전수도」를 위한 '도론'과 같은 체제로 구성되어 있다. 최석정은 「성음율려창화전수도」의 체제에 대해 다음과 같이 설명하였다.

> 운도는 모두 32도이고 각 도는 모두 384음이 갖추어져 있다. 외(外) 8섭(攝)은 일과(一過), 이장(二壯), 삼태(三泰), 사관(四觀), 오해(五解), 육정(六井), 칠박(七剝), 팔겸(八謙)이고, 내(內) 8섭(攝)은 일예(一豫), 이몽(二蒙),

삼이(三履), 사진(四晉), 오이(五頤), 육항(六恒), 칠복(七復), 팔임(八臨)이다. 내 생각에 매 운마다 일벽(一闢)의 글자는 개구(開口) 외전(外轉)이고, 이흡(二翕)의 글자는 합구(合口) 외전(外轉)이며, 삼벽(三闢)의 글자는 개구(開口) 내전(內轉)이고, 사흡(四翕)의 글자는 합구(合口) 내전(內轉)이다. 그러므로 일벽(一闢) 이흡(二翕)을 "외(外)"라고 하고, 삼벽(三闢) 사흡(四翕)을 "내(內)"라고 하는 것이니 열람자는 이를 살펴보아야 할 것이다.[101]

「성음율려창화전수도」는 성모의 경우, 각(角) · 치(徵) · 궁(宮) · 상(商) · 우(羽) · 半(반)에 각각 네 음으로 나누어 모두 24자모를 설정하였고[102] 청(淸)-탁(濁)-청(淸)-탁(濁)의 순서로 배정한 후 훈민정음으로 음을 달았다.

角				徵				宮			
一	二	三	四	一	二	三	四	一	二	三	四
淸	濁	淸	濁	淸	濁	淸	濁	淸	濁	淸	濁
ㄱ	ㄲ	ㅋ	ㆁ	ㄷ	ㄸ	ㅌ	ㄴ	ㅂ	ㅃ	ㅍ	ㅁ

商				羽				半			
一	二	三	四	一	二	三	四	一	二	三	四
淸	濁	淸	濁	淸	濁	淸	濁	淸	濁	淸	濁
ㅈ	ㅉ	ㅊ		ㅎ	ㆅ	ㆆ	ㅇ	ㅅ	ㅆ	ㄹ	ㅿ

또한 운모의 경우, 32도로 구성하고 16섭을 사용하고 있는데 345쪽의

101 『경세훈민정음도설』 건책(乾冊) 「성음율려창화전수도(聲音律呂唱和全數圖)」: "圖凡三十二, 每圖各具三百八十四音. 外八攝, 一過, 二壯, 三泰, 四觀, 五解, 六井, 七剝, 八謙. 內八攝, 一豫, 二蒙, 三履, 四晉, 五頤, 六恒, 七復, 八臨. 按每韻一闢之字開口外轉, 二翕之字合口外轉, 三闢之字開口內轉, 四翕之字合口內轉, 故一闢二翕謂之外, 三闢四翕謂之內, 覽者詳之."

102 상(商) 사탁(四濁)을 공란으로 두어 해당 훈민정음을 명기하지 않았으므로 실제로는 23자모이다.

도표와 같다. 각 섭마다 내전(內轉)과 외전(外轉)으로 나누고, 일벽(一闢)과 이흡(二翕)은 외전(外轉)에 배열하고, 삼벽(三闢)과 사흡(四翕)은 내전(內轉)에 배열하였다. 또한 최석정은 각 섭에 팔괘(八卦)인 건(乾) · 태(兌) · 이(離) · 진(震) · 손(巽) · 감(坎) · 간(艮) · 곤(坤), 팔음(八音)인 금(金) · 석(石) · 사(絲) · 죽(竹) · 포(匏) · 토(土) · 혁(革) · 목(木)을 연계시켜놓았다.

過攝		豫攝		壯攝		蒙攝		泰攝		履攝		觀攝		晉攝	
外一		內一		外二		內二		外三		內三		外四		內四	
一闢	二翕	三闢	四翕	一闢	二翕	三闢	四翕	一闢	二翕	三闢	四翕	一闢	二翕	三闢	四翕
乾				兌				離				震			
金				石				絲				竹			

解攝		頤攝		井攝		恒攝		剥攝		復攝		謙攝		臨攝	
外五		內五		外六		內六		外七		內七		外八		內八	
一闢	二翕	三闢	四翕	一闢	二翕	三闢	四翕	一闢	二翕	三闢	四翕	一闢	二翕	三闢	四翕
巽				坎				艮				坤			
匏				土				革				木			

최석정은 음운 체계 안에 음양오행의 근본 요소와 정제된 구조 방식이 갖추어져 있다고 여기고, 어떤 규칙에 의해 지배를 받고 있는 음운 체계를 상수(象數)에 의해 연역해내고자 하였던 것 같다. 그의 "수(數)"와 "성운(聲韻)"의 개념에 대해 살펴보자.

> 만물이 생성되면서 상(象)이 생겼고, 그것이 불어나서 수(數)가 생겼다. 형상에 소리가 갖추어지니 그 쓰임이 참으로 넓다. 벽흡(闢翕)은 하늘의 소리를 따르고 청탁(淸濁)은 땅의 가락을 본떴으니, 하늘의 소리는 성(聲)이고 땅의 가락은 음(音)이 되었다. 그것을 각각 분류하니 평(平) · 상(上) · 거(去) · 입(入) 사성(四聲)으로 구분되고, 개(開) · 발(發) · 수(收) ·

폐(閉) 사등(四等)으로 배열되어, 날줄과 씨줄이 짜여지듯 그 마땅한 수를 알게 되었다. 그것이 퍼져서 최대로 하니 삼만(三萬)하고 얼마가 되었다. 신령스러운 조화가 끝이 없으니 도(道)가 바로 여기에 있다. 누가 이러한 묘리를 밝혀내었는가. 송대의 소옹(邵雍)이다. 정밀히 연구하고 깊이 생각하여 그 밑바닥까지 꿰뚫어 보아 책이름을 『경세(經世)』라고 하고 편명을 「관물편(觀物篇)」이라고 하였다. 성음(聲音)으로 수를 계산하는 것은 괘획을 준거로 삼으니 이끌어내어 확장시키면서 움직이고 멈춘 사물들을 두루 포괄하였고 역리를 탐구하는 겨를에 세상일을 능히 마치었다. 채원정(蔡元定)은 고황(膏肓)에 들었고, 축필(祝泌)은 폐질(廢疾)에 걸렸으니 역(易)을 아는 자가 드문데 하물며 이런 심오한 의미는 어떻겠는가. 나를 광간(狂簡)하다고 말하지만 일찍부터 그 참맛을 맛보았으니 남겨진 책을 탐구하고 연구하여 외람되게 이 책을 짓게 되었다. 후세 양웅(揚雄)[103]이 나와서 거의 도에 이르렀다고 해주길 바란다.[104]

만물이 생성되고 사물의 형상이 생기더니 이것이 스스로 불어나 수(數)가 등장하였다. 여기에서 수(數)는 '계산'의 의미가 아니라 만물의 전체수를 의미하고 문자는 개별적인 형태와 소리를 갖추면서 각각의 존재

103 양웅(揚雄, BC53~AD18)의 자는 자운(子雲)이며, 전한 말기로부터 王莽이 건국한 신(新) 왕조 시기를 살았던 학자이자 사부가다. 양웅은 왕망(王莽)의 부름에 응해 대부가 되긴 했지만, 권세나 부귀를 탐하는 대신 정치에 그다지 관여하지 않고' 그저 낮은 관직을 지키며 『태현경(太玄經)』과 『법언(法言)』 등을 저술함으로써 후세에 학문적인 성취를 남기고자 했다고 보는 것이 가장 타당할 것이다(양웅 지음, 이연승 옮김, 『법언(法言)』, 지만지, 2010).

104 『경세훈민정음도설』 곤책(坤册) 「경세정운오찬(經世正韻五贊)」 「본수(本數)」: "物生有象. 滋而有數. 有形斯聲. 其用甚溥. 闢翕律天. 淸濁呂地. 聲律音呂. 各以其類. 平上去入. 四聲是分. 開發收閉. 四等斯陳. 經緯錯綜. 厥數可知. 衍而極之. 三萬有奇. 神化無方. 易道在是. 孰闡斯妙. 有宋邵氏. 硏精覃思. 洞見根窟. 書曰經世. 篇曰觀物. 以聲起數. 準彼卦畫. 引伸觸長. 該括動息. 弄九餘暇. 能事乃畢. 蔡則膏肓. 祝惟廢疾. 知易者希. 況於斯義. 云余狂簡. 夙嚌其胾. 鑽討遺篇. 僭有論著. 後世子雲. 竊意殆庶."

에 대응한다는 발상으로서 '벽흡(闢翕)', '청탁(淸濁)', '평상거입(平上去入)', '사성(四聲)', '개발수폐(開發收閉)', '사등(四等)'이 글자 수가 중식되는 기준으로 보았다. 따라서 최석정은 「성음율려창화전수도」에서 상수역학에 의해 매우 체계적이고 인위적인 음운의 틀을 설정하였고, 그 틀에 이상적인 음운 체계를 입혀 세상 모든 음을 구현하고자 하였음을 알 수 있다.

이상의 「성음율려창화전수도」의 체제는 당시 조선 학계에서 유행하였던[105] 『경사정음절운지남(經史正音切韻指南)』[106]에 대한 비판적 수용이 그 출발점이었다. 『절운지남』(1336)은 유감(劉鑑)이 편찬하였는데 여기에 수록된 글자는 한도소(韓道昭)의 『오음집운(五音集韻)』(1208)[107]에 근거하였다고 한다.[108] 유감은 120년 전에 편찬된 『오음집운』을 근거하여 경사(經史)의 음을 바르게 교정하고자 '고금남북의 음을 분석하는 지침서'라는 의미로 『경사정음절운지남(經史正音切韻指南)』이라고 명명한 것이다.[109]

그런데 최석정은 『명곡집』 권7 「오음편운후서(五音篇韻後序)」에서 "한씨(韓氏) 부자의 연구는 지금까지도 아쉬운 부분이 없다[韓氏歷世硏摩之意. 至此方無遺恨矣]."고 극찬을 한 것에 비해, 『경세훈민정음도설』 곤책(坤册)의 「유씨절운지남(劉氏切韻指南)」에선 다음과 같이 신랄하게 비평

---

105 『절운지남』이 조선에 전래된 기록은 『조선왕조실록』의 「연산군 8년 임술(1502) 3월 24일」 기사에 보인다. 『조선왕조실록』 43권, 연산 8년(1502) 3월 24일 4번째 기사: "……昌臣又以『靑囊雜纂』·『玉音韻海』·『切韻指南』等册獻之, ……"

106 간략히 『절운지남(切韻指南)』이라고 한다.

107 『사고전서총목제요(四庫全書總目提要)』 권42. 경부(經部) 소학류(小學類) 3: "所收之字, 大抵以廣韻爲藍本, 而增入之字則以集韻爲藍本."

108 『경사정음절운지남(經史正音切韻指南)』「유감사명자서(劉鑑士明自序)」: "……經史正音切韻指南與韓氏五音集韻互爲體用, 諸韻字音皆由此韻而出也.……"

109 오길용, 『오음집운연구』, 전남대학교 박사학위 논문, 1995, 74쪽 참고.

을 하고 있다.

오른쪽 『절운지남』은 한씨의 『편해집운(篇海集韻)』 뒤에 부록되어 있는데 토의할만한 부분이 많다. 예를 들어 강운(江韻)의 아순후(牙脣喉)는 "개(開)"에 속하고 치설(齒舌)은 "합(合)"에 속한다. 해제(咍齊)의 섭에서 해(咍)는 산섭(山攝)의 갈(曷)을 빌렸고, 제(齊)는 진섭(臻攝)의 질(質)을 빌린 것은 뒤섞여 바르지 못하다고 하지 않을 수 없다. 또한 해(咍)가 갈(曷)을 빌린 것은 두 음이 속음이 비슷하기 때문이고 회(灰)가 말(末)을 빌린 것도 속음을 바로잡기 위한 것이니 모두 합당하지 않다. 가(歌)가 탁(鐸)을 빌린 것은 옳지만 또한 마(麻)가 할(鎋)을 빌린 것은 근거가 없다.

이 책이 내외(內外) 16섭(攝)으로 나눈 것도 운을 따라서 처리한 것으로 모호하여 의미가 없다. 다만 각 섭을 사등(四等)으로 나눈 것은 은밀히 소옹(邵雍)의 본래의 의미와 합치하고 등(等)을 나눈 글자의 항목이 개(開)·발(發)·수(收)·폐(閉)의 본래 음을 잃지 않았다. 예를 들어 통섭(通攝)의 공동절일 숭절이 중용절삼 융용절사(公東切一 崇切二 中龍切三 融用切四)인데 전체가 모두 같으니 이러한 규칙은 바꿀 수가 없는 것이다. 『절운』의 잘못된 부분은 약간 수정하여 왼쪽에 기록하였다. "□" 거공절(渠公切)은 운이 비록 개등(開等)의 글자이지만 글자가 절삼(切三)이므로 마땅히 수등(收等)으로 옮겨야 한다. "□" 우고절(尤孤切)도 위와 같다. 마땅히 수등(收等)의 우운(虞韻)으로 옮겨야 한다. "□" 해해이운(咍海二韻)는 유모(喩母)인데 1, 2등에 이 음이 없으므로 마땅히 폐등(閉等)의 운에 넣어야 한다. "도(檮)" "거(蒢)" "이(荋)" "내(疠)"은 제운(祭韻)의 평(平)성과 상(上)성이다. 그러나 제(祭)운과 폐(廢)운에는 평성과 상성이 없으므로 마땅히 지운(之韻)의 수등(收等)에 넣고, 지(支)운과 지(之)운은 합쳐서 따로 배열해야 한다. "체(移)"는 제(齊)운의 삼등자리에 있어야 하고, 성휴(成攜)나 익휴(弋攜)가 되어 개합문(開合門)으로 합쳐야 한다.

"□" "유(儒)" "□" "□"는 혼운(魂韵)의 일이사등(一二四等)인데 일모(日母)가 없다. 마땅히 삼등(三等)의 "순(犉)"운으로 넣어야 한다. 해(咍)의 "기(隑)"와 회(灰)의 "궤(韇)", 흔(痕)의 "걸혈(乞頁)"과 산(山)의 "주관(走藿)", 호(豪)의 "걸(櫭)"과 담(覃)의 "간(幹)"은 모두 "□"와 "□"의 의미이다. 가(歌)의 "거(翑)"는 아마도 다른 자모인데 군모(群母)에 잘못 들어간 것 같다. "회(賄)" "대(隊)"운의 "윤(阮)"과 "□"은 "신(頣)", "과(侉)"와 과(戈)운의 "우(言 亐)", 경(庚)의 "횡(宏)", 담(覃)의 "척점(彳占)"과 같이 모두 3등에 반절되어야 한다. ○모(暮)운의 "간(恳)"과 담(覃)운의 "염혈(冉頁)", "목지(目支)"는 같은 의미이다. ○양(陽)운의 "방(方)", 침(侵)운의 "우(吽)"는 마땅히 합구(合口)여야 한다. 증(曾)운의 입성(入声)인 "핍(逼)" 등의 네 글자[110]는 개구(開口)에 들어가야 한다.[111]

원문에서 식별이 불가능한 글자가 많아서 정확한 해석이 쉽지 않지만, 최석정은 『절운지남』에서 '음성운(陰聲韻)과 입성운(入聲韻)의 배합', '운(韻)의 합병' 및 '등(等)의 배분'의 문제가 불명확한 것에 대해 비판하였다.

---

110 '逼堛愎□' 등 네 글자이다.

111 『경세훈민정음도설(經世訓民正音圖說)』 곤책(坤册) 「유씨절운지남(劉氏切韻指南)」: "右切韻指南, 附刊於韓氏篇海集韻之末, 而多有可議, 如江韻中, 牙脣喉屬開, 齒舌屬合, 咍齊一攝之中, 咍借山攝之曷, 齊借臻攝之質, 未免舛駁. 又咍之借曷, 以俗音之近, 而灰之借末, 求之正俗, 皆不合, 歌之借鐸是也. 而麻之借鍩無据, 其分內外十六攝, 亦皆隨韻安排, 茫無意義, 獨其每攝分四等, 暗合於邵氏本指, 分等字目不失開發收閉之本音. 如通攝公東切一, 崇切二, 中龍切三, 融用切四, 是也. 終篇並同, 此則不可易也. 其切韻之舛誤者, 略加是正, 錄于左方 凡頁, 渠公切, 韻雖開等字是切三, 當移收等, □尤孤切, 與上同, 當入收等虞韻, □咍海二韻是喻母, 一二等無其音, 當入閉等之韻, 犗葅茾㾃在祭韻平上, 而祭廢無平上, 當移入於之□收等, 支之倂當別出, 移當□□韻三等, 成攜或是弋攜, 倂開合門更考, □儒□□□韻一二四等, 無日母, 當切三等入犉, 咍之隑 灰之韇, 痕之□, 山之□, 豪之櫭, 覃之□皆與□□意, 歌之翑似是別母誤入於羣, 賄隊之阮□, 與頣侉 同戈之□, 庚之宏, 覃之□, 皆當切三, ○暮之恳, 覃之頔, □同意, ○陽之方, 侵之吽當爲合口, 曾之入聲逼等四字宜入開口."

아마도 최석정은 『오음집운』의 음운 체계가 『절운지남』 운도의 틀에서 제대로 반영되지 않았음을 지적한 듯하다. 그리하여 최석정은 『절운지남』이 "속음(俗音)"에 근거하였기 때문에 여러 문제가 생기게 되었음을 지적하고, 유감보다 좀더 의고적(擬古的)인 입장에서 이러한 지적 사항들을 모두 「성음율려창화전수도」의 제작에 반영시켰다.

이제 『절운지남』의 "탕섭(宕攝內五)"과 「성음율려창화전수도」의 "장섭(壯攝外二)" 운도를 비교해보자(351-352쪽 참조). 『절운지남』과 「성음율려창화전수도」는 성모의 배열 순서만 제외하고 운목과 수록자가 대체로 일치하는 것을 볼 수 있다. 아마도 최석정은 『절운지남』의 운목과 수록자를 참조하였지만 자신의 음리(音理)에 따라 재배정하였음을 알 수 있다.[112]

그리하여 최석정과 성운에 관해 서신을 교환하였던 정제두(1648-1736)는 다음과 같이 평하였다.[113]

---

112 『경사정음절운지남(經史正音切韻指南)』는 아음(牙音: 見・溪・群・疑), 설음(舌音: 端・透・定・泥・知・徹・澄・娘), 순음(脣音: 幇・滂・並・明・非・敷・奉・微), 치음(齒音: 精・淸・從・心・邪・照・穿・床・審・禪), 후음(喉音: 曉・匣・影・喩), 반설음(半舌音: 來), 반치음(半齒音: 日)의 36자모로서 '전청(全淸)'—'차청(次淸)'—'전탁(全濁)'—'차탁(次濁)'의 순서로 배열되었으나 「성음율려창화전수도(聲音律呂唱和全數圖)」는 오음(五音: 角・徵・宮・商・羽)과 반(半)에 각각 네 개 음을 배정하여 모두 24자모를 설정하였고, '청(淸: 全淸)' — '탁(濁: 全濁)' — '청(淸: 次淸)' — '탁(濁: 次濁)'의 순서로 배열한 후 훈민정음으로 음을 달았다. 또한 『경사정음절운지남(經史正音切韻指南)』은 24도로 구성되었고 '通・江・止・遇・蟹・臻・山・效・果・宕・曾・梗・流・深・咸'의 섭명(攝名)을 사용하였지만, 「성음율려창화전수도(聲音律呂唱和全數圖)」는 32도로 구성되었고, 64괘에서 따온 '過・豫・壯・蒙・泰・履・觀・晉・解・頤・井・恒・剥・復・謙・臨'의 섭명을 제시하였다. 운목(韻目)과 수록된 글자가 유사한 점으로 보아 최석정은 『경사정음절운지남(經史正音切韻指南)』의 틀에서 대대적인 수정작업을 한 것 같다. 이에 관한 상세한 논의는 심소희, 「최석정의 경세훈민정음도설연구」, 중국어문학연구회: 『중국어문학논집』 제73호, 2012, 95-109쪽 참조.

113 심소희, 「조선후기 문인들의 서신을 통한 성운 인식 고찰」, 한국중국언어학회: 『중국언어연구』, 제38집, 2012. 참조.

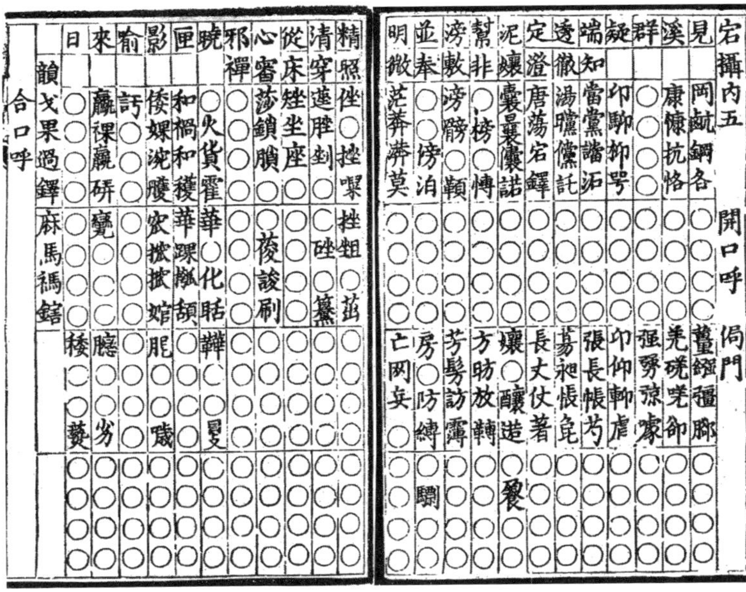

『절운지남』: 탕섭(宕攝) 개구호(開口呼)

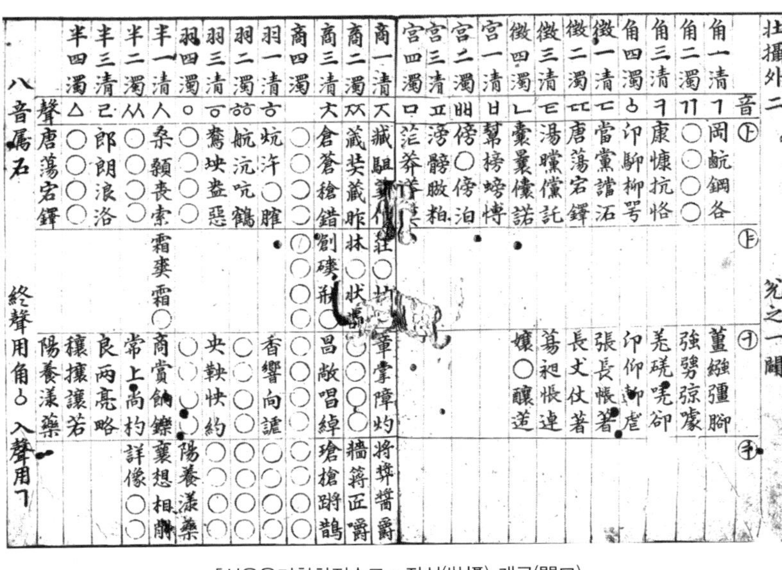

「성음율려창화전수도」: 장섭(壯攝) 개구(開口)

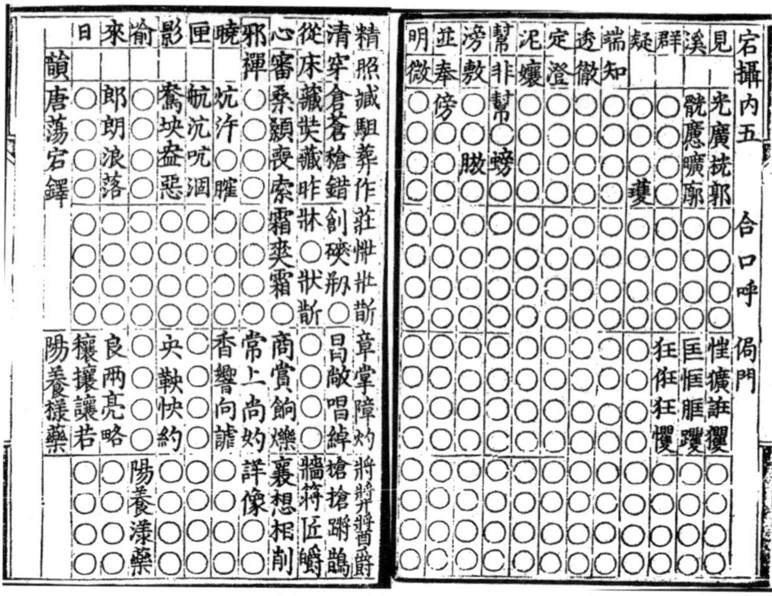

「경사정음절운지남」: 탕섭(宕攝) 합구호(合口呼)

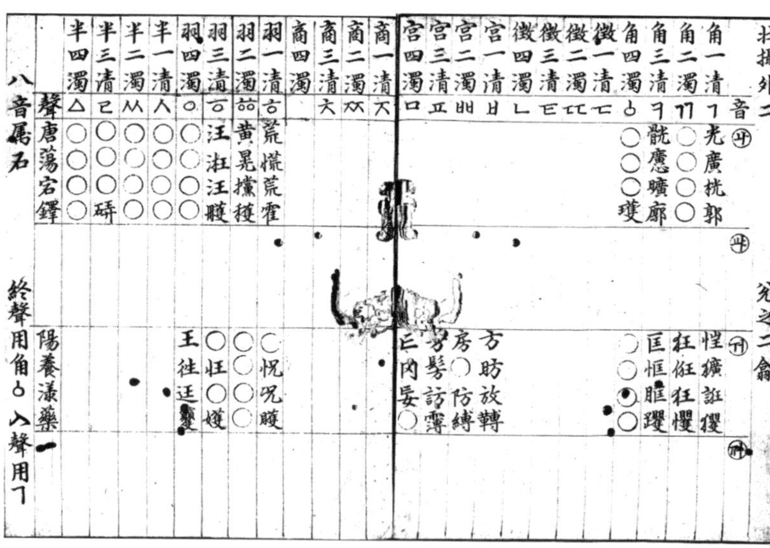

「경세훈민정음도설」「성음율려창화전수도」: 장섭(壯攝) 합구호(合口)

생각하건대 훈민정음 이래로 소리의 전체 숫자를 모두 추측하여 알아낼 수 있게 되었고, 소옹(邵雍) 저서의 역수(易數)에 배합하여 자서의 음운을 정하여 이로부터 편집하여 발간하였으니 이제부터 운서를 학습하는 자들이 이 책을 얻는다면 『지남(指南)』에 미혹되지 않을 것입니다.[114]

최석정은 『절운』·『당운』·『광운』·『오음집운』 등 '절운 계통 운서'의 맥을 잇는 음운 체계를 지향하고 있었던 것 같다. 소옹의 『황극경세서』 「성음창화도」의 계발을 받아 역리적인 운도의 틀을 만들어 세상 모든 음의 음운 체계를 담아내고자 하였으며, 훈민정음으로 구체적인 음가를 명기하였다. 최석정은 『경세훈민정음도설』을 집필하게 된 동기에 대해 다음과 같이 설명하였다.

대저 자학(字學)을 생각해보니 그 쓰임이 참으로 넓다. 사소한 것이라도 볼만한 것이라면 군자는 마음을 쓰는 법이다. 그 첫머리로 삼은 것은 왕의 가르침을 근원으로 삼았고 다음으로는 운목(韻目)을 열거하여 분류하고 구분하였다. 여기에 소옹(邵雍)의 경세상수(經世象數)를 보충하니 율려(律呂)가 어우러지고 넓고 크게 두루 갖추어졌다. 팔음(八音)으로 날줄을 삼고 오성(五聲)으로 씨줄을 삼으니 도(圖)와 설(說)이 갖추어져 그 의미가 밝혀지게 되었다. 아! 숭정(崇禎)[115]으로부터 50년이 지나 무오(戊午, 1678)의 봄이 되었다. 우매한 이 몸의 조상은 신라의 초기에 육부(六部)의 한 성씨로서 혁거세왕을 보좌하였다. 완산(完山)을 본관으로 삼아 대대로 벼슬을 하였다. 가풍을 잇고 현인께 사숙하며 육서(六書)에 정진하였으니

114 『하곡집(霞谷集)』 권이(卷二) 「답최여화문목(答崔汝和問目)」: "蓋自訓民正音以來. 聲音之全數皆可推通. 而至夫配合於邵書易數. 開定於字書韻音則自此編發之. 從今學韻書者得之. 可以不迷於指南矣."

115 중국 명나라의 마지막 임금인 의종(毅宗)의 연호. 1628년부터 1644년까지 사용됨.

> 어려서부터 그러하였다. 함양하고 터득해오다가 시간이 흘러 통달하게 되었다. 이 책을 지은 것은 서투른 식견을 풀어낸 것이니 손가락을 깨문 일이 수고로울 뿐, 장독 덮개가 어울리겠다. 알아줄 이를 구한 것은 아니고 다만 내 뜻을 기술한 것이지만 세월이 흐른 뒤 알아줄 이를 기다리고자 한다.[116]

영의정을 여덟 번이나 역임한 명문 관료 최석정은 훈민정음의 가치를 인식한 후, 세 종류의 운도를 찬술하였다. 먼저 「소씨황극경세천지사상체용지수도」에서는 소옹의 상수음운론을 비판적 입장에서 수용하였고, 이를 바탕으로 「훈민정음준황극경세사상체용지수도」를 설정한 후, 그의 상수역학의 틀에서 세상 모든 음을 담아낸 「성음율려창화전수도」를 저술하였다.[117] 이는 정음 연구에 관한 '문화의 수용–변용–재창조' 순서로 진행되는 흥미진진한 문화 진화 과정으로 볼 수 있다.

최석정의 『경세훈민정음도설』에 대해 홍양호(洪良浩, 1724-1802)는 다음과 같이 칭송한 바 있다.

> 문정공 최석정 같은 학자가 있어서 그 오묘한 이치를 발휘하고 의미를 더하여 책을 지었다. 성(聲)은 초성·중성·종성으로 나누고 운(韻)은 평성·상성·거성·입성으로 구분하였으며, 음(音)은 개발수폐로 나누고 분

116 『경세훈민정음도설』 곤책(坤册) 「경세정운오찬(經世正韻五贊)」「술지(述志)」: "若稽字學. 其用寔咸. 小猶可觀. 君子用心. 其建首也. 王訓是原. 次列韻目. 類聚群分. 輔以邵氏. 經世象數. 律呂唱和.廣大悉具. 經以八音. 緯以五聲. 有圖有說. 厥義可明. 粤在崇禎. 後五十年. 歲集著雍敦牂之春. 蒙哉小子. 祖自羅初. 六部之一. 是佐赫居. 俾籍完山. 世襲衣冠. 仰述家風. 私淑賢門. 專精六書. 實自童丱. 涵而會之. 久乃融貫. 作爲此書. 粗見指撝. 齧指徒勤. 漫瓿是宜. 匪爲求知. 秖述其志. 百世在下. 庶幾以俟."

117 심소희, 「최석정의 『경세훈민정음도설』 연구」-聲音律呂唱和全數圖와 經史正音切韻指南의 체제 비교를 중심으로」, 중국어문학연구회: 『중국어문학논집』 제73호, 2012 참조.

류하니 사상(四象)과 팔괘(八卦)의 숫자와 배합되고 황극경세서와도 합치가 된다. 뛰어나고 훌륭하다. 바르게 도와서 편술한 최석정의 공로가 대단하구나. 과연 좌씨와 같은 소양이 있는 재상이다.[118]

3) 황윤석

황윤석(黃胤錫, 1729-1791)은 18세기 호남 유학을 대표하는 학자이다. 그가 살았던 영·정조 시대는 새로운 변동과 발전적 양상이 교차하던 시기였다. 임진왜란과 병자호란에 이어 명·청 교체라는 국제 정세의 변동 속에서 조선은 청에 대해 적개심을 가지고 '조선이 중화'라는 조선중화의식을 굳건하게 견지하였다. 이러한 자존적인 조선중화의식에서 청을 이적시(夷狄視)하였고 특히 반청복명(反淸復明)의 북벌론(北伐論)이 강조되면서 청과의 문화 교류는 사실상 단절되었다. 그러나 17세기 후반에 이르러 중국 내에서도 명의 부흥운동이 종식되었고 동아시아의 국제정세가 안정되면서 반청 논리는 점차 설득력을 잃어갔다. 특히 영조가 즉위하면서 정치적인 상황이 일변하여 탕평책(蕩平策)이 실시되고 북벌(北伐)을 고집하였던 노론(老論)의 세력이 약화되면서, 포용적인 문화 정책이 시행되자 조선 사회도 새로운 문화 중흥의 시대를 맞이하게 되었다.[119]

이러한 시대적 배경과 학문적 풍토의 변화는 소옹의 『황극경세서』 「성음창화도」에 대해 또 다른 해석을 가능하게 하였다. 황윤석은 성리학에 대한 심오한 이해를 바탕으로 '박물(博物)'과 '상수(象數)'를 키워드로 삼아 『황극경세서』 「성음창화도」를 재해석하였다.

---

118 『이계집(耳溪集)』 권10 「경세정운도설서(經世正韻圖說序)」: "……而有臣若文貞公崔錫鼎. 發揮奧理. 敷演成書. 聲則分初中終. 韻則分平上去入. 音則分開發收閉. 類以配四象八卦之數. 推以合皇極經世之書. 優優大哉. 輔相參贊之功. 可幾於左氏之素臣矣. ……"

119 하우봉, 「이재 황윤석의 사회사상」, 『이재 황윤석』, 민음사, 1994, 13-14쪽.

황윤석은 당대 최고의 저술가였다. 그는 10세부터 63세로 세상을 뜨기 이틀 전까지 일상의 견문과 사색을 일기 형식으로 기록한 『이재난고(頤齋亂藁)』 100여 권을 비롯하여, 『이재유고(頤齋遺藁)』 26권 ·『이수신편(理藪新編)』 23권 및 기타 10여 종의 찬록(纂錄) 등 참으로 방대한 분량의 저술을 남겼다.[120] 그는 성리학뿐만 아니라 양명학 · 단학(丹學) · 선학(禪學)에서부터 천문(天文) · 역상(曆象) · 병법(兵法) · 산학(算學) · 기하학(幾何學) 및 복서(卜筮) · 태을(太乙) · 육임(六壬) · 기문(奇門) · 둔갑(遁甲) 등에 이르기까지 박학을 추구하여 그의 학문은 박물학으로 분류되기도 한다.[121]

황윤석은 16세부터 '평생의 정력을 다 바쳐'[122] 『이수신편(理藪新編)』 23권을 저술하였다. '이수(理藪)'는 '사물의 이치를 담은 총체'라는 의미로서, 그는 『성리대전』을 학문의 방향으로 삼고, 『성리대전』에 나오는 주제 내지 항목들에 대하여 관련 자료를 널리 수집하고 자신의 생각과 주장을 곁들여 상세히 주해(註解)를 하였다.

『이수신편』에서 『황극경세서』 「성음창화도」에 관한 기사가 처음으로 나오는 곳은 『이수신편』 권9인데 여기에는 서경덕(徐慶德, 1489-1546)의

---

120 김노수(金魯洙, 1878-1956)의 『행장(行狀)』에 의하면, 『이수(理藪)』 · 『자지록(恣知錄)』 · 『역대운어(歷代韻語)』 · 『성씨운휘(姓氏韻彙)』 · 『성리대전주해(性理大典註解)』 · 『구경차록(九經箚錄)』 · 『군서정변(群書訂辨)』 각 몇 권 · 『상위지요(象緯指要)』 2권 · 『여지승람증수기예(輿地勝覽增修起例)』 1권 · 『황극경세서사상체용성음괘수도해(皇極經世書四象體用聲音卦數圖解)』 1권 · 『국조상예보편후본척도설(國朝喪禮補編後本尺圖說)』 1권 · 『륜종기(輪鐘記)』 1권 · 『화음방언자의해(華音方言字義解)』 1권 · 『자의혼와변(字意混訛辨)』 1권 · 『해동이적보(海東異蹟補)』 1권 · 『소학강의(小學講義)』 1권 · 『난고(亂藁)』 100여권, 『문집(文集)』 수십 권 등 총 3백여 권이라고 한다(최영성, 「황윤석 실학의 특성과 상수학적 기반」, 한국유교학회: 『유교사상연구』 32호, 2008, 93쪽).

121 윤사순, 「이재(황윤석)학문의 범주화 문제」, 『이재 황윤석의 학문과 사상』, 경인문화사, 2009, 20쪽.

122 『이재유고(頤齋遺藁)』 권11 『이수신편서(理藪新編序)』: "……是余一生精力之所在也.

『화담집(花潭集)』에서 채록한 「성음해(聲音解)」와 「발전성음해미진처(跋前聲音解未盡處)」 두 항목을 그대로 전재하였을 뿐, 별다른 주해(註解)를 하지 않았다. 그런데 『이수신편』 권12에는 『성리대전』의 권7과 권8에 게재되어 있는 『황극경세서』 권1 · 2의 내용을 그대로 옮겨놓았고, 『이수신편』 권13에는 『성리대전』의 권9와 권13에 게재되어 있는 『황극경세서』 권3부터 권7까지의 내용을 그대로 옮겨놓았다. 그리하여 『이수신편』 권13은 『황극경세서』의 「관물내편(觀物內篇)」과 「관물외편(觀物外篇)」 등으로 구성되어 우주 만상과 인류 역사의 발전 과정, 고금의 치란흥망(治亂興亡)을 수리로 추산하는 내용이지만,[123] 『이수신편』 권12에는 「전서의(篆書義)」 · 「육서(六書)」 · 「오음(五音)」 · 「사성(四聲)」 · 「분성청탁(分聲清濁)」 · 「절운자결(切韻字訣)」 · 「자모절운법(字母切韻法)」 · 「변성요결(辨聲要訣)」 · 「조성장결(調聲掌訣)」 · 「자모변(字母辨)」 · 「자자변(字子辨)」 · 「자의겸음(字義兼音)」 · 「오방성(五方聲)」 · 「청탁(清濁)」 · 「십사성(十四聲)」 · 「쌍성첩운(雙聲疊韻)」 · 「부홍무정운(附洪武正韻)」 등 황윤석의 언어, 문자에 관한 이해를 엿볼 수 있는 항목들로 구성되어 있다.

여기에서는 소옹의 『황극경세서』 「성음창화도」가 수록되어 있는 『이수신편』 권12의 「경세사상체용지수도」를 연구 대상으로 삼는다. 「경세사상체용지수도」에 기재된 성음에 관한 황윤석의 주해(註解)와 함께 「경세사상체용지수도」의 수록자에 표음된 훈민정음의 면모를 밝히는 것에 초점을 맞추어 논의할 것이다.

---

123 『이수신편(理藪新編)』 권13에는 「황극경세서관물내편(皇極經世書觀物內篇)」 이외에 소옹(邵雍)의 시집인 『이천격양집(伊川擊壤集)』에 「격양집자서(擊壤集自序)」 · 「건곤음(乾坤吟)」 · 「선천음(先天吟)」 · 「음양음(陰陽吟)」 · 「유명음(幽明吟)」 · 「동지음(冬至吟)」 · 「중니음(仲尼吟)」 · 「인물음(人物吟)」 · 「내외음(內外吟)」 · 「관물음(觀物吟)」 · 「호가음(浩歌吟)」 · 「희락음(喜樂吟)」 · 「사사음(四事吟)」 · 「관사음(觀事吟)」 · 「호사음(好事吟)」 · 「관기음(觀棋吟)」 · 「대화음(對花吟)」 · 「도리음(桃李吟)」이 실려 있다.

① 『이수신편』 권12 「경세사상체용지수도」의 체제

『이수신편(理藪新編)』 권12의 「경세사상체용지수도(經世四象體用之數圖)」는 총 45쪽 분량인데 『성리대전』의 「경세사상체용지수도」처럼 상·하단으로 나뉘어 상단에는 천성(天聲) 16도가 실려 있고 하단에는 지음(地音) 16도가 실려 있다.[124] 『성리대전』의 「경세사상체용지수도」와 『이수신편』의 「경세사상체용지수도」를 비교해보자(359쪽 참조).

옆의 자료들에서 보는 바와 같이, 황윤석은 「경세사상체용지수도」의 빈 공간에 빼곡하게 성음에 관한 자신의 견해를 명시해놓았다.

> 서산(西山)의 채씨(蔡氏)가 말하길, ○는 소리가 있으나 글자가 없는 것이고, □는 음은 있으나 글자가 없는 것이다. 위아래의 소리와 음으로 이를 조화시키면 저절로 통하게 된다. ●는 버리는 바로서 48개이고, ■는 버리는 바로서 40개이다. 양수(陽數)는 10을 쓰고 음수(陰數)는 12를 쓰는 것은 『역(易)』에서 양수는 9를 쓰고 음수는 6을 썼기 때문이다. 진씨(陳氏)는 단독으로 나는 소리를 성(聲)이라고 하고, 섞여서 발음되는 소리를 음(音)이라고 한다고 말하였다.[125]

여기에서 '서산(西山)의 채씨(蔡氏)'는 『황극경세서』 권7-10의 방대한 내용을 1장으로 정리한 채원정(蔡元定, 1135-1198)을 의미하고, '진씨(陳氏)'는 『대송중수광운(大宋重修廣韻)』을 찬정(撰定)한 진팽년(陳彭年,

---

124 일일성평벽(日日聲平闢)의 '多良千刀妻宮心●●●' 7개 글자가 지음(地音) 152개와 화합되는 평성벽음(平聲闢音) 1,064개의 예가 하나하나 나열되어 있고, 음도(音圖)에는 수수음개청(水水音開淸)의 '古黑安夫卜東乃走思■■■' 9개 글자가 천성(天聲) 112개와 화합되는 개음청성(開音淸聲) 1,008개의 예가 하나하나 예시되었다.

125 「경세사상체용지수도(經世四象體用之數圖)」: "西山蔡氏曰, 其○有其聲而無其字者也. 其□有其音而無其字者也. 但以上下聲音調之則自可通 其●卽所去之四十八, 其■卽所去之四十也. 陽數用十 陰數用十二者 卽易之 陽數用九 陰數用六也 .陳氏曰, 單出曰聲, 雜比曰音."

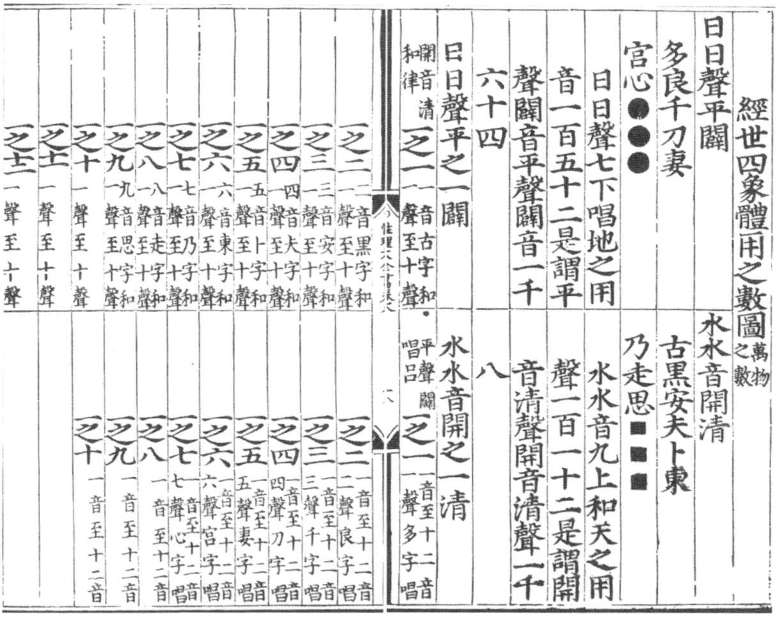

經世四象體用之數圖 萬物之數

日日聲平闢
多良千刀妻
宮心●●●
日日聲七下唱地之用
音一百五十二是謂平
聲闢音平聲闢音一千
六十四
日日聲平之一闢
開音清 和律
之一 一一音古字和 聲至十聲
之二 一二音黑字和 聲至十聲
之三 一三音安字和 聲至十聲
之四 一四音夫字和 聲至十聲
之五 一五音卜字和 聲至十聲
之六 一六音東字和 聲至十聲
之七 一七音乃字和 聲至十聲
之八 一八音走字和 聲至十聲
之九 一九音思字和 聲至十聲
之十 一聲至十聲
之十一 一聲至十聲
之十二 一聲至十聲

水水音開清
古黑安夫卜東
乃走思■■■
水水音九上和天之用
聲一百一十二是謂開
音清聲開音清聲一千
八
水水音開之一清
平聲闢 唱呂
之一 一一音至十二音 聲多字唱
之二 一二音至十二音 聲良字唱
之三 一三音至十二音 聲千字唱
之四 一四音至十二音 聲刀字唱
之五 一五音至十二音 聲妻字唱
之六 一六音至十二音 聲宮字唱
之七 一七音至十二音 聲心字唱
之八 一音至十二音
之九 一音至十二音
之十 一音至十二音

『성리대전』의 「경세사상체용지수도」

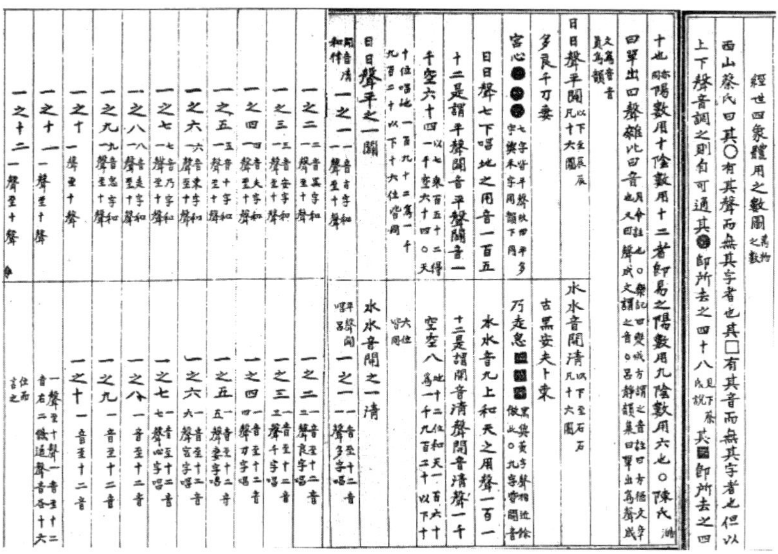

『이수신편』의 「경세사상체용지수도」

961-1017)을 말한다. 황윤석은 두 사람의 글을 소개하고 더 작은 글씨로 다음과 같이 성(聲)과 음(音)에 관하여 보충 설명을 하였다.

> 『악기(樂記)』에서는 변하여 방(方)이 되는 것을 음(音)이라고 하였다. 주(註)에서 방(方)은 무늬[문창(文彰)]와 같은 것이라고 하였다. 소리가 무늬를 이루는 것을 음(音)이라고 말한다. 여정(呂靜)의 『운집(韻集)』에서는 단독으로 나는 소리를 성(聲)이라고 하고 무늬를 이루는 것을 음(音)이라고 하며, 그 음의 성원들이 운(韻)을 이룬다고 하였다.[126]

황윤석은 성모를 '음(音)', 운모를 '성(聲)'이라고 명명하였고, '성(聲, 운모)'은 단독으로 나는 소리이지만, '음(音, 성모)'은 섞여 발음되어 무늬를 이루는 소리라고 정의하였다. 또한 황윤석은 "일일성평벽(日日聲平闢)"에서 다음과 같이 운모에 대해 부연하였다.

> 다음 진진(辰辰)까지 16도이다. [以下至辰辰凡十六圖]
>
> 7개 글자가 모두 평성이므로 평이라고 하였다. 다(多)자는 화(禾)자와 같은 운(韻)인데 아래도 이와 같은 방식이다. [七字皆平聲 故日平 多字與禾字同韻下同]
>
> 7로서 152를 곱하면, 1064를 얻는다. [以七乘百五十二得一千空六十四]
>
> 하늘의 10자리는 땅의 192와 화합하여 1,920이 된다. 아래의 16자리가 모두 같다. [天十位唱地一百九十二爲一千九百二十 以下十六位皆同.]

또한 "수수음개청(水水音開淸)"에서도 다음과 같이 성모에 대해 보충 설명하였다.

---

126 「경세사상체용지수도(經世四象體用之數圖)」: "樂記曰, 變成方謂之音, 註曰方猶文章也. 又曰聲成文謂之音. 呂靜 韻集曰. 單出爲聲. 成文爲音. 音員爲韻."

다음 석석(石石)까지 모두 16도이다.[以下至石石凡十六圖]

흑(黑)과 황(黃)자는 소리는 서로 비슷하고 나머지는 이를 모방하였다. 9자 모두 개음(開音)이다. [黑與黃字聲相近 餘倣此 九字皆開音]

땅의 12자리와 하늘의 160이 화합하여 1,920이 된다. 아래의 16자리는 모두 같다. [地十二位和天一百六十爲一千九百二十 以下十六位皆同]

일성(一聲)에서 십성(十聲), 일음(一音)에서 십이음(十二音)까지 오른쪽 두 조는 성음(聲音)이 16자리에 통한다는 것을 말하는 것이다. [一聲至十聲 一音至十二音 右二條通聲音各十六位而言之]

이러한 내용을 통해 우리는 황윤석이 성음을 수리로 추산하는 상수음운학에 매우 정통하였음을 알 수 있다.

또한 황윤석은 『황극경세서』 권7-10의 방대한 내용을 1장에 집약시킨 『황극경세서』「성음창화도」를 수록하고 이에 대한 제가들의 해설을 차례로 실었다. 소백온(邵伯溫), 채원정(蔡元定), 종과(鍾過), 소고(邵古), 축경(祝涇), 상관만리(上官萬里), 팽장유(彭長分), 황서절(黃瑞節) 등의 해설은 대부분 상수역학으로 계산된 성음의 숫자에 관한 내용이다. 그리고 황윤석은 도표의 처음과 끝부분에 다음과 같은 주를 달았다.

160자리에서 ●의 48자리를 빼면 112자리가 남는다. 정성(正聲)은 하늘에 속하고 사성(四聲)에는 각각 벽흡(闢翕)이 있어 아래로 땅의 음(音)과 화합한다. ○는 천(天)에 속하므로 율(律)이고 양(陽)이며 강(剛)이고 창(唱)이며 성(聲)이다.[127]

192자리에서 ■의 40자리를 빼면 152자리가 남는다. 정음(正音)은 땅

---

127 「경세사상체용지수도(經世四象體用之數圖)」: "一百六十位去●四十八位餘百十二位. 正聲屬天四聲各有闢翕, 下唱地之音 ○屬天, 故爲律爲陽爲剛爲唱爲聲."

에 속하고 사음四音)에는 각각 청탁(清濁)이 있어 위로 하늘의 성(聲)과 화합한다. □는 땅에 속하므로 여(呂)이고 음(陰)이며 유(柔)이고 화(和)이며 음(音)이다.[128]

정성(正聲) 160자리와 정음(正音) 192자리를 합치면 352자리인데 사용하지 않는 ●■의 48과 40을 빼면 264자리가 남는다. 이것이 바로 성음(聲音)의 자모(字母)이다.[129]

그리고 황윤석은 「경세사상체용지수도」의 정성(正聲) · 정음(正音)의 각 글자에 "훈민정음"으로 표음하였다.

황윤석은 정성(正聲) 밑의 행에 '자전운섭(字典韻攝)'의 란을 만들고, 정음(正音) 밑의 행에는 '자전자모(字典字母)'의 란을 따로 만들어 수록 글자를 상세히 설명하였다(363-364쪽 참조).

먼저 정성(正聲)의 "자전운섭(字典韻攝)"을 살펴보자. '자전운섭'의 '자전'은 『강희자전(康熙字典)』[130]을 의미하는 것으로 보인다. 『강희자전』은 영조 5년(1727)에 조선에 유입되었는데[131], 그 후 17 · 18세기 조선 문인

---

128 「경세사상체용지수도(經世四象體用之數圖)」: "一百九十二位去■四十位餘一百五十二位. 正音屬地四音各有清濁, 上和天之聲, □屬地, 故爲呂爲陰爲柔爲和爲音."

129 「경세사상체용지수도(經世四象體用之數圖)」: "正聲一百六十位正音一百九十二位合三百五十二位去不用●■之四十八及四十餘二百六十四位是爲聲音字母."

130 『강희자전(康熙字典)』은 강희제(康熙帝, 1654-1722)의 칙명으로 당시 대학사(大學士) 진정경(陳廷敬) · 장옥서(張玉書) 등 30명의 학자가 5년에 걸쳐 1716년(강희55)에 완성하였다. 강희자전은 『자휘(字彙)』 · 『정자통(正字通)』 등의 구성을 참고하였으며, 십이지(十二支)의 순서에 의거하여 12집으로 나누고 119부로 세분하였다.

131 『청장관전서』 제5권 「영처잡고(嬰處雜稿)」: "또한 『강희』에는 저서가 많다. 즉 『연감유함』 · 『전당시』 · 『패문운부』 · 『고문연감』 등으로 총 3백70권인데, 계사년에 몽와 김창집 상공이 연경에 갔을 때 강희가 손수 주면서 "국왕에게 드리라." 하였고, 또 패문재의 『광군방보』와 『강희자전』이 있었는데, 패문은 바로 그의 호이다(又多著書. 淵鑑類函, 全唐詩, 佩文韻府, 古文淵鑑共三百七十卷. 夢窩相公. 癸巳燕行時. 康熙親授. 以

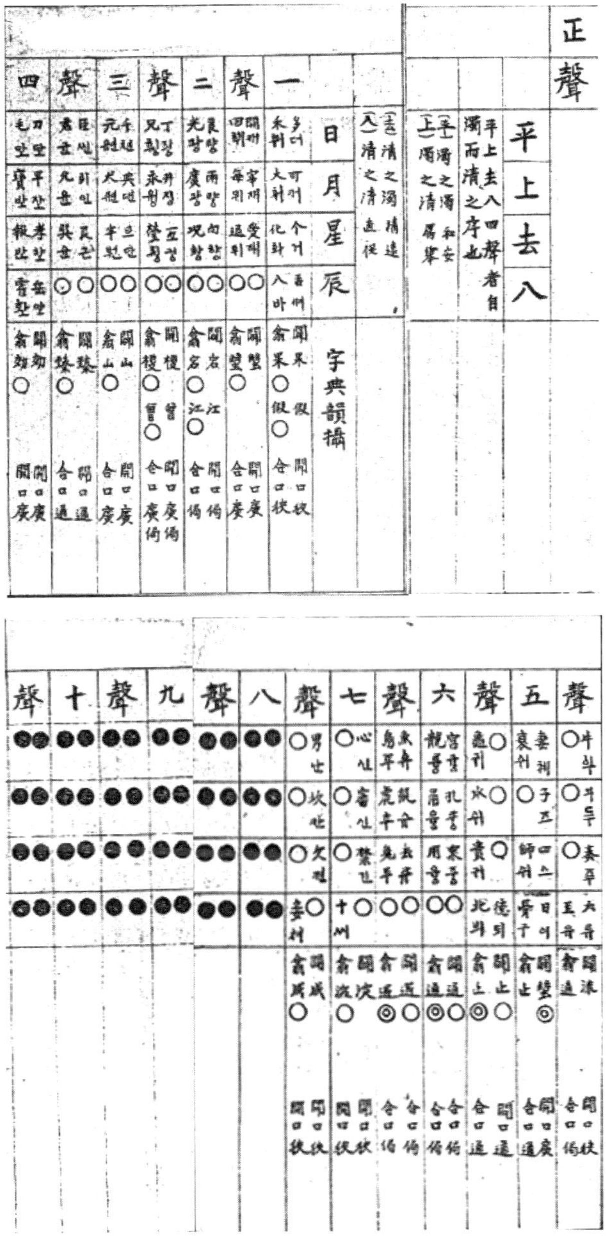

『이수신편』「경세사상체용지수도」: 정성(正聲)

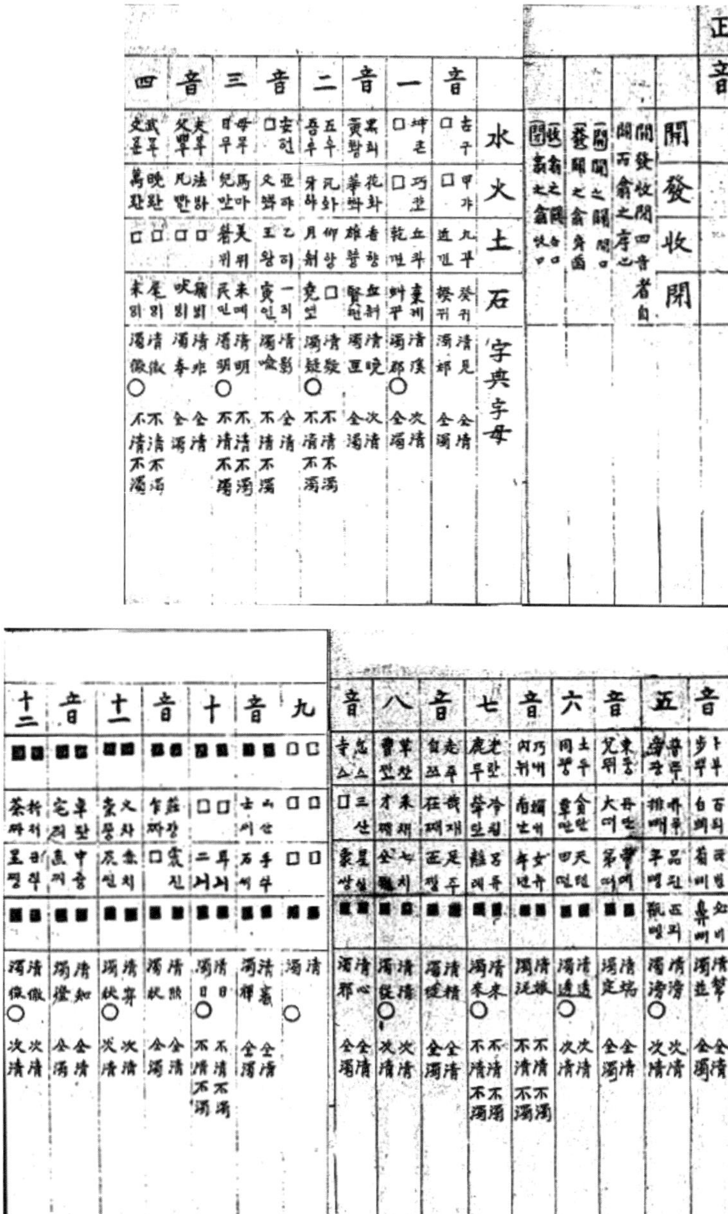

『이수신편』「경세사상체용지수도」: 정음(正音)

들의 문집에는 자전(字典)의 명칭이 자주 등장하는 것을 볼 수 있다.[132] 아마 당시 조선과 청의 활발한 교류를 통해 볼 때, 청의 흠정 운서인 『강희자전』이 유입되어 "자전(字典)"이라고 통용되었던 것 같다. 청 황제의 칙령으로 편찬된 자전이 조선에 유입되어 조선 학자들에게 이토록 애용되었다는 것은 최석정 시대에는 절대로 용납될 수 없었을 것이니 격세지감이 느껴진다.

그런데 『강희자전』 앞에 수록되어 있는 「등운절운지남(等韻切韻指南)」은 『경사정음절운지남(經史正音切韻指南)』(=『절운지남』)과 완전 동일한 체제의 운도였다. 앞서 언급하였듯이, 『절운지남』(1336)은 유감(劉鑑)이 120여 년 전에 편찬된 한도소(韓道昭)의 『오음집운(五音集韻)』(1212)을 근거로 "경사(經史)"의 음을 바르게 교정시키는 지침이 되도록 편찬한 운도이다. 최석정은 『절운지남』에 속음이 섞여져서 변질된 음이 많다고 지적한 바 있으나, 황윤석은 "자전운섭(字典韻攝)"에서 운모 체계를 『절운지남』과 동일한 『강희자전』의 「등운절운지남」을 근거로 정리하였다.[133]

또한 황윤석은 정음(正音) 밑의 행에도 '자전자모(字典字母)'를 부록하

傳于國王爲言. 亦有佩文齋廣羣芳譜, 康熙字典. 佩文. 卽其號也.)." 또한 『청장관전서(青莊館全書)』 제55권 「앙엽기(盎葉記)」「중국서래동국(中國書來東國)」: "청 강희 7년(1729) 조선 영종 5년에 『강희자전』·『성리정의』·『시경전설휘찬』·『음운천미』를 교부해주었다. 『전당시』 등의 책은 김창집이 가져왔고 『주역절중』 등의 책은 밀창군 직이 가져왔다(淸康熙七年. 我英宗五年. 附康熙字典, 性理精義, 詩經, 傳說彙纂, 音韻闡微. 全唐詩等書. 金昌集持來. 周易折中等書. 密昌君樴持來.)."

132 예를 들면, 유만주(兪晩柱, 1755-1788)의 『흠영(欽英)』 1권 56쪽, 이덕무(李德懋, 1741-1793)의 『청장관전서(青莊館全書)』 9권 55쪽, 정약용(丁若鏞, 1762-1836)의 『여유당전서(與猶堂全書)』 3권 166쪽, 한치윤(韓致奫, 1765-1814)의 『해동역사(海東繹史)』 5권 25쪽 등에 "자전(字典)"의 명칭을 찾아볼 수 있다(홍선표 외, 『17·18세기 조선의 외국서적 수용과 독서실태』, 혜안, 2006, 141쪽 참조).

133 황윤석은 어떤 운섭의 뒤에 ○ 또는 ◎ 표기를 하였는데 이는 『강희자전(康熙字典)』의 「등운절음지남(等韻切音指南)」에는 없는 내용이므로 황윤석 나름의 표기인 듯하다.

여 『강희자전』의 「등운절운지남」에서 찾아서 각 글자의 성모의 해당 36 자모와 청탁(淸濁) 및 발음 방법을 명기하였다.[134]

② 「경세사상체용지수도」의 훈민정음 표음 체계

이와 같이 황윤석은 『강희자전』의 「등운절음지남」에 근거하여 「경세사상체용지수도」의 정성(正聲) 83자와 정음(正音) 132자의 음운 체계를 정리하고 훈민정음으로 표음하였다. 그의 훈민정음 표음 체계를 성모 · 운모 · 운미로 구분하여 정리해보면 다음과 같다.

성모 체계: ㄱ ㅋ ㄲ ㆁ, ㄷ ㅌ ㄸ ㄴ ㄹ, ㅂ ㅍ ㅃ ㅁ, ㅸ ㅹ ㅱ, ㅈ ㅊ ㅉ ㅅ ㅆ, ㆆ ㅎ ㆅ ㅇ

운모 체계: ㅏ ㅑ ㅓ ㅕ ㅜ ㅠ ㅡ ㅣ, ㅘ ㅝ ㆊ, ㅐ ㅔ ㅟ ㆌ ㅢ, ㅗ ㆇ ㅜ ㅜ

운미 체계: ㅇ, ㄴ

성모 체계의 경우, 전탁(全濁) 성모인 'ㄲ, ㄸ, ㅃ, ㅉ, ㅆ'가 모두 건재하며, 순경음 'ㅸ, ㅹ, ㅱ'도 역시 출현하고 있다. 의모(疑母) 'ㆁ'도 소실되지 않았고, 영모(影母) 'ㆆ'와 유모(喩母) 'ㅇ'도 합류되지 않았다. 또 어느 역학 계열 서적과 마찬가지로 치두음(齒頭音) 'ᅎ, ᅔ, ᅏ, ᄼ, ᄽ'과 정치음(正齒音) 'ᅐ, ᅕ, ᅑ, ᄾ, ᄿ'이 구분되지 않았고, 'ㅿ'는 소실되었다.

운모 체계의 경우, '환환운(桓歡韻)'과 '한산운(寒山韻)'이 합류되지 않

134 『강희자전(康熙字典)』 「등운절음지남(等韻切音指南)」에는 32자모 위에 전청(全淸: 見 · 端 · 知 · 幫 · 精 · 照 · 影 · 來母) 성모는 ○, 차청(次淸: 溪 · 透 · 徹 · 滂 · 淸 · 穿 · 曉母) 성모는 ⊙, 전탁(全濁: 郡 · 定 · 澄 · 並 · 從 · 牀 · 邪 · 禪 · 匣母) 성모는 ●, 차탁(次濁: 疑 · 泥 · 娘 · 明 · 心 · 審 · 喩 · 日母) 성모는 ◒로 표기하였는데 황윤석은 "○⊙●◒"의 표기를 사용하지는 않았다. 이에 대한 자세한 논의는 심소희, 「황윤석의 정음관 연구1」, 중국어문학연구회: 『중국어문학논집』 제62호, 2010, 89-94쪽을 참고할 수 있다.

아 '갼'과 '걘'이 모두 표기된 것을 볼 수 있으며, 'ᅶ, ᅸ, ᅮᆼ, ᅲᆼ'의 'ㅗ, ㅜ'는 이전의 운미 'ㅱ, ㅸ'가 변화하여 생긴 음으로 보인다.

운미 체계의 경우, 입성운(入聲韻) '-ㅂ, -ㄷ, -ㄱ'뿐만 아니라 폐구운(閉口韻) '-ㅁ'도 소실되고 -ㅇ[ng]과 -ㄴ[n]만 남았다.

그러면 황윤석이 표음한 훈민정음은 무엇에 근거하였을까? 황윤석은 이에 대해 다음과 같이 언급하였다.

> 이 책에서는 정성(正聲) 112자모와 정음(正音) 152자모, 모두 264모(母)로서 반절(反切)을 삼았다. 지금 료의(了義)의 36자모로 『홍무정운』의 31자모를 참조하고, 또 『삼운성휘(三韻聲彙)』의 훈민정음 자모를 취하여 모든 소리를 기록함으로써 한어(漢語)의 면모를 보였을 뿐이다.[135]

황윤석은 『홍무정운』을 참조하고 『삼운성휘』의 훈민정음 자모를 취하여 기록하였다고 밝혔다. 황윤석이 300여 년 전에 편찬된 『홍무정운』을 거론한 것은 그만큼 『홍무정운』이 운서의 조종(祖宗)으로서 권위를 인정받고 있었기 때문일 것이다. 『홍무정운』(1373)의 중국 한자음을 한글로 표기한 『홍무정운역훈』(1455)이 편찬된 것이나, 영조 46년(1770) 조선에서 『홍무정운』이 재간행된 것도 그의 전통적인 위상과 무관하지 않은 것으로 보인다.[136]

---

135 「경세사상체용지수도(經世四象體用之數圖)」: "按本書正聲字母一百一十二, 正音字母一百五十二, 凡二百六十四母 所以爲反切也. 今以了義字母三十六, 參之洪武字母三十一, 又取三韻聲彙訓民正音字母, 諸聲錄之以見漢語大略耳."

136 『영조실록』 46년(1770) 5월 10일 기사: "이날은 명나라 고황제(高皇帝)의 기신(忌辰)이었다. 임금이 숭정전의 월대에 나아가 망배례(望拜禮)를 거행하였다. 대체로 고황제의 승하가 5월의 윤달에 있었으므로, 윤달을 맞이하는 해의 경우 윤달에 예를 행하는 것으로 새로이 명령하여 규례로 정하였다. 날이 채 밝기 전에 임금이 예를 행하였는데, 예를 마치고도 이어 부복하여 일어나지 않았다. 이때에 비바람이 휘몰아쳐 어포에 부리니, 여러 대신들이 내전으로 돌아갈 것을 강력히 청하였으나 윤허하지 않다

또한 영조대 병조판서와 이조판서 등의 고위 관료를 지낸 홍계희(洪啓禧, 1703-1771)는 영조대 문신 관료 가운데 한어(漢語)가 가장 뛰어났던 인물이었다. 그는 중국 한자음인 화음(華音)과 조선 한자음인 동음(東音)이 모두 표기된 『삼운성휘(三韻聲彙)』(1751)를 편찬하였다.[137] 다음 『삼운성휘』 「서문」에서 보는 바와 같이 『삼운성휘』도 다분히 규범적인 성격의 운서였다.[138]

> 천하의 글자음은 만 가지가 다르지만 마땅히 중화(中華)로써 바로잡아야 한다. 우리나라의 글자음은 중화(中華)와 가장 가까워서 비록 혹시 서로 같지 않은 것이 있더라도 다른 예로 미루어보면 모두 범주 안에서 벗어나지 않는다. 그러나 우리나라 사람들이 자학(字學)에 매우 어두워서 자획의 편방에 사로잡히거나, 혹은 구습에 얽매여 잘못 읽는 까닭으로 마침내 화음(華音)과 판이하게 달라진 것이 많으니 한탄스럽다. …… 화음(華音)은 『홍무정운』 자모를 주로 하되 오로지 『사성통해』에서 언문으로 바꾼 음을 따르고, 우리의 음은 널리 쓰이고 있는 속음(俗音)으로 자모를 정하되 칠음(七音)과 어긋나는 것은 바로잡고, 비록 자모가 다르더라도 칠음

가, 해가 떠오른 뒤에 비로소 일어나 동쪽 뜰로 나아가니, 세손(世孫)이 뒤에 시립(侍立)하였다. 한인(漢人) 자손을 불러보고, 『홍무정운』을 몸소 내려주었는데, 이보다 앞서 교서관으로 하여금 찍어 올리게 하였기 때문이었다.(是日皇明高皇忌辰也. 上御崇政殿月臺, 行望拜禮. 蓋高皇昇遐, 在五月之閏, 故若値閏月之年, 則以閏月行禮, 新命定式也. 天未明, 上行禮, 禮訖, 仍俯伏不起. 時風雨驟至, 灑及御袍, 諸大臣力請還內, 不許, 至日出始起, 御東庭, 世孫侍立于後. 召見漢人子孫, 親受洪武正韻. 先是, 令芸閣刊進故也.)"

137 먼저 같은 조선 한자음의 글자들을 모은 후, 해당 조선 한자음을 ○ 속에 표기하고, 아래에 해당 중국 한자음을 한글 표기음으로 작게 표기한 뒤 순차적으로 한자들을 배열하였다.

138 『삼운성휘(三韻聲彙)』에는 중국음[華音]과 한국 한자음[東音]이 모두 표기되었는데 먼저 같은 한국 한자음의 글자들을 모은 후, 해당 한국 한자음을 ○ 속에 표기하고, 아래에 해당 중국음을 한글 표기음으로 작게 표기한 뒤 순차적으로 한자들을 배열하였다.

(七音)에 어긋나지 않는 것은 이를 그대로 두었다.[139]

이 책에서는 「경세사상체용지수도」의 정성(正聲) 83자와 정음(正音) 132자를 표음한 황윤석의 훈민정음 체계와 『홍무정운역훈』·『사성통해』·『삼운성휘』에 표기된 표음 체계를 비교해보았다. [부록]에서 보는 바와 같이,[140] 『홍무정운역훈』·『사성통해』·『삼운성휘』의 표기음은 유사도가 매우 높은 것을 알 수 있다.[141] 운서 간에 시간적인 격절이 있더라도 기본적으로 세 운서는 『홍무정운역훈』의 체제를 충실하게 따른 규범적 운서들인 것이다.

그러나 홍계희(1703-1771)와 황윤석(1729-1791)은 동시대 인물로서 홍계희는 서울 출신의 고위 관료를 지낸 인물이고 황윤석은 주로 재야에서 활약한 인물이다. 황윤석이 '『홍무정운』의 31자모를 참조하고, 또 『삼운성휘』의 훈민정음 자모를 취했다.'고 했지만, 말한 바와는 다르게 황윤석은 『홍무정운역훈』·『삼운성휘』의 표기음을 충실하게 따른 것 같지 않다.

다시 『삼운성휘』의 「범례」를 보면 다음과 같은 내용이 있다.

자모 가운데 순경음(ㅸ ㅹ ㅱ), 정치음(ᅐ, ᅕ, ᅑ, ᄾ, ᄿ), 반치음(ㅿ), 후음의 전청음(ㆆ), 아음의 불청불탁음(ㆁ)은 우리나라에서 발음하기 어려운 자음들이어서 각각 한 음 안에서 발음이 가까운 것끼리 이를 합하였다. 중성이 어긋난 것은 역시 모두 화음(華音)을 표준으로 하여 서로 미루어 이

139 『삼운성휘(三韻聲彙)』「서문(序文)」: "天下之字音, 有萬不同, 而當以中華爲正, 我國字音, 最近中華, 雖或有不相同者, 以例推之, 皆不出於範圍之內, 而第緣我國人於字学, 甚鹵莽或泥於偏傍, 或因於習俗而謬讀, 遂與華音判異者, 多可勝歎哉. …… 華音則以洪武正韻字母爲主, 而一從四聲通解諺翻之音, 我音則就行用俗音而律之以字母, 其有違於七音者, 正之. 雖異母而不悖於七音者, 存之."

140 375-377쪽 부록 참조.

141 심소희, 「황윤석의 정음관 연구1-『이수신편』 권12의 「경세사상체용지수도」를 중심으로」, 중국어문학연구회: 『중국어문학논집』 제62호, 102-104쪽.

를 바로잡았으며, 혹은 관습에 따르고 혹은 고쳐서 모두 적절하게 되도록 힘썼다. 그리하여 화음(華音)의 한 음이 우리나라에서 두서너 음으로 나누인 것이 있고, 화음(華音)의 두서너 음이 우리나라에서 하나의 음으로 합쳐진 것이 있으니, 진실로 형세가 이렇게 된 것이다.[142]

『삼운성휘』의 「범례」에서는 조선 한자음이 화음(華音)을 표준으로 삼았더라도 관습에 따라 적절하게 변통하였지만, 중국 한자음은 충실하게 『홍무정운역훈』의 음을 따랐다고 설명하고 있다. 그런데 황윤석은 조선 한자음에 관한 규정을 참조하여 표음한 듯하다. 앞에서 황윤석의 표음 체계에는 나타나는 공통적인 이음(異音) 현상을 다음과 같이 정리할 수 있다.

첫째, 『삼운성휘』 「범례」의 "치두음(ᅎ, ᅔ, ᅏ, ᄼ, ᄽ)과 정치음(ᅐ, ᅕ, ᅑ, ᄾ, ᄿ)의 분별은 우리나라에서 발음하기 어려운 자음들이어서 각각 한 음 안에서 발음이 가까운 것끼리 합하여 표음하였다."라고 언급한 바에 따라 황윤석은 치두음과 정치음을 모두 "ㅈ, ㅊ, ㅉ, ㅅ, ㅆ"로 표음하였다.

	홍무정운역훈	삼운성휘	황윤석		홍무정운역훈	삼운성휘	황윤석
直	찍	찌	찌	宰	재	재	재
乍	짜	짜	짜	子	즈	즈	즈
思	스	스	스	震	진	진	진
寺	스	스	스	千	쳔	쳔	쳔
四	스	스	스	妾	쳡	쳐	쳐
巽	순	순	순	妻	쳬	쳬	쳬

142 『삼운성휘(三韻聲彙)』 「범례(凡例)」: "若字母中, 輕脣正齒半齒音及喉音之全淸, 牙音之不淸不濁, 我國所難成音者, 各從一音內, 聲相近者而合之. 中聲之字, 亦皆準的於華音, 推類以釐之, 而或沿或革, 務歸適宜, 是故華之一音, 而分爲我國二三音者, 有之華之二三音, 而合於我國一音者, 有之固其勢然也."

衰	쉬	쉬	쉬	采	채	채	채
水	시	쉬	쉬	七	친	치	치
鼠	슈	슈	슈	草	차ᇢ	촤	촤
舌	쎤	쎠	쎠	叉	차	차	차
臣	찐	씬	씬	赤	칙	치	치
辰	씬	씬	씬	在	째	째	째
十	씹	씨	씨	才	째	째	째
士	씨	씨	씨	自	쯔	쯔	쯔
石	씩	씨	씨	茶	짜	짜	짜

둘째, 『삼운성휘』 「범례」에 "우리나라에서 음을 이루기 어려운 것은 모두 속음(俗音)에 따라 정하였다. 예를 들어 일(日)모를 'ㅿ'음으로 발음하기 어려워서 속음에 따라 'ㅅ'음으로 하거나 'ㅇ'음으로 하였다."[143]라고 하였는데 이에 근거하여 황윤석은 중국한자음 'ㅿ'를 모두 'ㅇ'으로 표음하였다.

	홍무정운역훈	삼운성휘	황윤석
日	ᅀᅵᆫ	ᅀᅵ	이
二	ᅀᅵ	ᅀᅵ	이
耳	ᅀᅵ	ᅀᅵ	이

셋째, 또한 『삼운성휘』 「범례」에는 "한어(漢語)의 입성에 종성이 없는 것과 침(侵)·담(覃) 등 여러 운이 ㄴ으로 종성을 삼고 있는 것 등은 도리어 조선 한자음이 옛 모습을 가지고 있는 것만 못하다. …… (『삼운성휘』는) 『사성통해』 안의 『홍무정운역훈』의 정음(正音)을 따랐으니, 현재 세상에서 사용되는 한음(漢音)을 알고자 하면 마땅히 여러 역관의 서적을

143 위의 책, "我國之難於成音者, 竝從俗. 如日母, 難作ㅿ音, 故從俗或ㅅ或ㅇ."

참고하라."[144]고 하였다. 이에 따라 황윤석은 현재 세상에서 사용되는 한음(漢音)에 따라 'ㅁ'운미를 모두 'ㄴ'운미로 표음하였다.

	홍무정운역훈	삼운성휘	황윤석		홍무정운역훈	삼운성휘	황윤석
欠	켬	켬	켠	南	남	남	난
禁	김	김	긴	品	핌	핌	핀
心	심	심	신	三	삼	삼	산
審	심	심	신	貪	탐	탐	탄
男	남	남	난	覃	땀	땀	딴
坎	캄	캄	칸				

이상의 황윤석의 표음에 나타나는 이음(異音) 상황은 근대 한어의 어음 변화와 대체로 일치한다. 그러므로 황윤석이 "훈민정음 자모를 취하여 모든 소리를 기록함으로써 한어의 면모를 보고자"[145]「경세사상체용지수도」에 훈민정음으로 주음하여 구현해낸 것은 17세기 현실 어음 변화를 반영한 한자음 체계였음을 설명해준다.

영조(英祖) 44년(1768) 4월 24일의 기사를 보자.

> 좌의정 한익모가 말하기를, "우리 나라의 한음(漢音)은 일체 『홍무정운(洪武正韻)』에 따라 정리하였습니다. 그런데 근래에 속음(俗音)으로 고쳐 간행하는 바람에 계속 잘못되어가고 있습니다. 그러니 본음으로 강습하게 하고 곁에다 속음을 기록하여 참고로 하게 하소서." 하니, 영의정 김치인이 말하기를, "속음으로 고쳐 간행한 것은 홍계희가 청하였기 때문인데,

144 위의 책, "漢音入聲之無終聲, 侵覃諸韻之以ㄴ爲終聲, 反不如方音之猶有古意, …… 故今以四聲通解古正音, 爲主, 欲知俗用漢音則當考譯家諸書."

145 「경세사상체용지수도(經世四象體用之數圖)」: "按本書正聲字母一百一十二, 正音字母一百五十二, 凡二百六十四母 所以爲反切也. 今以了義字母三十六, 參之洪武字母三十一, 又取三韻聲彙訓民正音字母, 諸聲錄之以見漢語大略耳."

지금 비록 속음으로 강습하더라도 정음(正音)을 참고하여 보게 하면 좋을 듯합니다." 하자, 임금이 말하기를, "편리한 방법으로 하도록 하라."라고 하였다.[146]

이 내용을 보면, 두 정승이 주장하는 바가 다르다. 좌의정 한익모(韓翼謨, 1703-1786)는 "본음(정음)" 위주로 강습해야 한다고 하고, 영의정 김치인(金致仁, 1716-1790)은 "속음" 위주로 강습해야 한다고 주장한다. 이러한 논의는 시대적 배경과 학술적 풍토에 연관되어 글자음의 기준이 달랐다는 것을 시사해준다. 즉 17세기 주자학이 통치 원리로 응용되던 시기, 당시 추구하였던 것은 "정음"이었다. 중화 문명의 담지자로서 중화 문화를 계승하고 발전시키려면 마땅히 정통 문언음으로 읽어내야 하기 때문이다. 그러나 18세기에 이르면 학자들의 개혁 의지와 사고가 출발점이 되어 실학을 발전시키면서 현실과 소통되는 한자음 "속음"을 인정해야 하는 상황으로 바뀌게 되었다. 그러므로 두 정승간의 논의는 17세기와 18세기의 정음과 속음의 어느 한편에도 치우칠 수 없는 경계가 모호했던 상황을 알려주는 흥미로운 기사라고 보인다.

지금까지 「경세사상체용지수도」에 반영된 황윤석의 정음 인식에 대해 고찰하였다. 황윤석은 「경세사상체용지수도」를 통해 한어(漢語)의 면모를 구현하고자 하였는데, 황윤석이 무엇에 근거하여 정음의 기준을 정했는지, 정음에 대해 어떤 입장을 가지고 있었는지가 본 논의의 출발이었다. 이 책에서는 「경세사상체용지수도」의 정성(正聲)·정음(正音) 체제를 "자전(字典)"에 근거하여 분석하였고, 또 『홍무정운역훈』·『사성통해』·

146 『영조실록』 44년(1768) 4월 24일: "左議政韓翼謩奏曰: "我國漢音, 一從『洪武正韻』釐正矣. 年來以俗音改刊, 以訛傳訛. 請以本音講習, 傍錄俗音, 以備參考." 領議政金致仁曰: "俗音改刊, 卽洪啓禧所陳請, 而今雖以俗音講習, 亦令參看正音似好矣." 上曰: "以順便之道爲之."

『삼운성휘』에 기재되어 있는 훈민정음으로 주음된 중국어 표기음과 비교하였다. 이와 같이 황윤석 사유의 궤적을 추적하는 과정에서 황윤석이 구현하고자 하였던 '한어(漢語)의 면모'란 현실적인 중국어 음운 체계였다는 결론에 이르게 되었다. 다시 말해, 황윤석은 세상의 음운 이치를 담은 「경세사상체용지수도」를 현실 중국어 한자음에 투영시키고자 한 것이다. 『홍무정운역훈』·『사성통해』·『삼운성휘』처럼 규범적인 음운 체계를 중시하는 당시 학문 배경에 반하여 현실적인 중국어 음운 체계를 반영시키고자 한 것은 황윤석의 학자적 역량이며, 이는 당시 학문적 풍토와 더불어 고려해야 할 또 다른 중요한 사항이라고 생각된다.

부록: 「경세사상체용지수도」의 훈민정음 표음비교표

		洪武	四聲	三韻	노걸대		최석정	황윤석		洪武	四聲	三韻	노걸대		최석정	황윤석		洪武	四聲	三韻	노걸대		최석정	황윤석		洪武	四聲	三韻	노걸대		최석정	황윤석
					正	俗							正	俗							正	俗							正	俗		
一聲	多	더	더	더	더	:도	다	더	可	커	커	커	커	커	:카	커	箇	거	거	거	*	*	·가	거	舌	쎳	쎠	쎠	쎵	셔	·져	쎠
	禾	훠	훠	훠	훠	호	화	훠	火	훠	훠	훠	·훠	·호	:화	훠	化	화	화	화	화	화	·화	화	八	받	바	바	방	바	·바	바
	開	캐	캐	캐	캐	캐	개	캐	宰	재	재	재	·재	·재	:재	재	愛	해	해	해	*	*	·애	해	○	○	○	○	○	○	○	○
	回	훠	훠	훠	훠	휘	휘	훠	每	뮈	뮈	뮈	*	*	:뮈	뮈	退	튀	튀	튀	튀	튀	·튀	튀	○	○	○	○	○	○	○	○
二聲	良	량	량	량	*	*	량	량	兩	량	량	량	*	*	:량	량	向	향	향	향	향	향	·향	향	○	○	○	○	○	○	○	○
	光	광	광	광	광	:광	광	광	廣	광	광	광	*	*	:광	광	況	황	황	황	*	*	·황	황	○	○	○	○	○	○	○	○
	丁	딩	딩	징	딩	딩	딩	징	井	징	징	징	징	징	:징	징	亘	긍	긍	긍	*	*	·긍	긍	○	○	○	○	○	○	○	○
	兄	휭	휭	휭	흉	흉	휭	휭	永	윙	윙	윙	융	융	:윙	윙	瑩	휭	휭	휭	*	*	·윙	휭	○	○	○	○	○	○	○	○
三聲	千	쳔	쳔	쳔	쳔	쳔	쳔	쳔	典	뎐	뎐	뎐	뎐	뎐	:뎐	뎐	旦	단	단	단	*	*	·단	단	○	○	○	○	○	○	○	○
	元	원	원	원	원	원	원	원	犬	퀀	퀀	퀀	*	*	:퀀	퀀	半	붠	붠	붠	번	번	·번	붠	○	○	○	○	○	○	○	○
	臣	찐	찐	씬	찐	친	신	씬	引	인	인	인	인	인	:인	인	艮	근	근	근	*	*	·근	근	○	○	○	○	○	○	○	○
	君	균	균	균	균	균	균	균	允	윤	윤	윤	*	*	:윤	윤	巽	순	순	순	*	*	·순	순	○	○	○	○	○	○	○	○
四聲	刀	다ᇢ	다ᇢ	다ㅗ	다ᇢ	다ㅗ	다ᇢ	다ㅗ	早	자ᇢ	자ᇢ	자ㅗ	자ᇢ	자ㅗ	:자ᇢ	자ㅗ	孝	햐ᇢ	햐ᇢ	햐ㅗ	햐ᇢ	햐ㅗ	*	햐ㅗ	岳	약	야ᇢ	야ㅗ	*	*	야ᇢ	야ㅗ
	毛	마ᇢ	마ᇢ	마ㅗ	마ᇢ	마ㅗ	마ᇢ	마ㅗ	寶	바ᇢ	바ᇢ	바ㅗ	*	*	:바ᇢ	바ㅗ	報	바ᇢ	바ᇢ	바ㅗ	바ᇢ	보	*	바ㅗ	霍	확	화ᇢ	화ㅗ	*	*	화ᇢ	화ㅗ
	牛	이ᇢ	이ᇢ	위	니ᇢ	누	이ᇢ	위	斗	드ᇢ	드ᇢ	두	드ᇢ	두	:드ᇢ	두	奏	즈ᇢ	즈ᇢ	주	*	*	·즈ᇢ	주	六	륙	루	류	룽	루	류	류
	○	○	○	○	○	○	○	○	○	○	○	○	○	○	○	○	○	○	○	○	○	○	○	○	玉	육	유	유	융	유	·유	유
五聲	妻	쳬	쳬	쳬	치	치	쳬	쳬	子	즈	즈	즈	즈ᇫ	ᄌᆞ	:즈	즈	四	스	스	스	스ᇫ	ᄉᆞ	*	스	日	ᅀᅵᆯ	ᅀᅵ	ᅀᅵ	ᅀᅵᆼ	ᅀᅵ	·ᅀᅵ	이
	衰	쉬	쉬	쉬	*	*	*	쉬	○	○	○	○	○	○	○	○	帥	ᄉᆞᆫ	×	쉬	스ᇫ	ᄉᆞ	·쉬	쉬	骨	굳	구	구	궁	구	·구	구
	○	○	○	○	○	○	○	○	○	○	○	○	○	○	○	○	○	○	○	○	○	○	○	○	德	듹	듸	듸	딍	더	·듸	듸
	龜	귀	귀	귀	*	*	귀	귀	水	시	시	쉬	쉬	쉬	:쉬	쉬	貴	귀	귀	귀	귀	귀	·귀	귀	北	븩	븨	븨	븽	버	·븨	븨
六聲	宮	귱	귱	궁	*	*	귱	귱	孔	쿵	쿵	쿵	쿵	쿵	:쿵	쿵	衆	즁	즁	즁	중	중	·즁	중	○	○	○	○	○	○	○	○
	龍	륭	륭	륭	룽	룽	룽	륭	甬	융	융	융	*	*	:융	융	用	융	융	융	융	융	·융	융	○	○	○	○	○	○	○	○
	魚	유	유	유	유	유	유	유	鼠	슈	슈	슈	슈	슈	:슈	슈	去	큐	큐	큐	큐	큐	·큐	큐	○	○	○	○	○	○	○	○
	烏	후	후	후	후	우	우	후	虎	후	후	후	후	후	:후	후	兎	투	투	투	*	*	·투	투	○	○	○	○	○	○	○	○
七聲	心	심	심	심	신	신	심	신	審	심	심	심	*	*	:심	신	禁	김	김	김	긴	긴	·김	긴	○	○	○	○	○	○	○	○
	○	○	○	○	○	○	○	○	○	○	○	○	○	○	○	○	○	○	○	○	○	○	○	○	十	씹	씨	씨	씽	시	*	씨
	男	남	남	남	난	난	남	난	坎	캄	캄	캄	*	*	:캄	칸	欠	켬	켬	캼	켠	켠	·켬	켠	○	○	○	○	○	○	○	○
	○	○	○	○	○	○	○	○	○	○	○	○	○	○	○	○	○	○	○	○	○	○	○	○	妾	쳡	져	쳐	*	*	*	쳐

	水	洪武	四聲	三韻	노걸대		최석정	황윤석	火	洪武	四聲	三韻	노걸대		최석정	황윤석	土	洪武	四聲	三韻	노걸대		최석정	황윤석	石	洪武	四聲	三韻	노걸대		최석정	황윤석
					正	俗							正	俗							正	俗							正	俗		
一音	古	구	구	구	구	구	:구	구	甲	걉	갸	갸	걍	갸	·갸	갸	久	기ᇢ	기ᇢ	긱	*	*	:기ᇢ	긱	癸	귀	귀	귀	귀	귀	:귀	귀
	□	□	□	□	□	□	□	□	□	□	□	□	□	□	□	□	近	낀	낀	낀	낀	긴	:긴	낀	揆	뀌	뀌	뀌	*	*	:귀	뀌
	坤	쿤	쿤	쿤	*	*	쿤	큰	巧	캬ᇦ	캬ᇦ	쟌	캬ᇦ	쟌	:캬ᇦ	쟌	丘	키ᇢ	키ᇢ	킥	*	*	*	킥	棄	켸	켸	켸	키	키	·키	켸
	□	□	□	□	□	□	□	□	□	□	□	□	□	□	□	□	乾	껸	껸	건	*	*	켠	껸	虯	끼ᇢ	끼ᇢ	[illegible]	*	*	키ᇢ	[illegible]
二音	黑	흭	희	희	힁	허	·희	희	花	화	화	화	화	화	화	화	香	향	향	향	향	향	향	향	血	ᄒᆑᇙ	ᄒᆑ	ᄒᆑ	ᄒᆑᆼ	ᄒᆑ	·ᄒᆑ	ᄒᆑ
	黃	ᅘᅪᆼ	ᅘᅪᆼ	ᅘᅪᆼ	ᅘᅪᆼ	황	황	ᅘᅪᆼ	華	ᅘᅪ	ᅘᅪ	ᅘᅪ	*	*	화	ᅘᅪ	雄	ᅘᅲᆼ	ᅘᅲᆼ	ᅘᅲᆼ	*	*	흉	ᅘᅲᆼ	賢	ᅘᅧᆫ	ᅘᅧᆫ	ᅘᅧᆫ	*	*	현	ᅘᅧᆫ
	五	우	우	우	우	우	:우	우	瓦	와	와	와	와	와	:와	와	仰	앙	앙	앙	양	양	:양	앙	□	□	□	□	□	□	□	□
	吾	우	우	우	*	*	우	우	牙	야	야	야	야	야	야	야	月	ᄋᆑᇙ	ᄋᆑ	ᄋᆑ	ᄋᆑᆼ	ᄋᆑ	·ᄋᆑ	ᄋᆑ	堯	여ᇢ	여ᇢ	여ᇢ	*	*	여ᇢ	여ᇢ
三音	安	헌	헌	헌	한	안	안	헌	亞	햐	햐	햐	*	*	·햐	햐	乙	ᅙᅵᇙ	ᅙᅵ	ᅙᅵ	ᅙᅵᆼ	이	·이	ᅙᅵ	一	ᅙᅵᇙ	ᅙᅵ	ᅙᅵ	ᅙᅵᆼ	이	·이	ᅙᅵ
	□	□	□	□	□	□	□	□	爻	ᅘᅣᇢ	ᅘᅣᇢ	ᅘᅣ	*	*	얍	ᅘᅪ	王	왕	왕	왕	왕	왕	왕	왕	寅	인	인	인	인	인	인	인
	母	무	무	무	무	무	:무	무	馬	마	마	마	마	마	:마	마	美	뮈	뮈	뮈	믜	믜	:미	뮈	米	몌	몌	몌	미	미	:몌	몌
	目	묵	무	무	뭉	무	·무	무	皃	마ᇢ	마ᇢ	마ᇢ	*	*	·마ᇢ	마ᇢ	眉	뮈	*	뮈	ᄝᅵ	미	미	뮈	民	민	민	민	민	민	민	민
四音	夫	ᄫᅮ	ᄫᅮ	ᄫᅮ	ᄫᅮ	ᄫᅮ	ᄫᅮ	ᄫᅮ	法	ᄫᅡᆸ	*	ᄫᅡ	ᄫᅡᆼ	ᄫᅡ	·ᄫᅡ	ᄫᅡ	□	□	□	□	□	□	□	□	飛	ᄫᅵ	ᄫᅵ	ᄫᅵ	*	*	ᄫᅵ	ᄫᅵ
	父	ᄬᅮ	ᄬᅮ	ᄫᅮ	ᄬᅮ	ᄫᅮ	:ᄫᅮ	ᄬᅮ	凡	ᄬᅡᆷ	ᄬᅡᆷ	ᄬᅡᆷ	*	*	ᄫᅡᆷ	ᄬᅡᆫ	□	□	□	□	□	□	□	□	吠	ᄫᅵ	ᄫᅵ	ᄫᅵ	*	*	·ᄫᅵ	ᄫᅵ
	武	ᄝᅮ	ᄝᅮ	ᄝᅮ	*	*	:ᄝᅮ	ᄝᅮ	晩	ᄝᅪᆫ	ᄝᅪᆫ	*	ᄝᅪᆫ	완	:ᄝᅪᆫ	ᄝᅪᆫ	□	□	□	□	□	□	□	□	尾	ᄝᅵ	ᄝᅵ	ᄝᅵ	ᄝᅵ	이	:ᄝᅵ	ᄝᅵ
	文	ᄝᅮᆫ	ᄝᅮᆫ	ᄝᅮᆫ	ᄝᅳᆫ	ᄝᅳᆫ	ᄝᅮᆫ	ᄝᅮᆫ	萬	ᄝᅪᆫ	ᄝᅪᆫ	ᄝᅪᆫ	ᄝᅪᆫ	완	·ᄝᅪᆫ	ᄝᅪᆫ	□	□	□	□	□	□	□	□	未	ᄝᅵ	ᄝᅵ	ᄝᅵ	ᄝᅵ	위	·ᄝᅵ	ᄝᅵ
五音	卜	북	부	부	*	*	·부	부	百	븩	븨	븨	븽	버	·븨	븨	丙	빙	빙	빙	빙	빙	:빙	빙	必	비ᇙ	비	비	빙	비	·비	비
	步	뿌	뿌	뿌	뿌	봐	·부	뿌	白	쁵	쁴	쁴	븽	버	·븨	쁴	備	삐	삐	삐	삐	비	·비	삐	鼻	삐	삐	삐	비	비	·비	삐
	普	푸	푸	푸	*	*	:푸	푸	朴	퍅	퍄ᇢ	퐌	퍄ᇢ	포	·퍄ᇢ	푸	品	*	핀	핌	*	*	:핌	핀	匹	피ᇙ	피	피	핑	피	·피	피
	旁	빵	빵	팡	*	*	팡	팡	排	빼	빼	빼	빼	패	패	빼	平	삥	삥	삥	삥	핑	핑	삥	瓶	삥	삥	삥	*	*	핑	삥
六音	東	둥	둥	둥	둥	둥	둥	둥	丹	단	단	단	단	단	단	단	帝	뎨	뎨	뎨	디	디	·뎨	뎨	■	■	■	■	■	■	■	■
	兌	*	뛰	뛰	*	*	·대	뛰	大	때	때	때	따	다	·다	떠	弟	뗴	뗴	뗴	띠	티	*	뗴	■	■	■	■	■	■	■	■
	土	투	투	투	투	투	·투	두	貪	탐	탐	탐	탄	탄	탐	탄	天	텬	텬	텬	텬	텬	텬	텬	■	■	■	■	■	■	■	■
	同	뚱	뚱	뚱	뚱	퉁	퉁	뚱	覃	땀	땀	땀	*	*	탐	딴	田	뗜	뗜	뗜	뗜	텬	텬	뗜	■	■	■	■	■	■	■	■

	水	洪武	四聲	三韻	노걸대		최석정	황운석	火	洪武	四聲	三韻	노걸대		최석정	황운석	土	洪武	四聲	三韻	노걸대		최석정	황운석	石	洪武	四聲	三韻	노걸대		최석정	황운석
					正	俗							正	俗							正	俗							正	俗		
七音	乃	내	내	내	*	*	:내	내	㚷	*	*	내	내	내	:내	내	女	뉴	뉴	뉴	뉴	뉴	:뉴	뉴	■	■	■	■	■	■	■	■
	內	뉘	뉘	뉘	뉘	뉘	·뉘	뉘	南	남	남	남	난	난	남	난	年	년	년	년	년	년	년	년	■	■	■	■	■	■	■	■
	老	랗	랗	랖	랗	랖	:랗	랖	冷	링	링	링	룽	룽	:링	링	呂	류	류	류	*	*	:류	류	■	■	■	■	■	■	■	■
	鹿	룩	루	루	*	*	·루	루	犖	*	*	랖	*	*	·랗	랖	離	례	례	례	리	리	*	례	■	■	■	■	■	■	■	■
八音	走	즇	즇	주	즇	주	·즇	주	哉	재	재	재	*	*	재	재	足	쥬	쥬	쥬	중	주	·쥬	주	■	■	■	■	■	■	■	■
	自	쯔	쯔	쯔	쯩	즈	·즈	쯔	在	째	째	째	째	재	:재	째	匠	쨩	쨩	쨩	*	*	·치	쨩	■	■	■	■	■	■	■	■
	草	찹	찹	찬	찹	찬	:찹	찬	采	채	채	채	*	*	:채	채	七	칟	치	치	칭	치	·치	치	■	■	■	■	■	■	■	■
	曹	짭	짭	짠	*	*	찹	짠	才	째	째	째	째	채	채	째	全	쮠	쮠	쮠	쮠	췬	췬	쮠	■	■	■	■	■	■	■	■
九音	思	스	스	스	승	ᄉᆞ	스	스	三	삼	삼	삼	산	산	삼	산	星	싱	싱	싱	싱	싱	싱	싱	■	■	■	■	■	■	■	■
	寺	스	스	스	승	ᄉᆞ	스	스	□	□	□	□	□	□	□	□	象	썅	썅	썅	썅	샹	샹	썅	■	■	■	■	■	■	■	■
	□	□	□	□	□	□	□	□	□	□	□	□	□	□	□	□	□	□	□	□	□	□	□	□	■	■	■	■	■	■	■	■
	□	□	□	□	□	□	□	□	□	□	□	□	□	□	□	□	□	□	□	□	□	□	□	□	■	■	■	■	■	■	■	■
十音	■	■	■	■	■	■	■	■	山	산	산	*	산	산	산	산	手	싈	싈	쉬	싈	싀	:싈	싀	■	■	■	■	■	■	■	■
	■	■	■	■	■	■	■	■	士	씨	씨	씨	*	*	·스	씨	石	씩	씨	씨	씽	시	·시	씨	■	■	■	■	■	■	■	■
	■	■	■	■	■	■	■	■	□	□	□	□	□	□	□	□	耳	ᅀᅵ	ᅀᅵ	ᅀᅵ	ᅀᅳᇫ	ᅀᆞ	:ᅀᅵ	이	■	■	■	■	■	■	■	■
	■	■	■	■	■	■	■	■	□	□	□	□	□	□	□	□	二	ᅀᅵ	ᅀᅵ	ᅀᅵ	ᅀᅳᇫ	ᅀᆞ	·ᅀᅵ	이	■	■	■	■	■	■	■	■
十一音	■	■	■	■	■	■	■	■	莊	장	장	장	*	*	장	쟝	震	진	진	진	*	*	*	진	■	■	■	■	■	■	■	■
	■	■	■	■	■	■	■	■	乍	짜	짜	짜	*	*	·자	짜	□	□	□	□	□	□	□	□	■	■	■	■	■	■	■	■
	■	■	■	■	■	■	■	■	叉	차	차	차	차	차	차	차	赤	칙	치	치	칭	치	·치	치	■	■	■	■	■	■	■	■
	■	■	■	■	■	■	■	■	崇	쭝	쭝	쭝	*	*	충	쭝	辰	씬	씬	씬	찐	친	친	씬	■	■	■	■	■	■	■	■
十二音	■	■	■	■	■	■	■	■	卓	좍	좝	좌	좝	조	·좝	좌	中	중	중	중	중	중	즁	즁	■	■	■	■	■	■	■	■
	■	■	■	■	■	■	■	■	宅	쯱	쯰	쯰	찡	재	·즤	쯰	直	찍	찌	찌	찡	지	·지	찌	■	■	■	■	■	■	■	■
	■	■	■	■	■	■	■	■	坼	칙	*	칙	*	*	·칙	져	丑	칠	칠	취	칠	추	*	주	■	■	■	■	■	■	■	■
	■	■	■	■	■	■	■	■	茶	짜	짜	짜	짜	차	차	짜	呈	찡	찡	찡	*	*	칭	찡	■	■	■	■	■	■	■	■

결론

인류는 일정한 공간에서 생활하면서 그 환경에 적합한 생활 형태를 일구어낸다. 이러한 생활 형태는 어느 시기에 일시적으로 이루어지는 것이 아니라 대대로 계승되면서 축적되는 것인데 우리는 이를 포괄적으로 일컬어 '문화'라고 한다. 문화는 정체되는 것이 아니라 시간의 흐름에 따라 진화되거나 다른 문화에 전파되며, 또 전파된 문화는 다시 기존 문화에 알맞게 적응되어 각 문화마다 개별적이며 다양한 특징을 갖게 된다. 이렇게 문화가 연속적으로 계승되고 발전할 수 있는 것은 인류가 언어로써 서로간의 의사를 교류하고 이를 문자로써 기록하기 때문이다. 즉 인류는 언어로 사상과 감정을 교류하고 또 임의적인 모양[形]으로 언어의 소리[音]와 의미[義]를 기록하는 문자를 만들어 언어가 갖는 시 · 공간의 한계를 보완한다. 이렇게 언어와 문자는 인류의 활동에 따라 만들어지므로 우리는 각 언어와 문자를 통해 그 문화의 기본 특징을 엿볼 수 있다.

동아시아 지역에서는 세계 문화사상 유례가 없이 지속적으로 문화의 전통을 보존해왔는데 이는 공동의 문자인 '한자'를 사용해왔기 때문이다. 한자는 표음 기능을 일부 갖춘 이외에 주로 문자의 형상을 통해 의미를 직접 전달하였던 바, 각 민족들은 한자를 사용하여 언어 체계가 다른 민족끼리도 문화를 교류할 수 있었고 또 면면히 후세까지 전수할 수 있었다. 그러므로 한자 문화권의 역사는 한편으로 한자의 역사라고 말할 수 있다.

그러나 한자가 시공(時空)을 초월하여 사용되는 문자이기는 하지만 문자는 언어의 의미와 아울러 음도 표현해낼 수 있어야 했다. 결국 문자는 언어의 음을 통해 의미 체계가 학습되기 때문이다. 그리하여 한자의 불완전한 표음 기능을 보완하고자 하는 일련의 노력이 진행되어왔고, 아울러 각 시대의 정치 · 문화적 배경 속에서 그 시대의 요청에 따라 어음에 대한 사색도 심오해져 한자의 특성에 연유한, 한자의 역사만큼이나 심원한 어음관이 이루어졌다.

한자 문화권의 어음관. 이 책에서는 이를 '정음관(正音觀)'이라고 명명하였다. 정음관은 수천 년간 한자를 실생활에서 사용하면서 한자의 문자 기능을 완정하게 보완하려는 현실적인 수요와 한자 문화권의 독특한 사유 방식이 어우러져 형성된 어음관이었다. 이 책에서는 정음관의 실체를 구체적으로 파악하기 위해 북송(北宋) 시기 소옹(邵雍)의 『황극경세서』 「성음창화도」를 분석하였다. 그 결과 정음관의 면모를 가시화시킬 수 있었고 그 발전과 계승의 양상을 통해 한자 문화권 특유의 어음관을 심층적으로 인식할 수 있었다. 다음은 『황극경세서』 「성음창화도」를 통해 파악하게 된 정음관의 면모이다.

범어(梵語)만이 '성어(聖語)'라고 하는 불교의 언어 사상에 필적할 수 있는 유교 본위의 언어 사상이 요청되던 북송 시기에, 사대부 문인 신분의 소옹은 스승 이지재(李之才)로부터 전수받은 상수역학과 부친 소고(邵古)에게서 습득되었다고 보이는 음운학 지식으로 세상 모든 음의 생성 원리를 담은 『황극경세서』 「성음창화도」를 제작하였다. 『황극경세서』 「성음창화도」에는 음의 생성 원리 이외에 음을 올바르게 교정하여 성인의 도를 구현한다는 규범적인 의미가 내포되어 있었다. 이는 음을 통해

'천인합일(天人合一)'을 구현하고자 하는 '성음 교화 사상'과 '순환적 시간 관념', 그리고 '문언음'의 전통을 잇는 한자 문화권 고유의 사유 특징에서 비롯된 것이다.

소옹은 『황극경세서』「성음창화도」에 과연 어떠한 어음 체계를 구현하고자 했을까? 이러한 의문점을 위해 이 책에서는 좀더 심층적으로 소옹의 제작 동기 및 그의 정음관에 초점을 맞추고 현대 학자들의 연구 성과를 바탕으로 『황극경세서』「성음창화도」를 분석하였다. 그 결과 『황극경세서』「성음창화도」에는 상수역학적 체제에 의해 세상의 모든 음을 포용하는 음운 체계가 구현되어 있음을 알 수 있었다. 특히 소옹은 『황극경세서』「성음창화도」에서 전탁음 성모를 '송기-탁음성모'와 '불송기-탁음성모'로 설정하고, 비음과 변음도 성조를 이용하여 '청-비/변음'과 '탁-비/변음'으로 구분하였다. 이러한 음소는 중국어 음운 체계에 존재한 적이 없었는데 어찌하여 소옹은 이러한 음소를 설정하였을까? 소옹의 젊었을 때의 방랑벽으로 보아[1] 중국 각 방언 지역의 다양한 음을 터득하였을 것이라고 추측할 수도 있겠지만, 부친 소고로부터 범어를 체득하여 설정한 것이 아닐까 생각한다. 즉 소옹이 구현하고자 한 세상 만물의 음에는 범어의 음운 체계도 고려하였다는 것이다. 또한 소옹과 같은 시대에 간행된 『광운』·『집운』·『예부운략』 등 문언음 운서를 운도의 틀로 실현시켜준 『운경』·『칠음략』과의 체제를 비교해볼 때, 『황극경세서』「성음창화도」는 분명히 그와는 다른 운모 체계를 가지고 있었다. 도리어 『황극경세서』「성음창화도」가 『절운지장도』와 가장 유사한 것은 소옹이 문언음뿐만이 아니라 현실에 존재하는 실제 음운도 반영시키려는 의도를 가지고

1 『송사(宋史)』「도학전(道學傳)」: "소옹이 탄식하며 말하길, 옛날 사람들은 옛 것을 벗하였지만, 나만 유독 세상을 다녀본 적이 없구나. 이에 황하와 분수(汾水)를 건너고 회수(淮水)와 한수(漢水)를 지나 제·노·송·정의 옛 터를 오랫동안 주류하였다.(歎曰, 昔人尙友於古而吾獨未及四方, 於是踰河汾, 涉淮漢, 周流齊魯宋鄭之墟久之.)"

있었음을 추측하게 한다. 이러한 점에서 『황극경세서』「성음창화도」는 유교 언어관의 본질을 꿰뚫는 귀중한 어음 자료이며, 아울러 이는 실제 어음을 귀납해서 얻어낸 결과가 아니라 인위적인 틀에 연역적 방법으로 얻어낸 결과였음을 또한 재차 체득할 수 있었다.

『황극경세서』「성음창화도」에 구현된 정음관으로 인해 소옹은 '북송오자(北宋五子)'라는 영예와 함께 후세에 커다란 반향을 일으키게 되었다. 후세 학자들은 인위적인 틀에 맞추어 어음의 수를 맞추려다가 치우치게 음을 분석해내기도 하였지만, 또한 틀의 숫자에 미치지 못하는 음을 변별해내는 융통성도 보였다. 그러나 작자들마다 방언(方言) 및 고음(古音)을 추구하는 어음 기준이 달랐고 또 무엇보다도 대입된 글자가 표음 기능이 불완전한 '한자'였다는 구조적인 모순이 있었기 때문에 당시 제작된 어떠한 운서나 운도의 음운 체계도 표준이 될 수가 없었다. 한자 문화권 고유의 사유 방식과 2,000여 년의 음운학 전통이 집약된 정음관은 이상적인 방법론으로서 존재할 수 있었지만 결국 한자가 갖는 표음에 있어서의 한계를 그대로 드러내는 결과를 초래하게 된 것이다.

이제 이상의 논의를 통하여 얻게 된 몇 가지 성과와 문제점을 제시하면서 논의를 마무리짓고자 한다.

첫째, 『황극경세서』「성음창화도」에서부터 본격적인 정음관이 비롯되었지만 결코 소옹이 독창적으로 정음관을 만든 것이라고 볼 수 없다. 소옹 이전에 이미 반절, 운서, 운도를 통해 정밀하게 어음 구조를 분석해내는 고도의 기량을 갖추고 있었으므로 소옹 시기에 와서는 반대로 어음을 연역해내는 정음관이 배태될 수 있는 제반 조건이 이미 성숙하게 되었다. 이러한 정음관은 송대라는 특수한 시대적 배경과 소옹 개인의 사승 관계에 의해 그 면모가 드러나게 되었지만 소옹이 아니더라도 당시 혹은 그 이후의 누군가에 의해 체계화되었을 가능성이 있다.

둘째, 아울러 이 책에서는 이러한 논의를 통해 문화의 정체 현상과 이에 따른 문화의 토착화 과정을 직접 관찰할 수 있었다. 즉 조선은 한자 문화권에서 생성 및 발전을 겪은 한자에 대한 사유 전통–정음관을 받아들여 우리의 실정에 맞게 변용하여 훈민정음을 창조하였고, 또한 한자의 고질적인 표음 관련 문제를 해결하는 새로운 경지를 개척한 것이다. 이는 조선이 당시 유교적 이데올로기에 충실하였던 문화 선진 국가였지만 『훈민정음 · 서문』에 분명히 밝혔듯이 '나 · 랏 : 말쏘 · 미 듕귁 · 에 달아 문쭝 · 와 · 로 서르 ᄉᆞ뭇 · 디 아 · 니홀 · 씨……'[2]라는 신흥 유교 문화 국가로서의 자주 · 독립성과 확고한 학문적 소신이 이룬 결과였다.

어느 민족이나 고유한 사유 체계를 갖는다. 그러나 긴 역사를 지내오는 동안 독자적인 사상만을 고수해온 민족은 없다. 어느 민족이든 이웃 민족들과 끊임없이 영향을 주고받으면서 자기의 사상을 발전시키고 한편으로 외래 사상을 자신의 사상으로 토착화시키기도 한다. 그러나 아무리 훌륭한 선진 문화라도 민족의 삶을 기초로 발전시킬 수 없다면 그 민족의 훌륭한 사상으로 기능할 수가 없을 것이다. 모든 사상의 생명은 모방이 아닌 창조에 있기 때문이다. 『성리대전』에 부록된 『황극경세서』 「성음창화도」가 똑같이 명 · 청과 조선에 전래되었더라도 각각 받아들인 모습은 대체적으로 구별된다. 오늘날 중국에서 정음관은 한때의 사상계를 지배하였던 흘러간 옛 사상이 되어버렸고, 아직까지도 표음 문제에 있어 한자가 가지는 근본적인 문제를 해결하지 못하고 1958년 '한어병음방안'을 확정하여 '라틴 자모'를 빌려 한자의 음을 나타내고 있다. 그러나 우리 민족은 정음관에 창조적인 문화 역량을 부여하여 이를 기초로 발음 부위와 발음 방법을 상형한 표음 문자 체계를 창제하여 오늘날까지 편리

2 『훈민정음(訓民正音)』: "國之語音 異乎中國 與文字不相流通 故愚民 有所欲言而終不得伸其情者 多矣. 予爲此憫然 新制二十八字 欲使人人易習 便於日用矣."

한 문자 생활을 영위하고 있다. 결국 우리는 외래 사상인 정음관을 주체적으로 섭취하여 창조적으로 우리의 토양에 맞게 변용하고 또 우리의 삶을 개선시키는 도구로 활용하였으므로 결국 정음관은 우리 민족의 사상으로서 기능하는 것이다.

셋째, 고인들의 언어와 행적을 기록한 서적이 대대로 전해지면서 경전이 되었고 후세 사람들은 이 경전을 학습하고 또 그것을 모범으로 삼아 경전에 실린 의미를 터득하고자 주해를 하였다. 그리하여 일찍부터 중국 고대 언어는 연구의 대상이 되었지만 이 역시 선왕(先王)의 법도를 본받기 위한 '식자통경(識字通經)'의 사상으로 관철되어 연구의 초점은 선진양한의 유가 경전에 집중되었고 현실음보다는 고음(古音)의 연구를 중시하여 언어 자체의 규율을 대상으로 한 것은 아니었다. 즉 당시 언어 연구는 경전에 주해를 하기 위한 것이었으므로 줄곧 경전 연구의 종속적인 위치에 있었다.[3] 이와 같은 고증과 훈고에 치중한 연구 방법을 문헌학(philology)적 방법이라고 통칭하는데 이는 다른 문화권에서도 유사한 예를 찾아볼 수 있다.

20세기 초 서구의 언어학이 도입되어 중국 현대 언어학의 기틀이 마련되면서 중국의 고음에 대한 연구는 문헌학적인 방법에서 탈피하여 보다 언어학(linguistics)적인 방법으로 접근하게 되었다. 즉 여러 해성자(諧聲字) 자료 및 『시경』, 『초사』에 반영된 상고 시기의 음운 체계와 운서와 운도 그리고 현대 방언 자료를 통한 중고 시기의 음운 체계, 아울러

3 한자 문화권에서는 이러한 전통 어문학을 '소학(小學)'이라고 명명하였다. 즉 옛날 귀족자제는 8세에 소학(小學)에 입학하여 육서(六書)를 배웠는데 글자 교육을 소학(小學)에서 전담하였으므로 글자의 형(形) · 음(音) · 의(意)를 분별하는 학문도 소학(小學)이라고 하였다. 그 뒤 소학(小學)의 범위는 확대되어 문자 · 음운 · 훈고학 연구를 포괄하였다. 『주례(周禮)』「지관(地官)」: "保氏掌諫王惡, 而養國子以道. 乃教之以六藝: 一曰五禮, 二曰六樂, 三曰五射, 四曰五馭, 五曰六書, 六曰九數."

『중원음운(中原音韻)』 이후의 현대 북경어에 이르는 근세 시기의 음운 체계를 재구하여 중국어가 역사적으로 변천해온 과정을 단계적으로 설명하고자 하였다. 이러한 방법은 한 언어의 역사적인 변천 과정을 검토하여 그 언어의 본질을 밝히는 데에 있어 기본이 되는 것으로서 이러한 연구 방법을 통해 중국 언어 연구의 차원을 보다 과학적인 학문의 단계로 끌어올렸다고 인식되고 있다.

그러나 이러한 언어학적인 방법은 반드시 언어 자료의 문화적 배경을 고찰하는 문헌학적 방법이 전제되어야 할 것이다. 이 책에서는 송대 이후의 많은 운서나 운도가 어느 지방의 실제 어음을 반영한 것이 아니라 작자의 기준에 따라 세상의 음을 포용할 수 있는 기본 음계를 상정하여 제작되었다는 점을 강조하였다. 따라서 송대 이후 정음관을 구현하기 위해 제작된 많은 운도들이 각각 단일 방언의 실제 음계를 반영한 것이라는 선입견은 재고되어야 하며, 한자 문화권에 배어 있는 연역적 방법의 어음관인 정음관에 대한 인식을 소홀히 해서는 안 될 것이다.

附錄

① 一聲[4]

聲音唱和圖				反切	開合	聲調	韻	聲母
一聲	闢	平	多	得何	開	平	歌	端
		上	可	枯我	開	上	架	溪
		去	個	古賀	開	去	箇	見
		入	舌	食列	開	入	薛	船
	翕	平	禾	戶戈	合	平	戈	匣
		上	火	呼果	合	上	果	曉
		去	化	呼覇	合	去	禡	曉
		入	*八	博拔	合	入	黠	幫
	闢	平	開	苦哀	開	平	咍	溪
		上	宰	作亥	開	上	海	精
		去	愛	烏代	開	去	代	影
		入	○	○	○	○	○	○
	翕	平	回	戶恢	合	平	灰	匣
		上	每	武罪	合	上	賄	明
		去	退	他內	合	去	隊	透
		入	○	○	○	○	○	○

② 二聲[5]

聲音唱和圖				反切	開合	平仄	韻	聲母
二聲	闢	平	良	呂張	開	平	陽	來
		上	兩	良獎	開	上	養	來
		去	向	許亮	開	去	漾	曉
		入	○	○	○	○	○	○
	翕	平	光	古黃	合	平	唐	見
		上	廣	古晃	合	上	蕩	見
		去	況	許訪	合	去	漾	曉
		入	○	○	○	○	○	○
	闢	平	丁	當經	開	平	青	端
		上	井	子郢	開	上	靜	精
		去	亙	古鄧	開	去	嶝	見
		入	○	○	○	○	○	○
	翕	平	兄	許榮	合	平	庚	曉
		上	永	于憬	合	上	梗	云
		去	*瑩	烏定	合	去	徑	影
		入	○	○	○	○	○	○

---

4 * ‘八’은 『운경(韻鏡)』에 개구(開口: 外轉第二十三開)와 합구(合口: 外轉第二十四合)에 동시에 기재되어 있다. 그러나 그외의 운도에는 모두 합구에 기재되어 있다.

5 『운경(韻鏡)』, 『칠음략(七音略)』, 『절운지장도(切韻指掌圖)』 등에는 * ‘영(瑩)’ 대신 ‘형(鎣)’으로 기재되어 있다.

③ 三聲

聲音唱和圖				反切	開合	平仄	韻	聲母
三聲	闢	平	千	蒼先	開	平	先	淸
		上	典	多殄	開	上	銑	端
		去	旦	得按	開	去	翰	端
		入	○	○	○	○	○	○
	翕	平	元	愚袁	合	平	元	疑
		上	犬	苦泫	合	上	銑	溪
		去	半	博幔	合	去	換	幫
		入	○	○	○	○	○	○
	闢	平	臣	植隣	開	平	眞	禪
		上	引	余忍	開	上	軫	以
		去	艮	古恨	開	去	恨	見
		入	○	○	○	○	○	○
	翕	平	君	擧雲	合	平	文	見
		上	允	余準	合	上	準	以
		去	巽	蘇因	合	去	慁	心
		入	○	○	○	○	○	○

④ 四聲[6]

聲音唱和圖				反切	開合	平仄	韻	聲母
四聲	闢	平	刀	都牢	開	平	豪	端
		上	早	子晧	開	上	晧	精
		去	孝	呼敎	開	去	效	曉
		入	岳	五角	開	入	覺	疑
	翕	平	毛	莫袍	開	平	豪	明
		上	寶	博抱	開	上	晧	幫
		去	報	博秏	開	去	號	幫
		入	霍	虛郭	合	入	鐸	曉
	闢	平	牛	語求	開	平	尤	疑
		上	斗	當口	開	上	厚	端
		去	奏	則候	開	去	候	精
		入	六	力竹	開	入	屋	來
	翕	平	○	○	○	○	○	○
		上	○	○	○	○	○	○
		去	○	○	○	○	○	○
		入	玉	魚欲	合	入	燭	疑

6 '毛·寶·報·霍'는 운도에서 독운(獨韻)인 섭에 기재되어 있으므로 소옹이 배정한 '흡(翕)'에 부합한다.

⑤ **五聲**

聲音唱和圖				反切	開合	平仄	韻	聲母
五聲	闢	平	妻	七稽	開	平	齊	清
		上	子	卽里	開	上	止	精
		去	四	息利	開	去	至	心
		入	日	入質	開	入	質	日
	翕	平	衰	所追	合	平	脂	生
		上	○	○	○	○	○	○
		去	帥	所類	合	去	至	生
		入	骨	古忽	合	入	沒	見
	闢	平	○	○	○	○	○	○
		上	○	○	○	○	○	○
		去	○	○	○	○	○	○
		入	德	多則	開	入	德	端
	翕	平	龜	居追	合	平	脂	見
		上	水	式軌	合	上	旨	書
		去	貴	居胃	合	去	未	見
		入	北	博黑	合	入	德	幇

⑥ **六聲**

聲音唱和圖				反切	開合	平仄	韻	聲母
六聲	闢	平	宮	居戎	開	平	東	見
		上	孔	康董	開	上	董	溪
		去	衆	之仲	開	去	送	章
		入	○	○	○	○	○	○
	翕	平	龍	力鍾	合	平	鍾	來
		上	甬	余隴	合	上	腫	以
		去	用	余頌	合	去	用	以
		入	○	○	○	○	○	○
	闢	平	魚	語居	開	平	魚	疑
		上	鼠	舒呂	開	上	語	書
		去	去	丘倨	開	去	御	溪
		入	○	○	○	○	○	○
	翕	平	烏	哀都	合	平	模	影
		上	虎	呼古	合	上	姥	曉
		去	兎	湯故	合	去	暮	透
		入	○	○	○	○	○	○

⑦ 七聲

聲音唱和圖				反切	開合	平仄	韻	聲母
七聲	闢	平	心	息林	開	平	侵	心
		上	審	式荏	開	上	寢	書
		去	禁	居蔭	開	去	沁	見
		入	○	○	○	○	○	○
	翕	平	○	○	○	○	○	○
		上	○	○	○	○	○	○
		去	○	○	○	○	○	○
		入	十	是執	合	入	緝	禪
	闢	平	男	那含	開	平	覃	泥
		上	坎	苦感	開	上	感	溪
		去	欠	去劍	開	去	釅	溪
		入	○	○	○	○	○	○
	翕	平	○	○	○	○	○	○
		上	○	○	○	○	○	○
		去	○	○	○	○	○	○
		入	妾	七接	合	入	葉	清

ㄱ. 一音[7]

聲音唱和圖				反切	聲母	平仄	等	韻
一音	淸	開	古	古戶	見	上	一	姥
		發	甲	古狎	見	入	二	狎
		收	久	擧有	見	上	三	有
		閉	*癸	居誄	見	上	三	旨
	濁	開	□	□	□	□	□	□
		發	□	□	□	□	□	□
		收	近	其謹	群	上	三	隱
		閉	*揆	求癸	群	上	三	旨
	淸	開	坤	苦昆	溪	平	一	魂
		發	巧	苦絞	溪	上	二	巧
		收	丘	去鳩	溪	平	三	尤
		閉	*棄	詰利	溪	去	三	至
	濁	開	□	□	□	□	□	□
		發	□	□	□	□	□	□
		收	乾	渠焉	群	平	三	仙
		閉	*虯	渠幽	群	平	三	幽

7 폐음(閉音)에 해당하는 '* 癸, * 揆, * 棄, * 虯'의 삼등운(三等韻)은 중뉴(重紐) B류에 해당하므로 운도(韻圖)에는 4등자리에 배열되어 있다.: 심소희, 「중고한어(中古漢語)의 중뉴연구(重紐研究)」, 연세대 석사학위논문, 1990 참조.

ㄴ. 二音[8]

聲音唱和圖				反切	聲母	平仄	等	韻
二音	淸	開	黑	呼北	曉	入	一	德
		發	花	呼瓜	曉	平	二	麻
		收	香	許良	曉	平	三	陽
		閉	血	呼決	曉	入	四	屑
	濁	開	黃	胡光	匣	平	一	唐
		發	華	胡化	匣	去	二	禡
		收	* 雄	羽弓	匣	平	三	東
		閉	賢	胡田	匣	平	四	先
	淸	開	五	疑古	疑	上	一	姥
		發	瓦	五寡	疑	上	二	馬
		收	仰	魚兩	疑	上	三	養
		閉	□	□	□	□	□	□
	濁	開	吾	五乎	疑	平	一	模
		發	牙	五加	疑	平	二	麻
		收	月	魚厥	疑	入	三	月
		閉	堯	五聊	疑	平	四	蕭

ㄷ. 三音[9]

聲音唱和圖				反切	聲母	平仄	等	韻
三音	淸	開	安	烏寒	影	平	一	寒
		發	亞	衣嫁	影	去	二	禡
		收	乙	於筆	影	入	三	質
		閉	* 一	於悉	影	入	三	質
	濁	開	□	□	□	□	□	□
		發	爻	胡茅	匣	平	二	肴
		收	王	雨方	喩	平	三	陽
		閉	* 寅	翼眞	喩	平	三	眞
	淸	開	母	莫厚	明	上	一	厚
		發	馬	莫下	明	上	二	馬
		收	美	無鄙	明	上	三	旨
		閉	米	莫禮	明	上	四	薺
	濁	開	** 目	莫六	明	入	三	屋
		發	貌	莫教	明	去	二	效
		收	眉	武悲	明	平	三	脂
		閉	* 民	彌隣	明	平	三	眞

---

8 * '雄'은 『광운(廣韻)』에는 우궁절(羽弓切)로서 유삼모(喩三母)이지만 『집운(集韻)』은 호궁절(胡弓切)로서 갑모(匣母)이고 그 외 『운경(韻鏡)』, 『칠음략(七音略)』, 『사성등자(四聲等子)』, 『절운지장도(切韻指掌圖)』, 『절운지남(切韻指南)』의 운도에는 모두 '갑모(匣母)'에 배열되었다.

9 폐음(閉音) * '一', * '寅', * '民'의 삼등운(三等韻)이지만 중뉴(重紐) B류이므로 운도에는 4등자

ㄹ. 四音

聲音唱和圖				反切	聲母	平仄	等	韻
四音	淸	開	夫	甫無	非	平	三	虞
		發	法	方乏	非	入	三	乏
		收	□	□	□	□	□	□
		閉	飛	甫微	非	平	三	微
	濁	開	父	扶雨	奉	上	三	麌
		發	凡	符芝	奉	平	三	凡
		收	□	□	□	□	□	□
		閉	吠	符廢	奉	去	三	廢
	淸	開	武	文甫	微	上	三	麌
		發	晚	無遠	微	上	三	阮
		收	□	□	□	□	□	□
		閉	尾	無匪	微	上	三	尾
	濁	開	文	無分	微	平	三	文
		發	萬	無販	微	去	三	願
		收	□	□	□	□	□	□
		閉	未	無沸	微	去	三	未

ㅁ. 五音[10]

聲音唱和圖				反切	聲母	平仄	等	韻
五音	淸	開	卜	博木	幫	入	一	屋
		發	百	博陌	幫	入	二	陌
		收	丙	兵永	幫	上	三	梗
		閉	*必	卑吉	幫	入	三	質
	濁	開	步	薄故	並	去	一	暮
		發	白	傍陌	並	入	二	陌
		收	備	平祕	並	去	三	至
		閉	*鼻	毗至	並	去	三	至
	淸	開	普	滂古	滂	上	一	姥
		發	朴	匹角	滂	入	二	覺
		收	品	丕飮	滂	上	三	寑
		閉	*匹	譬吉	滂	入	三	質
	濁	開	旁	步光	並	平	一	唐
		發	排	步皆	並	平	二	皆
		收	平	符兵	並	平	三	庚
		閉	甁	薄經	並	平	四	青

리에 배열되어 있다. 개음(開音) ** '目'은 『운경(韻鏡)』, 『칠음략(七音略)』, 『절운지장도(切韻指掌圖)』 등에 모두 3등자리에 배열되어 있고 『사성등자(四聲等子)』, 『절운지남(切韻指南)』에는 '目'자는 없지만 같은 운의 '木'자가 1등자리에 기재되어 있다.

10 폐음(閉音)인 * '必', * '鼻', * '匹'의 삼등운(三等韻)은 중뉴(重紐) B류이므로 운도(韻圖)에는 4등자리에 배열되어 있다.

ㅂ. 六音

聲音唱和圖				反切	聲母	平仄	等	韻
六音	清	開	東	德紅	端	平	一	東
		發	丹	都寒	端	平	一	寒
		收	帝	都計	端	去	四	霽
		閉	■	■	■	■	■	■
	濁	開	兌	杜外	定	去	一	泰
		發	大	唐佐	定	去	一	箇
		收	弟	徒禮	定	上	四	薺
		閉	■	■	■	■	■	■
	清	開	土	他魯	透	上	一	姥
		發	貪	他含	透	平	一	覃
		收	天	他前	透	平	四	先
		閉	■	■	■	■	■	■
	濁	開	同	徒紅	定	平	一	東
		發	覃	徒含	定	平	一	覃
		收	田	徒年	定	平	四	先
		閉	■	■	■	■	■	■

ㅅ. 七音

聲音唱和圖				反切	聲母	平仄	等	韻
七音	清	開	乃	奴亥	泥	上	一	海
		發	嬭	奴蟹	泥	上	二	蟹
		收	女	尼呂	泥	上	三	語
		閉	■	■	■	■	■	■
	濁	開	內	奴對	泥	去	一	隊
		發	南	那含	泥	平	一	覃
		收	年	奴顚	泥	平	四	先
		閉	■	■	■	■	■	■
	清	開	老	盧晧	來	上	一	晧
		發	冷	魯打	來	上	二	梗
		收	呂	力擧	來	上	三	語
		閉	■	■	■	■	■	■
	濁	開	鹿	盧谷	來	入	一	屋
		發	犖	呂角	來	入	二	覺
		收	離	呂支	來	平	三	支
		閉	■	■	■	■	■	■

ㅇ. 八音[11]

聲音唱和圖				反切	聲母	平仄	等	韻
八音	清	開	走	子苟	精	上	一	厚
		發	哉	祖才	精	平	一	哈
		收	足	卽玉	精	入	三	燭
		閉	■	■	■	■	■	■
	濁	開	*自	疾置	從	去	三	至
		發	在	昨宰	從	上	一	海
		收	匠	疾亮	從	去	三	漾
		閉	■	■	■	■	■	■
	清	開	草	采老	清	上	一	晧
		發	采	倉宰	清	上	一	海
		收	七	親吉	清	入	三	質
		閉	■	■	■	■	■	■
	濁	開	曹	昨勞	從	平	一	豪
		發	才	昨哉	從	平	一	哈
		收	全	疾緣	從	平	三	仙
		閉	■	■	■	■	■	■

ㅈ. 九音[12]

聲音唱和圖				反切	聲母	平仄	等	韻
九音	清	開	*思	息兹	心	平	三	之
		發	三	蘇甘	心	平	一	談
		收	星	桑徑	心	平	四	青
		閉	■	■	■	■	■	■
	濁	開	*寺	祥吏	邪	去	三	志
		發	□	□	□	□	□	□
		收	象	徐兩	邪	上	三	養
		閉	■	■	■	■	■	■
	清	開	□	□	□	□	□	□
		發	□	□	□	□	□	□
		收	□	□	□	□	□	□
		閉	■	■	■	■	■	■
	濁	開	□	□	□	□	□	□
		發	□	□	□	□	□	□
		收	□	□	□	□	□	□
		閉	■	■	■	■	■	■

---

11 * '自'자는 3등운이지만 중뉴(重紐) B이므로 『운경(韻鏡)』, 『칠음략(七音略)』, 『절운지남(切韻指南)』 등 운도에는 4등자리에 놓였다. 그러나 『사성등자(四聲等子)』에는 '自'자가 기재되지 않았고 『절운지장도(切韻指掌圖)』에는 1등자리에 놓였다.

12 * '思'자는 『운경(韻鏡)』, 『칠음략(七音略)』, 『절운지남(切韻指南)』에 모두 4등에 놓였고 『사성등자(四聲等子)』에는 기재되지 않았다. 『절운지장도(切韻指掌圖)』에는 1등자리에 놓였다. * '寺'자는 『운경(韻鏡)』, 『칠음략(七音略)』, 『사성등자(四聲等子)』, 『절운지남(切韻指南)』에 모두 4등에 놓였지만 『절운지장도(切韻指掌圖)』에는 1등자리에 놓였다.

ㅊ. 十音[13]

聲音唱和圖				反切	聲母	平仄	等	韻
十音	淸	開	■	■	■	■	■	■
		發	山	所間	生	平	二	山
		收	手	書九	書	上	三	有
		閉	■	■	■	■	■	■
	濁	開	■	■	■	■	■	■
		發	*士	鉏里	崇	上	三	止
		收	石	常隻	禪	入	三	昔
		閉	■	■	■	■	■	■
	淸	開	■	■	■	■	■	■
		發	□	□	□	□	□	□
		收	耳	而止	日	上	三	止
		閉	■	■	■	■	■	■
	濁	開	■	■	■	■	■	■
		發	□	□	□	□	□	□
		收	二	而至	日	去	三	至
		閉	■	■	■	■	■	■

ㅌ. 十一音[14]

聲音唱和圖				反切	聲母	平仄	等	韻
十一音	淸	開	■	■	■	■	■	■
		發	*庄	側羊	莊	平	三	陽
		收	震	章刃	章	去	三	震
		閉	■	■	■	■	■	■
	濁	開	■	■	■	■	■	■
		發	乍	鋤駕	崇	去	二	禡
		收	□	□	□	□	□	□
		閉	■	■	■	■	■	■
	淸	開	■	■	■	■	■	■
		發	叉	初牙	初	平	二	麻
		收	赤	昌石	昌	入	三	昔
		閉	■	■	■	■	■	■
	濁	開	■	■	■	■	■	■
		發	*崇	鋤弓	崇	平	三	東
		收	辰	植鄰	禪	平	三	眞
		閉	■	■	■	■	■	■

---

13 * '士'자는 지운(止韻: 3등운)이지만 『운경(韻鏡)』, 『칠음략(七音略)』, 『절운지장도(切韻指掌圖)』, 『사성등자(四聲等子)』, 『절운지남(切韻指南)』에는 모두 2등자리에 배열되었다(성모의 영향인 듯하다).

14 * '庄', * '崇'자는 3등운이지만 운도 『운경(韻鏡)』, 『칠음략(七音略)』, 『절운지장도(切韻指掌圖)』, 『사성등자(四聲等子)』, 『절운지남(切韻指南)』에는 모두 2등자리에 배열되었다(역시 성모의 영향인 듯하다).

ㅍ. 十二音

<table>
<tr><th colspan="4">聲音唱和圖</th><th>反切</th><th>聲母</th><th>平仄</th><th>等</th><th>韻</th></tr>
<tr><td rowspan="16">十二音</td><td rowspan="4">淸</td><td>開</td><td>■</td><td>■</td><td>■</td><td>■</td><td>■</td><td>■</td></tr>
<tr><td>發</td><td>卓</td><td>竹角</td><td>知</td><td>入</td><td>二</td><td>覺</td></tr>
<tr><td>收</td><td>中</td><td>陟弓</td><td>知</td><td>平</td><td>三</td><td>東</td></tr>
<tr><td>閉</td><td>■</td><td>■</td><td>■</td><td>■</td><td>■</td><td>■</td></tr>
<tr><td rowspan="4">濁</td><td>開</td><td>■</td><td>■</td><td>■</td><td>■</td><td>■</td><td>■</td></tr>
<tr><td>發</td><td>宅</td><td>現伯</td><td>澄</td><td>入</td><td>二</td><td>陌</td></tr>
<tr><td>收</td><td>直</td><td>除力</td><td>澄</td><td>入</td><td>三</td><td>職</td></tr>
<tr><td>閉</td><td>■</td><td>■</td><td>■</td><td>■</td><td>■</td><td>■</td></tr>
<tr><td rowspan="4">淸</td><td>開</td><td>■</td><td>■</td><td>■</td><td>■</td><td>■</td><td>■</td></tr>
<tr><td>發</td><td>坼</td><td>丑格</td><td>徹</td><td>入</td><td>二</td><td>陌</td></tr>
<tr><td>收</td><td>丑</td><td>敕九</td><td>徹</td><td>上</td><td>三</td><td>有</td></tr>
<tr><td>閉</td><td>■</td><td>■</td><td>■</td><td>■</td><td>■</td><td>■</td></tr>
<tr><td rowspan="4">濁</td><td>開</td><td>■</td><td>■</td><td>■</td><td>■</td><td>■</td><td>■</td></tr>
<tr><td>發</td><td>茶</td><td>宅加</td><td>澄</td><td>平</td><td>二</td><td>麻</td></tr>
<tr><td>收</td><td>呈</td><td>直貞</td><td>澄</td><td>平</td><td>三</td><td>淸</td></tr>
<tr><td>閉</td><td>■</td><td>■</td><td>■</td><td>■</td><td>■</td><td>■</td></tr>
</table>

참고 문헌

1. 원전류

『康熙字典』

『經世訓民正音圖說』

『廣韻』

『奎章全韻』

『東國正韻』

『飜譯老乞大』

『佛光大辭典』

『四庫全書術數類叢書』(一～九)

『四聲通解』

『三韻聲彙』

『五洲衍文長箋散稿』

『理藪新編』

『集韻』

『霞谷集』

『洪武正韻』

『洪武正韻譯訓』

『華東正音通釋韻考』

『華音啓蒙諺解』

『訓蒙字會』

2. 저서류

강만길, 『분단시대의 역사인식』, 서울: 창작과 비평사, 1978.

강신항, 『국어학사』, 서울: 보성문화사, 1987.

강신항, 『국어학산고』, 서울: 도서출판 월인, 2007.

강신항, 『사성통해연구』, 서울: 신아사, 1980.
강신항, 『한국의 운서』, 서울: 태학사, 2000.
강신항, 『훈민정음연구』, 서울: 성균관대학교 출판부, 2003.
고려대학교민족문화연구원, 『고려대한국어대사전』, 서울: 고려대학교민족문화연구원 출판사, 2009.
고영근, 『국어학연구사』, 서울: 학연사, 1985.
고영진, 『조선중기예학사상사』, 서울: 한길사, 1995.
구결학회편, 『아시아제민족의 문자』, 서울: 태학사. 1997.
裘錫圭 저 이홍진 역, 『중국문자학』, 서울: 신아사, 2001.
금장태, 『유교사상과 종교문화』, 서울: 서울대학출판부, 1994.
김교빈, 『양명학자 정제두의 철학사상』, 서울: 한길사, 1995.
김길환, 『한국양명학연구』, 서울: 일지사, 1994.
김방한, 『언어와 역사』, 서울: 서울대학교출판부, 1994.
김방한, 『한국어의 계통』, 서울: 민음사, 1983.
김병민, 『조선중세기북학파문학연구』, 대전: 목원대학교출판부, 1990.
김석득, 『우리말연구사』, 서울: 태학사, 2009.
김학주 역, 『한국명저대전집: 화담집』, 서울: 대양서적, 1972.
김학주, 『중국문학사』, 서울: 신아사, 2007.
김홍경 편역, 『음양오행설의 연구』, 서울: 신지서원, 1993.
노영균 역, 『황극경세서』, 서울: 대원출판, 2002.
唐作藩 저 심소희 역, 『중국 음운학』, 서울: 교육과학사, 2000.
島田虔次, 김석근 · 이근우역, 『朱子學と陽明學』, 서울: 도서출판 까치, 1993.
박병채, 『홍무정운역훈의 신연구』, 서울: 고려대학교 민족문화연구소, 1983.
배윤덕, 『우리말 운서의 연구』, 서울: 성신여자대학교출판부, 2005.
버나드 칼그렌 · 최영애 역, 『고대한어음운학개요』, 서울: 민음사, 1985.
山井湧 著 · 김석기 배경석 역, 『明淸思想史의 硏究』, 서울: 학고방, 1994.
서울대학교동양사학연구실, 『강좌중국사』 I～VII, 서울: 지식산업사, 1994.
성원경, 『한중음운학논총』, 서울: 서광학술자료사, 1993.
笹原宏之 저 · 인천대일본한자문화연구회 역, 『훈독을 통해 본 일본의 한자문화와 동아시아의 한자문화』, 서울: 인문사, 2012.
스가누마 아키라 지음 · 이지수 옮김, 『산스끄리뜨의 기초와 실천』, 서울: 민족사, 1993.
심경호, 『주역철학사』, 서울: 예문서원, 1994.

양웅 지음, 이연승 옮김, 『法言』, 서울: 지만지. 2010.
유명종, 『송명철학』, 서울: 형설출판사, 1994.
유창균, 『국어학논고』, 서울: 계명대학교출판부, 1984.
유창균, 『국어학사』, 서울: 형설출판사, 1987.
윤사순, 『한국유학사상론』, 서울: 열음사, 1992.
殷南根 著 · 이동철 역, 『오행의 새로운 이해』, 서울: 법인문화사, 2000.
이기백, 『한국사신론』, 서울: 일조각, 1990.
이보경, 『근대어의 탄생』, 서울: 연세대학교출판부, 2003.
이영옥 역, 『중국황태자의 교육』, 서울: 김영사, 2007.
이윤동, 『중기한국한자음의 연구』, 서울: 우골각, 1988.
이은봉, 『중국고대사상의 원형을 찾아서』, 서울: 소나무, 2003.
이재돈, 『중국어 음운학』, 서울: 학고방, 2007.
정경일, 『한국의 운서』, 서울: 아카넷, 2002.
정대환, 『조선조 성리학연구』, 춘천: 강원대학교출판부, 1992.
정옥자, 『조선후기 문학사상사』, 서울: 서울대학교출판부, 1990.
정옥자, 『조선후기 문화운동사』, 서울: 일조각, 1988.
정옥자, 『조선후기 역사의 이해』, 서울: 일지사, 1993.
정옥자, 『조선후기의 지성사』, 서울: 일지사, 1991.
조동일, 『동아시아문명론』, 서울: 지식산업사, 2010.
조동일, 『문명권의 동질성과 이질성』, 서울: 지식산업사, 1999.
조동일, 『하나이면서 여럿인 동아시아문학』, 서울: 지식산업사, 2003.
천관우, 『한국사의 재발견』, 서울: 일조각, 1974.
최석정 저 김지용 해제, 『경세훈민정음도설』, 서울: 명문당, 2011.
최영애, 『중국어란 무엇인가』, 서울: 통나무, 1998.
최영애, 『한자학강의』, 서울: 통나무, 1995.
최영애, 『중국어음운학』, 서울: 통나무, 2000.
한국철학사상연구회, 『강좌한국철학』, 서울: 예문서원, 1995.
허웅, 『국어음운학』, 서울: 샘출판사, 1980.
허웅, 『언어학』, 서울: 샘문화사, 1981.
현상윤, 『조선유학사』, 서울: 현음사, 1948.
홍기문, 『정음 발달사』, 서울: 서울신문사 출판국, 1946
홍선표 외, 『17 · 18세기 조선의 외국서적 수용과 독서실태』, 서울: 혜안, 2006.
홍윤표, 『국어사문헌자료연구』, 서울: 태학사, 1993.

황광욱 역주, 『역주 화담집』, 서울: 심산, 2004.
황광욱, 『화담 서경덕의 철학사상』, 서울: 심산, 2003.
候外廬 저 · 박완식 역, 『송명이학사』, 서울: 이론과실천사, 1993.
葛兆光, 『道教與中國文化』, 上海: 上海人民出版社, 1984.
姜廣輝, 『理學與中國文化』, 上海: 上海人民出版社, 1984.
江永, 『音學辨微』, 『音韻學叢書』, 臺北: 廣文書局印行, 1966.
耿振生, 『明清等韻學通論』, 北京: 語文出版社, 1990.
顧吉辰, 『宋代佛教史稿』, 鄭州: 中州古籍出版社, 1991.
高明, 『高明小學論集』, 黎明文化事業公司, 1980.
孔仲溫, 『韻鏡研究』, 臺灣: 學生書局, 1987.
郭錫良, 『漢字古音手冊』, 北京大學出版社, 1986.
橋本萬太朗 著 · 余志鴻 譯, 『語言地理類型學』, 北京大學出版社, 1985.
裘錫圭, 『文字學概要』, 北京: 商務印書館, 1985.
南懷瑾, 『禪宗與道家』, 上海: 復旦大學出版社, 1990.
甯忌浮, 『漢語韻書史』, 上海人民出版社, 2009.
魯國堯, 『魯國堯自選集』, 鄭州: 河南教育出版社, 1993.
盧連章, 『中國新儒學史』, 中州古籍出版社, 1993.
唐作藩, 『音韻學教程』, 北京: 北京大學出版社, 1991.
董同龢, 『漢語音韻學』, 臺北: 文史哲出版社, 1989.
董英哲, 『中國科學思想史』, 西安: 陝西人民出版社, 1988.
藤堂明保, 『中國語音韻論 その歷史的研究』, 東京: 光生館, 1980.
藤堂明保, 『中國語學論集』, 東京: 汲古書院, 1987.
藤堂明保, 『漢字と文化』, 東京: 德間書店, 1966.
賴永海, 『理學與佛學』, 杭州: 浙江人民出版社, 1992.
莫友芝 저 · 羅常培 校點, 『韻學源流』, 臺北: 華聯出版社, 1968.
苗春德, 『宋代教育』, 開封: 河南大學出版社, 1992.
尾崎雄二郎, 『中國語音韻史の研究』, 東京: 創文社, 1980.
濮之珍, 『中國語言學史』, 上海: 上海古籍出版社, 1987.
北京大學中文系現代漢語教研室, 『現代漢語』, 北京: 商務印書館, 1993.
謝 · 叶 · 雅洪托夫 著, 唐作藩 · 胡雙寶選編, 『漢語史論集』, 北京大學出版社, 1986.
徐通鏘, 『徐通鏘自選集』, 鄭州: 河南出版社, 1993.
石碩, 『西藏文明東向發展史』, 成都: 四川人民出版社, 1994.
薛鳳生, 『中原音韻音位系統』, 北京: 北京語言學院出版社, 1990.

城田俊,『中古漢語音韻論』, 東京: 風間書房, 1981.
邵敬敏 · 方經民,『中國理論語言學史』, 上海: 華東師範大學出版社, 1991.
邵雍 著 · 上野日出刀 譯,『伊川擊壤集』 東京: 明德出版社, 1979.
小川環樹,『中國語學硏究』, 東京: 創文社, 1977.
孫欽善,『中國古文獻學史』, 北京: 中華書局, 1994.
申小龍,『中國句型文化』, 吉林: 東北師範大學出版社, 1988.
申小龍,『中國文化語言學』, 吉林: 吉林敎育出版社, 1989.
申小龍,『中國語言的結構與人文精神』, 北京: 光明日報出版社, 1988.
沈括 撰 · 胡道靜 校注,『夢溪筆談』, 北京: 中華書局, 1987.
梁曉虹,『佛教詞語的構造與漢語詞彙的發展』, 北京: 北京語言學院出版社, 1994.
葉蜚聲 · 徐通鏘,『語言學綱要』, 北京: 北京大學出版社, 1985.
吳懷祺,『宋代史學思想史』, 合肥: 黃山書社, 1992.
王力,『王力文集』(一～二十集), 山東: 山東敎育出版社, 1988.
王力,『中國語言學史』, 中國圖書刊行社, 1984.
王力,『漢語史稿』, 北京: 中華書局, 1957.
王理嘉,『音系學基礎』, 北京: 語文出版社, 1989.
王鋒,『從漢字到漢字系文字』, 民族出版社, 2000.
汪壽明,『歷代漢語音韻學文選』, 上海: 上海古籍出版社, 1983.
王應麟,『困學紀聞』, 臺北: 世界書局, 1974.
姚瀛艇,『宋代文化史』, 開封: 河南大學出版社, 1992.
饒宗頤,『梵學集』, 上海: 上海古籍出版社, 1993.
袁家驊,『漢語方言概要』, 北京: 文字改革出版社, 1980.
劉夢溪 主編,『中國文化』第4期, 北京: 三聯書店, 1991.
陸志韋,『陸志韋近代漢語音韻論集』, 北京: 商務印書館, 1988.
李開,『漢語語言硏究史』, 南京: 江蘇敎育出版社, 1993.
李榮,『切韻音系』, 北京: 中國科學院印行, 1956.
李新魁 麥耘,『韻學古籍述要』, 西安: 陝西人民出版社, 1993.
李新魁,『古音概論』, 臺北: 崧高書社印行, 1979.
李新魁,『李新魁語言學論集』, 北京: 中華書局, 1994.
李新魁,『李新魁自選集』, 鄭州: 河南出版社, 1993.
李新魁,『漢語等韻學』, 北京: 中華書局, 1983.
李新魁,『漢語音韻學』, 北京: 北京出版社, 1986.
李榮,『切韻音系』, 北京: 中國社會科學院, 1952.

李中華,『中國文化概論』, 北京: 華文出版社, 1994.
林燾・王理嘉,『語音學教程』, 北京: 北京大學出版社, 1991.
林燾,『語音探索集稿』, 北京語言學院出版社, 1990.
岑麒祥,『語言學史概要』, 北京大學出版社, 1985.
張岱年,『中國哲學大綱』, 北京: 中國社會科學出版社, 1994.
張世祿,『中國音韻學史』, 臺灣: 商務印書館, 1986.
張世紅,「論忽必烈的漢化政策」, 西南民族大學學報(人文社科版), 2004年 01期
蔣紹愚,『近代漢語研究概況』, 北京: 北京大學出版社, 1994.
張秀平,『影響中國的100種文化』, 南京: 廣西人民出版社, 1993.
張昇余,『日本唐音與明清官話的研究』, 興界圖書出版公司, 1998.
張中行,『文言和白話』, 中華書局, 2007.
張清常,『語言學論文集』, 北京: 商務印書館, 1993.
張行成,『周易變通』,『四庫術數叢書』, 上海古籍出版社, 1993
丁鋒,『日漢琉漢對音與明清官話音研究』, 中華書局, 2008.
鄭樵 著・何天馬 校注,『通志』, 里仁書局, 1982.
趙憩之,『等韻源流』, 臺北: 文史哲出版社, 1985.
趙蔭棠,『等韻源流』, 文史哲出版社, 1957.
朱伯崑,『易學哲學史』, 北京: 北京大學出版社, 1988.
周斌武,『漢語音韻學史略』, 合肥: 安徽教育出版社, 1986.
周祖謀,『問學集』, 北京: 中華書局, 1942.
周祖謀,『周祖謨學術論著自選集』, 北京: 北京師範學院出版社, 1991.
周振鶴・游汝杰,『方言與中國文化』, 上海人民出版社, 1986.
朱紅星・李洪淳・朱七星 共著,『朝鮮哲學思想史』, 延邊人民出版社, 1989.
中國音韻學研究會,『音韻學研究』 第1～3集, 北京: 中華書局.
中央民族學院苗瑤語研究室編,『苗瑤語方言詞彙集』, 北京: 中央民族學院出版社, 1987.
陳澧,『切韻考』, 臺北: 學生書局, 1977.
陳植鍔,『北宋文化史述論』, 北京: 中國社會科學出版社, 1992.
陳玉龍,『漢文化論綱』, 北京大學出版社, 1993.
陳彭年 重修・林尹 校正,『宋本廣韻』, 臺北: 黎明出版社, 1985.
倉澤行洋,『東洋と西洋』, 大阪: 東方出版社, 1992.
竺家寧,『古今韻會擧要的語音系統』, 臺北: 學生書局, 1986.
竺家寧,『聲韻學』, 臺北: 五南圖書出版公司, 1991.
竺家寧・林慶勳,『古音學入門』, 臺灣: 學生書局, 1989.

湯用彤,『魏晋南北朝佛敎史』, 中華書局, 1988.

太田辰夫 著 · 江藍生 白維國 譯,『漢語史通考』, 重慶: 重慶出版社, 1991.

馮友蘭,『中國哲學史』, 北京: 中華書局, 1983.

馮天瑜,『中華文化史』, 上海: 上海人民出版社, 1990.

何九盈,『古漢語音韻學述要』, 杭州: 浙江古籍出版社, 1987.

何九盈,『中國古代語言學史』, 鄭州: 河南人民出版社, 1985.

胡奇光,『中國小學史』, 上海: 上海人民出版社, 1984.

胡雲翼,『中國文學史』, 三民書局, 1974.

黃典誠,『漢語語音史』, 合肥: 安徽敎育出版社, 1993.

黃宗羲 著 · 全祖望 補修,『宋元學案』, 中華書局, 1989.

3. 논문류

강충희,「五音集韻과 廣韻의 비교연구」,『중국학보』 제20호, 1979.

강호천,「서경덕의 '성음해' 연구」, 청주대학교:『논문논총』 8 · 9집. 1993.

공봉진,「동아시아 민족문제와 중국 민족 식별의 관계 연구」, 경남대학교 극동문제연구소:『동북아연구』 제10호, 2005.

권혁준,「『동국정운』과 『고금운회거요』의 止, 蟹섭 음운 체계 비교」, 한국중국언어학회:『중국언어연구』 12집, 2000.

권혁준,「『동국정운』과 『고금운회거요』의 效 · 流섭 음운 체계 비교」,『강남대학교 논문집』 38호, 2001.

김동준,「『壺山全書』 소재 국어학사 관련자료의 내용과 성격」,『애산학보』 30호, 2004.

김동준,「소론계 학자들의 자국어문 연구활동과 양상」, 민족문학사학회:『민족문학사연구』 35호, 2007.

김민나,「『文心雕龍』에 나타난 언어문자의 예술적인 활용론」, 중국어문학회:『중국어문학지』 제14집. 2003.

김석득,「경세훈민정음도설의 역리적구조」, 연세대학교 국학연구원:『동방학지』 13호, 1972

김영심 · 정재훈,「조선후기 정통론의 수용과 그 변화」, 한국문화연구소:『韓國文化』, 2000.

김완진,「訓民正音 創制에 관한 硏究」, 한국문화연구소:『한국문화』 제5호, 1984.

김은경,「朝鮮時代 讀書論과 漢文敎科 活用方案 硏究」, 한국교원대학교 박사학위논문, 2006.

김태경, 「『韻法直圖』·『韻法橫圖』硏究」, 연세대학교 대학원 박사학위논문, 2003.
김태경, 「명대 독서음과 구어음 비교」, 『중국언어연구』제16집, 2003.
김태완, 「음운천미를 통한 청대 관화 성모체계 고찰」, 한국중국언어학회: 『중국언어연구』 14호, 2002.
김항수, 「16세기 사림의 성리학 이해」, 『한국사론』 7호 1981.
모정열, 「한어방언 중에 나타나는 문백이독의 특성에 대한 고찰」, 한국중문학회: 『중국문학연구』 제33집, 2006.
박권수, 「조선 후기 상수학의 발전과 변동」, 서울대학교 박사학위논문, 2006.
박노자, 「1900년대 초반 신채호 "민족" 개념의 계보와 동아시아적 맥락」, 순천향대학교 인문과학연구소: 『순천향인문과학논총』 제25호, 2010.
박동규, 「샤오 용의 사상이 한글 제정에 끼친 영향」, 한글학회: 『한글』 253, 2001. 9
박영섭,「국어 한자어의 기원적 계보연구」, 성균관대학교 박사학위논문, 1986.
박현규, 「『홍무정운』의 제본에 대한 조사연구」, 단국한문학회: 『한문학논집』 제8집, 1990.
배윤덕, 「신경준의 운해 연구」, 연세대학교 박사학위논문, 1988.
배윤덕, 「최석정의 경세정운연구(외내사섭부터 외내팔섭까지)」, 국어국문학회: 『국어국문학』 제114호, 1995.
배윤덕, 「최석정의 경세정운연구」, 연세대학교 국학연구원: 『동방학지』 제71호, 1991.
배은한, 『洪武正韻兩種版本以及四聲通解之分韻體系』, 한국중국언어연구회: 『중국언어연구』 제20호, 2005.
배은한, 「『洪武正韻』, 『中州音韻』 所反映全濁上聲字的演變類型」, 중국어문논역학회: 『중국어문논역총간』, 제10호, 2002.
송미령, 「강희제의 청 제국 구상과 만주족의 정체성」, 역사학회: 『역사학보』 제196호, 2007.
송미령, 「청 강희제 동순의 목적과 의미」, 명청사학회: 『명청사연구』 제24호, 2005.
송미령, 「청 강희제의 황태자 결정과 그 위상」, 명청사학회: 『명청사연구』 제33호, 2010.
신병주, 「17세기 후반 소론학자의 사상 — 윤증 · 최석정을 중심으로」, 한국역사연구회: 『역사와 현실』 13. 1994.
신성곤, 「당송변혁기론」, 『강좌중국사 III』, 서울: 지식산업사, 1989.
신아사, 「韓國漢字音 자음 체계의 특징 · 변천 · 층위 小考」, 한국중어중문학회: 『中語中文學』 제38집, 2006.
신채식, 「송대관료제연구」, 동국대학교 박사학위논문, 1980.

심소희, 「『성음해』를 통해본 서경덕의 정음관 연구」, 중국어문학연구회: 『중국어문학논집』 제58호, 2009.
심소희, 「『洪武正韻 · 序文』을 통한 정음관 고찰」, 한국중국언어학회: 『중국언어연구』 제35집, 2011.
심소희, 「고대 동아시아 북방민족의 한화에 대한 고찰」, 중국어문학연구회: 『중국어문학논집』 제68호. 2011.
심소희, 「顔之推의 언어관 연구」, 중국어문학연구회: 『중국어문학논집』 제7호, 1995.
심소희, 「조선시대 외국어 한글표기법의 고찰」, 『중국어문학지』 제17집, 2005.
심소희, 「조선후기 문인들의 서신을 통한 성운 인식 고찰 — 최석정과 정제두의 서신을 중심으로」, 한국중국언어학회: 『중국언어연구』 제38집, 2012.
심소희, 「최석정의 『경세훈민정음도설』 연구」, 중국어문학연구회: 『중국어문학논집』 제73호, 2012.
심소희, 「황극경세 성음창화도 연구」, 연세대학교 일반대학원 박사학위논문, 1995.
심소희, 「황윤석의 정음관 연구1」, 중국어문학연구회: 『중국어문학논집』 제62호, 2009.
심소희, 「황윤석의 정음관 연구 2」, 중국어문학연구회: 『중국어문학논집』 제64호, 2010.
심소희, 「中古漢語의 重紐硏究」, 연세대학교 일반대학원 석사학위논문, 1990.
심소희, 구현아, 「최석정과 황윤석의 성음인식 비교」, 한국중국언어학회: 『중국언어연구』 45호, 2013.
안종수, 「부베와 라이프니츠」, 새한철학회: 『철학논총』제52호, 2008.
양세욱 · 이은정, 「동아시아 공동문언 시대의 재구성」, 『중국어문학논집』 제46호. 2007
양세욱, 「중국 共通語의 계보-'雅言'에서 '普通話'까지」, 한국중국어문학회: 『중국문학』 제45호, 2005.
오길용, 「『오음집운』의 편찬과정과 체재」, 『중국인문과학』 13집, 1994.
오길용, 「오음집운연구」, 전남대학교 박사학위논문, 1995.
유창균, 「經世正韻攷」, 『青丘大論文集』 5, 1962.
유창균, 「서경덕의 『皇極經世聲音解』에 대하여」, 『한국학 국제학술회의 논문집』, 인하대: 한국학연구소, 1987.
유창균, 「황극경세서가 국어학에 끼친 영향」, 『석당논총』 제15집, 1989.
유향춘, 「강희 말년의 학술과 고금도서집성」, 『한국문화』 57. 2012.
윤사순, 「이재(황윤석)학문의 범주화 문제」, 『이재 황윤석의 학문과 사상』, 경인문화사, 2009.
윤영인, 「만주족 정체성과 청대사 연구」, 만주학회: 『만주연구』 제5집, 2006.
윤정분, 「명대경연제도와 정국운영의 추이」, 중국사학회: 『중국사학사연구』 75호, 2011.
윤정분, 「명초 경연제도의 배경과 그 특징」, 명청사학회: 『명청사연구』 제25집, 2006.
이병로, 「고대동아시아의 민족과 국가」, 일본연구학회: 『일본학지』 19호, 1999.
이숭녕, 「세종의 언어정책에 관한 연구 — 운서편찬과 훈민정음제정과의 관계를 중심으로」, 『아세아연구』 1집, 1958.
이숭녕, 「황극경세서의 이조 후기 언어 연구에의 영향」, 『국어학연구』, 형설출판사, 1972;
이재돈, 「중국 근세관화의 음운연변 연구」, 서울대학교 박사학위논문, 1990.
이종구, 「『洪武正韻』과 『西儒耳目資』의 관계 및 音韻變化」, 한국중어중문학회: 『중어중문학』, 제33호, 2003.
임형택, 「소설에서 근대어문의 실현 경로」, 성균관대학교대동문화연구원: 『대동문화연구』 58호, 2007.
정경일, 「조선후기 국어 연구의 실학적 경향」, 한국어학회: 『한국어학』 제14집, 2001.12.
정경일,「화동정음통석운고의 한자음성모연구」, 고려대학교 박사학위논문, 1989.
정석범, 「康雍乾시대 '大一統'정책과 시각 이미지」, 한국미술사교육학회: 『미술사학』 23호, 2009.
정영지, 「四呼의 名稱考」, 언어과학회: 『언어과학연구』 제30집, 2004.
정인승 · 성원경, 「동국정운 연구: 원본교주를 시도하여 고금운회거요와 재구편과 비교를 하면서」, 『건국대학교학술지』 15호, 1973.
정재훈, 「조선후기 史書에 나타난 중화주의와 민족주의」, 한국실학학회: 『한국실학연구 8호, 2004
조운성, 「동국정운의 운류와 고금운회거요의 반절하자」, 영남대학교 인문과학연구소: 『인문연구』 58집, 2010.
조운성, 「동국정운의 운류와 고금운회거요의 자모운」, 서강대학교 인문과학연구소: 『서강인문논총』 28호, 2010.
조홍식, 「민족의 개념에 관한 정치사회학적 고찰」, 한국정치학회: 『한국정치학회보』 Vol.39 2005.
조희무, 「『고금운회거요』의 제작과 체재 」, 중국인문학회: 『중국인문과학』 12집, 1993.
왕옥지, 「원대 운서의 가치 및 출현배경 고찰」, 중국어문학연구회: 『중국어문학논집』

38호, 2006.
주성일,「신숙주와 최세진의 중국어 정음관」,『중국학보』 제57집, 2008.
진문화,「과거제도와 당시 홍성의 관계에 대하여」, 경성대학교 인문과학연구소:『인문과학논총』 창간호, 1998. 12.
최병권,「절운지장도 연구」, 연세대학교 석사학위논문, 1994.
최영성,「황윤석 실학의 특성과 상수학적 기반」, 한국유교학회:『유교사상연구』 32호, 2008.
하우봉,「이재 황윤석의 사회사상」,『이재 황윤석』, 민음사, 1994.
하원수,「송대사대부론」,『강좌중국사 Ⅲ』, 서울: 지식산업사, 1989.
홍현지,「『오음집운』과『번역노걸대』의 음운체계 비교연구」, 한국외국어대학교 석사학위논문, 2010.
姜小莉,「滿族漢化与中華民族多元一体格局的形成」,『大連民族學院學報』, 2007年 第4期.
季羨林,「天人合一新解」,『傳統文化與現代化』, 北京: 中華書局, 1993年.
高明,「反切起源論」,『高明小學論叢』, 臺北: 黎明文化事業公司, 1961年.
高明,「反切以前中國字的標音法」,『高明小學論集』, 臺北: 黎明文化事業工事, 1980年.
羅君,「魏晋南北朝時期民族融合的階段性和地區特点」,『新疆教育學院學報』, 2003年 4期.
羅常培,「論龍果夫的八思巴字和古官話」,『中國語文』 1959年 12月.
羅賢佑,「元朝諸帝漢化述議」,『民族硏究』, 1987年 5期 .
雷勵,「集韻廣韻體例之比較」,『勵耘學刊』, 2011年 第2期.
李秀蓮,「金代女眞人的漢化及其誤失問題初探」,『黑龍江農懇師專學報』, 2002年 第1期.
李秀蓮,「試論金代女眞人開放的文化心態與其漢化」,『黑龍江農懇師專學報』, 2002年 第4期.
李春玲,「簡論鮮卑漢化與北朝興衰」,『理論界』, 2008年 第7期.
馬天博,「元代回回人漢化新論」,『黑龍江史志』, 2009年 第17期.
麥耘,「韻法直圖中二等開口字的介音」,『語言硏究』1987年 第2期.
孟東風,「金代女眞人的漢化與民族融合」,『東北師大學報(哲學社會科學版)』, 1994年 第6期.
孟雪,「淺談古代少數民族的漢化政策」,『科教文滙(中旬刊)』, 2007年 第12期.
牟晨霞 李宝通,「慕容鮮卑漢化程度探析」,『産業與科技論壇』, 2008年 第4期.
尾崎雄二郎,「漢語史における梵語學」,『中國語音韻史の硏究』, 東京: 創文社, 1980年.
飯山知保,「蒙元統治下華北社會與士人教育的變遷」,『中國史硏究』 2011年 第70集.
白滌洲,「切韻聲類考」,『歷史語言硏究所集刊』1932年 第3本 第2分.
常倩,「北魏學校教育與鮮卑族的漢化」,『青海民族學院學報』, 2003年 第3期.

薛鳳生,「試論等韻學之原理與內外轉之含義」,『語言研究』1985年 第1期.
孫博,「試析"儒僧"劉秉忠對蒙古漢化的影響」,『大家』, 2010年 第2期
饒宗頤,「中國典籍有關梵書與佉留書起源的記載」,『梵學集』, 上海古籍出版社, 1993年.
姚紅艷,「略論孝文帝漢化改革的動力來源」,『徐州教育學院學報』, 2008年 第1期.
姚紅艷,「孝文帝个性心理與北魏太和改革」,『宁夏師范學院學報』, 2007年 第4期.
劉博 陸曉磊 宋琳,「從拓跋恂的死看北魏政權的漢化」,『法制與社會』, 2010年 21期
劉蔚華,「論邵雍的哲學思想」,『中國哲學思想史研究』, 1982年.
陸志韋,「記邵雍『皇極經世』的"天聲地音"」,『陸志韋近代漢語音韻論集』, 北京: 商務印書館, 1988年.
李榮,「皇極經世十聲十二音解」,『切韻音系』, 北京: 中國科學院印行, 1952年.
李春玲,「簡論鮮卑漢化與北朝興衰」,『理論界』, 2008年 第7期
岑麒祥,「古印度人對于語言的看法和語法分析」,『語言學史概要』, 北京大學出版社, 1988年.
張金發,「再論『切韻』所反映的讀書音及其音系性質」,『江西科技師范學報』, 2009年 第4期.
張玉來,「近代漢語共同語的構成特点及其發展」, 『古漢語研究』, 2000年.
張元興,「魏晋南北朝時期胡人漢化的歷史必然性」,『內蒙古農業大學學報(社會科學版)』, 2007年 第4期.
丁國祥,「蒙漢文化磨合中的歷史悲劇 — 耶律楚材小議」,『鐵道師院學報』, 1997年 第5期
丁柏峰,「文明的冲突 — 從會宁府的歷史變遷看金的漢化過程」,『青海社會科學』, 2005年 第4期.
鄭小容,「慕容鮮卑漢化過程中所保留的本族文化」,『西南民族大學學報(人文社科版)』, 2005年 第2期.
鄭榮芝,「『韻法直圖』与 『韻法横圖』 研究」, 中山大學博士學位論文, 1999年.
趙黎君,「耶律楚材對蒙元時期漢化的歷史作用」,『作家』, 2008年 第6期
趙峰,「試論漢語方言的文白異讀」,『寧德師專學報』 1995年 第4期.
趙野春,「鮮卑漢化—論北魏孝文帝改革對民族關系的調整」,『西北民族研究』, 2003年 第2期.
周德清,「賈素芳; 賈鳳香; 清代滿漢民族的交往与融合」,『大連民族學院學報』, 2001年 第3期.
朱星,「古代漢語音韻學入門」,『河北師範大學學報』 1983年 第1期.
陳英,「北魏孝文帝遷都洛陽及漢化心理剖析」,『甘肅社會科學』, 2005年 第2期.
陳寅恪,「四聲三問」,『金明館叢稿初編』, 臺北: 里仁書局影印, 1981年.

崔榮昌·李錫梅,「四川境內的老湖廣話」,『方言』1986年 第3期.
竺家寧,「論皇極經世聲音唱和圖之韻母系統」, 臺北: 『淡江學報』1983年 第20期.
竺家寧,「宋代語音的類化現象」, 臺北: 『淡江學報』, 1985年 第22期.
沈文雪,「金源統治者特定心理與中原文化引進及其漢化關系」,『文教資料』, 2009年 第24期.
湯奪先,「北魏孝文帝改革鮮卑族生活方式」,『民族教育研究』, 2001年 第2期.
平田昌司,「皇極經世聲音唱和圖與切韻指掌圖」,『東方學報』, 1984年 第56册.
河野六郎,「再び東國正韻に就いて」,『河野六郎著作集』, 平凡社, 1979年.
郝松枝,「全盤漢化與北魏王朝的速亡一北魏孝文帝改革的經驗與教訓」,『陝西師范大學學報』, 2003年 第1期.
許永濤,「試論北魏政權的漢化」,『黑龍江史志』, 2010年 第5期.
胡雪艷,「時至乾隆朝的滿族漢化進程」,『呼倫貝爾學院學報』, 2009年 第5期.
黃淬伯,「慧琳一切經音義反切考」,『歷史語言研究所集刊』1930年 第三本 第二分.

4. 참고 사이트

조선왕조실록 http://sillok.history.go.kr/main/main.jsp
한국고전종합DB http://db.itkc.or.kr/itkcdb/mainIndexIframe.jsp

찾아보기

• 일반 항목 · 인명

• 서명 · 편명

한자 정음관의 통시적 연구

펴낸날 초판 1쇄 2013년 6월 26일
지은이 심소희
펴낸이 김훈순
펴낸곳 이화여자대학교출판부
주소 서울특별시 서대문구 이화여대길 52(우120-750)
등록 1954년 7월 6일 제9-61호
전화 02) 3277-2965(편집), 02) 362-6076(마케팅)
팩스 02) 312-4312
전자우편 press@ewha.ac.kr
홈페이지 www.ewhapress.com
책임편집 민지영
디자인 신성기획
찍은곳 한영문화사

ISBN 978-89-7300-983-1 93720
값 27,000원

이 도서의 국립중앙도서관 출판시도서목록(CIP)은 서지정보유통지원시스템 홈페이지(http://seoji.nl.go.kr)와 국가자료공동목록시스템(http://www.nl.go.kr/kolisnet)에서 이용하실 수 있습니다.(CIP제어번호: CIP2013008483)